Springer-Lehrbuch

Manfred Gärtner • Matthias Lutz

Makroökonomik flexibler und fester Wechselkurse

4., überarbeitete Auflage

 Springer

Prof. Dr. Manfred Gärtner
Universität St. Gallen
Forschungsgemeinschaft für
Nationalökonomie
Bodanstrasse 1
9000 St. Gallen
Schweiz
manfred.gaertner@unisg.ch

Prof. Matthias Lutz, D.Phil.
Schweizerische Nationalbank
Postfach
8022 Zürich
Schweiz
matthias.lutz@snb.ch

ISBN 978-3-642-00778-1

Bibliografische Information der Deutschen Nationalbibliothek
Die Deutsche Nationalbibliothek verzeichnet diese Publikation in der Deutschen Nationalbibliografie;
detaillierte bibliografische Daten sind im Internet über http://dnb.d-nb.de abrufbar.

Einbandgestaltung: WMXDesign GmbH, Heidelberg

Gedruckt auf säurefreiem Papier

9 8 7 6 5 4 3 2 1

springer.de

Vorwort

Nach der vollständigen Überarbeitung und substantiellen Ausweitung des Manuskripts für die 3. Auflage enthält die 4. Auflage im wesentlichen Detailverbesserungen. Selbstverständlich wurden alle uns aufgefallenen oder von Nutzern der 3. Auflage übermittelten Fehler und Ungenauigkeiten beseitigt. An vielen Stellen wurden aber auch als zu dicht empfundene Erklärungen verbessert, mit einem verstärkten Fokus auf die ökonomische Substanz und Intuition. Schliesslich enthält diese Auflage auch aktualisierte Angaben zu weiterführender Literatur am Ende eines jeden Kapitels. Für viele Hinweise und Vorschläge danken wir Herrn Dr. Ibrahim Chowdhury, Frau Hanna Köpper, Herrn Philipp Paulus, Herrn PD Dr. Georg Stadtmann und Herrn Dr. Sébastien Wälti.

St. Gallen und Zürich,
im Januar 2009   *Manfred Gärtner und Matthias Lutz*

Vorbemerkungen zur dritten Auflage

Dieses Lehrbuch will Studierenden eine Brücke bauen zwischen den etablierten, aus dem Grundstudium vertrauten Werkzeugen der monetären Makroökonomik offener Volkswirtschaften und fortgeschritteneren Fragen und Modellen, die näher an der aktuellen Forschung stehen. Die dritte Auflage wagt eine Generalüberholung dieser Brücke, inklusive eines substantiellen Ausbaus beider Brückenköpfe.

Im Zuge des Ausbaus am konventionellen Ende wurden aus dem einführenden Kapitel der zweiten Auflage drei neue. Das erste Kapitel widmet sich jetzt ausschliesslich der Vorstellung zentraler Konzepte der monetären Aussenwirtschaft. Das bisher im Einführungskapitel versteckte und dort eigentlich nur repetierte Mundell-Fleming-Modell beansprucht nun zwei ausgewachsene Kapitel. Die ausgebaute Präsenz ist eine Verneigung vor der trotz vieler

Unkenrufe bleibenden Bedeutung des Mundell-Fleming-Modells in der wirtschaftspolitischen Diskussion. Während andere Modelle kommen und gehen,
führt das Mundell-Fleming-Modell nach wie vor als vielleicht nicht hoch-
sensibler aber doch zuverlässiger Kompass durch den Wald konjunktureller
Zusammenhänge in offenen Volkswirtschaften und es liefert erstaunlicherwei-
se immer wieder auch die Basis für problemorientierte Weiterentwicklungen.
Die nun ausführlichere und geduldige Beschäftigung mit grundlegenden Kon-
zepten erreicht gleichzeitig, dass sich der Zugang zu diesem Lehrbuch einer
breiteren Palette von Studierenden mit sehr unterschiedlichen Vorkenntnissen
öffnet.

Am anderen Ende der Brücke, im Bereich der forschungsnahen Entwicklungen, wird aus methodischer Sicht verstärkt auf mikrofundierte und intertemporale Ansätze eingegangen. Ein Teil dieser methodischen und inhaltlichen Neuerungen findet sich in Kapiteln, wo sich Etabliertes und Neues
treffen. Beispiele sind Kapitel 3, wo ein erweitertes Mundell-Fleming-Modell
als Erklärung der Asienkrise herangezogen wird, oder Kapitel 9 über den
Wechselkurs in der langen Frist, das neben der Kaufkraftparität auch intertemporale Gleichgewichtsmodelle und Pricing-to-Market-Ansätze diskutiert.
Ausschliesslich der neueren Diskussion zu einem seit einigen Jahren ins Zentrum des Interesses gerückten Thema ist aber das abschliessende Kapitel 11
über Währungskrisen gewidmet.

Auch die Anfertigung der Druckvorlage für diese dritte Auflage stellte neue
technische Herausforderungen. Wieder mussten vorhandene Manuskriptteile,
teilweise in Handarbeit, von einer Software in eine andere transferiert werden
– diesmal von WordPerfect in Scientific Word (bzw. LaTeX). Damit verbunden ist natürlich wieder die Hoffnung, diese Investition möge sich bei künftigen Neuauflagen auszahlen. Bei der Übertragung in das neue Format konnten wir auf die technische Unterstützung von Michel-André Marechal zählen.
Zusammen mit Sarah Müller war er auch für das sorgfältige Korrekturlesen
verantwortlich. Elisabeth Allgoewer las mit Kompetenz und Sorgfalt die neu
hinzugekommenen Kapitel und lieferte viele wertvolle Hinweise. Dennis Gärtner half uns bei der Gestaltung des Seitenlayouts. Ihnen allen möchten wir
unseren herzlichsten Dank aussprechen.

St. Gallen, im Juli 2003   *Manfred Gärtner und Matthias Lutz*

Vorbemerkungen zur zweiten Auflage

Die nun vorliegende zweite Auflage dieses Lehrbuchs enthält eine Reihe von
Neuerungen. Diese spiegeln einerseits die jüngere Entwicklung der Forschung
wider. Andererseits versuchen sie aber auch der institutionellen Dynamik in
Europa gerecht zu werden. Letzteres drückt sich schon in der Erweiterung
des Buchtitels aus. In diesem ist jetzt neu von Makroökonomik flexibler und

fester Wechselkurse die Rede. Die damit versprochene inhaltliche Abrundung des bisherigen Stoffs wird in einem neuen Kapitel 8 unter der Überschrift Feste Wechselkurse, Devisenmarktinterventionen und Wechselkurszielzonen geleistet. In diesem Kapitel werden zunächst die zur Analyse offener Volkswirtschaften unter flexiblen Wechselkursen eingeführten Basismodelle wieder aufgegriffen und im veränderten institutionellen Umfeld fester Wechselkurse neu untersucht. Nach der Erkundung dieses logischen Gegenpols zu den im Zentrum der ersten sieben Kapitel stehenden flexiblen Wechselkursen führt die Analyse von Devisenmarktinterventionen zur Verfolgung bestimmter Wechselkursziele direkt über zur Untersuchung realitätsnäherer Währungssysteme in der Form von Wechselkurszielzonen.

Schwerpunktverschiebungen in der Forschung aufgreifend beschränkt sich nun Kapitel 7 in den Passagen über Gleichgewichtswechselkurse nicht mehr nur auf die Vermittlung der Grundidee, sondern diskutiert und löst nun auch explizit ein intertemporales Optimierungsmodell.

Die genannten grösseren und eine Reihe von kleineren Neuerungen gehen auf viele Anregungen von Kollegen und Benutzern dieses Lehrbuchs zurück. Besonders hervorheben und danken möchte ich Oliver Landmann und Michael Nelles, aus deren ausführlichen schriftlichen Kommentaren zur ersten Auflage ich grossen Nutzen gezogen habe.

Neuauflagen von Lehrbüchern sind heutzutage, da man Texte und Grafiken auf dem Computer gespeichert hat, technisch ein Kinderspiel – sollte man meinen. Unglücklicherweise ist es mit der Aufwärtskompatibilität von mit früheren Programmversionen erstellten Dokumenten nicht annähernd so gut bestellt ist, wie uns die Hersteller glauben machen. Es war deshalb unerlässlich, auch bei den inhaltlichen und technischen Arbeiten an dieser zweiten Auflage wieder auf die kompetente Unterstützung meiner Mitarbeiterinnen und Mitarbeiter zählen zu können: Monika Bütler und Philipp Harms leisteten substantielle Vorarbeiten bei der Ausarbeitung der inhaltlichen Neuerungen in den Kapiteln 7 und 8. Adrienne Schaer überarbeitete die zu einem grossen Teil unbrauchbar gewordenen Computergrafiken. Sandra Natali besorgte die Aktualisierung und Überarbeitung der nur noch sehr beschränkt verwendbaren Textdokumente der ersten Auflage. Ihnen allen danke ich ganz herzlich für ihre Mitarbeit.

St. Gallen, im Juni 1997   *Manfred Gärtner*

Vorbemerkungen zur ersten Auflage

Kein Lehrbuch kann den Bedürfnissen unterschiedlicher Zielgruppen gleichzeitig in adäquater Weise gerecht werden. Deshalb hat jedes Lehrbuch neben seinen Vorzügen auch Schwächen. Dies gilt selbstverständlich auch für die angebotenen Texte zur monetären Aussenwirtschaftstheorie. Die Vorlage dieses Buches dokumentiert mein erfolgloses Suchen nach einem Lehrbuch, welches in der theoretischen Ausbildung die Lücke schliesst zwischen den verbreiteten und oft breiten Ausführungen zur Makroökonomik offener Wirtschaften in der Tradition des Mundell-Fleming-Modells (samt Variationen) und dem, was dem fortgeschrittenen Studenten und Doktoranden heute in Fachzeitschriften geboten und abverlangt wird. Dieser grosse Schritt macht auch vielen interessierten und begabten Studenten Mühe. Hier, im Bereich der theoretischen Ausbildung, soll das vorliegende Buch Hilfestellung leisten, im Sinne einer eisernen Ration für eine zweistündige Lehrveranstaltung über ein Semester.

Dem mit der Forschung vertrauten akademischen Lehrer mag dieses Buch wenig ausgewogen erscheinen – mit Recht, aber dies ist auch gewollt. Das übergrosse Gewicht, das hier der Behandlung des monetären Modells mit trägen und flexiblen Preisen eingeräumt wird, überzeichnet wohl dessen Bedeutung in der Forschung. Es resultiert aus dem Bestreben, ein Lehrbuch vorzulegen, welches einerseits die wichtigsten Modelle kleiner offener Volkswirtschaften bei flexiblen Wechselkursen vorstellt, ohne ein allzu grosses Mass an Vorkenntnissen vorauszusetzen. Andererseits sollen aber auch Leser mit aufkeimenden wissenschaftlichen Ambitionen an die aktuelle Diskussion in der Fachliteratur herangeführt und damit vertraut gemacht werden, welche Vielfalt an Fragen man selbst mit einfachsten Modellstrukturen untersuchen kann. Aus didaktischen Gründen erscheint es sinnvoll, diese Vertiefung und Heranführung an wissenschaftliches Niveau exemplarisch am Beispiel eines Modells anzustreben. Ich habe hierfür das nach meiner subjektiven Einschätzung wichtigste, leistungsfähigste und dennoch vergleichsweise einfache monetäre Wechselkursmodell ausgewählt. Somit werden also Währungssubstitutionsmodelle und Vermögensbestandsansätze (Portfolio-Balance-Modelle) zwar auch mit der ihnen gebührenden Sorgfalt in eigenen Kapiteln vorgestellt, aber eben beschränkt auf die in Lehrbüchern üblichen Fragestellungen. Am Beispiel des monetären Wechselkursmodells werden dagegen viel weitergehende Fragen diskutiert. Diese reichen von der Analyse von Angebotsschocks, strukturellen Gütermärkten, stochastischen Geldangebotsprozessen, Lernprozessen bei nicht rationalen Erwartungen bis zu aktuellsten Themen wie der Rolle von Präferenz- und Technologieschocks für die Wechselkursbestimmung und rationalen Seifenblasen (Bubbles). Wo keine wissenschaftlichen Ambitionen vorliegen, kann man viele dieser vertiefenden Passagen ausklammern, ohne dass dies zu nennenswerten Schwierigkeiten beim Verständnis späterer Kapitel führen müsste. Die ab dem 2. Kapitel gelegentlich gestellten Fragen dienen nicht in erster Linie der Kontrolle des erworbenen Wissens, sondern bieten interessierten Lesern ergänzendes und weiterführendes Material. Am Ende eines jeden Kapitels finden sich Lösungshinweise.

Voraussetzung für eine fruchtbare Beschäftigung mit diesem Buch sind Kenntnisse der makroökonomischen Theorie, wie man sie an deutschsprachigen Universitäten und Hochschulen in der Regel bis zur Zwischenprüfung oder zum Vordiplom erwirbt. Im formalen Bereich wird wenig vorausgesetzt, da viele Einsichten verbal, grafisch und mathematisch hergeleitet werden. Beim Nachvollzug der mathematischen Herleitungen wird man sich leichter tun, wenn Kenntnisse der Differentialrechnung vorliegen. Auch elementares Wissen über Differenzen- und Differentialgleichungen erster Ordnung ist an einigen Stellen von Vorteil. Wo Methoden verwendet werden, die nicht Teil jeder Einführung in die Mathematik für Ökonomen sind, werden diese rezeptartig vorgestellt. Hierbei handelt es sich um die Implizite-Funktionen-Regel, welche die komparativ-statische Analyse von Modellen mit allgemeinen Funktionen erleichtert, um die qualitative Analyse von Differentialgleichungssystemen mittels Phasendiagrammen und um die Lösung von Modellen unter Rationalen Erwartungen.

Der vorliegende Text dient als Grundlage für eine mit zwei Semesterwochenstunden dotierte Lehrveranstaltung über monetäre Aussenwirtschaftstheorie. Diese an der Hochschule St. Gallen im 7. Semester angebotene Lehrveranstaltung besuchen obligatorisch Studenten des staatswissenschaftlichen Lehrgangs der Richtung Internationale Beziehungen und Volkswirte im Wahlblock Aussenwirtschaft. Dankenswerterweise haben meine Studenten im Wintersemester 1989/90 bereits mit einer ersten Fassung der Kapitel 1-6 gearbeitet und die Zahl der verbliebenen Fehler durch viele Hinweise drastisch gesenkt.

Mein besonderer Dank gilt aber meinem Konstanzer Freund und Kollegen Heinrich Ursprung, der das gesamte Manuskript in kurzer Zeit sorgfältig durchgearbeitet und mit unzähligen kritischen Anmerkungen versehen hat. Um das Tennisspielen nicht ganz aufgeben zu müssen, habe ich für diese erste Auflage nur einen Teil seiner Einwände und Verbesserungsvorschläge berücksichtigt.

Im Zeitalter der Personalcomputer und Laserdrucker erwarten Verlage von ihren Autoren mit zunehmender Selbstverständlichkeit druckfertige Vorlagen in annähernd professioneller Qualität. Dies ist nur mit einem Team möglich, das auch angesichts eines vor der neunten Korrekturrunde wieder einmal "spinnenden" Computers nicht dem Wahnsinn verfällt. In dieser Hinsicht konnte ich auf meine früheren und jetzigen Mitarbeiter und Mitarbeiterinnen jederzeit zählen: Auf Guido Boller, Carsten Detken, Christian Grawe, Friederike Pohlenz und Klaus Wellershoff, denen ich die Abbildungen, das Sachverzeichnis und viele inhaltliche Hinweise verdanke, und auf Eva Leemann, die Text und Formeln erfasst und unter Einarbeitung der Abbildungen die Druckvorlage produziert hat. Ihnen allen danke ich ganz herzlich.

St. Gallen, im Sommer 1990   *Manfred Gärtner*

Inhaltsverzeichnis

Kapitel 1
Makroökonomik offener Volkswirtschaften: Einführung und Übersicht

In den letzten beiden Jahrzehnten hat die weltweite wirtschaftliche Integration im Zuge des viel diskutierten Globalisierungsprozesses massiv zugenommen. Nicht nur der Handel mit Gütern und Dienstleistungen, sondern insbesondere die grenzüberschreitenden Kapitalbewegungen sind über diesen Zeitraum stark angewachsen. Ohne Zweifel hat dieser Prozess viele positive Auswirkungen, da sich durch die wachsende Integration der Güter-, Dienstleistungs- und Kapitalmärkte die allokative Effizienz verbessert. Durch diese Entwicklungen verstärkt sich jedoch auch die internationale Dimension vieler volkswirtschaftlicher Fragestellungen. Dies betrifft insbesondere die Makroökonomik, da sie sich mit der nationalen Wirtschaft als Ganzes beschäftigt und somit Transaktionen mit dem Ausland eine wichtige Rolle spielen.

Marktwirtschaftlich orientierten Industrieländer, aber auch Schwellen- und Entwicklungsländer, haben immer wieder mit wirtschaftlichen Schwierigkeiten zu kämpfen, die durch internationale Faktoren massgeblich beeinflusst werden, ja manchmal sogar ihren Ursprung gänzlich im Ausland haben. Dazu zählen:

- Sprunghafte Veränderungen der Rohölpreise.
- Aufbau substantieller Schuldner- und Gläubigerpositionen im internationalen Bereich.
- Abrupte Veränderungen der Wettbewerbsposition.
- Einerseits Abbau verschiedener Handelsrestriktionen im Zuge der WTO Verhandlungen, andererseits zunehmende Bedeutung neuer Formen des Protektionismus.
- Erhöhter Wettbewerb um teilweise sehr volatile internationale Kapitalströme und damit verbunden Druck auf Löhne und Beschäftigung.

Teilweise die Ursachen, insbesondere aber das Ausmass als auch die bei der Bekämpfung dieser Probleme erzielten wirtschaftspolitischen Erfolge und Fehlschläge sind nur vor dem Hintergrund einer integrierten Weltwirtschaft mit ständig intensiver werdenden Handels- und Kapitalströmen zu verstehen.

Aufgrund dieser Einsicht werden mittlerweile in praktisch allen Lehrbüchern über die Grundlagen der Makroökonomik die Leser frühzeitig mit den besonderen Problemen offener Volkswirtschaften konfrontiert.[1]

Da keine Analyse komplexer Problemstellungen ohne Abstraktion auskommt, untersucht die wirtschaftswissenschaftliche Forschung auch die internationalen Wirtschaftsbeziehungen in drei getrennten Bereichen. Von diesen greift jeder eine überschaubare Zahl von für eine bestimmte Fragestellung als relevant erachteten Zusammenhängen heraus und lässt andere in den Hintergrund treten. Die drei Analysebereiche sind (i) die Beschreibung und Analyse nationaler und internationaler Institutionen, (ii) die "reine" Analyse der internationalen Handelsbeziehungen (unter Nichtbeachtung des darüberliegenden Geldschleiers) und (iii) die monetäre Makroökonomik offener Volkswirtschaften, mit der sich das vorliegende Lehrbuch auseinandersetzt.

(i) *Die Beschreibung und ökonomische Analyse von Institutionen* ist unverzichtbar, weil erst die Existenz bestimmter Institutionen oder bestimmter vertraglicher Vereinbarungen die internationalen Wirtschaftsbeziehungen zu einem eigenen Problemkreis und Untersuchungsgegenstand macht. Dazu zählen formale institutionelle und wirtschaftspolitische Rahmenbedingungen, z.B. Einwanderungs- und Kapitalverkehrsbeschränkungen und nationale Gesetzgebungen, aber auch informelle Einflussfaktoren, wie z.B. rechtliche, sprachliche und kulturelle Unterschiede, die neben den Transportkosten das Ausmass der wirtschaftlichen Integration mitbestimmen.

Die durch Wechselkursbewegungen verursachten Zyklen und Trends der relativen Preise sind definitionsgemäss nur möglich, solange Länder eigene Währungen einsetzen und deren Tauschrelation nicht auf die eine oder andere Weise fixieren. Sind die Wechselkurse fixiert, besteht trotzdem solange ein Bedarf an einer monetären Makroökonomik offener Volkswirtschaften, wie es die oben erwähnten institutionellen Einschränkungen der Faktormobilität gibt. Erst bei einer gemeinsamen Währung, wie es sie in der Europäischen Währungsunion (EWU) seit 1999 gibt, und geöffneten Faktor- und Gütermärkten, "degenerieren" die sich aus den internationalen Wirtschaftsbeziehungen ergebenden Probleme zu den Strukturproblemen, die wir auch in geschlossenen Volkswirtschaften kennen. Selbst dann aber verbleiben die Beziehungen mit den Ländern, die nicht zur Währungsunion gehören.

Angesichts der Bedeutung nationaler und auch internationaler Institutionen wie der Welthandelsorganisation (WTO), der europäischen Zentralbank (EZB), der Weltbank oder dem Internationalen Währungsfonds (IWF) ist es wichtig, die relevanten Institutionen zu kennen, ihre ökonomische Bedeutung zu untersuchen, nach neuen und aus ökonomischer Sicht besseren Institutionen zu suchen und die Möglichkeit politisch-ökonomischer Erklärungen für das Kommen und Gehen und die Weiterentwicklung von Institutionen zu erforschen.

---

[1] Zu den für den europäischen Markt geschriebene Lehrbücher, die schon in ihren ersten Auflagen von Beginn an von einer offenen Volkswirtschaft ausgegangen sind, zählen diejenigen von Burda und Wyplosz (2005) und Gärtner (2009).

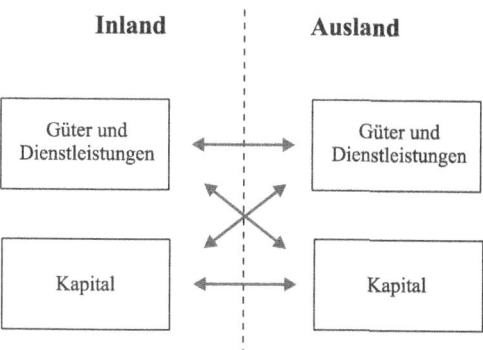

Abbildung 1.1 Transaktionen mit dem Ausland.

(ii) *Die reine Aussenwirtschaftstheorie* analysiert die hinter dem Geld-schleier liegenden realwirtschaftlichen Zusammenhänge. Diese bestimmen, dass und wie international gehandelt wird, wodurch die realen Tauschver-hältnisse auf den internationalen Gütermärkten bestimmt werden, wie sich Zölle und andere Handelshemmnisse kurzfristig und langfristig auf Allokation und Verteilung auswirken. Charakteristisch für die reine Aussenwirtschafts-theorie ist, dass reine Tauschwirtschaften unterstellt werden, womit Zahlungs-bilanzprobleme definitionsgemäss ausgeschlossen sind, und dass methodisch vorwiegend mikroökonomische Analysekonzepte zur Anwendung kommen.

(iii) *Die monetäre Analyse offener Volkswirtschaften* konzentriert sich auf traditionell makroökonomische Fragestellungen und ist ein fester Bestand-teil einer modernen makroökonomischen Theorie. Entsprechend unterscheidet sich die monetäre Analyse internationaler Wirtschaftsbeziehungen von der reinen Aussenwirtschaftstheorie auch im methodischen Bereich. Angesichts des notwendigen und begrenzt auch erfolgreichen Strebens der Makroökono-mik nach einer verbesserten Mikrofundierung beginnen sich diese Grenzen allerdings zu verwischen.

Die verschiedenen Transaktionen bzw. die verschiedenen Formen des Han-dels zwischen In- und Ausland werden vereinfacht in Abb. 1.1 skizziert. Der klassische Handel mit Gütern und Dienstleistungen ist im oberen Teil der Grafik dargestellt. Diese Form der Interaktion mit dem Ausland ist, wie be-reits oben erwähnt, Inhalt der Aussenhandelstheorie und wird uns in diesem Lehrbuch nicht weiter beschäftigen.

Der untere Teil der Grafik stellt eine zweite Form der Interaktion dar: Der gegenseitige Tausch von inländischem und ausländischem Kapital. Solange Kapitalanlagen im In- und Ausland als vollkommene Substitute betrachtet werden, d.h. aus Sicht der Anleger identische Eigenschaften bezüglich Rendite und Risikoeigenschaften vorweisen, gibt es keinen Grund dafür, dass Kapital gleichzeitig in beide Richtungen fliesst. Unterscheiden sich inländisches und ausländisches Kapital jedoch in ihren Risikoeigenschaften, besteht ein Anreiz seitens der Kapitalbesitzer bzw. Anleger, grenzüberschreitende Portfoliodiversifizierung zu betreiben. Diese Form der Transaktion mit dem Ausland wird besonders ausführlich in der Finanzmarkttheorie analysiert und in diesem Lehrbuch nur punktuell eine Rolle spielen.

Die dritte Form des Austauschs – Güter gegen Kapital – wird in Abb. 1.1 durch die diagonal verlaufenden Pfeile beschrieben. Sie tritt immer dann auf, wenn im In- oder Ausland der Wert der Importe nicht ausreichend durch die Exporteinnahmen bzw. Faktoreinkommen und Vermögensübertragungen (siehe Abschnitt 1.2 unten) gedeckt ist. Der resultierende Kapitalimport ist gleichbedeutend mit einer Zunahme der Nettoauslandsverschuldung. Da Auslandsschulden in der Zukunft beglichen werden müssen und dies nur über einen Nettokapitalexport möglich ist, spricht man hier auch von *intertemporalem Handel*: Der erhöhte Nettogüterimport *heute* muss durch einen reduzierten Nettogüterimport *morgen* ausgeglichen werden.

Die restlichen Abschnitte dieses einführenden Kapitels bieten eine kompakte Zusammenfassung der soeben erwähnten und weiterer wichtiger Grundkonzepte der Makroökonomik offener Volkswirtschaften.

1.1 Der Einkommenskreislauf in einer offenen Volkswirtschaft

Das Inlandsprodukt bzw. der Output einer Volkswirtschaft Y^{IP} setzt sich aus dem privaten Konsum C, dem staatlichen Konsum (Staatsausgaben) G, den Investitionen I und den Nettoexporten NX (d.h. der Differenz zwischen Exporten und Importen) zusammen,

$$Y^{IP} \equiv C + G + I + NX, \tag{1.1}$$

wobei alle in (1.1) aufgeführten Variablen in Einheiten der inländischen Währung gemessen werden.[2] Der inländische Teil der Ausgaben wird häufig auch als Absorption AB bezeichnet, d.h.

$$AB \equiv C + G + I. \tag{1.2}$$

Um das Volkseinkommen Y zu berechnen, muss zum Inlandsprodukt noch die Nettosumme der Faktoreinkommen FY und laufenden Übertragungen TR aus dem Ausland hinzugezählt werden:

$$Y \equiv AB + \underbrace{NX + FY + TR}_{Leistungsbilanz}. \tag{1.3}$$

---

[2] Wir ignorieren hier und im Rest des Buches die Abschreibungen. Somit gibt es keine Unterscheidung zwischen Brutto- und Nettoinlandsprodukt.

Die Summe aus Nettoexporten, Faktoreinkommen und laufenden Übertragungen entspricht der Leistungsbilanz LB, d.h. $NX + FY + TR \equiv LB$.

Aus (1.3) folgt, dass die Leistungsbilanz der Differenz zwischen Volkseinkommen und inländischer Absorption entspricht:

$$LB \equiv Y - AB.$$

Somit bedeutet ein Leistungsbilanzüberschuss immer, dass das Volkseinkommen Y grösser ist als die inländische Absorption. Umgekehrt ist ein Leistungsbilanzdefizit gleichbedeutend mit einer inländischen Absorption, die das Volkseinkommen übersteigt.

Das Volkseinkommen Y kann für privaten Konsum C, Ersparnisse S oder Steuern T verwendet werden. Deshalb kann es von der Verwendungsseite betrachtet als

$$Y \equiv C + S + T \tag{1.4}$$

definiert werden. Gleichsetzen von (1.3) und (1.4) ergibt unter Berücksichtigung von (1.2)

$$LB \equiv (S - I) + (T - G). \tag{1.5}$$

Diese Identität stellt den wichtigen *ex post* Zusammenhang zwischen Leistungsbilanz, der Differenz zwischen Ersparnissen und Investitionen und dem Budgetüberschuss bzw. -defizit der Regierung dar.

Hat das Inland beispielsweise ein Leistungsbilanzdefizit ($LB < 0$) und gleichzeitig entsprechen die Investitionen genau den privaten Ersparnissen ($S = I$), ist das Leistungsbilanzdefizit *ex post* auf ein Haushaltsdefizit der Regierung zurückzuführen. Da in diesem Fall der Bedarf an Regierungsmitteln nicht im Inland finanziert werden kann (durch T und/oder $S - I$), findet ein Kapitalimport aus dem Ausland statt. Ein Leistungsbilanzdefizit ist aber auch bei einem ausgeglichenen Staatshaushalt möglich, wenn zu geringes Sparen des Privatsektors nicht ausreicht, um die inländischen Investitionen zu finanzieren.

Ein gutes Beispiel für die Bedeutung von (1.5) ist die amerikanische Leistungsbilanz, die sich in den 1980er Jahren und dann wieder ab 2000 stark verschlechterte. In den 1980er Jahren hatten die Leistungsbilanzdefizite ihr Gegenstück in den grossen Haushaltsdefiziten der ersten Reagan-Regierung. Nach einer Konsolidierung von 1987 bis 1997 gab es ab 1998 wieder eine Verschlechterung der Leistungsbilanz. Dazu trugen unter anderem die erneut wachsenden Haushaltsdefizite bei. Gleichzeitig war im letzten Jahrzehnt aber auch ein starker Rückgang der privaten Sparquote in den USA zu verzeichnen. Beides zusammen mündete in den massiven amerikanischen Leistungsbilanzdefiziten der letzten Jahre.

Das Beispiel der USA illustriert auch, warum der Zusammenhang in (1.5) von grosser Bedeutung ist. Wie im nächsten Abschnitt zur Zahlungsbilanz

noch genauer erläutert wird, sind Leistungsbilanzdefizite mit Kapitalbilanz-
überschüssen verbunden. Diese Überschüsse entstehen dadurch, dass das Ausland im Inland mehr investiert als umgekehrt. Dadurch sinkt aber auch
das Nettoauslandsvermögen, bzw. die Auslandsverschuldung steigt. Entsprechend verzeichnete die USA in den 1980er Jahren einen so starken Rückgang
des Nettoauslandsvermögens, dass sie 1987 zu einem Nettoauslandsschuldner
wurde. Zwischen 1997 und 2002 stieg die Nettoauslandsverschuldung dann
nochmals stark von unter 5% auf über 20% des BIPs an.[3]

1.2 Die Zahlungsbilanz

Die oben diskutierten Transaktionen mit dem Ausland werden in der Zahlungsbilanz (ZB) erfasst. Das *Balance of Payments Manual* des Internationalen Währungsfonds (5. Auflage 1993) legt Standards für die Kategorisierung
einzelner Einträge fest und sorgt damit für internationale Vergleichbarkeit.

Die Zahlungsbilanz setzt sich aus drei Teilbilanzen zusammen: *Leistungsbilanz* (LB), Saldo der *Vermögensübertragungen* ($V\ddot{U}$) und *Kapitalbilanz*
(KB).[4] Alle legalen und offiziell erfassten Transaktionen mit dem Ausland
werden in einer der drei Teilbilanzen der Zahlungsbilanz erfasst. Aufgrund
des Prinzips von Buchung und Gegenbuchung ist die Zahlungsbilanz immer
ausgeglichen, d.h.

$$ZB \equiv LB + V\ddot{U} + KB = 0. \tag{1.6}$$

Spricht man trotzdem von einer defizitären oder überschüssigen Zahlungsbilanz, meint man immer den Zustand irgendwelcher Teilbilanzen.

Die Zahlungsbilanz kann auch als Gleichgewichtsbedingung auf dem Devisenmarkt interpretiert werden. Bei positiven Einträgen handelt es sich stets
um solche, bei denen dem Inland bzw. den Inländern Fremdwährung – d.h.
ausländische Devisen – angeboten werden, z.B. wenn eine im Ausland wohn-
hafte Person ein inländisches Produkt erwirbt. Negative Einträge hingegen
entstehen, wenn das Inland bzw. die Inländer ausländische Devisen benötigen, z.B. wenn eine inländische Firma einen ausländischen Konkurrenten
aufkauft. Angebot an und Nachfrage nach Devisen – gemessen über einen
bestimmten Zeitraum – müssen sich *ex post* entsprechen.

---

[3] In den letzten Jahren profitierte die USA allerdings so stark von Wertzuwächsen Ihrer
Auslandsinvestitionen (relativ zu den Wertveränderungen Ihrer Auslandsverbindlichkei-
ten), dass sich die Auslandsverschuldung trotz anhaltender Leistungsbilanzdefizite nicht
substantiell erhöhte.

[4] Die entsprechenden englischen Begriffe sind *current account, capital account* und *financial account*. Die beiden Letzteren werden manchmal als *capital and financial account*
zusammengefasst.

1.2.1 Die Leistungsbilanz

In der *Leistungsbilanz* (*LB*) werden vorwiegend Handelsströme und Faktoreinkommen festgehalten. Die Position *Warenhandel* gibt den Saldo der Ausfuhr und Einfuhr von Gütern wieder, die Position *Dienstleistungen* den Saldo des Handels mit Dienstleistungen. Zu Letzteren zählen z.b. mit dem Tourismus verbundene Transaktionen (Reisen, Hotelübernachtungen etc.) und das grenzüberschreitende Banken- und Versicherungsgeschäft. Die in Abschnitt 1.1 verwendete Grösse 'Nettoexporte' (*NX*) bezieht sich auf den gemeinsamen Saldo des Warenhandels und der Dienstleistungen.[5]

Grenzüberschreitende Faktoreinkommen setzen sich aus *Arbeits- und Kapitaleinkommen* zusammen. Hier ist die Unterscheidung zwischen In- und Ausländern besonders wichtig. Das Gehalt eines in Deutschland lebenden und arbeitenden Franzosen wird beispielsweise nicht in der Zahlungsbilanz erfasst, das Einkommen eines belgischen Pendlers, der täglich die Grenze nach Luxemburg überquert, um dort seiner Arbeit nachzugehen, hingegen schon. Entscheidend ist folglich nicht die Nationalität, sondern der Wohnort des Arbeitnehmers. Das Gleiche gilt für Kapitaleinkommen, d.h. Gewinne oder Zinserträge, die an im Ausland lebende Kapitaleigner gezahlt werden.

Auch wenn es im ersten Moment vielleicht etwas überraschend erscheint, so ist die Verbuchung der Faktoreinkommen in der Leistungsbilanz ökonomisch durchaus nachvollziehbar. Wenn das Inland Güter exportiert, resultiert daraus ein positiver Eintrag in der Position Warenhandel. Der Verkaufserlös selbst wird dann aber in Form von Faktoreinkommen an die für die Herstellung verantwortlichen inländischen Arbeitskräfte und Kapitaleigner ausbezahlt. Theoretisch wäre es aber vielleicht auch möglich gewesen, die gleichen Güter mit inländischen Arbeitskräften und inländischem Kapital im Ausland herzustellen, z.B. in einem Werk nahe der Grenze. Die Produktion hätte dann zwar räumlich betrachtet im Ausland stattgefunden, es wären aber weiterhin die gleichen inländischen Produktionsfaktoren dafür verantwortlich gewesen. Deren Einkommen hätten dann wiederum zu einer positiven Verbuchung in der inländischen Zahlungsbilanz geführt, nur dieses Mal bei den Faktoreinkommen. Für die Leistungsbilanz insgesamt hätte dies allerdings keinen Unterschied bedeutet.

Die vierte Teilbilanz in der Leistungsbilanz sind die *laufenden Übertragungen*. Dazu gehören z.B. die Zahlungen der EU-Mitgliedsstaaten an den Haushalt der Europäischen Union, Zahlungen im Rahmen der Entwicklungszusammenarbeit und Überweisungen im Inland wohnender und arbeitender Ausländer an ihre Familien im Heimatland. Entscheidend für Einträge in dieser Kategorie ist, dass hier ein grenzüberschreitender Transfer von Einkommen ohne eine explizite Gegenleistung stattgefunden hat.

---

[5] Der häufig verwendete Begriff 'Handelsbilanz' wird, je nach Kontext, für die Nettoexporte oder den Saldo des Güterhandels verwendet.

1.2.2 Saldo der Vermögensübertragungen

In der zweiten Hauptkategorie, dem *Saldo der Vermögensübertragungen* ($V\ddot{U}$), werden ebenfalls Transfers erfasst. Hier handelt es sich jedoch um solche, bei denen Vermögen grenzüberschreitend den Besitzer wechselt. Eine Erbschaft aus dem Ausland oder Schuldenerlass gegenüber einem Entwicklungsland werden beispielsweise in dieser Kategorie erfasst. Die Eintragungen in dieser Teilbilanz sind typischerweise wesentlich geringer als die in der Leistungs- und Kapitalbilanz. Darüberhinaus ist die Unterscheidung zwischen den in der Leistungsbilanz festzuhaltenden laufenden Übertragungen und den Vermögensübertragungen nicht immer eindeutig.

1.2.3 Kapitalbilanz

In der *Kapitalbilanz* (KB) werden all jene Transaktionen erfasst, bei denen Inländer Kapital im Ausland bzw. Ausländer Kapital im Inland *erwerben*. Dabei wird zwischen unterschiedlichen Formen von Kapital unterschieden. Bei *Direktinvestitionen* handelt es sich um den Erwerb von Auslandskapital, mit dem auch ein starkes unternehmerisches Engagement verbunden ist. Im Gegensatz dazu wird bei den *Wertpapieranlagen und Finanzderivaten*, mehr oder weniger passiv der Kapitalbesitz der Inländer im Ausland erhöht, ohne dass auf die Unternehmensführung selbst ein bedeutender Einfluss genommen wird. Eine weitere Kategorie, der *übrige Kreditverkehr*, umfasst vor allem grenzüberschreitende Bankkredite.

Die Zuordnung von grenzüberschreitenden Vermögenstransaktionen in negative und positive Eintragungen verläuft genau entgegengesetzt zur Leistungsbilanz. Ein Güterimport bedeutet dort einen negativen Eintrag, wohingegen ein Kapitalimport einen positiven Eintrag in der Kapitalbilanz darstellt. Wenn sich das inländische Vermögen im Ausland hingegen durch Kapitalexporte – z.B. Direktinvestitionen – erhöht, ist dies ein negativer Eintrag in der Kapitalbilanz. Der Grund hierfür ist einfach. Bei Kapitalexporten – ebenso wie bei einem Güterimport – erwerben Inländer etwas von Ausländern, d.h. es entsteht im Inland ein Bedarf an Devisen. Im entgegengesetzen Fall – Kapitalimport bzw. Güterexport – verkauft das Inland etwas an das Ausland und somit entsteht ein zusätzliches Angebot an Fremdwährung.

In der Kapitalbilanz wird auch die *Veränderung der Währungsreserven* bzw. die Veränderung der Nettoauslandsposition (F^Z) der Noten- bzw. Zentralbank festgehalten. In dieser Kategorie werden Veränderungen des Währungsbestandes, nicht aber Veränderungen in der Bewertung bereits vorhandener Währungsbestände festgehalten. Zu den Währungsreserven zählen nicht nur ausländische Devisen, sondern auch Goldbestände und die Reserveposition beim Internationalen Währungsfonds. In manchen Publikationen wird bei der Kapitalbilanz noch zwischen einer Kapitalbilanz im engeren Sinn (KB') und der Devisenbilanz (ΔF^Z) unterschieden.[6]

Die Verbuchung von Veränderungen der Währungsreserven ist auf den ersten Blick vielleicht etwas schwerer nachzuvollziehen als bei den anderen Kategorien der Zahlungsbilanz. Nehmen wir zur Illustration das Beispiel, dass die Notenbank Devisen direkt von Ausländern erwirbt. Der Kauf der Währungsreserven durch die Notenbank erhöht deren Verbindlichkeiten, da inländische Währung im gleichen Wert auf das Konto der ausländischen Gegenpartei gutgeschrieben werden muss. Da dies einen Kapitalimport darstellt und dieser einen positiven Eintrag in der Kapitalbilanz bedeutet, wird der Gegeneintrag – der Kauf der Devisen durch die Notenbank – negativ verbucht. Allgemein gilt somit, dass eine Zunahme der Währungsreserven der Notenbank als negativer und eine Abnahme als positiver Eintrag verbucht wird.[7]

1.2.4 Der Restposten

Auch wenn die Summe der drei Posten Leistungsbilanz, Vermögensübertragungen und Kapitalbilanz aufgrund des Prinzips von Buchung und Gegenbuchung gemäss (1.6) theoretisch Null beträgt, gilt dies in der Praxis nur selten. Der Hauptgrund ist, dass die Teilbilanzen aus unterschiedlichen Quellen berechnet werden, d.h. es finden sich Lücken in der Erfassung. Dazu kommen statistische Fehler und Bewertungsunterschiede. Diese Differenzen werden in der Zahlungsbilanz im Restposten (*Saldo der statistisch nicht aufgliederbaren Transaktionen*) erfasst. Der Restposten wird uns im Folgenden nicht weiter beschäftigen.

1.2.5 Beispiele

Tabelle 1.1 präsentiert die Zahlungsbilanzen Deutschlands, der Europäischen Währungsunion (EWU) und der Schweiz[8] für das Jahr 2007. Gezeigt werden die drei grossen Teilbilanzen, wobei Leistungs- und Kapitalbilanz noch einmal in die vier kleineren und oben bereits beschriebenen Teilbilanzen auf-

---

[6] Siehe z.B. Ruckriegel (2002) und Rübel (2002). Im Englischen würde man entsprechend zwischen *nonreserve financial account* und *official reserve transactions* unterscheiden (siehe Krugman und Obstfeld [2008], Kapitel 12).

[7] Die Notation F^Z für die Devisenreserven der Zentralbank folgt aus der Verwendung in diesem Lehrbuch von F für im Inland gehaltene ausländische Vermögenswerte. Das ^{Z} steht für den Teil, der von der Zentralbank gehalten wird.

[8] In den Zahlungsbilanzstatistiken der Schweiz wird die Leistungsbilanz als *Ertragsbilanz* aufgeführt.

Tabelle 1.1   Zahlungsbilanzen für Deutschland, EWU und Schweiz, 2007.

	Deutschland	EWU	Schweiz
	Mrd.	*Mrd.*	*Mrd. Fr.*
A. Leistungsbilanz	**180.8**	**37.8**	**68.3**
1. Warenhandel	185 9	57.5	9.4
2. Dienstleistungen	– 16.4	53.2	44.1
3. Arbeits- und Kapitaleinkommen	42.0	11.1	26.1
4. Laufende Übertragungen	– 30.7	– 84.0	– 11.3
B. Saldo der **Vermögensübertragungen**	**0.2**	**14.0**	**– 2.8**
C. Kapitalbilanz	**– 235.9**	**29.4**	**– 48.1**
1. Direktinvestitionen	– 86.3	– 90.4	– 10.3
2. Wertpapieranlagen und Finanzderivate	63.3	83.8	– 36.1
3. Übriger Kreditverkehr	– 212.0	41.1	2.2
4. Veränderung der Währungsreserven	– 0.9	– 5.1	– 4.1
D. Saldo der statistisch nicht **aufgliederbaren Transaktionen**	**54.9**	**– 81.3**	**– 17.4**

Anmerkungen: Aufgrund von Rundungsfehlern ist die Summe der einzelnen Kategorien nicht immer mit der Gesamtsumme identisch. Quellen: Deutsche Bundesbank, Monatsbericht (Dezember 2008); European Central Bank, Monthly Bulletin (December 2008); Schweizerische Nationalbank, Zahlungsbilanz der Schweiz 2007 (September 2008).

geteilt werden. Je nach Bedarf lässt sich die Zahlungsbilanz in noch feinere Kategorien aufgliedern, was für unsere Zwecke jedoch nicht notwendig ist.

All drei Länder- bzw. Ländergruppen wiesen 2007 eine positive Leistungsbilanz auf. Die Kapitalbilanzen von Deutschand und der Schweiz waren entsprechend negativ. Das Saldo der Kapitalbilanz der EWU war jedoch ebenso wie das der Leistungsbilanz positiv. Entsprechend gross und negativ war dort der Restposten, der letzlich ja nur ein buchhalterisches Mittel ist, um die Gesamtbilanz ausgeglichen zu halten. Auch die deutsche Zahlungsbilanz enthielt 2007 einen recht grossen Restposten.

Innerhalb der Leistungsbilanz findet man jedoch einige Unterschiede. Deutschland beispielsweise hatte 2007 ein Defizit im Bereich Dienstleistungen, EWU und Schweiz jedoch einen Überschuss. Auch innerhalb der Kapitalbilanz finden sich Unterschiede. Deutschland und die EWU erzielten 2007 einen Netto-Überschuss bei den Wertpapieren und Finanzderivaten, bei der Schweiz hingegen war das Saldo dieser Teilbilanz negativ. Die Veränderung der Währungsreserven stellte in allen drei Fällen einen relativ kleinen Posten dar, was damit zusammenhängt, dass auf das gesamte Kalenderjahr gerech-

net keine substantiellen Devisenmarkttransaktionen stattfanden, wie man das
bei flexiblen Wechselkursen auch erwarten würde.

1.2.6 Flexible Wechselkurse und Veränderung der Währungsreserven

Wie schon zuvor erwähnt wurde, wird in verschiedenen Fällen zwischen einer
Kapitalbilanz im engeren Sinn (KB') und der Devisenbilanz (ΔF^Z) unterschieden, d.h. es gilt

$$KB \equiv KB' - \Delta F^Z, \tag{1.7}$$

wobei das bisher verwendete Kürzel KB die Kapitalbilanz *im weiteren Sinn*
darstellt und das negative Vorzeichen von ΔF^Z aus der soeben diskutierten
Art der Verbuchung der Veränderung der Währungsreserven der Notenbank
stammt. Einsetzen von (1.7) in (1.6) ergibt

$$LB + V\ddot{U} + KB' - \Delta F^Z = 0. \tag{1.8}$$

ΔF^Z misst somit den Zahlungsbilanzüberschuss als Summe aus der Leistungsbilanz und der Änderung der Forderungen und Verbindlichkeiten von inländischen Wirtschaftssubjekten *ausser der Notenbank* gegenüber dem Ausland. Bei völlig flexiblen Wechselkursen tritt die Notenbank nicht als Anbieter
oder Nachfrager am Devisenmarkt auf. Somit kann sich ihre Nettoauslandsposition nicht verändern. Es gilt immer $\Delta F^Z = 0$, und die Zahlungsbilanz
ist im jetzt verwendeten engeren Sinne (ZB') *ex post* immer ausgeglichen:

$$ZB' \equiv LB + V\ddot{U} + KB' = 0. \tag{1.9}$$

Trotz dieses aus der Saldenmechanik resultierenden permanenten Ausgleichs
der enger definierten Zahlungsbilanz bei flexiblen Wechselkursen kann die
Zahlungsbilanz natürlich bei der makroökonomischen Analyse offener Wirtschaften unter flexiblen Wechselkursen nicht einfach ignoriert werden. Hierfür
gibt es zwei wichtige Gründe.

1. Der durch (1.9) beschriebene Zahlungsbilanzausgleich kann offensichtlich
   auf verschiedene Arten zustandekommen: Durch eine defizitäre Leistungsbilanz und eine entsprechend überschüssige Kapitalbilanz (im engeren
   Sinn); durch einen Leistungsbilanzüberschuss und ein gleich grosses Ka-
   pitalbilanzdefizit; oder, indem beide Teilbilanzen – Leistungs- und Kapitalbilanz – ausgeglichen sind. Wie bereits in Abschnitt 1.1 gezeigt wurde,
   bedeutet ein Leistungsbilanzdefizit ein Sinken des Nettoauslandsvermögens bzw. einen Anstieg der Nettoauslandsverschuldung. Was hinter einer
   ausgeglichenen Zahlungsbilanz steht, kann deshalb sehr unterschiedliche
   Konsequenzen für die langfristige Entwicklung der Auslandsverschuldung
   und insbesondere die Wachstumschancen des Inlands haben.

2. $LB+V\ddot{U}+KB' = 0$ bedeutet, dass die Zahlungsbilanz immer ausgeglichen sein muss, sagt aber nichts über die hinter der Leistungsbilanz und der Kapitalbilanz stehenden Transaktionen aus, insbesondere wie diese *ökonomisch erklärt* werden können. Ein entsprechender Versuch, Nettogüter- und Nettokapitalexporte zu erklären, führt uns zu Bestimmungsvariablen wie Volkseinkommen, Preisniveau, Zinssatz – jeweils im In- und Ausland – und dem tatsächlichen und erwarteten Wechselkurs. Eine ausgeglichene Zahlungsbilanz – und damit ein Ausgleich von Angebot und Nachfrage auf dem Devisenmarkt – wäre prinzipiell durch unendlich viele Kombinationen dieser Bestimmungsvariablen möglich. Die Auswahl wird allerdings dadurch eingeschränkt, dass der Geldmarkt und der inländische Gütermarkt die möglichen Kombinationen begrenzen, indem sie strukturelle Abhängigkeiten makroökonomischer Grössen untereinander verursachen. Damit kann sich keine Analyse mit der Zahlungsbilanz verbundener ökonomischer Fragestellungen auf eine isolierte Betrachtung der Zahlungsbilanz stützen, sondern muss in ein makroökonomisches Modell eingebettet sein. Konsequenterweise spricht der Titel dieses Buches deshalb auch nicht von "Wechselkurstheorie" oder "Zahlungsbilanztheorie", sondern von "Makroökonomik flexibler und fester Wechselkurse". Nur in diesem Kontext findet das Wechselkurssystem einen adäquaten Platz in der Volkswirtschaftslehre.

1.3 Wechselkurs, Kapitalmarkt und Leistungsbilanz

Wenn die Zahlungsbilanz (1.6) als Gleichgewichtsbedingung für den Devisenmarkt interpretiert werden kann, muss sich aus den hinter den einzelnen Teilbilanzen stehenden Märkten das Angebot an und die Nachfrage nach Devisen ergeben. So bestimmt auf der einen Seite der in der Leistungsbilanz erfasste stetige *Strom* an Gütern, Dienstleistungen, Faktoreinkommen und laufenden Übertragungen, wieviel Devisen angeboten und nachgefragt werden. Auf der anderen Seite führen auch Veränderungen des *Bestands* an ausländischen Finanzaktiva, die in der Kapitalbilanz und im Saldo der Vermögensübertragungen erfasst werden, zu Angebot an oder Nachfrage nach Fremdwährung.[9] Diejenige Teilbilanz, welche auf Parameteränderungen heftiger reagiert, die Leistungsbilanz oder die Kapitalbilanz, bestimmt letzten Endes den Preis auf dem Devisenmarkt, den Wechselkurs. Aus diesem Grund lassen sich Wechselkurstheorien einteilen in *Stromansätze* (flow models) – dann bestimmen die in der Leistungsbilanz festgehaltenen Güter- und Einkommens*ströme* den Wechselkurs – und *Bestandsansätze* (stock models) – dann wird der Wechselkurs durch in der Kapitalbilanz erfasste Vermögens*bestände* bestimmt.

---

[9] Zur Vereinfachung wird im Folgenden der in der Regel relativ unbedeutende Saldo der Vermögensübertragungen unter die Kapitalbilanz subsumiert.

1.3.1 Wechselkurskonzepte

Der *nominale Wechselkurs E* bestimmt den *relativen Preis zweier Währungen*. In diesem Lehrbuch verwenden wir die amerikanische Definition des Wechselkurses als inländischer Preis einer Einheit der ausländischen Währung, d.h.

$$E = \frac{\text{Anzahl inländischer Währungseinheiten}}{1 \text{ ausländische Währungseinheit}}.$$

Um den Preis ausländischer Güter in inländische Währungseinheiten umzurechnen, muss der Preis in ausländischer Währung mit dem Wechselkurs E multipliziert werden. So definiert ist eine Abwertung – d.h. ein Wertverlust der inländischen Währung – gleichbedeutend mit einem Anstieg des Wechselkurses. Umgekehrt steht ein niedrigerer Wechselkurs für eine Aufwertung der inländischen Währung.

Für ein gegebenes Währungspaar existiert jedoch nicht nur ein nominaler Wechselkurs. Je nach Transaktionsart werden unterschiedliche Kurse verwendet. Unterschieden werden muss beispielsweise zwischen Tages- bzw. Kassakursen und Terminkursen. Erstere beziehen sich auf den auf gegenwärtige Transaktionen verwendeten Kurs, Letzterer auf Wechselkurse für Devisengeschäfte, die erst in der Zukunft getätigt werden (sogenannte Termingeschäfte). Bei allen Wechselkursen muss darüber hinaus zwischen dem Geldkurs, zu dem Devisenhändler, Banken etc. Devisen kaufen, und dem Briefkurs, zu dem sie verkaufen, unterschieden werden. Der Unterschied (der sogenannte 'bid-ask spread') reflektiert die mit Devisengeschäften verbundenen Transaktionskosten bzw. Gewinnmargen der Devisenhändler.

Im Folgenden werden wir diese Unterscheidungen ignorieren und von *einem einzigen* 'nominalen Wechselkurs' sprechen. Dies ist eine für die restlichen Kapitel sinnvolle Vereinfachung, soll aber nicht über die in der Realität grosse Anzahl relevanter Wechselkurse hinwegtäuschen.

Das zweite wichtige Wechselkurskonzept, das in diesem Lehrbuch wiederholt auftreten wird, ist der *reale Wechselkurs*. Dieser ist definiert als

$$R = \frac{EP^*}{P} \tag{1.10}$$

und misst den *relativen Preis in- und ausländischer Güter*. Damit man die Preise im Ausland, P^*, überhaupt mit den Preisen im Inland, P, vergleichen kann, müssen diese in einer gemeinsamen Währung vorliegen. Im Zähler von (1.10) wird der Preis ausländischer Güter in inländische Währungseinheiten konvertiert, indem man ihn mit dem nominalen Wechselkurs E multipliziert. Je höher R, desto teurer sind ausländische im Vergleich zu inländischen Gütern. Ein Anstieg des realen Wechselkurses entspricht somit einer realen Abwertung. Im Gegensatz dazu bedeutet ein Sinken des realen Wechselkurses, dass die Preise der inländischen Güter relativ teurer geworden sind, was eine reale Aufwertung darstellt.

Ist $R = 1$, dann sind die Preise im In- und Ausland (gemessen in einer gemeinsamen Währung) gleich:

$$P = EP^*. \tag{1.11}$$

In diesem Fall gilt die *absolute* Version der *Kaufkraftparität*: Ein gegebenes Einkommen 'kauft' im In- und Ausland die gleiche Menge Güter. Gilt die Kaufkraftparität, entspricht der Wechselkurs dem relativen Preisniveau im In- und Ausland:

$$E = \frac{P}{P^*}. \tag{1.12}$$

Eine abgeschwächte Version dieses Zusammenhangs ist die *relative Kaufkraftparität*, bei der die Annahme $R = 1$ durch die schwächere Annahme eines konstanten realen Wechselkurses R ersetzt wird. In diesem Fall sind zwar die in eine gemeinsame Währung umgerechneten Preise im In- und Ausland nicht identisch, aber deren Wachstumsraten,

$$\frac{\Delta P}{P} = \frac{\Delta(EP^*)}{EP^*}.$$

Empirisch lässt sich die Gültigkeit der absoluten Kaufkraftparität praktisch überhaupt nicht, die der relativen Kaufkraftparität nur schwer belegen. Rogoff (1996) betitelt seine Übersicht dementsprechend auch 'purchasing power parity puzzle'. Mögliche Erklärungen hierfür werden in Kapitel 9 diskutiert.

1.3.2 Wechselkurs und internationaler Kapitalmarkt

Wie die folgenden Kapitel zeigen werden, räumen moderne Wechselkurstheorien der Kapitalbilanz (und damit den Beständen) eine zentrale, oft sogar die dominierende Rolle ein. In diesem Zusammenhang sind die Begriffe *Mobilität* und *Substituierbarkeit* von Kapitalanlagen von zentraler Bedeutung und sollen deshalb hier kurz erläutert werden.

In- und ausländische Kapitalanlagen sind dann *vollkommene Substitute*, wenn beide allein nach der erwarteten Rendite beurteilt werden und ohne Kapitalverkehrsbeschränkungen frei gehandelt werden können. Letzteres wird auch als *vollkommene Kapitalmobilität* bezeichnet. Bei minimalen Renditeunterschieden strömt in diesem Fall das gesamte Kapital in die Anlage mit der höheren Renditeerwartung. Der Devisenmarkt kann unter dieser Annahme nur dann im Gleichgewicht sein, wenn im Inland die gleiche Rendite wie im Ausland erwartet wird,

$$i = i^* + E(\dot{e}), \tag{1.13}$$

wobei gemäss der allgemein in diesem Lehrbuch verwendeten Notation Kleinbuchstaben auf den Logarithmus der Variablen verweisen, d.h. $e = ln(E)$. $E(.)$ ist der Erwartungsoperator und $E(\dot{e}) = E(e_{+1}) - e$ die Differenz zwischen dem in der Zukunft erwarteten Wechselkurs $E(e_{+1})$ und dem heutigen Wechselkurs e (beide logarithmiert). Diese Gleichgewichtsbedingung wird als *ungedeckte* oder offene *Zinsparität* bezeichnet.[10] Bei gegebenen Wechselkurserwartungen muss sich folglich der heutige Wechselkurs anpassen, wenn beispielsweise nach einer Zinsänderung $i \neq i^* + E(\dot{e})$ ist.

Gleichung (1.13) kann aber nur gelten, wenn die Marktteilnehmer *risikoneutral* sind. Da die effektive Rendite einer ausländischen Anlage auch von der nicht vorhersehbaren Wechselkursentwicklung abhängt, ist eine ausländische Anlage grundsätzlich unsicherer als die mit einer gegebenen Rendite ausgestattete inländische Anlage. Wären die Marktteilnehmer *risikoavers*, würden sie beide Anlageformen nur dann gleichstellen, wenn die Rendite der ausländischen Anlage eine *Risikoprämie RP* beinhaltet, die sie für das eingegangene Risiko auf Fremdwährungsanlagen kompensiert.[11] Die Gleichgewichtsbedingung lautet dann

$$i = i^* + E(\dot{e}) - RP. \tag{1.14}$$

In diesem Fall wären Anlagen im In- und Ausland auch keine perfekten Substitute mehr.

Wie bereits erwähnt, setzt *vollkommenen Substituierbarkeit* internationaler Kapitalanlagen auch *vollkommenen Kapitalmobilität* voraus. Kapital ist dann vollkommen mobil, wenn es jederzeit ohne Verzögerung und im gewünschten Ausmass in die bevorzugte Anlageform transferiert werden kann. Eine ausländische Anlage kann niemals ein vollkommenes Substitut für eine inländische sein, wenn die gebundenen Mittel nicht jederzeit wieder ins Inland transferiert werden können. Andererseits ist es durchaus möglich, dass

---

[10] Gleichung (1.13) ist eine häufig verwendete und in der theoretischen Modellierung übliche Vereinfachung der Gleichgewichtsbedingung für den internationalen Kapitalmarkt, die nicht ganz präzise ist. Während eine im Inland angelegte Währungseinheit genau eine dem inländischen Zinssatz entsprechende Rendite abwirft, ist die erwartete Rendite bei einer Anlage im Ausland $i^* + E(\dot{e}) + E(\dot{e}) \cdot i^*$. Sie setzt sich also aus dem Zins, dem erwarteten Wechselkursgewinn auf das eingesetzte Kapital und dem erwarteten Wechselkursgewinn auf dem vereinbarten Zins zusammen. Die genaue Gleichgewichtsbedingung lautet somit

$$i = i^* + E(\dot{e}) + E(\dot{e}) \cdot i^*$$

Da der letzte Term bei normalen Zinsniveaus und Wechselkursbewegungen quantitativ unbedeutend ist, kann er vernachlässigt werden.

[11] Die von einem Individuum für eine Anlage verlangte Risikoprämie ist eine endogene, z.B. vom Anteil der betrachteten Anlageform am Gesamtvermögen abhängige Variable. Bei kleinen Anteilen ist sie typischerweise sehr klein – beim Zahlenlotto sogar für viele negativ. Sie kann hingegen bei auf 100 Prozent zugehenden Anteilen gegen unendlich gehen.

Kapital zwar vollkommen mobil ist, in- und ausländische Anlagen aber dennoch keine perfekten Substitute sind. Dies wäre der Fall, wenn, wie bereits erwähnt, die Martteilnehmer nicht risikoneutral sind.

1.3.3 Wechselkurs und Leistungsbilanz

In diesem Lehrbuch (wie in der gesamten Literatur zur monetären Aussenwirtschaft) wird häufig die Annahme getroffen, dass eine Abwertung zu einer Erhöhung der Nettoexporte und somit zu einer Verbesserung der Leistungsbilanz[12] führt, d.h.

$$\frac{\partial NX}{\partial E} > 0.$$

Wie dieser Abschnitt zeigen wird, ist dies jedoch nicht zwingend der Fall. Zum einen hängt es davon ab, ob eine nominale Abwertung zu einer realen Abwertung führt, zum anderen davon, wie die Export- und Importmengen reagieren.

Der nominale Wert der Nettoexporte (in inländischen Währungseinheiten) lässt sich wie folgt schreiben:

$$NX = P \cdot X(R, Y^*) - P^* \cdot E \cdot Q(R, Y), \tag{1.15}$$

wobei X = Exportmenge, Q = Importmenge, P = Preis inländischer Güter, P^* = Preis ausländischer Güter; Y und Y^* sind das inländische respektive ausländische Volkseinkommen. Die Export- und Importfunktionen enthalten neben dem realen Wechselkurs, der den relativen Preis der inländischen und ausländischen Güter darstellt, auch das inländische und ausländische Einkommen als Bestimmungsfaktoren der Importe und Exporte (wobei $\partial Q/\partial Y, \partial X/\partial Y^* > 0$). Wir gehen davon aus, dass es sich beim Inland um ein 'kleines' Land handelt und P^* deshalb eine exogene Grösse ist.[13]

1.3.3.1 Konstante inländische Preise

Unter der keynesianischen Annahme fixer Preise, wie sie auch im Mundell-Fleming-Modell der nächsten beiden Kapitel gilt, ist das inländische Preisniveau P konstant, und somit führt eine nominale auch zu eine realen Abwertung. Die Ableitung der Nettoexporte (1.15) nach dem nominalen Wechselkurs[14] lautet

---

[12] Für gegebene Faktoreinkommen und laufende Übertragungen.

[13] Die Auswirkungen einer Lockerung dieser Annahme werden in Kapitel 9 analysiert.

[14] $\partial X/\partial E$ ergibt sich unter Anwendung der Kettenregel wie folgt: $\frac{\partial X}{\partial E} = \frac{\partial X}{\partial R}\frac{\partial R}{\partial E} = \frac{\partial X}{\partial R}\frac{P^*}{P}$.

$$\frac{\partial NX}{\partial E} = P\frac{\partial X}{\partial E} - EP^*\frac{\partial Q}{\partial E} - P^*Q. \tag{1.16}$$

Eine Abwertung beeinflusst die Nettoexporte bzw. die Leistungsbilanz folglich über drei Kanäle (unter der zuvor getroffenen Annahme, dass die Preise im In- und Ausland konstant sind und die nominale Abwertung somit auch zu einer prozentual identischen realen Abwertung führt):

1. Eine Abwertung verbilligt die inländischen Güter im Ausland und führt damit zu einer mengenmässig grösseren Nachfrage nach Exporten. Dies schlägt sich in höheren Exporteinnahmen und somit in einer verbesserten Leistungsbilanz nieder, d.h. $P \cdot \partial X/\partial E > 0$.
2. Eine Abwertung verteuert die ausländischen Güter im Inland und führt deshalb zu einer mengenmässig geringeren Nachfrage nach Importen, d.h. $\partial Q/\partial E < 0$. Auch dies verbessert ceteris paribus die Leistungsbilanz, da $-E \cdot P^* \cdot \partial Q/\partial E > 0$.
3. Da eine Abwertung die ausländischen Güter im Inland verteuert, wird all das, was nun doch noch importiert wird, teurer. Dies verschlechtert die Leistungsbilanz, da $-P^*Q < 0$.

Die Summe der drei Effekte ist unbestimmt. Es lassen sich jedoch Bedingungen herleiten, unter denen $\partial NX/\partial E > 0$ gilt. Dazu formuliert man (1.16) um zu

$$\begin{aligned}\frac{\partial NX}{\partial E} &= \frac{PX}{E}\left(\frac{\partial X}{\partial E}\frac{E}{X}\right) - P^*Q\left(\frac{\partial Q}{\partial E}\frac{E}{Q}\right) - P^*Q \\ &= \frac{PX}{E}\varepsilon_E^X - P^*Q\varepsilon_E^Q - P^*Q,\end{aligned} \tag{1.17}$$

wobei ε_E^X die Elastizität des Exportvolumens und ε_E^Q die Elastizität des Importvolumens in Bezug auf den nominalen Wechselkurs darstellen. Wenn wir anfangs von einer ausgeglichenen Handelsbilanz ausgehen, dann gilt $PX = EP^*Q$ bzw. $PX/E = P^*Q$. Somit wird aus (1.17)

$$\frac{\partial NX}{\partial E} = P^*Q\left(\varepsilon_E^X - \varepsilon_E^Q - 1\right). \tag{1.18}$$

Ob eine Abwertung die Nettoexporte erhöht und somit die Leistungsbilanz verbessert, hängt also davon ab, ob der Term in Klammern in (1.18) positiv ist, d.h. ob

$$\varepsilon_E^X - \varepsilon_E^Q - 1 > 0 \tag{1.19}$$

bzw.

$$\varepsilon_E^X - \varepsilon_E^Q > 1, \tag{1.20}$$

gilt. Da ε_E^Q negativ ist, lässt sich (1.20) auch zu

$$\left|\varepsilon_E^X\right| + \left|\varepsilon_E^Q\right| > 1 \tag{1.21}$$

umformulieren. Dies ist die *Marshall-Lerner-Bedingung*. Damit eine Abwertung zu einer Erhöhung der Nettoexporte führt, müssen sich die Wechselkurselastizitäten der Export- und der Importnachfrage, absolut gesehen, zu mehr als 1 aufaddieren. Nur unter dieser Bedingung kompensieren die zusätzlichen Exporterträge die Verteuerung der Importe, die durch eine Abwertung ausgelöst wird.

Es ist hervorzuheben, dass wir die Marshall-Lerner-Bedingung unter der vereinfachenden Annahme hergeleitet haben, dass die Elastizität des Güter*angebots* im In- und Ausland unendlich gross ist.[15] Wir unterstellen somit in keynesianischer Tradition Unterbeschäftigung, was auch als Rechtfertigung für die Konstanz der Preisniveaus im In- und Ausland gelten kann (bzw. was das ausländische Güterangebot anbetrifft, dass es sich beim Inland um eine kleine offene Volkswirtschaft handelt, deren Nachfrage den Weltmarktpreis nicht beeinflusst).

1.3.3.2 Die J-Kurve

Die Gültigkeit der Marshall-Lerner-Bedingung und die somit positive Wirkung einer Abwertung auf die Nettoexporte ist eine empirisch plausible Annahme – für die lange Frist. Kurzfristig mag sich die Leistungsbilanz nach einer Abwertung durchaus verschlechtern und für eine gewisse Zeit in diesem Zustand verharren, bevor die in der Marshall-Lerner-Bedingung genannten Reaktionen in der erforderlichen Stärke einsetzen und die Leistungsbilanz verbessern. Da die grafische Darstellung der Entwicklung der Leistungsbilanz nach einer Abwertung dem Buchstaben J ähnelt, spricht man hier vom *J-Kurven-Effekt* (siehe Abb. 1.2).

1.3.3.3 Mit inländischer Preisreaktion

Die Annahme, dass das inländische Preisniveau als konstante Grösse betrachtet werden kann, mag in einem Modell wie dem Mundell-Fleming-Modell

---

[15] Die Bedingung für den allgemeineren Fall *endlicher* Angebotselastizitäten wird als *Robinson-Bedingung* bezeichnet. Definiert man die Euro-Preiselastizität des deutschen Exportgüterangebots als η_E^X und die Dollar-Preiselastizität des amerikanischen Angebots an Importgütern für den deutschen Markt als $\eta_{1/E}^Q$, so lautet die Robinson-Bedingung für eine Normalreaktion der Leistungsbilanz

$$1 + \varepsilon_{1/E}^X + \varepsilon_E^Q < (1 + \eta_E^X + \eta_{1/E}^Q)\frac{\varepsilon_{1/E}^X \varepsilon_E^Q}{\eta_E^X \eta_{1/E}^Q}.$$

Die Herleitung dieser Bedingung wird in Göcke und Köhler (2002) genauer beschrieben.

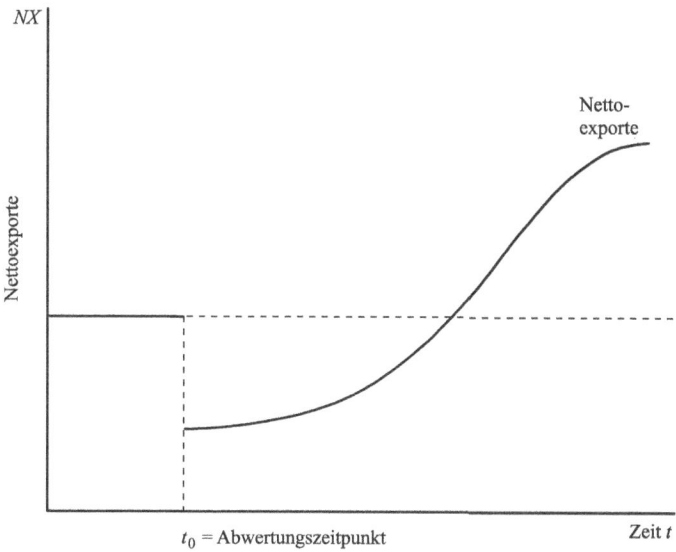

Abbildung 1.2 Grafische Darstellung des J-Kurven Effekts.

(siehe Kapitel 2 und 3), das von Unterbeschäftigung ausgeht, durchaus Sinn machen. Bei einer allgemeineren Betrachtung, zu der auch der Fall der Vollbeschäftigung zählt, muss diese Annahme jedoch aufgehoben werden. Es ist dann davon auszugehen, dass $\partial P/\partial E > 0$, da der durch die nominale Abwertung hervorgerufene Anstieg der Nachfrage nach inländischen Gütern tendenziell deren Preise ansteigen lässt. Als Ableitung der Nettoexporte nach dem Wechselkurs erhalten wir unter diesen verallgemeinerten Annahmen

$$\frac{\partial NX}{\partial E} = P\frac{\partial X}{\partial E} + \frac{\partial P}{\partial E}X - EP^*\frac{\partial Q}{\partial E} - P^*Q. \tag{1.22}$$

Eine Abwertung beeinflusst die Nettoexporte bzw. die Leistungsbilanz folglich über drei Effekte, von denen der erste unmittelbar auftritt, der zweite etwas Zeit braucht und der dritte erst mit erheblicher Verzögerung wirksam wird. Mit einer Verbesserung der Leistungsbilanz nach einer Abwertung kann man erst mittelfristig rechnen, nachdem Import- und Export*mengen* auf die Veränderung des Preisverhältnisses reagiert haben.

1. *Unmittelbare Reaktion.* Kurzfristig gelten die vor der Abwertung abgeschlossenen Verträge, in denen *Preise und Mengen fixiert* sind. Deswegen können wir $\partial P/\partial E = \partial Q/\partial E = \partial X/\partial E = 0$ unterstellen. Gemäss (1.22) *verschlechtert* eine Abwertung um eine Währungseinheit die Leistungsbilanz um P^*Q, da für die preislich in ausländischer Währung fixierten und mengenmässig ebenfalls festgelegten Importe jetzt mehr inländische Währung zu bezahlen ist. Dieser Effekt entfällt, wenn die Preise für Importe vertraglich in inländischer Währung vereinbart wurden.

2. *Mittelfristige Reaktion.* Beim Abschluss neuer Kontrakte nach der Abwertung wird man die zugunsten inländischer Produkte veränderte Preisrelation berücksichtigen. Bezeichnen wir die vor der Abwertung geltenden Variablenwerte mit dem Subskript 0, die danach geltenden mit dem Subskript 1, so galt vor der Abwertung die Preisrelation $R_0 = E_0 P^*/P_0$ und danach $R_1 = E_1 P^*/P_0 > R_0$. Die Nachfrager beginnen in dieser Situation, verstärkt inländische Produkte nachzufragen und die Nachfrage nach ausländischen Produkten zu reduzieren $\partial X/\partial E > 0$ und $\partial Q/\partial E < 0$. Erste Mengenreaktionen dieser Art mögen früh einsetzen, brauchen aber unter Umständen Jahre, bis sie voll wirksam werden.[16]

Mit einsetzender Wirkung beginnen die Nettoexporte zu steigen – wir bewegen uns entlang der J-Kurve nach rechts oben. Die Leistungsbilanz verbessert sich.

3. *Längerfristige Reaktion.* Auf längere Sicht, die wir mit dem Subskript 2 kennzeichnen, kann die gestiegene Nachfrage nach inländischen Produkten besonders dann nicht ohne Preisreaktionen bleiben, wenn wir keine extreme Unterbeschäftigungssituation haben. Bei nicht vollkommen elastischem Güterangebot wird das erhöhte Exportvolumen nur zu höheren Preisen angeboten. Dies verbessert die Leistungsbilanz zunächst noch weiter, beginnt andererseits aber auch, den durch die Abwertung gewonnenen Wettbewerbsvorteil der inländischen Wirtschaft wieder aufzufressen. Auf dieses Sinken des *realen* Wechselkurses werden nach einiger Zeit wieder die Export- und Import*mengen* reagieren, jetzt allerdings in entgegengesetzter, die Leistungsbilanz verschlechternder Weise.

Nach Aussage der Kaufkraftparitätenhypothese besteht auf längere Sicht sogar eine Tendenz zum vollständigen internationalen Preisausgleich, also zu einer Rückkehr des realen Wechselkurses zu seinem (ursprünglichen) Gleichgewichtswert. Bei auf E_1 fixiertem Wechselkurs und exogen gegebenem ausländischem Preisniveau bedeutet dies, dass die Preise im Inland letztlich gleich stark steigen wie ursprünglich der Wechselkurs, so dass $R_2 = E_1 P^*/P_2 = R_0$ gilt. Dies würde aber bedeuten, dass die Auswirkung einer *nominalen* Abwertung auf die Leistungsbilanz auf lange Sicht gleich Null ist.

1.3.3.4 Evidenz

Die US-amerikanischen Wechselkurs- und Leistungsbilanzdaten für die 80er Jahre (siehe Abb. 1.3) illustrieren die empirische Relevanz des J-Kurven-Effekts. Der reale Aussenwert des US-Dollar war von 1981-85 für fünf aufeinanderfolgende Jahre ständig und massiv gestiegen.[17] Die zu Beginn dieses

---

[16] Ein bekanntes Beispiel für kurzfristig sehr kleine, längerfristig aber doch substantielle Preiselastizitäten sind die Ölimporte.

[17] Der reale Aussenwert des Dollars ist der Index des effektiven realen Wechselkurses des Dollars. Dieser Index basiert auf dem Kehrwert des gewichteten Durchschnitts der realen

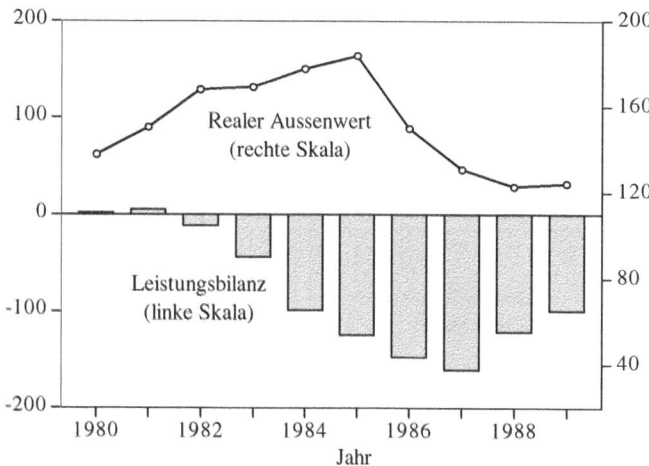

Abbildung 1.3 Leistungsbilanz der USA und realer Aussenwert des Dollar 1980-89. Quelle: IWF, International Financial Statistics.

Höhenflugs praktisch ausgeglichene amerikanische Leistungsbilanz reagierte darauf im ersten Jahr 1981 gemäss J-Kurve mit einem kleinen Überschuss. Dass diese anfängliche Verbesserung der Leistungsbilanz bescheiden ausfiel, ist für die USA leicht zu erklären, da die kurzfristig gegenläufige Reaktion der Leistungsbilanz theoretisch nur auftreten kann, wenn die bereits bestellten Importe in ausländischer Währung fakturiert sind. Da der Dollar die am häufigsten bei internationalen Geschäften verwendete Währung ist, ist das Eintreten dieses Effektes für die USA unwahrscheinlich.

Die amerikanische Leistungsbilanz verschlechterte sich ab 1982 zunehmend, wie dies bei der kontinuierlichen Aufwertung zu erwarten war. Dieser Trend setzte sich auch nach der Umkehr der Dollarentwicklung 1986 zunächst fort, stabilisierte sich 1987 und zeigte erst ab 1988 Anzeichen einer Besserung. Die Leistungsbilanzdefizite blieben jedoch bestehen, obwohl der Aussenwert des Dollars inzwischen tiefer war als 1980.[18]

Wechselkurse des Dollars gegenüber den Währungen der Haupthandelspartner der USA, wobei die Gewichtung gemäss bilateraler Handelsanteile erfolgt. Wenn der reale Aussenwert steigt, wertet sich der Dollar real auf.

[18] Im Zusammenhang mit den trotz Dollar-Abwertung lange andauernden Leistungsbilanzdefiziten wird in verschiedenen Arbeiten von einem Hysterese-Effekt gesprochen. Hysterese ist "das, was zurückbleibt" und bezieht sich hier auf die strukturelle Dimension von Leistungsbilanzungleichgewichten. Die ausgeprägte und ungewöhnlich lange anhaltende Überbewertung des Dollars zwischen 1981 und 1986 könnte die Strukturen auf den Weltmärkten so nachhaltig verändert haben, dass ein Rückgang des Wechselkurses auf seinen früheren Wert nicht ausreicht, um diese Veränderungen wieder rückgängig zu machen. Siehe z.B. Baldwin (1988).

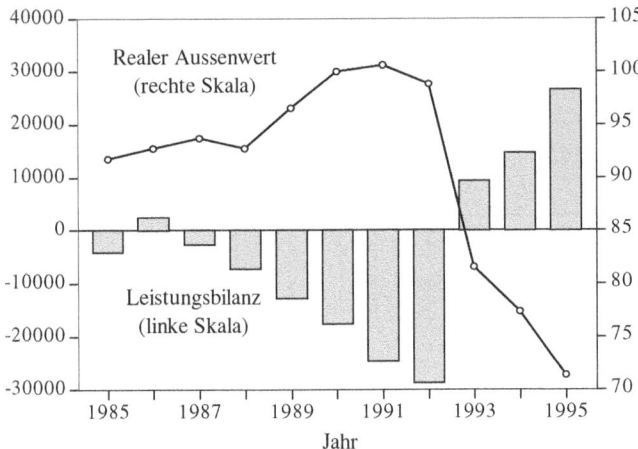

Abbildung 1.4 Leistungsbilanz Italiens und realer Aussenwert der Lira 1985-95. Quelle: IWF, International Financial Statistics.

Dass der J-Kurven-Effekt empirisch nur unter bestimmten Rahmenbedingungen auftritt, belegen die italienischen Erfahrungen vor und nach der EWS-Krise im Jahre 1992 (siehe Abb. 1.4). Von Mitte 1985 bis 1991 stieg der reale Aussenwert der Lira kontinuierlich an. Parallel dazu bewegte sich die in den Jahren 1985 bis 1987 mehr oder weniger ausgeglichene Leistungsbilanz Italiens immer tiefer in die roten Zahlen. Der Austritt Italiens aus dem EWS im Verlaufe der im Herbst 1992 kulminierenden Krise führte zu einem Abwertungssprung des handelsgewichteten Lirakurses um fast 20 Prozent. Diese Bewegung setzte sich in den Jahren 1994 und 1995 fort. Die Reaktion der Leistungsbilanz erfolgte lehrbuchmässig und ohne erkennbare Verzögerung: Bereits im Jahr des Abwertungssprungs wurde die Leistungsbilanz aktiv, und dieser Überschuss wuchs in den Jahren 1994 und 1995 nahezu proportional zur weiteren Abwertung der Lira. Eine Verzögerung in der Reaktion der Leistungsbilanz oder eine temporäre Verschlechterung parallel zum Abwertungssprung 1992, wie sie der J-Kurven-Effekt postuliert, ist hier nicht erkennbar.

1.4 Ausblick auf die restlichen Kapitel des Buchs

Eine wichtige Dimension, in der sich makroökonomische Modelle unterscheiden, ist die der Flexibilität der Güterpreise. Unterstellt man vollkommen fixe Güterpreise und damit Unterbeschäftigung, befinden wir uns im *Mundell-Fleming-Modell*. Dieses in den nächsten beiden Kapiteln ausführlich behandelte Modell ist ein früher Vertreter der heute dominierenden Sicht, dass der

Wechselkurs primär über die von den Wirtschaftssubjekten gewünschte internationale Vermögensaufteilung (und damit über die Kapitalbilanz) bestimmt wird. Die Leistungsbilanz (und die in ihr erfassten Güter- und Dienstleistungsströme) spielt in diesen modernen Ansätzen nur eine sehr untergeordnete Rolle, etwa im Sinne eines langfristigen Korrektivs über die mit Leistungsbilanzungleichgewichten verbundenen Veränderungen des inländischen Vermögens.

Einen grösseren Teil dieses Buches beansprucht die Beschäftigung mit dem auf Dornbusch (1976) zurückgehenden *makroökonomischen Ungleichgewichtsmodell* (Kapitel 4 und 5). Dies unterstellt eine vollbeschäftigte Volkswirtschaft mit trägen, d.h. kurzfristig fixen und langfristig flexiblen, Güterpreisen. Am Beispiel dieses zentralen Modells der modernen Wechselkurstheorie werden auch Fragen der Erwartungsbildung intensiv diskutiert.

Das *monetäre Wechselkursmodell* geht von einem bei völlig flexiblen Preisen ständig geräumten Gütermarkt aus und wird in Kapitel 6 vorgestellt und diskutiert. In diesem Kapitel werden auch *Seifenblasenmodelle* analysiert, bei denen die Anleger verschiedene mögliche, sich grundsätzlich voneinander unterscheidende Entwicklungspfade des Wechselkurses sehen. Bestehen diese möglichen Pfade nun beispielsweise (i) aus der Rückkehr zum Gleichgewicht und (ii) aus einer sich beschleunigenden Entfernung vom Gleichgewicht, so kann es für die Anleger durchaus rational sein, die sich über ihr Gleichgewicht hinaus aufwertende Währung zunächst weiter zu halten, wenn die Wahrscheinlichkeit einer Rückkehr zum Gleichgewicht und der damit verbundenen Abwertung in der nächsten Periode klein genug ist.

Das Dornbusch-Modell und die monetäre Wechselkurstheorie unterstellen (i), dass inländisches Geld nicht durch ausländisches Geld substituiert werden kann (Ausländer halten dann kein inländisches Geld, Inländer kein ausländisches) und (ii), dass in- und ausländische Kapitalanlagen vollkommene Substitute sind. Gibt man diese Annahme vollkommen substituierbaren Kapitals auf, gelangt man zum *Vermögensbestandsansatz*, der in Kapitel 8 behandelt wird. Die in Kapitel 7 behandelten *Währungssubstitutionsmodelle* unterstellen dagegen, dass ausländisches Geld in beschränktem Mass auch für Inländer eine Geldfunktion erfüllen kann und somit ein unvollkommenes Substitut für inländisches Geld ist.

Da auch im Mundell-Fleming-Modell die Fälle unvollkommener bzw. völlig fehlender Kapitalmobilität untersucht werden, wäre es nicht völlig abwegig, diese Varianten unter der Rubrik Vermögensbestandsansatz zu subsumieren. Formal wäre das sicher zu rechtfertigen, wenn man den Vermögensbestandsansatz auf die Annahme unvollkommen substituierbaren Kapitals reduziert. Inhaltlich würde dies dem Vermögensbestandsansatz allerdings nicht ganz gerecht. Dort wird im Gegensatz zum Vorgehen beim Mundell-Fleming-Modell unvollkommene Kapitalmobilität nicht nur mechanistisch eingeführt, indem man eine endliche Zinselastizität der Kapitalbilanz unterstellt. Typisch ist vielmehr, dass die Nachfrage nach jeder Anlageform explizit modelliert wird und sich auf jedem Teilmarkt ein Ausgleich zwischen Angebot und Nachfrage ergeben muss.

Kapitel 9 befasst sich mit den langfristigen Bestimmungsfaktoren des realen Wechselkurses. Nach einer Diskussion der Probleme mit der Kaufkraftparitätenhypothese werden einige neuere Entwicklungen der Wechselkurstheorie vorgestellt, beispielsweise das *Pricing-to-Markets* Phänomen. Die Teilkapitel 9.2 und 9.3 befassen sich mit Ansätzen, in denen realwirtschaftliche Zusammenhänge nicht mehr *ad hoc*, sondern auf der Basis einer mikroökonomischen Fundierung modelliert werden. *Gleichgewichtswechselkursmodelle* verdeutlichen, dass nominale und reale Wechselkursänderungen auch gleichgewichtige Reaktionen auf Änderungen der Präferenzen der Nachfrager, der von den Anbietern verwendeten Produktionstechnologie oder anderer Rahmenparameter sein können. Die *intertemporale Analyse der Leistungsbilanz* zeigt, welchen langfristigen Restriktionen die Leistungsbilanz unterliegt.

Die beiden abschliessenden Kapitel geben die Annahme rein vom Markt bestimmter Wechselkurse auf. Stattdessen werden Politikmöglichkeiten und internationale Zusammenhänge bei unterschiedlicher Intensität staatlicher Wechselkursbeeinflussung untersucht. Ausgangspunkt und konzeptionelles Gegenstück zu den uns in diesem Buch hauptsächlich beschäftigenden *flexiblen* Wechselkursen ist das Regime *fester* Wechselkurse, in welchem die Regierung den Wechselkurs fixiert.

In Kapitel 10 werden wir das Dornbusch-Modell, den monetären und den Vermögensbestandsansatz wieder aufgreifen. Darüber hinaus werden weichere Formen der Kursbeeinflussung betrachtet. Beispielsweise greifen Notenbanken oft nur sporadisch in der Verfolgung bestimmter Zielvorstellungen mittels Devisenmarktinterventionen in das Zusammenspiel zwischen Angebot und Nachfrage ein; oder der Kurs bleibt gar innerhalb gewisser Bandgrenzen, einer sogenannten *Zielzone*, völlig unbeeinflusst. Interveniert wird nur, wenn der Kurs aus diesem Band zu gleiten droht.

Das letzte Kapitel dieses Lehrbuchs (Kapitel 11) beschäftigt sich mit spekulativen Attacken gegen feste Wechselkurse und den daraus resultierenden Währungskrisen. Im monetären Ansatz – auch als Modell der 1. Generation bezeichnet – wird die Attacke durch eine mit dem Wechselkursziel inkompatible Geldpolitik ausgelöst. Überraschend ist dabei, dass die Attacke schon einige Zeit vor dem Verlust der letzten Währungsreserven kommt. In den Modellen der 2. Generation spielt die Zielfunktion der Regierung eine wichtige Rolle. In diesen Modellen kann es auch zu Situationen mit multiplen Gleichgewichten kommen, in denen das Entstehen einer Währungskrise vorwiegend von den Erwartungen der Finanzmärkte abhängt.

Literatur

Baldwin, Richard (1988). Hysteresis in Import Prices: The Beachhead Effect. *The American Economic Review* 78, 773-785.

Burda, Michael und Charles Wyplosz (2005). *Macroeconomics: A European Text.* Oxford: Oxford University Press, 4. Auflage.

Chiang, Alpha C. (1984). *Fundamental Methods of Mathematical Economics.* Singapore: McGraw-Hill, 3. Auflage.

Dornbusch, Rüdiger (1976). Expectations and Exchange Rate Dynamics. *Journal of Political Economy* 84, 1167-1176.

Gärtner, Manfred (2009). *Macroeconomics.* London: FT Prentice Hall, 3. Auflage.

Göcke, Matthias und Thomas Köhler (2002). Leistungsbilanz und Wechselkurs im Elastizitätenansatz. *WiSt* Heft 8, 432-437.

Harms, Philipp (2008). *Internationale Makroökonomik.* Tübingen: Mohr Siebeck.

Krugman, Paul und Maurice Obstfeld (2008). *International Economics: Theory and Policy.* Boston: Addison-Wesley, 8. Auflage.

Obstfeld, Maurice und Kenneth Rogoff (1996). *Foundations of International Macroeconomics.* Cambridge, MA: MIT Press.

Rogoff, Kenneth (1996). The Purchasing Power Parity Puzzle. *Journal of Economic Literature* 34, 647-668.

Ruckriegel, Karlheinz (2002). Die Zahlungsbilanz. *WISU* Heft 10, 1218-1224.

Rübel, Gerhard (2002). *Grundlagen der Monetären Aussenwirtschaft.* München: R. Oldenbourg Verlag.

Kapitel 2
Das Mundell-Fleming-Modell

Die ersten systematischen Analysen der Makroökonomik offener Volkswirtschaften bei flexiblen und festen Wechselkursen gehen auf Marcus Fleming (1962) und auf Robert Mundell (1963) zurück, dem sein Beitrag im Jahre 1999 mit zum Nobelpreis für Wirtschaftswissenschaften verholfen hat. Auch wenn das schon in die Jahre gekommene, später Mundell-Fleming-Modell getaufte Synthesemodell heute nicht mehr an der Front der Forschung steht und man ihm mit Recht eine Reihe von Schwächen attestiert, spielt es in der angewandten monetären Makroökonomik offener Volkswirtschaften nach wie vor eine wichtige Rolle. Seine Transparenz und Robustheit bei der Beschreibung kurzfristiger, konjunktureller Zusammenhänge geben ihm den Status eines Arbeitspferds der Konjunkturanalyse offener Wirtschaften. Es hilft in vielen Fällen, eine erste Struktur in aufgeworfene Fragen zu bringen. Darüber hinaus dient es auch als *lingua franca* in der Arbeit und Diskussion mit Nichtspezialisten.

Wegen dieser tragenden Funktion und der Tatsache, dass das Mundell-Fleming-Modell auch die Basis für spätere, noch heute aktuelle Entwicklungen in der Forschung liefert, widmet ihm dieses Lehrbuch zwei Kapitel. Der Inhalt von Kapitel 2 ist zunächst weitgehend konventionell. Hier werden die Grundlagen des Modells formal und grafisch erarbeitet und Fragen der wirtschaftspolitischen Möglichkeiten und des internationalen Konjunkturzusammenhangs in verschiedenen Wechselkurssystemen untersucht. Dies gehört zum Standardrepertoire eines jeden Lehrbuchs über monetäre Aussenwirtschaft und wird heute oft schon in den unteren Semestern der Makroökonomik gelehrt.[1] Kapitel 3 geht dann viel weiter. Gezeigt wird hier die ungeheure Flexibilität des Mundell-Fleming-Modells, das in der Hand versierter Ökonomen weit mehr vermittelt als erste Antworten auf die üblichen

---

[1] In europäischen Einführungen in die Makroökonomik gehört das Mundell-Fleming-Modell schon lange zum Standard. Siehe als Beispiele Burda und Wyplosz (2005) oder Gärtner (2009). Inzwischen erscheint das Modell aber auch bereits regelmässig in sich früher oft ausschliesslich mit der grossen geschlossenen Volkswirtschaft beschäftigenden US-amerikanischen Lehrbüchern, wie Blanchard (2008) oder Mankiw (2006) zeigen.

Fragen nach Geld- versus Fiskalpolitik bei festen oder flexiblen Wechselkursen. Demonstriert wird dies am Beispiel eines Ausbaus des Modells auf eine
2-Länder-Version, als Grundlage für eine verfeinerte Diskussion von internationalen Konjunkturzusammenhängen und Währungssystemen, mit beson-
derem Augenmerk auf die Europäische Währungsunion. Anhand von Krug-
mans (1998) kreativer Adaption des Modells zur Erklärung der Entstehung
der Asienkrise von 1997 wird schliesslich gezeigt, dass die Tage des Mundell-
Fleming-Modells in der angewandten Forschung möglicherweise doch noch
nicht gezählt sind.

Das Mundell-Fleming-Modell greift das für die geschlossene Wirtschaft
entwickelte keynesianische IS-LM-Modell auf und ergänzt es um die für eine
offene Wirtschaft als relevant erachteten Zusammenhänge. Diese umfassen
den internationalen Güteraustausch, also Exporte und Importe, und den Kapitalverkehr, also grenzüberschreitende Vermögenstransfers. In keynesianischer Tradition bildet es eine unterbeschäftigte Wirtschaft ab. Deshalb fehlt
auch eine explizite Modellierung der Angebotsseite der Wirtschaft. Unterstellt wird stattdessen, dass Unternehmen hinreichend Leerkapazitäten haben, um ihre Produktion ohne Preisanpassungen einer schwankenden Nachfrage nachführen zu können. Das Preisniveau wird deshalb als exogen und
konstant betrachtet.

Akzeptiert man die Trägheit von Güterpreisen aber als allgemeingültiges,
nicht nur in Unterbeschäftigungssituationen relevantes Phänomen, wie dies
die empirische Forschung heute tut, gibt das Mundell-Fleming-Modell auch
nützliche Hinweise auf kurz- und mittelfristige Zusammenhänge in konjunk-
turell neutralen Situationen.

2.1 Darstellung der Marktgleichgewichte

In den folgenden Abschnitten werden die als Bausteine des Mundell-Fleming-
Modells anzusehenden drei Märkte auf der Nachfrageseite der Wirtschaftskiz-
ziert und ihre Gleichgewichte zunächst formal und dann grafisch beschrieben. Als Ausgangspunkt für diese Diskussion zeigt Tabelle 2.1 die Strukturgleichungen des Mundell-Fleming-Modells und ordnet sie den involvierten
Märkten zu.

2.1.1 Der Gütermarkt und die IS-Kurve

Die Modellgleichungen 2.1-2.5 beschreiben den Gütermarkt einer offenen
Wirtschaft in der sich auf die Nachfrageseite der Wirtschaft konzentrierenden
keynesianischen Tradition. Gemäss (2.1) ist der Gütermarkt dann im Gleichgewicht, wenn die Menge der im Inland angebotenen Güter, als Summe der

Tabelle 2.1 Das Mundell-Fleming-Modell.

Gütermarkt

$Y + Q = C + I + G + X$	Gütermarktgleichgewicht	(2.1)
$C = \gamma Y$	Konsumfunktion	(2.2)
$I = \bar{I} - \beta i$	Investitionsfunktion	(2.3)
$Q = \mu_1 Y - \mu_2 R$	Importfunktion	(2.4)
$X = \xi_1 Y^* + \xi_2 R$	Exportfunktion	(2.5)

Geldmarkt

$\dfrac{M^d}{P} = \phi Y - \lambda i$	Geldnachfragefunktion	(2.6)
$M^s = M^d = M$	Geldmarktgleichgewicht	(2.7)

Devisenmarkt

$ZB = LB + KB = 0$	Zahlungsbilanzgleichgewicht	(2.8)
$LB = X - Q$	Leistungsbilanz	(2.9)
$KB = \kappa[i - i^* - E(\dot{e})]$	Kapitalbilanz	(2.10)

Anmerkungen zum Mundell-Fleming-Modell: Die verwendeten Symbole haben folgende Bedeutung:

Y = Volkseinkommen	P = inländisches Preisniveau
Q = Importe	Y^* = ausländisches Volkseinkommen
C = Konsum	M^s = Geldangebot
I = Investitionen	M^d = Geldnachfrage
G = Staatsausgaben	M = Geldmenge
X = Exporte	ZB = Zahlungsbilanz
i = Nominalzins	LB = Leistungsbilanz
$R = EP^*/P$ = realer Wechselkurs	KB = Kapitalbilanz
E = Wechselkurs	i^* = ausländischer Nominalzins
P^*= ausländisches Preisniveau	$E(\dot{e})$= erwartete Abwertungsrate

im Inland produzierten Güter Y und der importierten Güter Q, genau durch Konsumenten, Investoren, den Staat und das Ausland nachgefragt werden. Gleichung 2.1 fordert, dass das im Gleichgewicht der Fall sein *muss*. Unter welchen Bedingungen das auch tatsächlich der Fall *ist*, sagen uns die Verhaltensgleichungen 2.2-2.5. Sie geben an, von welchen Faktoren die verschiedenen Nachfragekomponenten abhängen und in welcher Intensität sie dies tun. Die Konsumfunktion (2.2) postuliert, dass Konsumenten einen festen Teil γ ihres Einkommens ausgeben. Gemäss (2.3) hat die Investitionsnachfrage der Unternehmen eine autonome Komponente $\bar{I}$ und einen mit steigendem Zins, und damit steigenden Finanzierungskosten, schrumpfenden Teil. Die Importfunktion (2.4) besagt, dass ein fester Teil μ_1 des inländischen Einkommens für im Ausland produzierte Importe aufgewendet wird. Daneben reagieren Importe auch auf die Preisrelation zwischen im Ausland hergestellten und im Inland hergestellten Gütern, ausgedrückt durch den realen Wechselkurs $R = EP^*/P$.[2] Die Exportfunktion (2.5) schliesslich postuliert reziprokes Verhalten aus der Sicht des Auslands, für das die Exporte des Inlands wiederum Importe sind.

Die Tatsache, dass wir das ausländische Volkseinkommen Y^* und das ausländische Preisniveau P^* als exogene Grössen betrachten (wie später auch den ausländischen Zinssatz), bedeutet, dass wir eine *kleine offene Volkswirtschaft* unterstellen. Dass sie offen ist, haben wir bereits festgehalten. Klein ist sie deshalb, weil sie keinen messbaren Einfluss auf ausländische Variablen hat.[3]

Einsetzen der Gleichungen 2.2-2.5 in (2.1) ergibt nun als angereicherte Gleichgewichtsbedingung

$$Y + \mu_1 Y - \mu_2 R = \gamma Y + \bar{I} - \beta i + G + \xi_1 Y^* + \xi_2 R. \tag{2.11}$$

Auflösung dieser Gleichung nach dem Zinssatz i – wir wollen das Gütermarktgleichgewicht ja grafisch im i/Y-Diagramm darstellen – ergibt als Gleichung für die IS-Kurve

$$i = \frac{1}{\beta} \left[-(1 - \gamma + \mu_1)Y + \bar{I} + G + \xi_1 Y^* + (\mu_2 + \xi_2)R \right]. \tag{2.12}$$

Die Steigung der IS-Kurve erhält man nach Ableitung von (2.12) nach Y als

$$\frac{\partial i}{\partial Y} = -\frac{1 - \gamma + \mu_1}{\beta} < 0 \tag{2.13}$$

---

[2] Um in (2.1) die im Inland produzierten Güter Y und die Importe Q addieren zu können, muss Q in inländischer Währung ausgedrückt sein, also $Q \equiv R\hat{Q}(Y, R)$. $\hat{Q}$, die in ausländischer Währung ausgedrückten Importe, sind eine Funktion von Y und R. Indem (2.4) eine (zur Vereinfachung lineare) *negative* Abhängigkeit Q's vom Wechselkurs postuliert, unterstellen wir offensichtlich

$$\frac{dQ}{dR} = \frac{d(R\hat{Q})}{dR} = \hat{Q} + R\frac{\partial \hat{Q}}{\partial R} < 0$$

Aus dem rechten Teil wird nach Division durch Q und Subtraktion von 1

$$\frac{\partial \hat{Q}/\hat{Q}}{\partial R/R} = \varepsilon_R^{\hat{Q}} < -1,$$

d.h. die Wechselkurselastizität der Importe ist kleiner als -1. Dies ist eine hinreichende, wenn auch keine notwendige Bedingung für die Gültigkeit der in Kapitel 1 besprochenen Marshall-Lerner-Bedingung. Alle in den Kapiteln 2 und 3 abgeleiteten Ergebnisse setzen aber eigentlich nur die Gültigkeit der schwächeren Marshall-Lerner-Bedingung voraus.

[3] Diese für viele Länder wohl auch sinnvolle Annahme vereinfacht die Analyse weil es grenzüberschreitend nur in eine Richtung gehende Wirkungszusammenhänge gibt. Das Ausland beeinflusst uns, aber wir das Ausland nicht. Ist man an der Interaktion zwischen zwei Ländern oder Wirtschaftsblöcken interessiert, muss man eine 2-Länder-Version des Mundell-Fleming-Modells heranziehen. Wird werden dies in Kapitel 3 tun.

Da die marginale Konsumneigung γ kleiner ist als 1 besitzt die IS-Kurve eine negative Steigung. Inhaltlich gibt uns die IS-Kurve Antwort auf die Frage, wie hoch der Zinssatz sein muss, damit ein vorgegebenes Angebot an im Inland produzierten Gütern auch freiwillig nachgefragt wird und der Gütermarkt damit geräumt ist.

Natürlich verändert sich der von der IS-Kurve für jedes Niveau des Volkseinkommens angegebene markträumende Zinssatz, wenn sich die exogenen Variablen verändern. In welche Richtung sich die IS-Kurve jeweils verschiebt, stellen wir über die zugehörigen partiellen Ableitungen fest:

$$\frac{\partial i}{\partial G} = \frac{\partial i}{\partial \bar{I}} = \frac{1}{\beta} > 0. \tag{2.14}$$

$$\frac{\partial i}{\partial Y^*} = \frac{\xi_1}{\beta} > 0. \tag{2.15}$$

$$\frac{\partial i}{\partial R} = \frac{\mu_2 + \xi_2}{\beta} > 0. \tag{2.16}$$

Eine Ausdehnung der Staatsausgaben, ein Anstieg des ausländischen Volkseinkommens und – bei Gültigkeit der Marshall-Lerner-Bedingung, die wir bei der Formulierung der Importfunktion unterstellt haben – eine reale Abwertung der inländischen Währung stimulieren alle die Nachfrage nach inländischen Gütern und verschieben somit die IS-Kurve nach oben.

2.1.2 Der Geldmarkt und die LM-Kurve

Die LM-Kurve gibt uns an, bei welchen Zins-Einkommens-Kombinationen der Markt ein exogenes nominales Geldangebot der Notenbank gerade nachfragt. Formal erhalten wir sie durch Einsetzen von Gleichung 2.6 in 2.7 und auflösen nach i als

$$i = \frac{1}{\lambda}\left(\phi Y - \frac{M}{P}\right) \tag{2.17}$$

mit der positiven Steigung

$$\frac{\partial i}{\partial Y} = \frac{\phi}{\lambda} > 0. \tag{2.18}$$

Eine Ausdehnung des Geldangebots verschiebt die LM-Kurve nach unten, wie wir wissen, da bei gegebenem Einkommen die Opportunitätskosten der Kassenhaltung – sprich: Zinssätze – sinken müssen, damit die zusätzlich angebotene Liquidität auch nachgefragt wird:

$$\frac{\partial i}{\partial M} = -\frac{1}{\lambda P} < 0. \tag{2.19}$$

Ein gegenteiliger Effekt ergibt sich dagegen, wenn das Preisniveau steigt und damit das Geldangebot real zurück geht:

$$\frac{\partial i}{\partial P} = \frac{M}{\lambda P^2} > 0. \tag{2.20}$$

Eine Änderung des Wechselkurses verschiebt die LM-Kurve nicht, da dieser keinen direkten Einfluss auf die Geldnachfrage hat.

2.1.3 Der Devisenmarkt und die FE-Kurve

Gleichung 2.8 beschreibt schliesslich das Zahlungsbilanzgleichgewicht, welches bei flexiblen Wechselkursen und damit abstinenten Notenbanken als Gleichgewichtsbedingung für den Devisenmarkt interpretiert werden kann. Die grafische Darstellung dieser Kurve werden wir im folgenden unter Bezugnahme auf die englischsprachige Marktbezeichnung *foreign exchange market* FE-Kurve nennen. Auf ihr neutralisieren sich *Leistungsbilanz-* und *Kapitalbilanz*ungleichgewichte.

Nachfrage nach inländischer Währung entsteht entweder im Zusammenhang mit Exporten von Gütern und Dienstleistungen oder durch Kapitalimport, d.h. den Verkauf inländischer Vermögenstitel an ausländische Anleger. In beiden Fällen muss sich der ausländische Abnehmer inländische Währung besorgen um im einen Fall Güter, im anderen Fall inländische Aktien oder Staatsanleihen in der geforderten inländischen Währung bezahlen zu können. Umgekehrt führen Güterimporte und Kapitalexport immer zu einem Angebot an inländischer Währung als Bezahlung für die benötigte ausländische Währung. Ein ausgeglichener Devisenmarkt setzt somit eine ausgeglichene Zahlungsbilanz voraus.

Die *Zahlungsbilanz* setzt sich, wie gesagt, aus der Leistungsbilanz und der Kapitalbilanz zusammen. Wie in Teilkapitel 1.3 angekündigt subsummieren wir damit die Vermögensübertragungen unter die Kapitelbilanz. Gleichung 2.9 definiert die Leistungsbilanz als Nettoexporte, die Differenz zwischen Importen und Exporten. Damit vernachlässigen wir grenzüberschreitende Faktoreinkommen und laufende Übertragungen, eine Vereinfachung, die für die Analyse der kurzen Frist zulässig ist, da diese Komponenten der Leistungsbilanz auf die im Folgenden zu untersuchenden Veränderungen nur verzögert reagieren. Die Bestimmungsfaktoren der Nettoexporte kennen wir aus den Gleichungen 2.4 und 2.5.

Gleichung 2.10 'erklärt' die *Kapitalbilanz*, indem unterstellt wird, dass Kapital immer dorthin strömt, wo die höhere Rendite erwartet wird. Die Rendite für Anlagen im Inland entspricht dabei dem inländischen Nominalzins. Die erwartete Rendite für Anlagen im Ausland entspricht dem ausländischen Nominalzins zuzüglich der im Anlagezeitraum erwarteten Abwertung der inländischen Währung in Prozent. Hierbei wird unterstellt, dass am Schluss in inländischer Währung "abgerechnet" wird, dass Inländer ihr Vermögen also letztlich im Inland verwenden wollen. Inländische Inflation entwertet letztlich beide Anlagen gleich und darf deshalb ignoriert werden. Inflation im Ausland ist irrelevant, da am Schluss ja, wie erwähnt, in inländischer Währung abgerechnet wird.[4]

Einsetzen von (2.9) und (2.10) in (2.8) ergibt bei gleichzeitiger Verwendung von (2.4) und (2.5) und Auflösung nach i

$$i = i^* + E(\dot{e}) + \frac{1}{\kappa}\left[\mu_1 Y - \xi_1 Y^* - (\mu_2 + \xi_2)R\right]. \tag{2.21}$$

Diese FE-Kurve genannte *Devisenmarktgleichgewichtskurve* besitzt im i/Y-Diagramm die Steigung

$$\frac{\partial i}{\partial Y} = \frac{\mu_1}{\kappa} > 0. \tag{2.22}$$

Der Devisenmarkt bleibt also nur dann im Gleichgewicht, wenn *ceteris paribus* ein steigendes Volkseinkommen, welches die Leistungsbilanz partiell verschlechtert, durch steigende Inlandszinsen kompensiert wird, welche Kapitalanlagen in inländischer Währung attraktiver machen und damit zu einer Verbesserung der Kapitalbilanz führen.

Die drei Gleichgewichtskurven des entwickelten Modells einer kleinen offenen Volkswirtschaft lassen sich nun in der i/Y-Ebene darstellen (Abb. 2.1). Unter den getroffenen Annahmen hat die IS-Kurve eine negative Steigung, die LM- und die FE-Kurve haben beide positive Steigungen. Welche der letzten beiden steiler ist, ist offen und hängt vor allem auch davon ab, wie mobil Kapital international ist. Beschäftigt man sich ausführlicher mit dem Zusammenhang zwischen Kapitalmobilität und Zahlungsbilanzgleichgewicht, so zeigt sich, dass die von uns abgeleitete positive Steigung der FE-Kurve nicht generell gilt. Vielmehr existieren unter plausiblen Annahmen die beiden interessanten Grenzfälle einer horizontalen und einer vertikalen FE-Kurve. Die folgenden Ausführungen verdeutlichen dies.

Wir wollen im Folgenden Risikoneutralität unterstellen. Wie in Abschnitt 1.3.2 gezeigt, erlaubt uns dies, die Begriffe vollkommene Kapitalmobilität und vollkommene Substituierbarkeit synonym zu verwenden. Interpretieren wir die Gleichungen 2.21 und 2.22 im Lichte der Überlegungen zur Kapitalmobilität, so wird deutlich, dass wir bei der Ableitung der positiven Steigung der FE-Kurve implizit unvollkommene Kapitalmobilität unterstellt haben, also einen positiven aber endlichen Wert für κ.

Bei vollkommener Kapitalmobilität gilt die ungedeckte Zinsparität deshalb in jedem Moment, weil auch kleinste Renditeunterschiede zwischen In- und Ausland sofort unbegrenzte Kapitalströme in Gang setzen würden und somit

---

[4] Diese Aussage gilt natürlich nur *ceteris paribus*. Wenn mit steigender Inflation im Ausland auch steigende Abwertungserwartungen verbunden sind, ist die ausländische Inflationsrate natürlich schon relevant, aber eben nur instrumentell anstelle der Abwertungserwartungen.

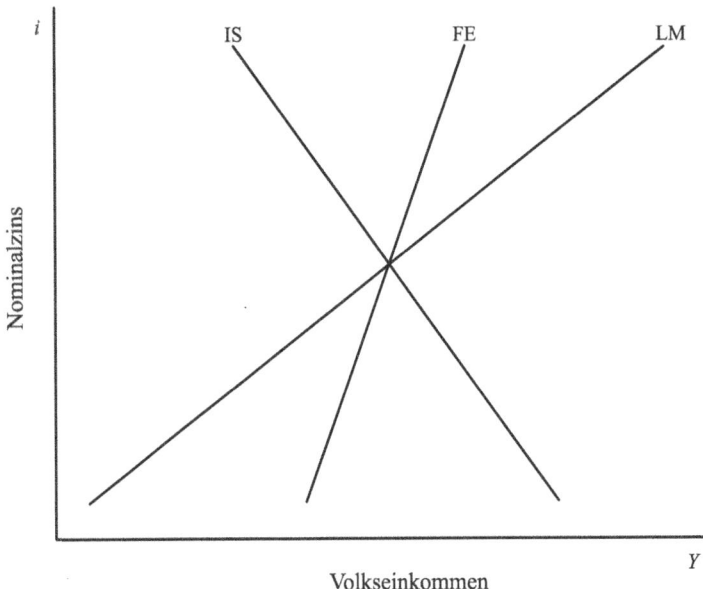

Abbildung 2.1 Grafische Darstellung der Marktgleichgewichtskurven im Mundell-Fleming-Modell bei sehr geringer Kapitalmobilität.

die Reaktion der Kapitalbilanz auf Zinsänderungen *unendlich gross* wäre. Vollkommene Kapitalmobilität ist somit durch $\kappa \to \infty$ charakterisiert und gemäss (2.22) gilt in diesem Fall

$$\frac{\partial i}{\partial Y} = 0. \tag{2.23}$$

Bei stationären Wechselkurserwartungen [die Marktteilnehmer glauben dann, der Wechselkurs bleibe dort, wo er heute ist, d.h. $E(\dot{e}) = 0$] können somit die Kapitalbilanz und damit auch die Zahlungsbilanz nur dann im Gleichgewicht sein, wenn der inländische Nominalzins dem ausländischen Nominalzins genau entspricht.[5] Die FE-Kurve ist in diesem Fall *horizontal* (Abb. 2.2, FE''), und der Wechselkurs wird ausschliesslich durch die gewünschten *Bestände* an in- und ausländischen Kapitalanlagen bestimmt. Güterströme spielen keine Rolle.

Im anderen Extremfall, wenn z.B. Kapital durch strikte Kapitalverkehrskontrollen völlig immobil ist und auf Zinsänderungen gar nicht reagieren kann, ist $\kappa = 0$ und folglich

---

[5] Um diesen Satz zu präzisieren: $i = i^*$ ist unter den getroffenen Annahmen eine *notwendige* Bedingung für eine ausgeglichene Zahlungsbilanz und eine hinreichende. Für eine ausgeglichene Kapitalverkehrsbilanz ist $i = i^*$ *notwendig* aber *nicht hinreichend*. Wir werden hierauf in Kürze zurückkommen.

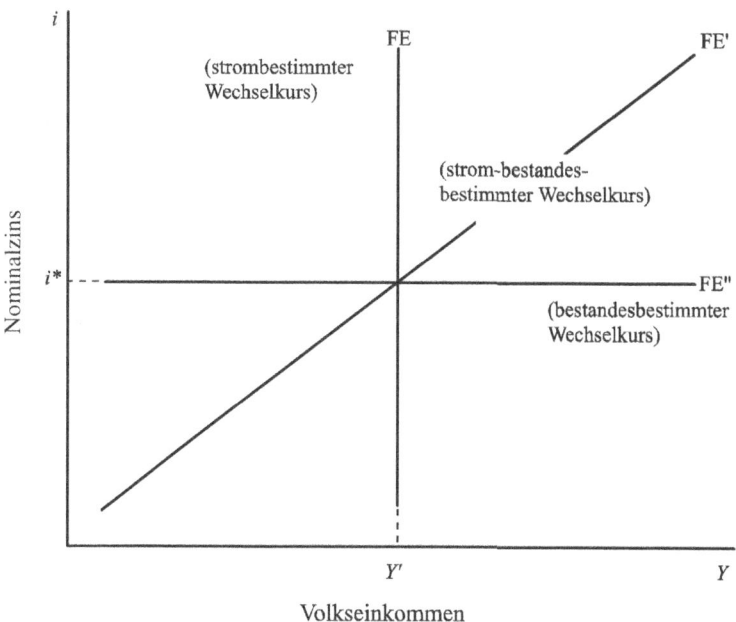

Abbildung 2.2 Devisenmarktgleichgewichtskurven bei vollkommener (FE″), bei unvollkommener (FE′) und ohne Kapitelmobilität (FE).

$$\frac{\partial i}{\partial Y} \to \infty. \tag{2.24}$$

Die Zahlungsbilanz ist dann *ceteris paribus* nur bei einem ganz bestimmten Volkseinkommen Y' ausgeglichen. Wir erhalten dieses Volkseinkommen aus der FE-Kurve (2.21), indem wir erst mit κ multiplizieren, dann $\kappa = 0$ setzen und schliesslich nach dem Einkommen auflösen:

$$Y' = \frac{\xi_1}{\mu_1} Y^* + \frac{\mu_2 + \xi_2}{\mu_1} R. \tag{2.25}$$

Ein trade-off zwischen Einkommens- und Zinsänderungen besteht nicht. Die FE-Kurve ist vertikal (Abb. 2.2, FE), und Wechselkursschwankungen spiegeln ausschliesslich Änderungen der Güter*ströme* wieder.

FE′ repräsentiert den bereits in Abb. 2.1 zugrundegelegten gemischten Fall beschränkt mobilen Kapitals und eines damit durch *Ströme und Bestände* bestimmten Wechselkurses.

Auf den in Abb. 2.2 eingezeichneten FE-Kurven ist der Devisenmarkt im Gleichgewicht oder, was das Gleiche bedeutet, die Zahlungsbilanz ist ausgeglichen. Jede Abweichung von der FE-Kurve führt *tendenziell* sofort zu einem Zahlungsbilanz- und damit Devisenmarktungleichgewicht, welches aber eine umgehende Veränderung des Wechselkurses auf einen neuen markträumen-

den Wert bewirkt und sich somit gar nicht erst materialisieren kann. Im
durch FE' wiedergegebenen allgemeinen Fall ist die Zahlungsbilanz oberhalb
der FE-Kurve *ansatzweise* überschüssig.[6] Dies bedeutet, dass *tendenziell* eine
Überschussnachfrage nach inländischer Währung besteht. Diese wird sofort
durch eine Aufwertung beseitigt. Unterhalb der FE-Kurve ist die Zahlungsbilanz tendenziell defizitär, und wir beobachten deshalb eine sich abwertende
heimische Währung.

Die FE-Kurve, die wir bisher lapidar als geometrischen Ort einer ausgeglichenen Zahlungsbilanz bzw. aller Devisenmarktgleichgewichte bezeichnet
haben, verdient einige Erläuterungen, insbesondere im aus Sicht der Wirklichkeit wichtigen Fall vollkommener Kapitalmobilität. Wie wir bereits in
Fussnote 5 festgehalten haben, ist die Zahlungsbilanz auf der FE-Kurve immer im Gleichgewicht, abseits der FE-Kurve nie. Die Kapitalbilanz kann nur
auf der FE-Kurve ausgeglichen sein, sie muss es aber nicht. Wäre sie es immer, wäre ja auf der FE-Kurve auch die Handelsbilanz immer ausgeglichen.
Dies ist nicht möglich, da die Preisniveaus gemäss Annahme exogen sind,
sich der Wechselkurs nicht verändert, solange keine Devisenmarktungleichge-
wichte entstehen und Volkseinkommen und Importe wachsen, wenn wir uns
auf der FE-Kurve nach rechts bewegen. Bei gegebenem Wechselkurs kann es
somit nur *einen* Punkt auf der FE-Kurve geben, in dem die Leistungsbilanz
und die Kapitalbilanz einzeln ausgeglichen sind.

Die Lösung des Rätsels liegt darin, dass es den Kapitalanlegern bei ausgeglichener Rendite völlig gleichgültig ist, ob ihr Kapital im Inland oder im
Ausland liegt. *Auf* der FE-Kurve finanziert der internationale Kapitalmarkt
somit jedes Defizit und jeden Überschuss in der Leistungsbilanz der auftreten
mag. Dadurch ist es möglich, dass die Kapitalbilanz bei einer Bewegung auf
der FE-Kurve nach links immer defizitärer wird, obwohl in- und ausländische
Rendite weiterhin identisch sind. Diese Aussage gilt wohlgemerkt aber nur
bei unverändertem realen Wechselkurs. Bewegen wir uns auf der FE-Kurve,
weil oder während sich gleichzeitig z.B. der Wechselkurs ändert, müssen wir
die Reaktion der Leistungsbilanz neu untersuchen, da sich jetzt ja zwei Variablen verändern, welche die Leistungsbilanz in entgegengesetzter Richtung
beeinflussen. Hierauf werden wir weiter unten zurückkommen.

Die für den Fall vollkommener Kapitalmobilität gemachten Aussagen gelten sinngemäss auch bei steigender FE-Kurve: Links oberhalb ist die Zahlungsbilanz tendenziell überschüssig; rechts unterhalb tendenziell defizitär.
Ceteris paribus verschlechtert sich die Leistungsbilanz, wenn wir uns auf der
FE-Kurve nach rechts oben bewegen, die Kapitalbilanz verbessert sich.

Bei völlig immobilem Kapital ist die FE-Kurve eine Vertikale über dem
einzigen Einkommensniveau, welches die Zahlungsbilanz ausgleicht. Dieses
Einkommensniveau gleicht dann auch gleichzeitig die Leistungsbilanz aus,
wenn Kapitalströme völlig unterbunden sind oder durch Regulierung ausgeglichen sein *müssen*. Bedeutet Immobilität des Kapitals dagegen nur, dass

---

[6] Die englischsprachige Literatur spricht hier von "incipient surplus".

dieses nicht auf Zinsänderungen reagieren kann, könnte diesem Einkommensniveau von Y^* durchaus auch ein Leistungsbilanzungleichgewicht bestehen.
Hier gilt, dass die Zahlungsbilanz links von der FE-Kurve tendenziell überschüssig ist und der Wechselkurs somit fällt. Rechts von der FE-Kurve gilt
das Gegenteil.

Natürlich hängt die Position der FE-Kurve von den Rahmenparametern
ab, welche über die Import- und Exportnachfrage die Leistungsbilanz beeinflussen und welche die relative Attraktivität ausländischer im Vergleich zu
inländischen Kapitalanlagen bestimmen. Zur ersten Gruppe gehören das ausländische Volkseinkommen Y^* und der reale Wechselkurs R. Aus (2.21) folgt,
dass der Einfluss einer Erhöhung von Y^* auf die Kurvenposition negativ ist:

$$\frac{\partial i}{\partial Y^*} = -\frac{\xi_1}{\kappa} < 0. \tag{2.26}$$

Die FE-Kurve verschiebt sich also bei einem endlichen Wert von κ nach unten,
wenn das ausländische Einkommen steigt, da die damit implizierte Leistungs-
und Zahlungsbilanzverbesserung durch eine Zinssenkung kompensiert werden
muss, welche die Kapitalbilanz verschlechtert.

Wie sich eine reale Abwertung auf die Position der Kurve (2.21) auswirkt,
ist im allgemeinen Fall ungewiss, wie unsere Diskussion der Marshall-Lerner-
Bedingung in Abschnitt 1.3.3 gezeigt hat. Da wir aber, wie schon erwähnt,
bei der Formulierung der Importfunktion Gültigkeit der Marshall-Lerner-
Bedingung unterstellt haben, erhalten wir einen eindeutigen Effekt:

$$\frac{\partial i}{\partial R} = -\frac{\mu_2 + \xi_2}{\kappa} < 0. \tag{2.27}$$

Auch eine reale Abwertung, gleich ob sie nun durch eine nominale Abwertung, einen Anstieg des ausländischen Preisniveaus oder ein gesunkenes inländisches Preisniveau ausgelöst wurde, verschiebt bei einem endlichen Wert
von κ die FE-Kurve nach unten. Die Begründung ist gleich wie beim ausländischen Einkommen. Steigt R, verbessert sich die Leistungsbilanz. Um die
Zahlungsbilanz ausgeglichen zu halten, benötigen wir eine Verschlechterung
der Kapitalbilanz, die wir nur bei tieferen inländischen Zinssätzen erhalten.

Der ausländische Zinssatz i^* und die Abwertungserwartungen $E(\dot{e})$ sind
Grössen, welche die Position i der FE-Kurve wegen ihrer Bedeutung für die
Kapitalbilanz mitbestimmen. Wir erhalten

$$\frac{\partial i}{\partial i^*} = \frac{\partial i}{\partial E(\dot{e})} = 1. \tag{2.28}$$

Eine Erhöhung des ausländischen Zinssatzes muss also von einer gleich grossen Erhöhung des inländischen Zinssatzes begleitet werden, wenn inländische
Kapitalanlagen ihre relative Attraktivität behalten sollen um die Zahlungsbilanz weiterhin im Gleichgewicht zu halten. Die gleichen Überlegungen gelten
für eine Veränderung der Abwertungserwartungen, da sich deren Erhöhung

genau gleich auf die erwartete Rendite ausländischer Kapitalanlagen auswirkt, wie eine Erhöhung von i^*. Eine Zunahme der Abwertungserwartungen
verschiebt also die FE-Kurve nach oben.

Das erworbene Wissen über die drei Märkte des Mundell-Fleming-Modells
und über die Auswirkungen von Parameteränderungen auf die Marktgleichgewichte reicht nun aus, um die komparativ-statischen Eigenschaften unserer
Modellwirtschaft zu untersuchen. Wir werden uns dabei auf eine grafische
Darstellung der Zusammenhänge beschränken und die Fälle vollkommener,
unvollkommener und unterbundener Kapitalmobilität getrennt diskutieren.

2.2 Vollkommene Kapitalmobilität

Neben der Rolle der Kapitalmobilität wird uns jeweils auch besonders interessieren, inwiefern die Modellergebnisse vom Wechselkurssystem beeinflusst
werden. Wir unterstellen zunächst flexible Wechselkurse.

2.2.1 Flexible Wechselkurse

Abbildung 2.3 illustriert zunächst die Wirkung einer fiskalpolitischen Expansion mittels einer *Erhöhung der Staatsausgaben.*[7] Diese Massnahme bewirkt
zunächst – d.h. hier, bevor wir die Reaktion der anderen Märkte berücksichtigen – eine Verschiebung der IS-Kurve nach rechts in die Position IS'. Das
ursprüngliche makroökonomische Gleichgewicht in B wird gestört und würde
sich in einer geschlossenen Wirtschaft nach B'' verschieben. Die Verdrängung
privater Nachfrage durch staatliche Nachfrage über einen Zinsanstieg ist in
einer offenen Wirtschaft bei vollkommener Kapitalmobilität nicht möglich,
und wir müssten uns eigentlich entlang der FE-Kurve nach B' bewegen. Dies
würde nun wiederum zu einer Überschussnachfrage auf dem Geldmarkt führen, die nur durch Zinssteigerungen beseitigt werden könnte.

Jede Bewegung von B nach rechts oder nach rechts oben würde also schon
im Ansatz Zinssteigerungen hervorrufen und zu einer Überschussnachfrage
nach heimischer Währung führen. Diese Überschussnachfrage tritt aber nicht
wirklich auf, sondern wird von Beginn weg durch eine Aufwertung verhindert.
Damit verschlechtert sich aber die Wettbewerbssituation für das Inland und
die Exporte nehmen wegen der relativen Verteuerung inländischer Produkte

---

[7] Wir setzen im Folgenden Fiskalpolitik mit der Manipulation der Staatsausgaben gleich.
Alle Ergebnisse gelten, bis auf hier irrelevante Details, auch für das zweite fiskalpolitische
Instrument, die Steuern. Um die Rolle der Steuern T im Modell verfolgen zu können, müsste
man den Konsum an Stelle von (2.2) vom verfügbaren Einkommen abhängig machen, also
$C = \gamma(Y - T)$, und allenfalls noch festlegen, ob Steuern pauschal oder etwa proportional
zum Einkommen erhoben werden.

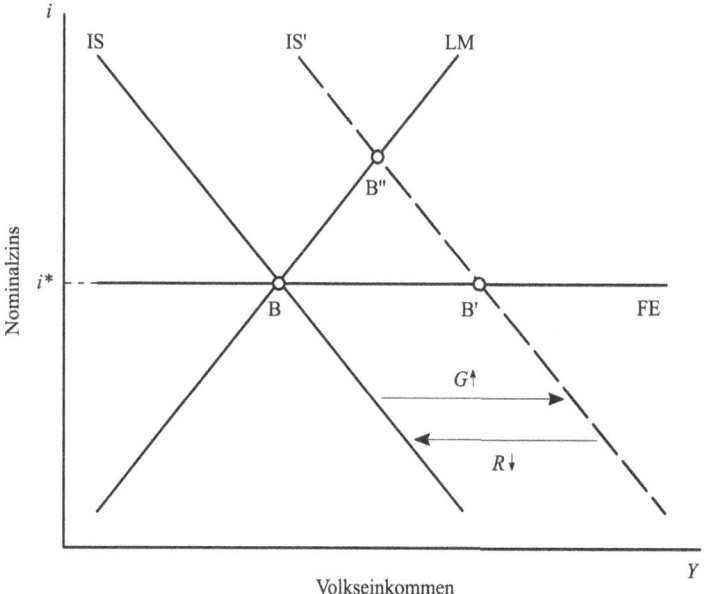

Abbildung 2.3 Expansive Fiskalpolitik bei flexiblen Wechselkursen und vollkommener Kapitalmobilität.

ab. Dies verschiebt die IS-Kurve wieder nach links und zwar so lange, bis sie wieder in ihrer alten Position IS ist.

Als Fazit ergibt sich, dass eine fiskalpolitische Stimulierung bei flexiblen Wechselkursen auf lange Sicht keine Erhöhung des Volkseinkommens bewirkt. Ob wenigstens kurzfristige Erfolge möglich sind, hängt davon ab, wie schnell der Zinssatz Geldmarktungleichgewichte beseitigt. Bei völlig flexiblem Zins ist der Geldmarkt – ebenso wie die Zahlungsbilanz – immer im Gleichgewicht. Wir bleiben dann nach der Staatsausgabenerhöhung immer in B. Lediglich auf dem Gütermarkt, dessen Gleichgewichtskurve sich nach IS′ verschiebt, entsteht ein Nachfrageüberschuss, der dann im Zuge einer nominalen und realen Aufwertung sukzessive beseitigt wird. Sind auch auf dem Geldmarkt Ungleichgewichte möglich, bewegt sich unsere Wirtschaft nach der Erhöhung von G auf der FE-Kurve nach rechts und dann bei sinkendem R zurück nach B. In diesem Fall könnten wir einen transitorischen Anstieg des Volkseinkommens beobachten.

Es lässt sich nun auch einfach zeigen, dass man nur ceteris-paribus-Aussagen über die Veränderung der Leistungsbilanz bei Bewegungen auf der FE-Kurve machen kann. Denn wenn die Handelsbilanz in B vor der Stimulierungsmassnahme ausgeglichen war, muss sie nach der Stimulierung in B defizitär sein. Dies ergibt sich daraus, dass der Wechselkurs gesunken ist und damit bei unverändertem Einkommen auch die Nettoexporte kleiner geworden sein müssen. Im gleichen Punkt B beobachten wir also unterschiedliche

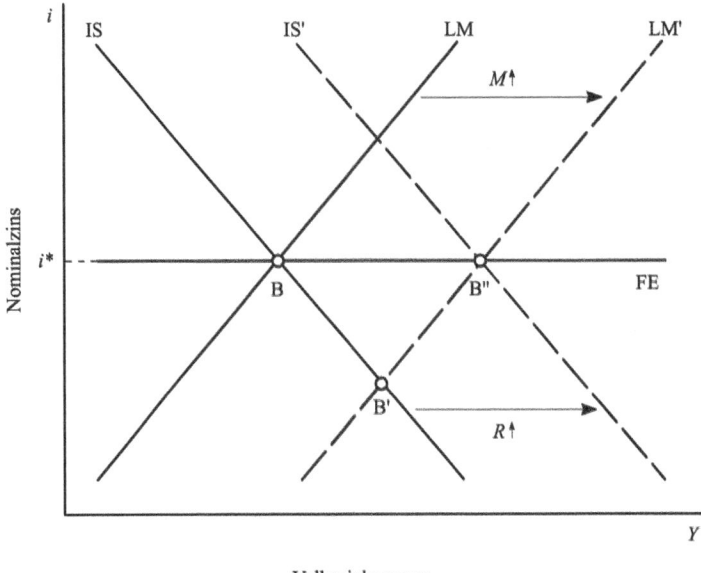

Abbildung 2.4 Expansive Geldpolitik bei flexiblen Wechselkursen und vollkommener Kapitalmobilität.

Zustände der Zahlungsbilanz, weil sich eine bei der Konstruktion der Grafik als konstant unterstellte Variable *verändert* hat.

Untersuchen wir nun die Auswirkungen einer Geldmengenausdehnung bei flexiblen Wechselkursen (Abb. 2.4). Eine Erhöhung des Geldangebots verschiebt zunächst die LM-Kurve nach rechts in die Position LM'. Dies führt zu *ansatzweise* sinkenden Zinssätzen, da in B ein Angebotsüberschuss an Realkasse bestünde. Der Devisenmarkt reagiert auf diesen Zinssenkungsdruck mit einer Abwertung. Dies wiederum schiebt die IS-Kurve nach rechts und zwar so lange, bis sie LM' auf FE schneidet.

Dies ist in der Position IS' der Fall. Auch hier lässt sich im übrigen zeigen, dass sich die Handelsbilanz bei der Bewegung von B nach B'' *verbessert*. Dies widerspricht unserer obigen ceteris-paribus-Behauptung und ist hier dadurch zu erklären, dass von B nach B'' der reale Wechselkurs gestiegen ist und dessen positiver Einfluss auf die Handelsbilanz den negativen Einfluss der Einkommenserhöhung dominiert.

Eine Geldmengenerhöhung hat somit unter den Annahmen des Mundell-Fleming-Modells eine langfristige Erhöhung des Volkseinkommens zur Folge.

Frage 2.1

Unterstellen Sie die Rahmenbedingungen des Mundell-Fleming-Modells. Nun verlieren Kapitalanleger schlagartig das Vertrauen in die inländische Währung: Sie erwarten eine Abwertung.

1. Wie wirkt sich der Pessimismus der Anleger auf die inländische Wirtschaft aus?

2. Diskutieren Sie die These, der Pessimismus der Anleger habe selbsterfüllenden Charakter? Inwiefern stimmt diese These? Inwiefern stimmt sie nicht?

3. Hinterfragen Sie die unter 1. identifizierten Effekte unter längerfristigen Gesichtspunkten. Richten Sie Ihr Augenmerk insbesondere auf zwei Fragen:

3.1. Ändern sich die Ergebnisse, wenn im ursprünglichen Gleichgewicht Vollbeschäftigung herrschte. Wenn ja, in welcher Weise?

3.2. Nehmen Sie an, dass die Akteure langfristig keine systematischen Erwartungsfehler machen, sondern ihre Abwertungserwartungen letztlich an die tatsächliche Abwertung anpassen.

2.2.2 Feste Wechselkurse

Die Struktur des Mundell-Fleming-Modells ist grundsätzlich unabhängig vom Wechselkursregime. Sie lässt sich im allgemeinen Fall auf die mittels der Gleichungen 2.12, 2.17 und 2.21 beschreibbaren Marktgleichgewichte reduzieren und bei vollkommener Kapitalmobilität wieder durch eine negativ geneigte IS-Kurve, eine positiv geneigte LM-Kurve und eine horizontale FE-Kurve auf der Höhe des Weltzinssatzes darstellen.[8]

Der entscheidende Unterschied zwischen dem Mundell-Fleming-Modell unter festen und flexiblen Wechselkursen wird jedoch nicht aus den Strukturgleichungen oder grafischen Marktgleichgewichten deutlich. Er betrifft die Exogenität und Endogenität von Variablen: In Festkurssystemen ist neu der Wechselkurs das exogene, von der Politik kontrollierte Steuerungsinstrument. Die Geldmenge ist nunmehr endogen. Sie passt sich aufgrund der Interventionsverpflichtungen so an, dass sie mit dem gewählten Wechselkurs kompatibel ist.

Unterstellen wir nun weiterhin vollkommene Kapitalmobilität und untersuchen zunächst die Auswirkungen einer *Erhöhung der Staatsausgaben*. Das in Abb. 2.5 gezeigte Ausgangsgleichgewicht B wird dadurch gestört, dass sich

---

[8] Die erwartete Abwertung kann in Gleichung 2.21 allerdings nur dann erscheinen, wenn Neufixierungen des Wechselkurses grundsätzlich möglich sind. $E(\dot{e})$ wäre dann das Produkt der Wahrscheinlichkeit einer Paritätsanpassung und des Ausmasses der Paritätsanpassung. Ist der Wechselkurs dagegen glaubhaft unverrückbar fixiert, ist $E(\dot{e}) = 0$.

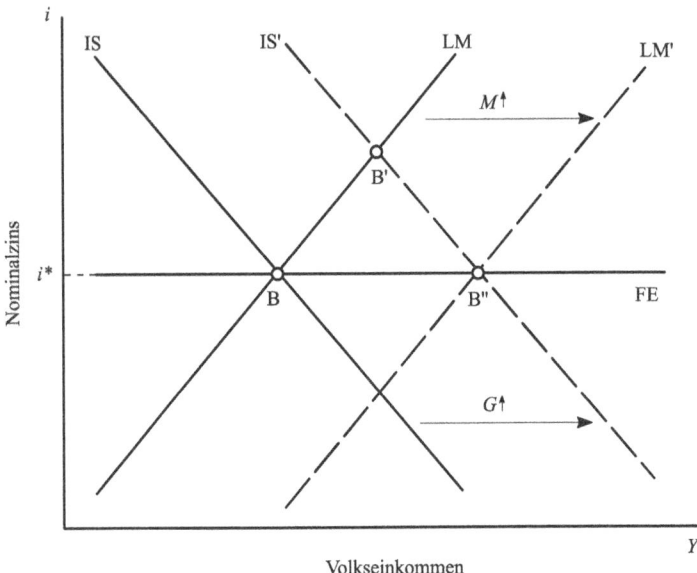

Abbildung 2.5 Wirkung einer Erhöhung der Staatsausgaben bei festen Wechselkursen.

die IS-Kurve nach rechts verschiebt. Beim alten, durch B definierten Einkommen hätten wir ja jetzt eine Überschussnachfrage nach im Inland hergestellten Gütern und Dienstleistungen. Bei zunächst unverändertem Geldangebot drückt die mit steigendem Einkommen zunehmende Geldnachfrage den Zinssatz entlang LM nach oben. Dies macht inländische Kapitalanlagen attraktiver, und Investoren versuchen ihre Anlagen ins Inland zu verschieben. Die entstehende Überschussnachfrage nach inländischer Währung würde bei flexiblen Wechselkursen zu einer Aufwertung führen. Da der Wechselkurs fixiert ist, muss die Notenbank die nachgefragte inländische Währung zum vereinbarten Preis bereitstellen. Dies bläht die Geldmenge auf und verschiebt LM nach rechts. Eine kleine Verschiebung von LM nach rechts, nach der sich LM′ und IS′ immer noch oberhalb von B schneiden, reicht jedoch nicht aus. Erst wenn die neue LM-Kurve IS′ auf FE (d.h. in B″) schneidet, ist der inländische Zins wieder gleich dem ausländischen Zins, und der internationale Kapitalmarkt sowie die gesamte Wirtschaft sind wieder im Gleichgewicht. Als Fazit ergibt sich im vorliegenden Szenario, dass expansive Fiskalpolitik bei festen Wechselkursen und vollkommener Kapitalmobilität positive Einkommenseffekte auslösen kann.

Wie bereits erwähnt, entzieht sich die *Geldmenge* bei festen Wechselkursen ohne Bandbreite der Kontrolle der Notenbank. In der Grafik des Mundell-Fleming-Modells würde sich diese Endogenität der Geldmenge wie folgt bemerkbar machen: Der Versuch einer Erhöhung der Geldmenge (sagen wir durch Offenmarktkäufe) verschiebt zwar zunächst die LM-Kurve nach rechts

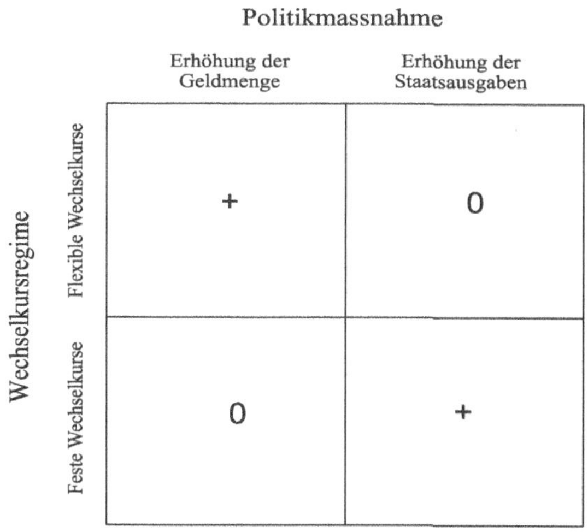

Politikmassnahme

	Erhöhung der Geldmenge	Erhöhung der Staatsausgaben
Flexible Wechselkurse	+	0
Feste Wechselkurse	0	+

(Wechselkursregime)

Abbildung 2.6 Auswirkungen von Politikmassnahmen auf das Volkseinkommen bei flexiblen und festen Wechselkursen.

und drückt durch die Liquiditätsvermehrung den Zinssatz. Die damit ausgelöste Abwanderung des Anlagekapitals führt nun aber sofort zu einem Überschussangebot an inländischer Währung, welches die Notenbank gegen Abgabe von Fremdwährung aus dem Markt nehmen *muss*. Dadurch verringert sich das Geldangebot wieder und LM bewegt sich zurück nach links. Das Ganze kommt erst zur Ruhe, wenn M auf seinem ursprünglichen Wert und die LM-Kurve wieder in der ursprünglichen Position ist. Wenn sich diese Prozesse schnell genug abspielen, kann es der Notenbank eigentlich gar nicht gelingen, die Geldmenge auch nur temporär zu erhöhen. Die LM-Kurve bleibt dann die ganze Zeit unbeeindruckt in der Ausgangsposition.

Abbildung 2.6 fasst unsere Ergebnisse zusammen: Bei flexiblen Wechselkursen steht nur Geldpolitik als konjunkturpolitisches Instrument zur Verfügung. Fiskalpolitische Versuche bewirken ein vollständiges 'Crowding out' der Nettoexporte und verpuffen wirkungslose. Feste Wechselkurse drehen den Spiess um. Hier wirkt nur Fiskalpolitik. Geldpolitik ist nicht möglich.

2.3 Unterbundene Kapitalmobilität

Die Politik hat in den letzten beiden Jahrzehnten in ihrem Bestreben grosse Fortschritte erzielt, die früher oft abgeschotteten nationalen Kapitalmärkte für internationale Anleger zu öffnen. Deswegen beschränkt sich die Diskussion des Mundell-Fleming-Modells auch häufig auf den Fall vollkommener Kapitalmobilität. Allenfalls wird als Konzession an die Wirklichkeit noch

als Verfeinerung der Fall unvollkommener Kapitalmobilität diskutiert. Dies
wird sicherlich einem Grossteil der Industriestaaten gerecht, vielleicht sogar
der grossen Mehrheiten der Volkswirtschaften der Welt. Nicht gerecht werden diese Fälle allerdings der nach wie vor in vielen Entwicklungsländern
herrschenden Situation, wo man den Kauf und Verkauf von Fremdwährung
durch Kontrollen auf das zu beschränken versucht, was man zur Finanzierung von Exporten und Importen benötigt. Soweit diese Kontrollen wirksam
sind, unterbinden sie grenzüberschreitende Vermögenstransfers auf der Suche
nach der attraktivsten Rendite. Im Sinne unseres Modells kann die Kapitalverkehrsbilanz nicht mehr auf Rendite- bzw. Zinsdifferenzen reagieren. Im
einfachsten Fall, wenn überhaupt keine Vermögensverschiebungen über die
Grenze zugelassen werden, ist die Kapitalbilanz immer gleich Null, unabhängig von der Zinsdifferenz zwischen Inland und Ausland. In Gleichung 2.21
gilt damit $\kappa = 0$, was die FE-Kurve, wie schon gezeigt, zu einer Vertikalen
mit der hier wiederholten Gleichung macht:

$$Y = \frac{\xi_1}{\mu_1} Y^* + \frac{\mu_2 + \xi_2}{\mu_1} R. \tag{2.25}$$

Die gegenüber der Situation mit Kapitalmobilität unveränderten IS- und
LM-Kurven vervollständigen das Modell und führen zu einem makroökonomischen Gleichgewicht, wie es Punkt B in Abb. 2.7 darstellt. Wir wollen
nun diesen Gegenpol zum Fall vollkommener Kapitalmobilität untersuchen
und uns insbesondere fragen, ob die oben gewonnenen Einsichten bezüglich
der Wirksamkeit von Fiskal- und Geldpolitik auch unter diesen veränderten
Rahmenbedingungen Bestand haben.

2.3.1 Flexible Wechselkurse

Betrachten wir zunächst wieder den Fall einer *Ausdehnung der Staatsausgaben*, welche wiederum die IS-Kurve nach rechts verschiebt. Wir wollen dieses
Beispiel zur Einführung eines Rezepts nutzen, welches generell die grafische
Arbeit mit dem Mundell-Fleming-Modell erleichtert. Das Rezept lautet wie
folgt:

Rezept

Schritt 1: Nach der Störung eines Gleichgewichts durch die Verschiebung einer der Marktgleichgewichtskurven fragen wir uns zunächst, wohin sich die
Wirtschaft bewegen würde, wenn es sich um eine geschlossene Volkswirtschaft handeln würde und wir den Devisenmarkt, also die FE-Kurve ignorieren könnten. Der gesuchte Punkt wird durch den Schnittpunkt von IS- und
LM-Kurve markiert.

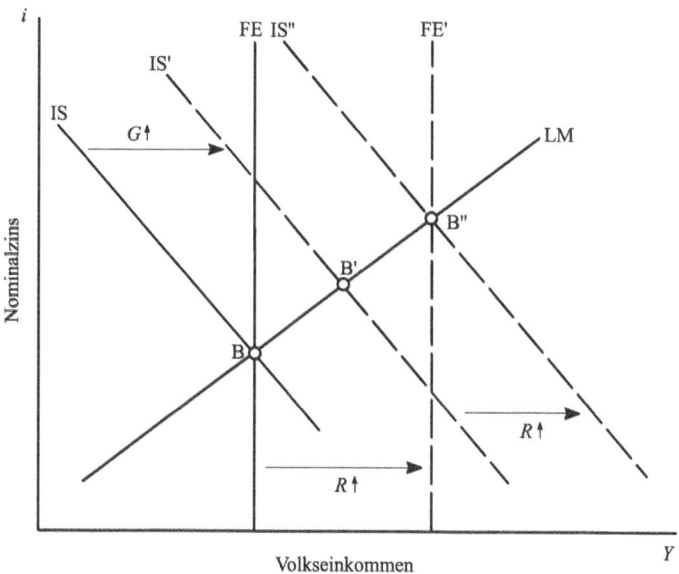

Abbildung 2.7 Expansive Fiskalpolitik bei flexiblen Wechselkursen und unterbundener Kapitalmobilität.

Schritt 2: Nun fragen wir uns, welche Art von Ungleichgewicht eine Bewegung in diesen Punkt – oder in Richtung dieses Punkts – auf dem Devisenmarkt hervorrufen würde.

Schritt 3: Im nächsten Schritt klären wir nun, welche Reaktion das identifizierte Devisenmarktungleichgewicht auslöst – beim Wechselkurs, wenn dieser flexibel ist, bei der Geldmenge, wenn der Wechselkurs fixiert ist.

Schritt 4: Als letztes implementieren wir die sich aus diesen Variablenveränderungen ergebenden Kurvenverschiebungen und konstatieren das neue Gleichgewicht.

Eine Ausdehnung der Staatsausgaben würde eine geschlossene Volkswirtschaft von B nach B′ bringen. In B′ liegt das Volkseinkommen über dem für ein Devisenmarkt- bzw. Leistungsbilanzgleichgewicht akzeptablen Wert. Somit sind die Importe grösser als die Exporte, woraus sich eine Überschussnachfrage nach ausländischer Währung ergibt. Es resultiert eine Abwertung der inländischen Währung. Diese verschiebt die IS-Kurve noch weiter nach rechts. Aber sie verschiebt auch die FE-Kurve.

Da bei flexiblen Wechselkursen das neue Gleichgewicht auf der unveränderten LM-Kurve liegen muss, stellt sich die Frage, ob die Schnittpunkte der FE-Kurve und der IS-Kurve mit LM, die ja nach der Erhöhung von G in B und B′ sind und somit auseinander liegen, durch die einsetzende Abwertung zusammengeführt werden können. Da beide Punkte durch die Abwertung auf

LM nach rechts oben gleiten, ist eine Zusammenführung nur möglich, wenn der untere Punkt schneller gleitet und den oberen einholt. Das geschieht aber nur dann, wenn eine Abwertung die FE-Kurve schneller nach rechts verschiebt als die IS-Kurve. Ob dies der Fall ist, lässt sich leicht aus den Gleichungen für die beiden Kurven ablesen.

Aus der Ableitung von (2.25) nach R erhalten wir als Rechtsverschiebung der FE-Kurve bei einem Anstieg des realen Wechselkurses um eine Einheit

$$\frac{\partial Y}{\partial R} = \frac{\mu_2 + \xi_2}{\mu_1}. \tag{2.29}$$

Die Rechtsverschiebung der IS-Kurve erhalten wir nach Auflösung von (2.12) nach Y und Ableitung nach R als

$$\frac{\partial Y}{\partial R} = \frac{\mu_2 + \xi_2}{1 - \gamma + \mu_1}. \tag{2.30}$$

Somit verschiebt eine gegebene Wechselkursänderung die FE-Kurve tatsächlich stärker als die IS-Kurve. Im vorliegenden Fall setzt sich damit die Abwertung nur so lange fort, bis die FE-Kurve die IS-Kurve auf LM in einem rechts oben liegenden Punkt wie B″ eingeholt hat. Ein Anstieg der Staatsausgaben stimuliert also das Volkseinkommen trotz flexibler Wechselkurse, wenn Kapital nicht mobil ist.

Frage 2.2

Industrieland A beschliesst, Entwicklungsland B von nun an jährlich einen festen Betrag an inländischer Währung als Entwicklungshilfe zukommen zu lassen. Land B überlässt die Bestimmung des Wechselkurses seiner Währung dem Markt, unterbindet aber Kapitalströme vollkommen. Wie wirken sich die Entwicklungshilfezahlungen auf Land B aus?

Abbildung 2.8 zeigt den Fall expansiver Geldpolitik. Folgt man wieder unserem Rezept, würde die sich ursprünglich in B befindende Wirtschaft Richtung B′ tendieren. Da dies aus den gleichen Gründen wie bei der soeben betrachteten Ausdehnung der Staatsausgaben zu einer Überschussnachfrage nach ausländischer Währung und damit zu einer Abwertung führen würde, verschieben sich wieder FE und IS nach rechts. Beide werden sich rechts von B′ auf LM′ treffen. Ob dies bei einem im Vergleich mit dem Ausgangpunkt tieferen Zinssatz geschieht, wie dies B″ signalisiert, oder bei einem höheren, lässt sich aufgrund der ungenauen, sich auf das Herausarbeiten der Bewegungsrichtung beschränkenden grafischen Analyse nicht sagen. Helfen würde hier eine formale Lösung. Will man den damit verbundenen Aufwand vermeiden, kann man sich auch die in Teilkapitel 1.1 eingeführte Kreislaufrestriktion

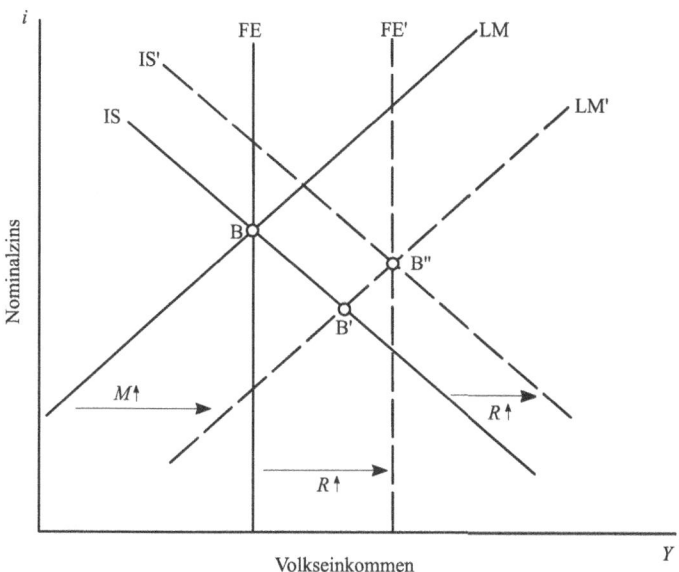

Abbildung 2.8 Expansive Geldpolitik bei flexiblen Wechselkursen und kontrollierten Kapitalströmen.

zunutze machen. Gleichung 1.5 postuliert

$$LB \equiv (S - I) + (T - G).$$

Beschränken wir die Betrachtung der Leistungsbilanz auf den Handel, so impliziert (1.5)

$$S - I + T - G + Q - X = 0$$

+	?	0	0	?	+	= 0
0		0		0		= 0

Wir tragen zunächst unterhalb jeder Variable, bei der wir die Richtung ihrer Veränderung kennen, ein $+$, $-$ oder eine 0 ein:

S steigt, da das Volkseinkommen im neuen Gleichgewicht höher ist. Die Veränderung von I kennen wir nicht, denn sie hängt von der Änderung des Zinssatzes ab, die wir suchen. T ändert sich nicht, wenn wir eine einkommensunabhängige Pauschalsteuer unterstellen. Die Staatsausgaben haben sich ebenfalls nicht verändert, also auch hier eine 0. Bei den Importen müssen wir zunächst passen, da sich unsere Währung einerseits abgewertet hat, was die Importe partiell reduziert, andererseits aber das Einkommen gestiegen ist, was die Importnachfrage stimuliert. Welcher Effekt dominiert, wissen

wir nicht. Die Exporte sind gestiegen, da das ausländische Einkommen unverändert ist und die inländischen Produkte wegen der Abwertung billiger
geworden sind.

Unsere Bemühungen erscheinen erfolglos, da zwei Fragezeichen übrig ge-
blieben sind. Um weiter zu kommen, konsolidieren wir in der nächsten Zeile:
Die staatliche Aktivität ist unverändert. Bei den Nettoexporten, die hier
auch für die Leistungsbilanz stehen, kennen wir zwar die Veränderung der
Importe nicht, doch wir wissen, dass bei kontrollierten Kapitalströmen die
Leistungsbilanz immer ausgeglichen sein muss. Also kann sie sich nicht verändert haben. Wir schreiben auch hier eine 0. Damit wissen wir aber auch,
dass sich die Investitionen gleich wie die Ersparnisse verändert haben müssen. Sie müssen gestiegen sein. Und das ist nur möglich, wenn der Zinssatz
gefallen ist. Das in Abb. 2.8 skizzierte Ergebnis ist also korrekt. Die formale
Bestätigung hierfür erhalten wir, indem wir zunächst Gleichung 2.12 nach
R auflösen und in Gleichung 2.25 einsetzen. Setzen wir anschliessend in das
Resultat die nach einigen Umformungen aufgelöste LM-Kurve 2.17 ein, ergibt
sich für den Zinssatz

$$i = \frac{\phi}{\beta\phi + (1-\gamma)\lambda}(\bar{I} + G) + \left[\frac{\gamma - 1}{\beta\phi + (1-\gamma)\lambda}\right]\frac{M}{P}. \tag{2.31}$$

Da der zweite Bruch negativ ist, reduziert ein Anstieg der realen Geldmenge
somit den Zinssatz.

2.3.2 Feste Wechselkurse

Auch bei festen Wechselkursen drängt eine Erhöhung der Staatsausgaben die
Wirtschaft zunächst von B in Richtung B′ (Abb. 2.9). Die sich abzeichnen-
de Überschussnachfrage nach ausländischer Währung zwingt die Notenbank
aber, diese bereit zu stellen und inländische Liquidität aus dem Markt zu nehmen. Dies verschiebt die LM-Kurve bei unveränderten FE- und IS-Kurven
nach links, bis sich alle drei Kurven schliesslich in B″ wieder schneiden. Das
Einkommen ist unverändert. Als einziger Effekt bleibt ein gestiegener Zinssatz. Der Staat hat mit seiner Nachfrageerhöhung private Investitionen im
gleichen Ausmass verdrängt.

Geldpolitik steht bei festen Wechselkursen auch bei kontrollierten Kapitalströmen nicht zur Verfügung. Der Versuch einer Erhöhung der Geldmenge,
wie in Abb. 2.8, würde sofort ein Überschussangebot an inländischer Währung auf dem Devisenmarkt auslösen und die Notenbank zwingen, Geldmenge
und LM-Kurve wieder zurückzufahren.

Um den Überblick zu behalten, konsolidieren wir unser bisher erworbe-
nes Wissen über die Möglichkeiten konjunkturpolitischer Einflussnahme bei
festen und flexiblen Wechselkursen, sowie freien und kontrollierten Kapitalströmen. (Abb. 2.10). Das nun deutlich komplexere Bild lässt sich wie folgt

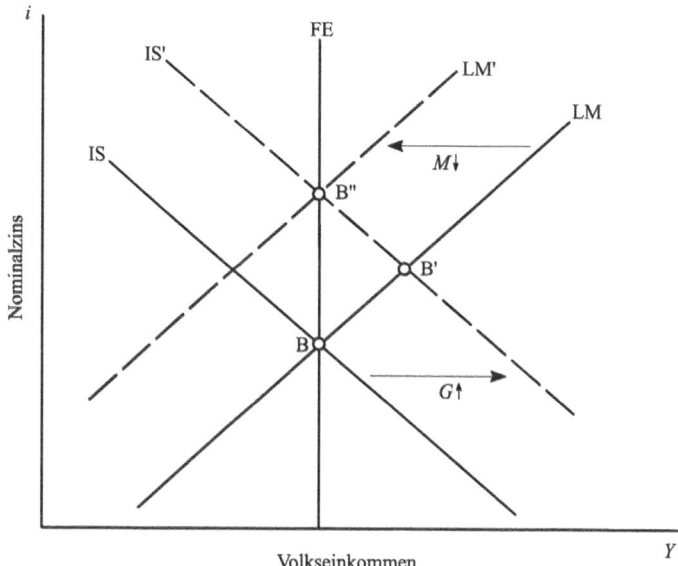

Abbildung 2.9 Expansive Fiskalpolitik bei festen Wechselkursen und kontrollierten Kapitalströmen.

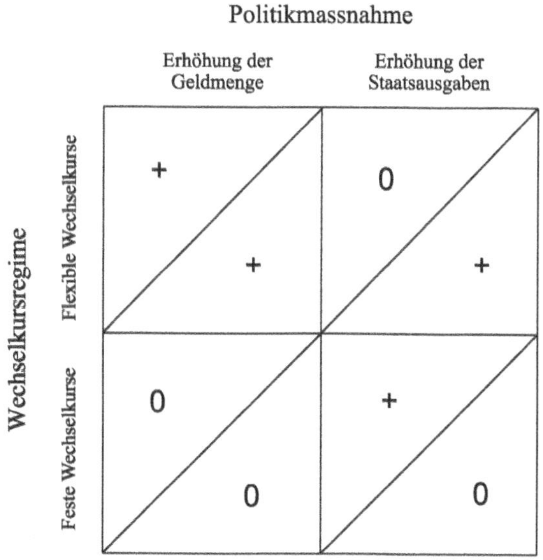

Politikmassnahme

	Erhöhung der Geldmenge	Erhöhung der Staatsausgaben
Flexible Wechselkurse	+ +	0 +
Feste Wechselkurse	0 0	+ 0

Abbildung 2.10 Auswirkungen von Politikmassnahmen auf das Volkseinkommen bei flexiblen und festen Wechselkursen sowie vollständiger und unterbundener Kapitalmobilität.

zusammenfassen: Geldpolitik wirkt bei flexiblen Wechselkursen immer, bei festen Wechselkursen nie, unabhängig von der Kapitalmobilität. Bezüglich Fiskalpolitik ist die Sache komplizierter. Diese wirkt bei spezifischen Kombinationen: Wenn der Wechselkurs flexibel ist und Kapitalströme unterbunden; oder wenn der Wechselkurs fest und Kapital vollkommen mobil ist. Bei anderen Kombinationen verpufft Fiskalpolitik, entweder durch vollständiges 'Crowding out' der Investitionsnachfrage über steigende Zinsen bei kontrollierten Kapitalströmen und festen Wechselkursen, oder durch vollständiges 'Crowding out' der Nettoexporte über eine Aufwertung bei unbehinderten Kapitalströmen und flexiblen Wechselkursen. Ein besonders problematisches Szenario sind feste Wechselkurse und unterbundene Kapitalströme, weil dann überhaupt kein konjunkturpolitisches Instrument zur Verfügung steht.

2.4 Unvollkommene Kapitalmobilität

Wir wenden uns nun der zwischen den beiden betrachteten Extremvarianten liegenden Situation zu.

2.4.1 Flexible Wechselkurse

Wenn Kapital mobil ist, aber eben nicht vollkommen mobil, ist die Zahlungsbilanz bei allen i/Y-Kombinationen ausgeglichen, die auf einer Kurve mit positiver Steigung liegen. Diese FE-Kurve kann steiler sein als die LM-Kurve, aber auch flacher. Da die Wirkungen einer Geldmengenexpansion in beiden Fällen gleich sind, wollen wir hier deren Wirkungen zuerst untersuchen (Abb. 2.11).

Die Notwendigkeit einer eigenen Behandlung des Falls unvollkommener Kapitalmobilität ergibt sich in erster Linie daraus, dass eine Wechselkursänderung nun auch die FE-Kurve verschiebt. Dies wirkt sich bei der Analyse geldpolitischer Massnahmen qualitativ noch nicht entscheidend aus, wird aber später bei der Untersuchung fiskalpolitischer Massnahmen von Bedeutung sein.

Ob eine Abwertung die FE-Kurve nach oben oder nach unten verschiebt, hängt, wie wir oben gezeigt haben, von der Gültigkeit der Marshall-Lerner-Bedingung ab. Ist diese erfüllt, verbessert eine Abwertung die Leistungsbilanz und es muss das Einkommen steigen und/oder der Zinssatz sinken, um dies zu kompensieren. Die Zahlungsbilanzgleichgewichtsgerade verschiebt sich somit nach rechts unten.

Dehnt sich nun bei flexiblen Wechselkursen das Geldangebot aus, verschiebt sich LM nach LM'. Dies drückt wegen der entstandenen Überschussliquidität auf den Inlandszins, führt zu einer tendenziellen Überschussnach-

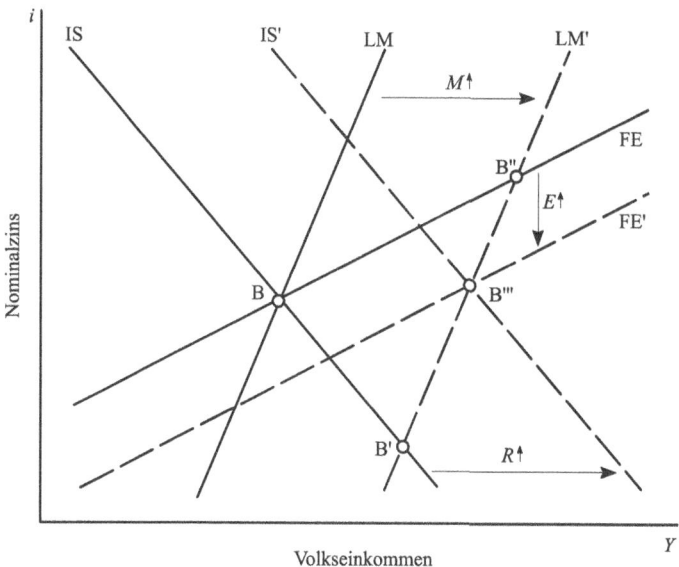

Abbildung 2.11 Expansive Geldpolitik bei flexiblen Wechselkursen und unvollkommener Kapitalmobilität.

frage nach ausländischer Währung und damit zu einer Abwertung der heimischen Währung. Diese verschiebt sowohl die Gütermarktgleichgewichtskurve (von IS nach IS′) als auch die Zahlungsbilanzgleichgewichtsgerade (von FE nach FE′). Ein neues langfristiges Gleichgewicht wird in B‴ bei auf Dauer erhöhtem Volkseinkommen erreicht.

Untersucht man die Wirkungen einer Staatsausgabenerhöhung, muss man eine Fallunterscheidung treffen. Nehmen wir zunächst an, die FE-Kurve sei *flacher* als die LM-Kurve, Kapital sei also sehr mobil (siehe Abb. 2.12).

Wegen der Erhöhung der Staatsausgaben verschiebt sich nun zunächst die IS-Kurve nach IS′. Dies drückt tendenziell den Inlandszins nach oben. In einer geschlossenen Wirtschaft bzw. ohne Zahlungsbilanzrestriktion würde der Zins sogar tatsächlich auf den mit B′ verbundenen Wert steigen. In unserer offenen Wirtschaft wertet sich die Inlandswährung bereits bei beginnendem Zinsanstieg auf und wirkt diesem entgegen. Die Aufwertung reduziert die Nettoexporte und verschiebt die IS-Kurve wieder nach links. Da sich gleichzeitig aber auch die Zahlungsbilanzgleichgewichtsgerade nach oben verschiebt, wird das neue gesamtwirtschaftliche Gleichgewicht bereits in B‴ erreicht, bevor die IS-Kurve wieder in ihrer ursprünglichen Position ist. Somit findet bei unvollkommener Kapitalmobilität offensichtlich kein vollständiges 'Crowding out' ausländischer Nachfrage statt. Ob also fiskalpolitische Massnahmen bei flexiblen Wechselkursen Einkommens- und damit Beschäftigungswirkungen haben, hängt letztlich davon ab, ob in- und ausländische Kapitalanlagen perfekte Substitute sind oder nicht.

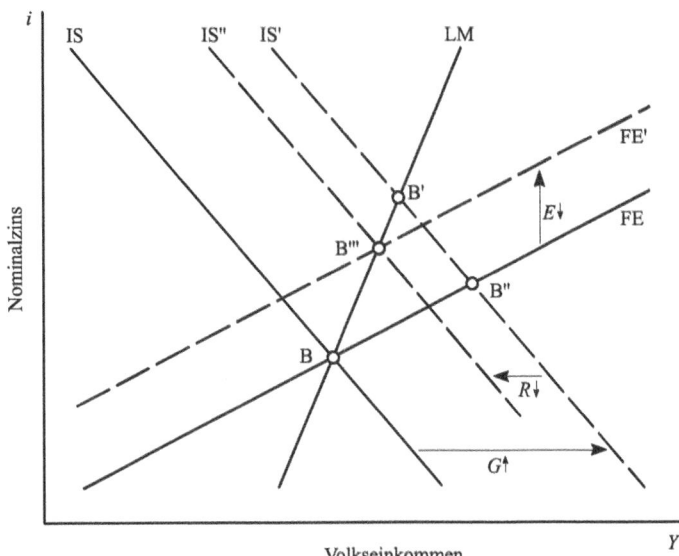

Abbildung 2.12 Expansive Fiskalpolitik bei flexiblen Wechselkursen und hoher Kapital-mobilität.

Im Falle einer FE-Kurve, die *steiler* ist als die LM-Kurve, ist Kapital inter-national vergleichsweise immobil (siehe Abb. 2.13). Bei gegebener Einkom-mensänderung muss der Zinssatz jetzt stärker steigen, um die Zahlungsbilanz auszugleichen, als um den Geldmarkt auszugleichen. Beginnt sich somit unse-re Wirtschaft auf der LM-Kurve nach rechts oben in Richtung B′ zu bewegen, wird die Zahlungsbilanz tendenziell defizitär. Der Wechselkurs steigt, die Ex-portchancen verbessern sich, die IS-Kurve verschiebt sich noch weiter nach rechts. Gleichzeitig verschiebt die Abwertung die FE-Kurve nach unten. Das neue langfristige Gleichgewicht liegt in B‴ und entspricht dem oben schon für den Fall hoher Kapitalmobilität abgeleiteten Ergebnis, dass Fiskalpolitik auch bei flexiblen Wechselkursen wirksam sein kann, wenn in- und ausländi-sche Anlagen unvollkommene Substitute sind.

2.4.2 Feste Wechselkurse

Bei festen Wechselkursen können wir uns auch in diesem Szenario auf die Analyse der Fiskalpolitik beschränken. Geldpolitik steht wiederum nicht zur Verfügung.

Dehnt der Staat seine Nachfrage aus, verschiebt sich die IS-Kurve nach rechts und die Wirtschaft drängt in Richtung B′ (Abb. 2.14). Da B′ in diesem Fall relativ hoher Kapitalmobilität (signalisiert durch die flache FE-Kurve)

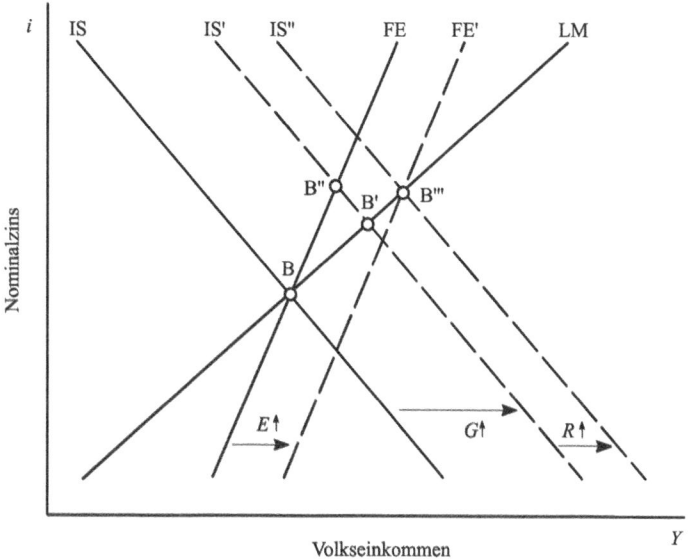

Abbildung 2.13 Expansive Fiskalpolitik bei flexiblen Wechselkursen und geringer Kapitalmobilität.

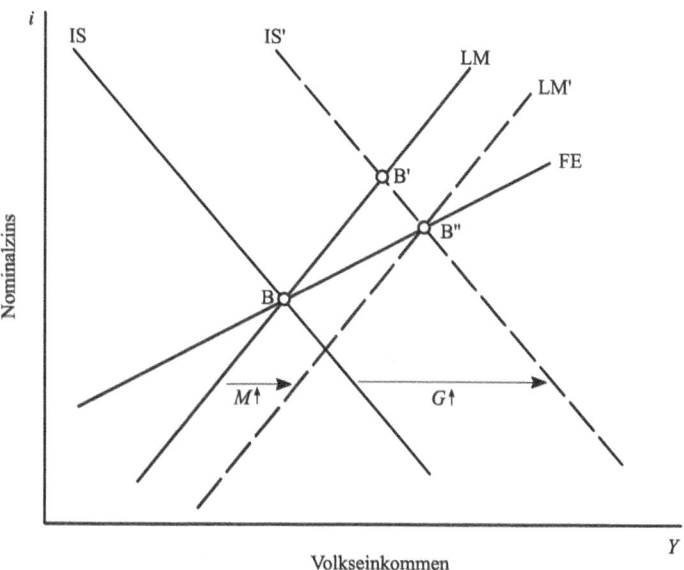

Abbildung 2.14 Expansive Fiskalpolitik bei festen Wechselkursen und eingeschränkter Kapitalmobilität.

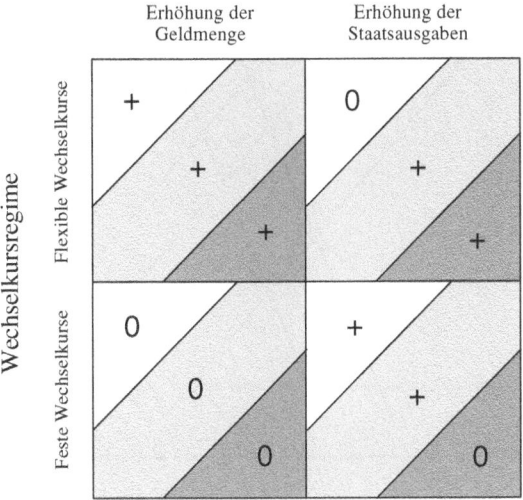

Abbildung 2.15 Auswirkungen von Politikmassnahmen auf das Volkseinkommen bei flexiblen und festen Wechselkursen sowie vollständiger, eingeschränkter und unterbundener Kapitalmobilität. *Legende*: In jedem Matrixfeld bezieht sich das linke Dreieck auf vollkommene Kapitalmobilität und das rechte, dunkelgrau unterlegte auf völlig unterbundene Kapitalströme. Der dazwischen liegende Streifen bezieht sich auf unvollkommene Kapitalmobilität.

zu einem Nachfrageüberschuss nach inländischer Währung auf dem Devisenmarkt führt, ist die Notenbank gezwungen, durch Verkauf inländischer Währung gegen Fremdwährung die Geldmenge auszudehnen. Dies verschiebt die LM-Kurve nach rechts, bis sich alle drei Kurven wieder in einem Punkt, in B″, schneiden.[9]

Abbildung 2.15 fasst nochmals die Politikmöglichkeiten zusammen, neu nun unter Einbezug des die Extreme verbindenden Falls eingeschränkter Kapitalmobilität. Im Dreieck oben links finden wir in jedem Matrixfeld wieder den Fall vollkommener Kapitalmobilität, im Dreieck unten rechts unterbundene Kapitalmobilität und das schräge Band dazwischen zeigt eingeschränkte Kapitalmobilität.

Bezüglich der Geldpolitik ergibt sich nichts Neues. Hier zählt letztlich nur das Wechselkursregime. Bei der Fiskalpolitik ist die Situation nicht ganz so dramatisch, wie Abb. 2.10 signalisiert haben mag. Sie verliert ihre Wirkung nur in zwei extremen Situationen: Wenn bei festen Wechselkursen Kapital überhaupt nicht fliessen darf und wenn es bei flexiblen Wechselkursen völlig

---

[9] Im hier nicht gezeigten Fall geringer Kapitalmobilität, wenn also FE steiler ist als LM, entsteht das neue Gleichgewicht dadurch, dass die Notenbank durch Devisenmarktinterventionen die Geldmenge reduzieren muss.

mobil ist. In allen anderen Fällen wirkt Fiskalpolitik, wenn auch mit wechseln-
der Effektivität. Die Problemkonstellation fester Wechselkurse und unterbundener Kapitalströme, in der konventionelle Konjunkturpolitik nicht möglich
ist, bleibt bestehen.

2.5 Zusammenfassung

In diesem Kapitel wurde das Mundell-Fleming-Modell als Arbeitspferd der
monetären Makroökonomik offener Volkswirtschaften vorgestellt. Da es ein
exogenes Preisniveau unterstellt, ist es ein Modell für die kurze, allenfalls
für die mittlere Frist, also für einen Zeithorizont, in dem sich die als kon-
junkturell bezeichneten Bewegungen des Volkseinkommens abspielen. Aus
diesem Grund hatten wir es uns in erster Linie zum Ziel gesetzt, auszuloten,
welche Möglichkeiten der Beeinflussung der Konjunktur der Wirtschaftspolitik einer kleinen offenen Volkswirtschaft verbleiben, die in Abhängigkeit
von einem exogenen, nicht beeinflussbaren globalen Datenkranz agiert. Unter verschiedenen, in der Wirklichkeit durchaus ihre Entsprechung findenden
Rahmenbedingungen wurde systematisch untersucht, ob eine wirtschaftspolitische Beeinflussung der Konjunktur möglich ist und, falls ja, welches das
geeignete bzw. vorzuziehende Instrument ist.

Es hat sich gezeigt, dass die Antworten auf diese Fragen sehr sensibel auf
die für die Kapital- und Devisenmärkte geltenden Rahmenbedingungen reagieren. Im idealtypischen Szenario vollkommener Kapitalmärkte ist das Ergebnis insofern ermutigend, als in jedem Wechselkursregime *ein* wirksames
Instrument zur Verfügung steht. Während bei flexiblen Wechselkursen Geldpolitik einkommensstimulierend eingesetzt werden kann, aber Fiskalpolitik
allenfalls Nettoexporte verdrängt, ist bei festen Wechselkursen Fiskalpolitik
einkommenswirksam, dafür aber autonome Geldpolitik gar nicht möglich. Im
anderen idealtypischen Szenario vollkommen unterbundener Kapitalströme
ist das Resultat alarmierender. Hier hat die Wirtschaftspolitik zwar bei flexiblen Wechselkursen die Qual der Wahl zwischen zwei im Prinzip einsetzba-
ren konjunkturpolitischen Instrumenten. Feste Wechselkurse würden hier der
Regierung aber jede Möglichkeit der Konjunkturbeeinflussung rauben. Die
Betrachtung der Situation unvollkommener Kapitalmobilität rundet dieses
Bild ab. Als Fazit bleibt, dass Geldpolitik bei flexiblen Wechselkursen immer zur Verfügung steht, bei festen Wechselkursen nie. Fiskalpolitik steht im
Prinzip unter jedem Wechselkursregime zur Verfügung, verliert bei flexiblen
Wechselkursen aber, wenn Kapital immer mobiler wird, ihre Wirksamkeit
mehr und mehr. Bei festen Wechselkursen geschieht dies, wenn Kapital im-
mobiler wird.

Nachdem dieses Kapitel Basiskenntnisse des Mundell-Fleming-Modells
vermittelt hat, soll das nächste Kapitel über die üblichen Brot-und-Butter-

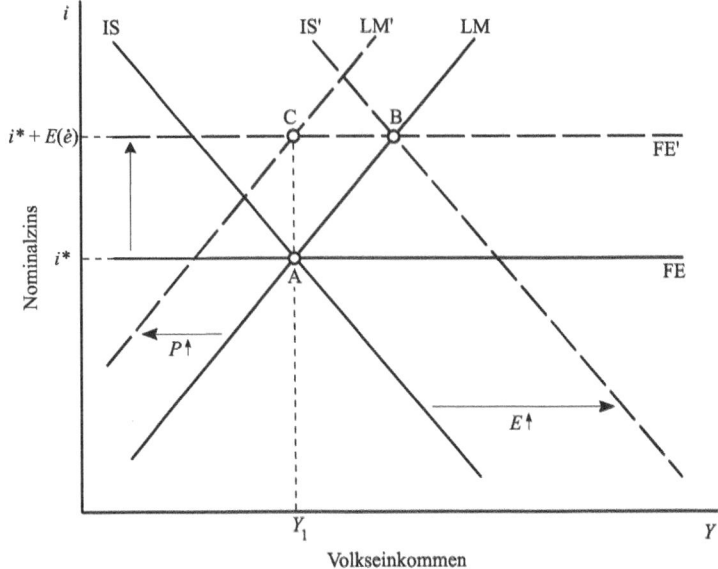

Abbildung 2.16 Grafische Darstellung zur Beantwortung der Frage 2.1.

Fragen hinaus führen und letztlich auch eine gewissen Souveränität und Vir-
tuosität im Umgang mit diesem Modelltypus vermitteln.

2.6 Hinweise zur Beantwortung der gestellten Fragen

Frage 2.1

Für die Beantwortung dieser Frage müssen wir die allgemeine Form der
Gleichgewichtsbedingung auf dem internationalen Kapitalmarkt reaktivieren:
$i = i^* + E(\dot{e})$.
   1. Aufkommende Abwertungserwartungen verschieben die FE-Kurve nach
oben (Abb. 2.16). Aufgrund des damit entstehenden Überschussangebots an
inländischer Währung folgt eine Abwertung, welche die IS-Kurve nach rechts
verschiebt. Bei flexiblen Wechselkursen (und damit unveränderlicher Lage der
LM-Kurve) bewegt sich die Wirtschaft bei steigenden Zinssätzen entlang LM
vom Ausgangsgleichewicht A nach rechts oben ins neue Gleichgewicht B.
   2. Der Pessimismus der Anleger hat insofern selbsterfüllenden Charakter,
als die Abwertungserwartung in der Tat eine Abwertung erzwingt. Die These
der Selbsterfüllung stimmt aber insofern nicht, als (a) die auftretende Abwertung in der Regel nicht das gleiche Ausmass hat, das erwartet wurde, und

(b) die Abwertungsentwicklung in Punkt B zu Ende ist, obwohl noch weitere Wechselkurssteigerungen erwartet werden.

3.1. Vollbeschäftigung im Ausgangsgleichgewicht bedeutet, dass das Angebot langfristig auf Y_1 beschränkt ist. Das neue langfristige Gleichgewicht muss also auf einer Vertikalen über Y_1 liegen. Die durch B signalisierte Überschussnachfrage auf dem Gütermarkt führt früher oder später zu Preissteigerungen. Dies reduziert bei konstantem nominalem Geldangebot die reale Geldmenge und schiebt damit die LM-Kurve nach links oben. Dies setzt sich fort, bis wir im neuen langfristigen Gleichgewicht C sind. Es ergibt sich vollständiges Crowding out durch die ausgelösten Preissteigerungen.

3.2. Die Punkte B oder C können bei rational handelnden Akteuren keine langfristigen Gleichgewichte sein, da ja permanent eine Abwertung erwartet wird, die dann aber nie eintritt. Dies muss die Abwertungserwartungen nach und nach zum Verschwinden bringen. Die FE-Kurve sinkt wieder nach unten in die alte Position und die Wirtschaft bewegt sich von B oder von C (bei sinkendem Preisniveau) wieder zurück in den Ausgangspunkt A.

Unbegründete Erwartungen können somit zwar vorübergehend die Wirtschaftstätigkeit beeinflussen und sich in der Richtung sogar selbst verifizieren. Lernprozesse rational handelnder Akteure bringen diese Wirkungen aber nach einiger Zeit wieder zum Verschwinden.

Frage 2.2

Unterstellen wir hier eine erweiterte Version des Mundell-Fleming-Modells:

$$Y = cY + \bar{I} - \beta i + G + \xi_1 Y^* + \xi_2 R \qquad \text{Gütermarkt}$$
$$-\mu_1 Y + \mu_2 R + AID$$

$$M/P = \phi Y - \lambda i \qquad \text{Geldmarkt}$$

$$0 = \xi_1 Y^* + (\xi_2 + \mu_2)R - \mu_1 Y + AID \qquad \text{Devisenmarkt (mit } KB = 0)$$

mit AID =Entwicklungshilfezahlung. Die lineare Spezifikation erlaubt es uns hier, IS-Kurve und FE-Kurve explizit zu berechnen. Lösen wir jeweils nach Y auf aus Gründen, die sofort deutlich werden, erhalten wir

$$\text{IS: } Y = \frac{1}{1 - \gamma + \mu_1}(\xi_1 Y^* + G + \bar{I} + AID) - \beta i + \frac{\xi_2 + \mu_2}{1 - \gamma + \mu_1}R$$

mit einer Rechtsverschiebung von $\dfrac{\partial Y}{\partial AID} = \dfrac{1}{1 - \gamma + \mu_1}$ und

$$\text{FE: } Y = \frac{1}{\mu_1}(\xi_1 Y^* + AID) + \frac{\xi_2 + \mu_2}{\mu_1}R$$

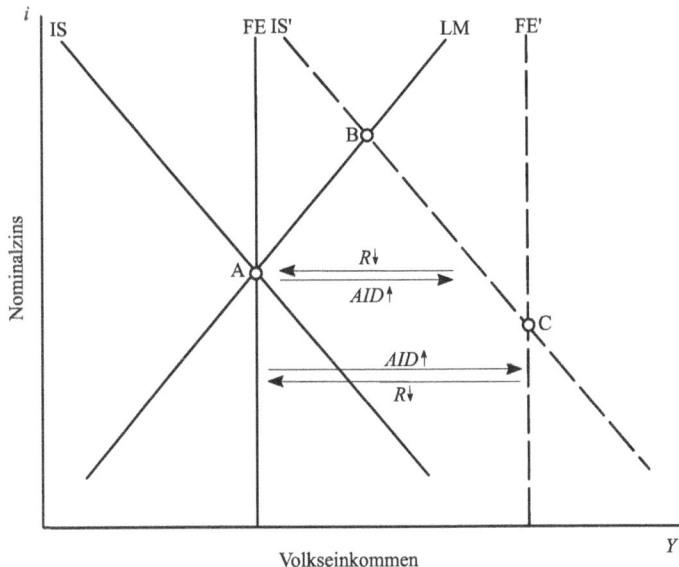

Abbildung 2.17 Grafische Darstellung zur Beantwortung der Frage 2.2.

mit einer Rechtsverschiebung von $\dfrac{\partial Y}{\partial AID} = \dfrac{1}{\mu_1}$.

Entwicklungshilfe verschiebt offensichtlich sowohl die Gütermarktgleichge-
wichtskurve IS als auch die Devisenmarktgleichgewichtskurve FE nach rechts
(Abb. 2.17). Da aber $1/\mu_1 > 1/(1 - \gamma + \mu_1)$, verschiebt eine Erhöhung der
Entwicklungshilfezahlung die FE-Kurve weiter nach rechts als die IS-Kurve.
Beide Kurven können also keinen gemeinsamen Schnittpunkt auf der alten
und neuen LM-Kurve finden. Da Marktkräfte die Wirtschaft in Richtung
B drücken (das Gleichgewicht einer geschlossenen Wirtschaft ohne Devisenmarkt), entsteht eine Überschussnachfrage nach inländischer Währung (B ist
ja links von FE′). Ist der Wechselkurs flexibel, entsteht eine Aufwertung,
welche FE und IS wieder nach links verschiebt. Da eine Veränderung von R
die FE-Kurve um den gleichen Faktor weiter verschiebt als IS wie dies schon
eine Erhöhung der Variable AID getan hatte, werden beide Kurven letztlich
in ihre ursprüngliche Position zurückverschoben (FE holt IS erst in der ursprünglichen Position wieder ein). Es gibt *vollständiges 'Crowding out' der
Entwicklungshilfe* durch eine Aufwertung der Währung des Entwicklungslan-
des.

Literatur

Blanchard, Olivier J. (2008). *Macroeconomics.* London: Prentice Hall, 5. Auflage.

Burda, Michael und Charles Wyplosz (2005). *Macroeconomics. A European Text.* Oxford: Oxford University Press, 4. Auflage.

Chiang, Alpha C. (1984). *Fundamental Methods of Mathematical Economics.* Singapore: McGraw-Hill, 3. Auflage.

Dernburg, Thomas F. (1989). *Global Macroeconomics.* New York: Harper & Row.

Fleming, J. Marcus (1962). Domestic Financial Policies under Fixed and under Floating Exchange Rates. *IMF Staff Papers*, No. 3, 369-80.

Gärtner, Manfred (2009). *Macroeconomics.* London; FT Prentice Hall, 3. Auflage.

Gali, Jordi (1992). How Well Does the IS-LM Model Fit Postwar U.S. Data? *Quarterly Journal of Economics* 107, 709-738.

Jarchow, Hans-Joachim und Peter Rühmann (2000). *Monetäre Aussenwirtschaft I. Monetäre Aussenwirtschaftstheorie.* Göttingen: Vandenhoeck und Ruprecht, 5. Auflage.

Krugman, Paul (1998). *Analytical Afterthoughts on the Asian crisis.* http://web.mit.edu/krugman/www/MINICRIS.htm

Krugman, Paul und Maurice Obstfeld (2008). *International Economics: Theory and Policy.* Boston: Addison-Wesley, 8. Auflage.

Lahiri, Amartya, Rajesh Singh und Carlos A. Vegh (2006). Optimal Exchange Rate Regimes: Turning Mundell-Fleming's Dictum on its Head. *NBER Working Paper 12684.* Boston: National Bureau of Economic Research.

Mankiw, N. Gregory (2006). *Macroeconomics.* New York: Worth Publishers, 6. Auflage.

Mundell, Robert A. (1963). Capital Mobility and Stabilization Policy under Fixed and Flexible Exchange Rates. *Canadian Journal of Economics*, 475-85.

Obstfeld, Maurice (2001). International Macroeconomics: Beyond the Mundell-Fleming Model. *IMF Staff Papers* 47 (special issue), 1-39.

Rose, Klaus und Karlhans Sauernheimer (2006). *Theorie der Aussenwirtschaft.* München: Verlag Franz Vahlen, 14. Auflage.

Siebert, Horst und Oliver Lorz (2006). *Aussenwirtschaft.* Stuttgart: UTB Lucius & Lucius, 8. Auflage.

Kapitel 3
Das Mundell-Fleming-Modell: Erweiterungen

Im letzten Kapitel wurde das Mundell-Fleming-Modell als Arbeitspferd der monetären Makroökonomik offener Volkswirtschaften vorgestellt. Diskutiert wurden die Funktion und Interaktion der drei Märkte des Modells, und wir haben uns ausführlich mit den Chancen eines wirksamen Einsatzes der Geld- und Fiskalpolitik zur Stabilisierung des Einkommens bei gegebenen weltwirtschaftlichen Rahmenbedingungen beschäftigt.

Das vorliegende Kapitel will die Auseinandersetzung mit dem Mundell-Fleming-Modell vertiefen und sich hierbei zunächst der Analyse der konjunkturellen Beziehungen und Wechselbeziehungen zwischen verschiedenen Volkswirtschaften oder Wirtschaftsräumen zuwenden. Später soll am Beispiel einer Untersuchung der Ursachen der Asienkrise von 1997 gezeigt werden, dass sich das Mundell-Fleming-Modell trotz seines Alters in geübten Händen modifizieren und auf neue, unkonventionelle Fragen anwenden lässt.

3.1 Internationale Konjunkturzusammenhänge

Bisher war die makroökonomische Situation im Ausland, abgebildet durch den dortigen Zinssatz und das herrschende Einkommensniveau, vorgegeben und fix. Aber auch diese Variablen können sich ändern. Im konjunkurellen Auf und Ab wird dies sogar eher die Regel als die Ausnahme sein. Wir wollen nun untersuchen, wie sich solch äussere Veränderungen auf die inländische Wirtschaft auswirken.

3.1.1 Die Abhängigkeit von Weltzinssatz und Welteinkommen

Beginnen wir wieder mit dem Szenario vollkommener Kapitalmobilität, für das Abb. 3.1 ein Ausgangsgleichgewicht in Punkt B skizziert. Nehmen wir nun

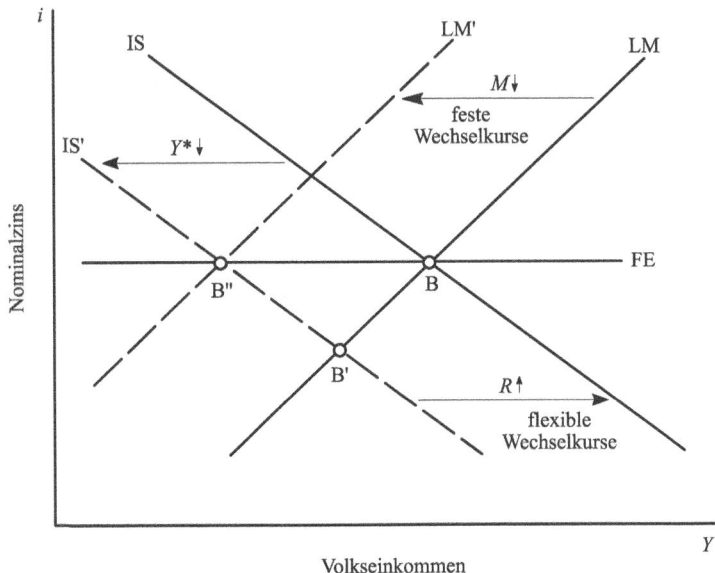

Abbildung 3.1 Auswirkungen einer Rezession im Ausland bei vollkommener Kapitalmobilität; feste und flexible Wechselkurse.

an, ein weltweiter Konjunktureinbruch drücke Y^* nach unten, und damit auch die Nachfrage nach den inländischen Exporten. Dies verschiebt die IS-Kurve nach links in die Position IS', unabhängig vom herrschenden Wechselkursregime. Was weiter passiert, hängt allerdings sehr wohl vom Wechselkursregime ab. Bei *flexiblen Wechselkursen* führt die durch die Richtung B' drängende Wirtschaft ausgelöste Überschussnachfrage nach ausländischer Währung zu einer Abwertung. Diese belebt die Exporte wieder, wodurch sich die IS-Kurve zurück nach rechts verschiebt. Da dieser Prozess erst zum Stillstand kommt, wenn die IS-Kurve wieder in ihrer ursprünglichen Situation ist, ändert sich offensichtlich das inländische Einkommen nicht. Der flexible Wechselkurs übernimmt damit die Funktion eines Puffers, der das Überschwappen ausländischer Einkommensschwankungen auf das Inland verhindert. Bei einem ausländischen Einkommensrückgang macht der steigende Wechselkurs die inländischen Güter für Ausländer gerade soviel billiger, dass sie weiterhin die gleiche Exportmenge nachfragen.

Bei *festen Wechselkursen* reagiert die Wirtschaft auf die mit B' einhergehende Überschussnachfrage nach ausländischer Währung anders. Jetzt ist die Notenbank gezwungen, Devisen gegen inländisches Geld zu verkaufen und somit einen restriktiven geldpolitischen Kurs zu fahren. Dies verschiebt die LM-Kurve nach LM', und es ergibt sich ein neues Gleichgewicht in B''. Bei festen Wechselkursen schlagen somit ausländische Konjunkturschwankungen

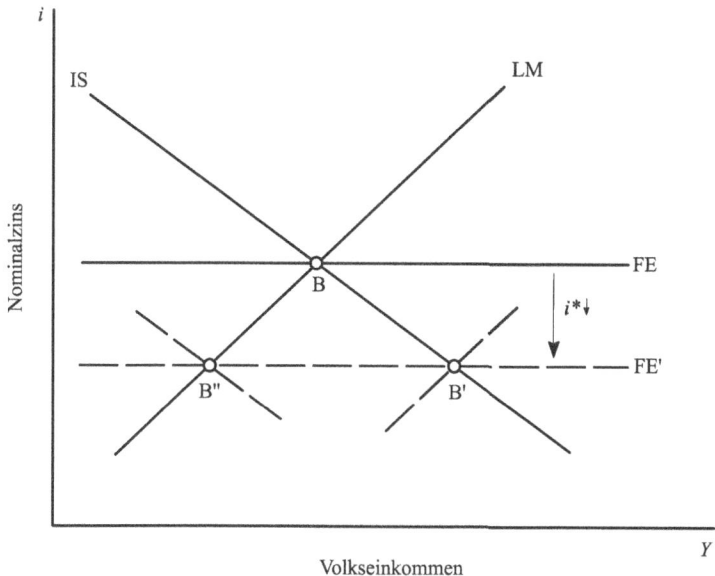

Abbildung 3.2 Auswirkungen eines Zinsrückgangs im Ausland bei vollkommener Kapitalmobilität; feste und flexible Wechselkurse.

voll auf die inländische Einkommensentwicklung durch, unterstützt durch die erzwungene prozyklische Geldpolitik.

Bei vollkommener Kapitalmobilität spielt das Wechselkursregime dann eine noch frappierendere Rolle, wenn es sich um einen nominalen Schock in Form eines Zinsrückgangs im Ausland handelt (siehe Abb. 3.2). Eine Zinssenkung im Ausland verschiebt die FE-Kurve nach unten in die Position FE'. Da bei festen Wechselkursen die IS-Kurve unverändert bleibt, bei flexiblen Wechselkursen die LM-Kurve, ergibt sich das neue Gleichgewicht einmal im Schnittpunkt B' zwischen FE' und IS und einmal im Schnittpunkt B'' zwischen FE' und LM. Im ersten Fall löst der Rückgang von i^* eine Rezession aus, im zweiten Fall einen Boom.

Also kann kein Wechselkursregime das Inland vor den Auswirkungen ausländischer Zinsschwankungen schützen – solange Kapital mobil ist. Unterbindet man Kapitalströme, wird alles anders. Nun ist die FE-Kurve vertikal und genau wie LM und IS nicht mehr vom ausländischen Zinssatz abhängig. Anleger möchten zwar auf sich verändernde Renditedifferenzen reagieren, aber sie dürfen es nicht. Folglich bleibt der Gang der inländischen Wirtschaft, abgebildet durch das Gleichgewicht im i/Y-Diagramm, von der ausländischen Zinsentwicklung unbeeindruckt.

Eine letzte Konstellation, die wir noch betrachten müssen, ist ein Rückgang des ausländischen Einkommens bei unterbundener Kapitalmobilität (Abb. 3.3). Dies verschiebt die IS-Kurve wieder nach links, aber auch die

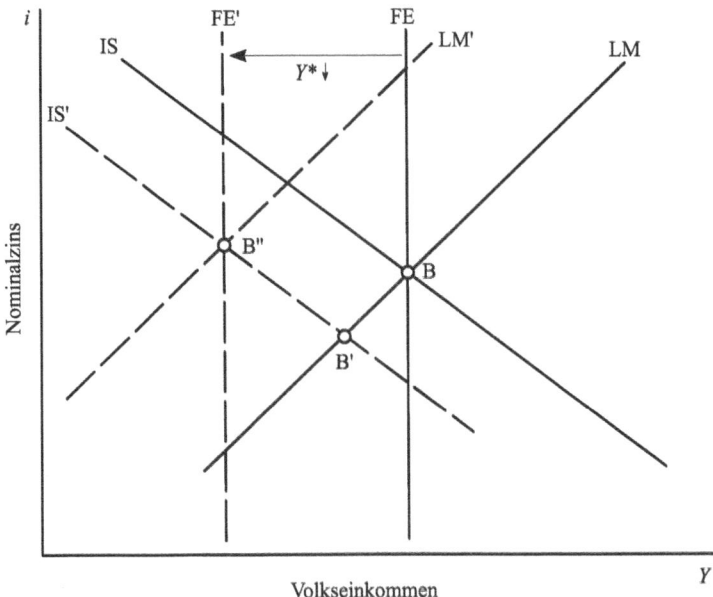

Abbildung 3.3 Auswirkungen einer Rezession im Ausland bei unterbundener Kapitalmobilität und festen Wechselkursen.

FE-Kurve, und diese sogar stärker, wie wir aus Kapitel 2 wissen. Ignorieren
wir gemäss Rezept den Devisenmarkt, tendiert die Wirtschaft Richtung B′,
dem Schnittpunkt zwischen LM und IS′. Da dieser rechts von FE′ liegt, ini-
tiiert er eine Überschussnachfrage nach ausländischer Währung. Dies zwingt
die Notenbank zu restriktiv wirkenden Interventionen auf dem Devisenmarkt,
wodurch sich die LM-Kurve nach links verschiebt, bis sie FE′ und IS′ in B″
schneidet. Die ausländische Rezession schlägt also in ähnlicher Form durch
wie bei vollkommener Kapitalmobilität.

Frage 3.1

Bitte zeigen Sie nur anhand der Kreislaufrestriktion, ohne die Ab-
läufe im i/Y-Diagramm durchzuspielen, dass eine Rezession im
Ausland bei flexiblen Wechselkursen nicht auf das Inland durch-
schlagen *kann*.

Abbildung 3.4 fasst die gewonnenen Erkenntnisse zur Übertragung realer und monetärer Störungen vom Ausland auf die inländische Wirtschaft
nochmals kompakt zusammen.

Bisher wurden internationale Konjunkturzusammenhänge eigentlich nur
angedeutet – dadurch, dass die Einkommensentwicklung im Inland auch mit

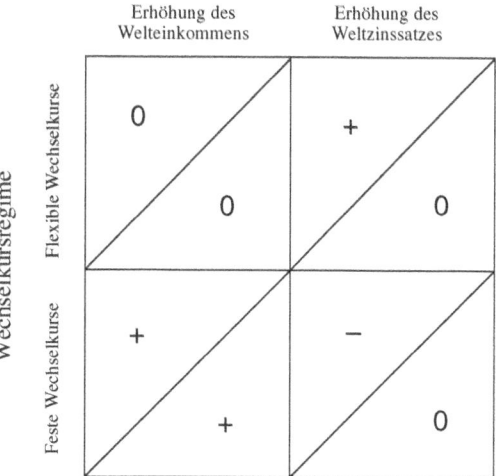

Abbildung 3.4 Übersicht über die Auswirkungen eines Anstiegs des Volkseinkommens oder des Zinssatzes im Ausland auf das inländische Volkseinkommen bei flexiblen und festen Wechselkursen sowie vollständiger und unterbundener Kapitalmobilität.

vom vorgegebenen, auf Weltzinssatz und Welteinkommen reduzierten weltwirtschaftlichen Datenkranz abhing. Diese Sicht wollen wir auf den nächsten Seiten verfeinern. Zum einen, indem wir fragen, woher denn diese weltwirtschaftlichen Variablen kommen – was sie verändert. Zum anderen, indem wir untersuchen, was denn passiert, wenn das von uns betrachtete Land nicht mehr klein und quantitativ unbedeutend ist relativ zum internationalen Umfeld, sondern gross genug um auch seinerseits dieses Umfeld zu beeinflussen.

3.1.2 Die kleine offene Volkswirtschaft und der Rest der Welt

Im Anschluss an das bisher Gesagte stellen sich zunächst folgende Fragen: Wenn wir jedes Land als kleine offene Volkswirtschaft modellieren, welche keinen Einfluss auf den Rest der Welt hat, wie bestimmen sich dann die Variablen im Rest der Welt? Wo kommen Schwankungen von i^* und Y^* her? Die Antwort hierauf lautet, dass zwischen Inland und Ausland natürlich keine Symmetrie herrscht. Wenn das Inland eine kleine offene Volkswirtschaft ohne Einfluss auf den Rest der Welt ist, ist der Rest der Welt das Gegenstück: eine grosse geschlossene Volkswirtschaft, deren Interaktion mit dem Inland angesichts dessen Grösse vernachlässigbar gering ist. Der Rest der Welt kann somit ohne externen Sektor, als geschlossene Volkswirtschaft mittels IS-LM-Modell dargestellt werden. Das asymmetrische *Gesamtmodell* einer so charakterisierten Welt, die aus einem kleinen Inland und dem grossen Ausland besteht, setzt sich dann aus zwei Teilmodellen zusammen: einem Mundell-Fleming-Modell für das Inland und einem IS-LM-Modell für das Ausland, dem Rest der Welt (siehe Tabelle 3.1).

Tabelle 3.1   Ein asymmetrisches 2-Länder-Modell.

Inland (klein, offen; Mundell-Fleming-Modell)

1. *Gütermarkt*

$Y + Q = C + I + G + X$	Gütermarktgleichgewicht	(3.1)
$C = \gamma Y$	Konsumfunktion	(3.2)
$I = -\beta i$	Investitionsfunktion	(3.3)
$Q = \mu_1 Y - \mu_2 R$	Importfunktion	(3.4)
$X = \xi_1 Y^* + \xi_2 R$	Exportfunktion	(3.5)

2. *Geldmarkt*

$M^d = \phi Y - \lambda i$	Geldnachfragefunktion	(3.6)
$M^s = M^d = M$	Geldmarktgleichgewicht	(3.7)

3. *Devisenmarkt*

$ZB = LB + KB = 0$	Zahlungsbilanzgleichgewicht	(3.8)
$LB = X - Q$	Leistungsbilanz	(3.9)
$KB = \kappa[i - i^* - E(\dot{e})]$	Kapitalbilanz	(3.10)

Ausland (gross, 'geschlossen'; IS-LM-Modell)

1. *Gütermarkt*

$Y^* = C^* + I^* + G^*$	Gütermarktgleichgewicht	(3.11)
$C^* = \gamma Y^*$	Konsumfunktion	(3.12)
$I^* = -\beta i^*$	Investitionsfunktion	(3.13)

2. *Geldmarkt*

$M^{d*} = \phi Y^* - \lambda i^*$	Geldnachfragefunktion	(3.14)
$M^{s*} = M^{d*} = M^*$	Geldmarktgleichgewicht	(3.15)

Anmerkungen: Die autonomen Investitionen, die ja stets die gleiche Rolle spielen wie die Staatsausgaben, sind zur Verringerung des Rechenaufwands gleich Null gesetzt. Die verwendeten Symbole haben folgende Bedeutung (ausländische Variablen tragen einen *):

$Y =$ Volkseinkommen	$E\ \ =$ Wechselkurs
$Q =$ Importe	$M^s =$ Geldangebot
$C =$ Konsum	$M^d =$ Geldnachfrage
$I =$ Investitionen	$M\ \ =$ Geldmenge
$G =$ Staatsausgaben	$ZB =$ Zahlungsbilanz
$X =$ Exporte	$LB =$ Leistungsbilanz
$i =$ Nominalzins	$KB =$ Kapitalbilanz
$R =$ realer Wechselkurs	$E(\dot{e}) =$ erwartete Abwertungsrate

Die ausländische Wirtschaft besteht nur aus dem Gütermarkt und dem Geldmarkt. Durch Einsetzen von (3.12)-(3.15) in (3.11) und auflösen nach

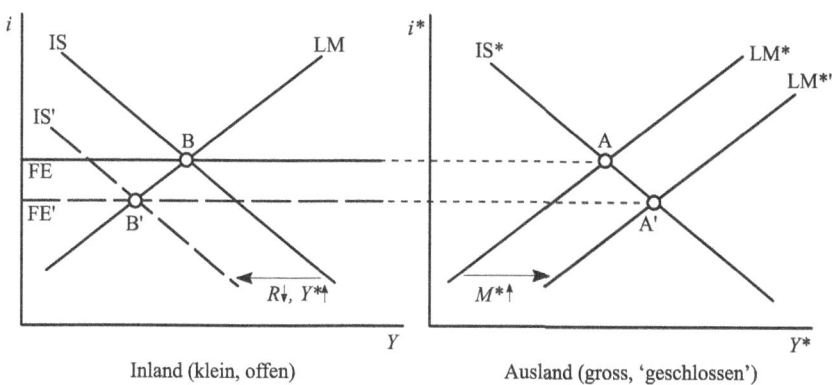

Abbildung 3.5 Auswirkungen expansiver Geldpolitik im Rest der Welt auf das kleine offene Inland bei vollkommener Kapitalmobilität.

dem Einkommen erhalten wir für das ausländische Volkseinkommen die Bestimmungsgleichung

$$Y^* = \frac{1}{\beta\phi + \lambda(1-\gamma)}\left(\lambda G^* + \beta M^*\right). \tag{3.16}$$

In einer geschlossenen Volkswirtschaft wirken sich somit Fiskalpolitik *und* Geldpolitik auf das Volkseinkommen aus. Warum das so sein muss, kann man bei Bedarf leicht aus der grafischen Darstellung des IS-LM-Modells im rechten Segment von Abb. 3.5 nachvollziehen. Die das Mundell-Fleming-Modell und das IS-LM-Modell kombinierende Abbildung zeigt auch, dass das im Ausland frei bestimmbare makroökonomische Gleichgewicht, das den Zinssatz

$$i^* = \frac{1}{\beta\phi + \lambda(1-\gamma)}\left[\phi G^* - (1-\gamma)M^*\right] \tag{3.17}$$

impliziert, die Position der FE-Kurve für das Inland fixiert und natürlich über die Gleichungen 3.1 und 3.5 auch die Position der IS-Kurve mit beeinflusst. Da sich das Inland bei flexiblen Wechselkursen immer auf seiner LM-Kurve befindet, gilt bei vollkommener Kapitalmobilität wegen $i = i^*$ für das inländische Einkommen

$$Y = \frac{M}{\phi} + \frac{\lambda}{\phi}i^*. \tag{3.18}$$

Nach Einsetzen von Gleichung 3.17 wird daraus

$$Y = \frac{M}{\phi} + \frac{\lambda}{\beta\phi^2 + \lambda\phi(1-\gamma)}\left[\phi G^* - (1-\gamma)M^*\right]. \tag{3.19}$$

Die Gleichung erlaubt für den Fall flexibler Wechselkurse und mobilen Kapitals einen Blick hinter die inländische Abhängigkeit von der ausländischen Zins- und Einkommensentwicklung und zeigt, dass das Inland letztlich abhängig ist von der im Ausland verfolgten Geld- und Fiskalpolitik. Expansive Geldpolitik im Ausland, beispielsweise, drückt dort die Zinsen, lockt damit Anleger ins Inland, was die Währung aufwertet und letztlich den Exporten schadet und das Inlandseinkommen nach unten drückt. Abbildung 3.5 stellt diesen Fall grafisch dar. Wichtig ist, dass das neue Gleichgewicht B′ bereits eindeutig durch die im Ausland generierte Zinsreduktion und die unveränderte Position der inländischen LM-Kurve bestimmt ist. Die IS-Kurve muss sich in die Position IS′ verschieben. Diese Verschiebung ergibt sich als Nettoeffekt aus der Erhöhung von Y^*, was IS nach rechts verschieben würde, und der Aufwertung der inländischen Währung.

Bei festen Wechselkursen befindet sich die inländische Wirtschaft immer auf ihrer IS-Kurve, die wir im letzten Kapitel als

$$i = \frac{1}{\beta} \left[-(1 - \gamma + \mu_1)Y + G + \xi_1 Y^* + (\mu_2 + \xi_2)R \right]. \tag{3.20}$$

berechnet hatten. Ersetzt man wiederum den inländischen Zinssatz durch den ausländischen (3.17), setzt dann Gleichung 3.16 ein und löst das Ergebnis nach Y auf, erhält man

$$Y = \frac{1}{1 - \gamma + \mu_1} \{ G + (\mu_2 + \xi_2)R \tag{3.21}$$

$$+ \frac{1}{\beta\phi + \lambda(1 - \gamma)} \left[(\lambda\xi_1 - \beta\phi)G^* + \beta(1 - \gamma + \xi_1)M^* \right] \}.$$

Am ermittelten Ergebnis mag auffallen, dass das inländische Einkommen auch in diesem Szenario fixierter Wechselkurse von der Geldpolitik des Auslands abhängt, obwohl wir bisher argumentiert haben, bei festen Wechselkursen stünde Geldpolitik gar nicht zur Verfügung. Für dieses abweichende Ergebnis gibt es zwei Gründe: Zum einen ist das Ausland gemäss Annahme eine *grosse* Volkswirtschaft, gross genug um den Weltzinssatz zu beeinflussen, der sich ja auf das Inland auswirkt. Zum anderen gibt es in jedem Fixkurssystem die sogenannte $n$te Währung, die in ihrer Geldpolitik autonom ist. Damit ist folgendes gemeint: Fixieren $n = 2$ Länder ihren Wechselkurs, legen sie den Preis der einen Währung in Einheiten der anderen Währung fest. Dieser Preis reflektiert die relativen Mengen der beiden Währungen, die zirkulieren bzw. auf dem Devisenmarkt angeboten und nachgefragt werden. Um diese relativen Mengen auf dem Wert zu halten, der mit dem fixierten Preis kompatibel ist, bedarf es nicht der Intervention von zwei Notenbanken. Gibt es beim fixierten Wechselkurs eine Überschussnachfrage nach inländischer Währung – und damit ein Überschussangebot an ausländischer Währung – genügt es, wenn z.B. die inländische Notenbank interveniert und dieses beseitigt. Die ausländische Notenbank, welche die $n$te, die 2te Währung in diesem Festkurssystem ausgibt, ist völlig frei, jedem geldpolitischen Kurs zu folgen, der ihr opportun erscheint. Analog bedarf es in einem Festkurssystem mit n Währungen nur der Intervention von $n-1$ Notenbanken, die $n$te Währung ist frei.

Die Auswirkung expansiver Geldpolitik im Ausland auf das inländische Einkommen ist eindeutig. Steigt M^*, drückt das gemäss IS-LM-Modell den Weltzinssatz und damit den inländischen Zinssatz, was die Investitionsnachfrage direkt und über deren Einkommenswirkung auch den Konsum stimuliert. Ob dagegen expansive ausländische Fiskalpolitik dem inländischen Einkommen gut tut, hängt vom Vorzeichen der Differenz $\lambda\xi_1 - \beta\phi$ ab. Dies deutet darauf hin, dass es zwei in entgegengesetzte Richtung zeigende Wirkungskanäle gibt. Positiv wirkt sich aus, dass damit gemäss IS-LM das ausländische Einkommen und folglich auch die Exporte des Inlands steigen. Negativ wirkt sich aus, dass sich der Weltzinssatz erhöht, den inländischen Zinssatz mit sich zieht und die Investitionen dämpft. Je nach Parameterkonstellation kann der eine oder andere Kanal dominieren und damit die Wirkungsrichtung globaler Fiskalpolitik auf das Inlandseinkommen bestimmen.

Frage 3.2

Bitte leiten Sie die Auswirkungen ausländischer Geld- und Fiskalpolitik auf das inländische Einkommen für den Fall unterbundener Kapitalströme bei festen und flexiblen Wechselkursen algebraisch her.

3.1.3 Die Interaktion grosser offener Volkswirtschaften

Unsere bisherige Vorstellung, beim Inland handle es sich um eine kleine offene Volkswirtschaft, ist sicherlich für die meisten Länder der Welt eine sinnvolle erste Approximation. Immerhin sind die USA mit 32% und Japan mit 13% die einzigen Länder der Welt mit Anteilen am Welteinkommen von merklich über 5 Prozent. Andererseits gibt es eine ganze Reihe von Wirtschaftsräumen, in denen ein beträchtlicher Teil des Aussenhandels und des grenzüberschreitenden Kapitalverkehrs intern abgewickelt wird. In der Europäischen Union beispielsweise liegen die Exportquoten der einzelnen Mitgliedsländer zwischen 28% für Frankreich und 85% für Belgien. Die Exportquote der EU aus dem gemeinsamen Wirtschaftsraum hinaus liegt im Vergleich dazu bei mageren 11%. Hier macht die Annahme keinen Sinn, wirtschaftspolitische Massnahmen Grossbritanniens, das gegenüber dem Euro einen flexiblen Wechselkurs hat, hätten keine Auswirkungen auf Frankreich; oder es gäbe keine beidseitige Interaktion zwischen Dänemark, dessen Krone im Rahmen von EWS2 einen in einer Bandbreite fixierten Wechselkurs zum Euro hat, und Finnland; oder

Spanien würde nicht von der Entwicklung der Staatsausgaben in Deutschland tangiert, mit dem es eine gemeinsame Währung teilt. Gerade das Wissen, dass fast kein Land in der EU so klein ist, dass seine Wirtschaftsentwicklung nicht auch spürbare Auswirkungen auf die EU-weite Wirtschaftsentwicklung haben kann, und damit verbundene Befürchtungen, haben den europäischen Integrationsprozess von Maastricht bis zum Pakt für Stabilität und Wachstum wesentlich geprägt.

Tabelle 3.2 Ein symmetrisches 2-Länder-Modell.

Inland (gross, offen; Mundell-Fleming-Modell)

1. *Gütermarkt*

$Y + Q = C + I + G + X$	Gütermarktgleichgewicht	(3.1)
$C = \gamma Y$	Konsumfunktion	(3.2)
$I = -\beta i$	Investitionsfunktion	(3.3)
$Q = \mu_1 Y - \mu_2 R$	Importfunktion	(3.4)
$X = \xi_1 Y^* + \xi_2 R$	Exportfunktion	(3.5)

2. *Geldmarkt*

$M^d = \phi Y - \lambda i$	Geldnachfragefunktion	(3.6)
$M^s = M^d = M$	Geldmarktgleichgewicht	(3.7)

3. *Gemeinsamer Devisenmarkt*

$ZB = LB + KB = 0$	Zahlungsbilanzgleichgewicht	(3.8)
$LB = X - Q = -LB^*$	Leistungsbilanz	(3.23)
$KB = \kappa[i - i^* - E(\dot{e})] = -KB^*$	Kapitalbilanz	(3.24)

Ausland (gross, offen; Mundell-Fleming-Modell)

1. *Gütermarkt*

$Y^* + Q^* = C^* + I^* + G^* + X^*$	Gütermarktgleichgewicht	(3.25)
$C^* = \gamma Y^*$	Konsumfunktion	(3.12)
$I^* = -\beta i^*$	Investitionsfunktion	(3.13)
$Q^* = X$	Importfunktion	(3.26)
$X^* = Q$	Exportfunktion	(3.27)

2. *Geldmarkt*

$M^{d*} = \phi Y^* - \lambda i^*$	Geldnachfragefunktion	(3.14)
$M^{s*} = M^{d*} = M^*$	Geldmarktgleichgewicht	(3.15)

Anmerkungen: Siehe Tabelle 3.1. Die verwendeten Symbole haben folgende Bedeutung (ausländische Variablen tragen einen *):

$Y =$ Volkseinkommen	E = Wechselkurs
$Q =$ Importe	M^s = Geldangebot
$C =$ Konsum	M^d = Geldnachfrage
$I =$ Investitionen	M = Geldmenge
$G =$ Staatsausgaben	ZB = Zahlungsbilanz
$X =$ Exporte	LB = Leistungsbilanz
$i =$ Nominalzins	KB = Kapitalbilanz
$R =$ realer Wechselkurs (= E da Preisniveaus auf 1 gesetzt)	$E(\dot{e})=$ erwartete Abwertungsrate

Wir wollen uns deshalb nun der Frage zuwenden, wie die makroökonomische Interaktion zwischen Ländern aussieht, die gross genug sind, um mit der eigenen Entwicklung auch die Entwicklung im Ausland messbar zu beeinflussen. Technisch kann man den damit verbundenen Fragen mit Hilfe eines sogenannten 2-Länder-Mundell-Fleming-Modells nachgehen, wie es Tabelle 3.2 präsentiert. Im Grunde handelt es sich um zwei miteinander verbundene Mundell-Fleming-Modelle – eines für das Inland und eines für das Ausland (das auch für ein beliebiges einzelnes anderes Land stehen kann). Verbunden sind die beiden Volkswirtschaften dadurch, das die Exporte des einen Landes die Importe des anderen sind und über den Devisenmarkt. Bei der hier unterstellten vollkommenen Kapitalmobilität verlangt dieser, dass in beiden Ländern der gleiche Zinssatz gilt. Wir wollen die Interaktion zwischen zwei Ländern, Inland und Ausland, unter drei verschiedenen Währungsarrangements betrachten: Dies sind, wie schon bisher, flexible und feste Wechselkurse, und neu, eine gemeinsame, von einer supranationalen Notenbank kontrollierte Währung.

3.1.3.1 Flexible Wechselkurse

Die im 2-Länder-Mundell-Fleming-Modell auftretenden Wechselwirkungen zwischen In- und Ausland lassen sich grafisch nachzeichnen, wenn man zwei konventionelle i/Y-Darstellungen nebeneinander stellt, wie dies in Abb. 3.6 geschieht. Im Ausgangsgleichgewicht sind die beiden Länder in B respektive A. Es ist wichtig, sich die leicht veränderte Rolle der FE-Kurve zu vergegenwärtigen. Sie definiert zwar nach wie vor als Gleichgewichtsbedingung für den Devisenmarkt die einfache Zinsparität $i = i^*$, ist aber nun für jedes beteiligte Land nicht mehr exogen. Jedes Land ist nun gross genug, um mit seiner Politik auch den ausländischen Zinssatz mit zu beeinflussen. Es wird sich deshalb zum einen Teil an die FE-Kurve anpassen, wie bisher, zum anderen Teil aber die FE-Kurve auch verschieben.

Betrachten wir zunächst eine *Erhöhung der Geldmenge im Inland*, die in bekannter Weise die LM-Kurve nach rechts verschiebt. Damit drängt die Wirtschaft, wenn wir zunächst den Devisenmarkt ignorieren, Richtung B′. Dies drückt auf den inländischen Zinssatz, wodurch Kapital abfliesst und sich die inländische Währung abwertet. Dies hat erste Konsequenzen auf den Gütermärkten. Da die inländischen Exporte stimuliert werden, verschiebt sich IS nach IS′. Aus der Sicht des Auslands ist die Abwertung der inländischen Währung eine Aufwertung der eigenen Währung. Deshalb gehen seine Exporte zurück. IS* verschiebt sich nach links. Dies setzt sich fort, bis sich die in B′ und A ja zunächst unterschiedlichen Zinsen wieder angeglichen haben und der Devisenmarkt in B″ und A″ wieder geräumt ist.

Nun ist die im letzten Abschnitt und in Abb. 3.6 beschriebene Lösung allerdings noch unvollständig, da sie die Auswirkungen der Einkommensveränderungen im einen Land auf den Gütermarkt des anderen Landes noch nicht

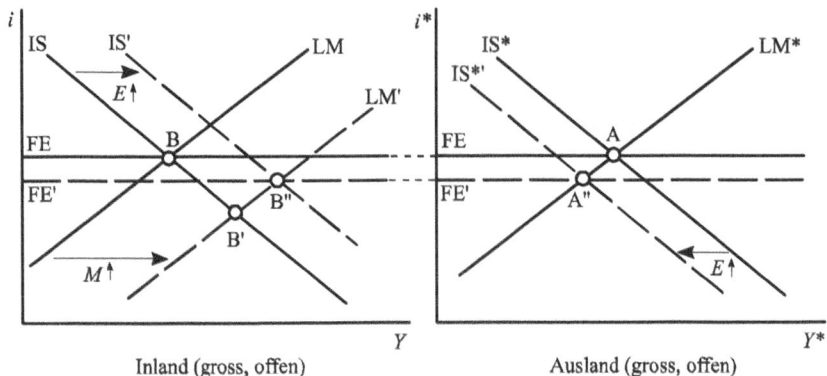

Abbildung 3.6 Ausdehnung der inländischen Geldmenge im 2-Länder-Mundell-Fleming-Modell bei flexiblen Wechselkursen und vollkommener Kapitalmobilität (Einkommens-Spillovers nicht dargestellt).

berücksichtigt. Die Exporte eines Landes hängen ja nicht nur vom Wechselkurs ab, sondern auch vom Volkseinkommen im anderen Land. Dass das Einkommen im Inland steigt und dasjenige im Ausland sinkt, hat im Inland den partiellen Effekt einer Verschiebung von IS nach links und im Ausland von IS* nach rechts. Dies bedeutet aber, dass die Abwertung der inländischen Währung, und damit die Aufwertung der ausländischen Währung, nun noch stärker ausfallen muss, um neue Gleichgewichte auf LM' respektive LM* zu erreichen, in denen die Zinssätze beider Länder identisch sind. Wir verzichten aus Gründen der Übersichtlichkeit darauf, diese Effekte zusätzlich in die Abbildung einzuzeichnen, und verweisen zur Unterstreichung des Gesagten auf die algebraische Lösung des 2-Länder-Mundell-Fleming-Modells unter flexiblen Wechselkursen für das Volkseinkommen des Inlands:

$$Y = \frac{\lambda(G + G^*) + [(1 - \gamma)\lambda/\phi + 2\beta]\, M - (1 - \gamma)\lambda/\phi M^*}{2\,[(1 - \gamma)\lambda + \beta\phi]}. \tag{3.28}$$

Die Gleichung bestätigt, dass sich eine Ausdehnung der Geldmenge immer positiv auf das eigene Volkseinkommen auswirkt, aber negativ auf das Volkseinkommen des anderen Landes. Letzteres ist neu im Vergleich zu den Ergebnissen für eine kleine offene Volkswirtschaft. Flexible Wechselkurse wirken nun nicht mehr als Puffer, als vollkommener Schutz vor internationalen Konjunkturübertragungen.

Abbildung 3.7 betrachtet nun den in Gleichung 3.28 schon vorweggenommenen Fall einer fiskalpolitischen Expansion im Inland. Die das Gleichgewicht zunächst störende Konsequenz ist die Verschiebung der IS-Kurve von IS nach IS'. Wegen des zinstreibenden Effekts dieser Massnahme wertet sich die inländische Währung auf und die ausländische ab, was die IS-Kurve wieder etwas nach links und IS* nach rechts in die Position IS*' verschiebt.

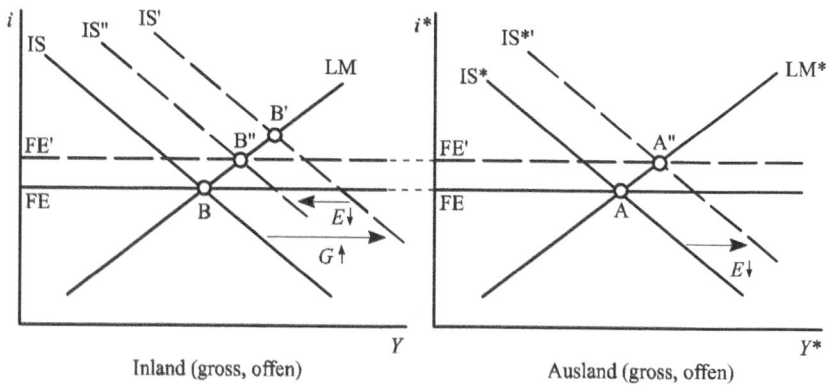

Abbildung 3.7 Erhöhung der inländischen Staatsausgaben im 2-Länder-Mundell-Fleming-Modell bei flexiblen Wechselkursen und vollkommener Kapitalmobilität (Einkommens-Spillovers nicht dargestellt).

Bei Einbeziehung von Einkommensspillovers ergibt sich eine komplexere Reaktionskette. Die Rechtsverschiebung der IS-Kurve im Ausland wird nun durch die Einkommenserhöhung im Inland und durch die Abwertung der ausländischen Währung bewirkt. Im Inland ergibt sich die Verschiebung von IS nach IS' und zurück nach IS'' gar aus dem Zusammenspiel von drei Effekten: Der Erhöhung der inländischen Staatsausgaben und der Einkommenserhöhung im Ausland, die beide eine Rechtsverschiebung bewirken, und einer Aufwertung der inländischen Währung.

3.1.3.2 Feste Wechselkurse

Für den Fall fester Wechselkurse beginnen wir mit der Betrachtung der algebraischen Lösung des 2-Länder-Mundell-Fleming-Modells. Sie lautet

$$Y = \frac{\left[(1-\gamma+\xi_1)\lambda + \beta\phi\right]G}{(1-\gamma)(1-\gamma+\mu_1+\xi_1+\beta\phi)+2\beta\phi\mu_1} \tag{3.29}$$

$$+\frac{(\lambda\xi_1 - \beta\phi)\,G^* + (1-\gamma+2\xi_1)\beta M^*}{(1-\gamma)(1-\gamma+\mu_1+\xi_1+\beta\phi)+2\beta\phi\mu_1}$$

$$+\frac{[(1-\gamma)\lambda + 2\beta\phi](\mu_2+\xi_2)E}{(1-\gamma)(1-\gamma+\mu_1+\xi_1+\beta\phi)+2\beta\phi\mu_1}$$

und postuliert folgende Zusammenhänge:

- Expansive Fiskalpolitik im Inland stimuliert das inländische Einkommen.
- Expansive Fiskalpolitik im Ausland kann sich auf das inländische Einkommen positiv oder negativ auswirken.

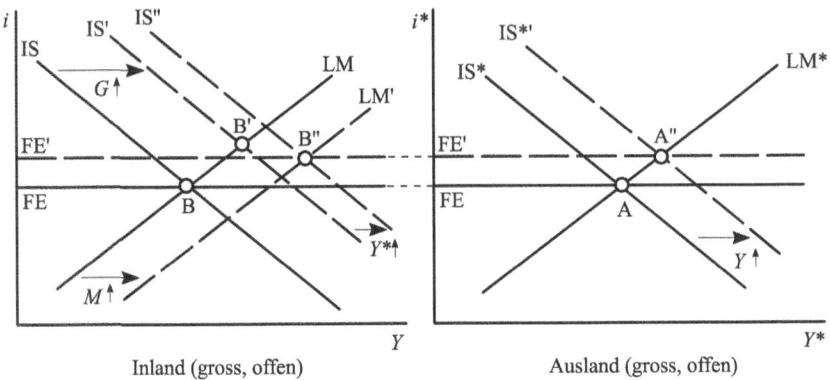

Abbildung 3.8 Erhöhung der inländischen Staatsausgaben im 2-Länder-Mundell-Fleming-Modell bei festen Wechselkursen und vollkommener Kapitalmobilität.

- Inländische Geldpolitik steht zur Einkommensstimulierung nicht zur Verfügung.
- Expansive Geldpolitik im Ausland, das die $n$te Währung oder Ankerwährung des Systems kontrolliert, wirkt sich auf das Inland positiv aus.
- Eine administrierte Abwertung der inländischen Währung wirkt sich positiv auf das Volkseinkommen des Inlands aus.

Da Geldpolitik, wie immer bei festen Wechselkursen, nicht zur Verfügung steht, können wir uns bei der grafischen Diskussion auf die Analyse einer *Ausdehnung der Staatsausgaben beschränken* (siehe Abb. 3.8). Die Erhöhung von G verschiebt IS nach IS'. Der einsetzende Zinsanstieg zwingt die inländische Notenbank zur Ausdehnung der Geldmenge. Die LM-Kurve beginnt sich nach rechts zu verschieben. Der im Inland einsetzende Einkommensanstieg verschiebt im Ausland IS* nach rechts. Der damit auch im Ausland ausgelöste Einkommensanstieg wirkt auf das Inland zurück und verschiebt IS' nochmals nach rechts. Die neuen Gleichgewichte B″ und A″ werden schliesslich bestimmt durch IS″ und LM' im Inland respektive IS*′ und LM* im Ausland. Expansive Fiskalpolitik einer grossen offenen Volkswirtschaft erhöht somit das Einkommen im In- und Ausland, drückt allerdings auch den globalen Zinssatz nach oben, mit negativen Auswirkungen auf die Investitionen.

3.1.3.3 Währungsunion

Eine gerade aus europäischer Sicht sehr interessierende Frage ist die nach den konjunkturpolitischen Möglichkeiten und Gefahren in einer Währungsunion. Auch dieses Szenario kann man mit Hilfe des 2-Länder-Mundell-Fleming-Modells untersuchen. Vereinfachend können wir nun unterstellen, dass die Exporte nur noch von den Volkseinkommen der importierenden Länder ab-

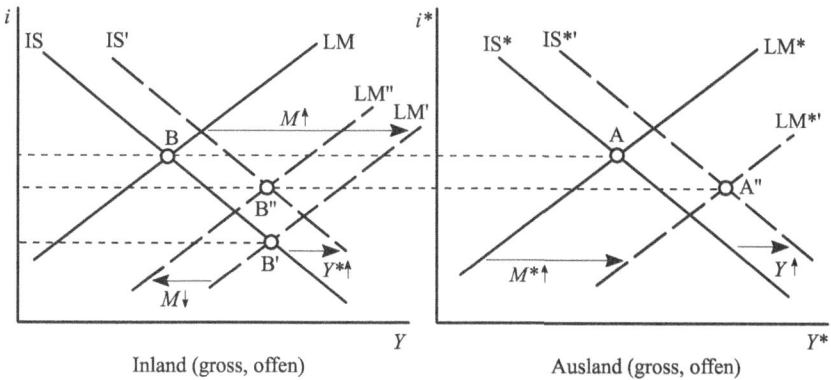

Abbildung 3.9 Expansive Geldpolitik in einer Währungsunion.

hängen, also $Q = \mu_1 Y$ und $X = \xi_1 Y^*$. M und M^* sind nun endogen und von der gemeinsamen Notenbank nicht kontrollierbar. Dafür gilt aber die Restriktion $\hat{M} = M + M^*$. Als algebraische Lösung ergibt sich

$$Y = \frac{[2(1 - \gamma + \xi_1)\lambda + \beta\phi]\,G + (2\lambda\xi_1 - \beta\phi)\,G^* + (1 - \gamma + 2\xi_1)\beta\hat{M}}{2[\beta\phi + (1 - \gamma)\lambda](1 - \gamma + \mu_1 + \xi_1)}.$$

$$(3.30)$$

Die Gleichung signalisiert, nicht überraschend, die Möglichkeit währungs-unionweiter Geldpolitik zur Beeinflussung der nationalen Einkommensnive-aus. Auch dies lässt sich anhand des doppelten Mundell-Fleming-Diagramms nachvollziehen (siehe Abb. 3.9).

Eine supranationale Notenbank wie die Europäische Zentralbank bedient sich auch der nationalen Notenbanken, um die Liquidität zu steuern. Nehmen wir an, das Inland erhalte Weisung, durch den Kauf von Staatspapieren die Geldmenge auszudehnen. Wenn sie dies konsequent durch im Inland durch-geführte Transaktionen tut, erhöht sich zunächst hier die Liquidität und die LM-Kurve verschiebt sich nach LM'. Da dies den Zinssatz nach unten zu drücken beginnt, fliesst Kapital auf der Suche nach besseren Zinssätzen ins Ausland ab. Dies verschiebt Liquidität vom Inland ins Ausland. LM ver-schiebt sich wieder etwas nach links, LM* nach rechts. Da sich inzwischen das Einkommen tendenziell, das heisst bei gegebenen IS-Kurven, in beiden Ländern erhöht hat, verschiebt sich IS nach IS' und IS* nach IS*'. Dies ver-stärkt das Ergebnis, dass eine Geldmengenerhöhung in einer Währungsunion, gleich in welchem Land sie implementiert wird, die Volkseinkommen aller Mit-gliedsländer stimuliert. Andererseits wird auch klar, dass Geldpolitik in einer Währungsunion nicht mehr auf nationale Bedürfnisse zugeschnitten werden kann.

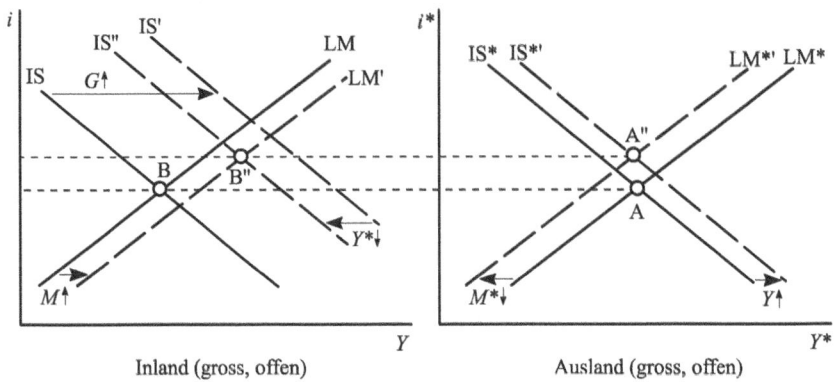

Abbildung 3.10 Ausdehnung der inländischen Staatsausgaben in einer Währungsunion.

Das für einzelne Nationen in einer Währungsunion verbleibende wirt-schaftspolitische Instrument ist die Fiskalpolitik. Abbildung 3.10 zeigt die Konsequenzen einer *Ausdehnung der Staatsausgaben* im Inland.

Die im Inland anziehenden Zinsen ziehen Liquidität ins Land, wodurch sich die LM-Kurve nach rechts verschiebt. Da die unionsweite Geldmenge $\hat{M}$ konstant ist, verschiebt sich parallel LM* nach LM*'. Dies führt zu gegenläu-figen Einkommenseffekten in den beiden Ländern, die jeweils ins andere Land überschwappen und die IS-Kurve des Inlands von IS' nach IS'' und diejenige des Auslands von IS* nach IS*' verschieben. Dies dämpft die ursprünglichen Effekte zwar wieder etwas, wird aber unter realistischen Parameterkonstella-tionen nichts daran ändern, dass das Volkseinkommen im Inland steigt und im Ausland fällt.

3.2 Das Mundell-Fleming-Modell im E/Y-Diagramm

Bisher, d.h. im ersten Teil dieses Kapitels, aber auch im gesamten Kapitel 2, erfolgte die Diskussion des Mundell-Fleming-Modells im i/Y-Diagramm. Dies ist, genau genommen, nur eine von drei möglichen Varianten. Aufgrund ma-thematischer Logik kann es in einem durch drei Gleichungen beschriebenen Modell, im Mundell-Fleming-Modell sind dies die IS-Kurve, die LM-Kurve und die FE-Kurve, nur dann eine Lösung (hier: ein gesamtwirtschaftliches Gleichgewicht) geben, wenn sich drei endogene Variablen in der benötigten Weise anpassen können. Im Mundell-Fleming-Modell sind dies bei flexiblen Wechselkursen das Volkseinkommen Y, der Zinssatz i und der Wechselkurs E. Jede Veränderung eines exogenen Parameters, also auch eine Politikmass-nahme, kann jede der drei endogenen Variablen verändern. Der Nachteil einer grafischen Widergabe und Diskussion des Modells liegt darin, dass wir auf zwei Dimensionen beschränkt sind und somit nur den Wert von zwei endogenen Variablen explizit an den Achsen ablesen können. Die dritte endogene Variable spielt ihre Rolle unsichtbar, im Hintergrund.

Entscheidet man sich bei flexiblen Wechselkursen dafür, die Achsen für die Messung des Zinssatzes und des Volkseinkommens zu reservieren, passt sich der Wechselkurs im Hintergrund an. Prinzipiell könnte man aber an den Achsen auch i und E oder E und Y messen. Welche Variante man letztlich wählt, kann durchaus pragmatisch entschieden werden, mit Blick darauf, für die Untersuchung welcher Fragestellung man das Modell heranziehen will. Die Verwendung des i/Y-Diagramms hat eine Reihe von Vorzügen:

- Der Zusammenhang zwischen Mundell-Fleming-Modell und IS-LM-Modell, das ja auch im i/Y-Diagramm dargestellt wird, wird offen gelegt und betont.
- Die Verwendung dieses Diagramms geht schon auf Mundell (1963) und Fleming (1962) zurück, ist die verbreitetste und bekannteste und damit wohl die geeignetste Kommunikationsbasis.

Kritisch zur Verwendung dieser Darstellung kann man vermerken:

- Bei Fragestellungen, bei denen uns der Wechselkurs interessiert, müssen wir uns das Verhalten gerade dieser Variablen indirekt erarbeiten. Die Grafik gibt keine direkte Antwort.
- Bei vollkommener Kapitalmobilität, wo im Gleichgewicht im einfachsten Fall immer $i = i^*$ gilt, verschwenden wir eine Achse an eine Variable, die sich gar nicht ändern kann.

Dieses Argument kehrt sich bei festen Wechselkursen allerdings um. Jetzt würde das E/Y-Diagramm die Ordinate an eine Variable verschwenden, die sich nicht ändern kann. Genau genommen müsste man hier die Ordinate sogar zur Messung der nun endogenen Geldmenge M verwenden. Doch diese steht normalerweise nicht im Mittelpunkt des Interesses.

Die Krux dieser Überlegungen ist, dass es keine Form der grafischen Darstellung gibt, die in allen Szenarien vorzuziehen ist. Klar ist lediglich die Unterlegenheit einer Darstellung im E/i-Diagramm, weil damit die aus konjunktureller Sicht wichtigste Variable, das Volkseinkommen, aus dem Blickfeld verschwinden würde. Die beiden anderen Varianten sind wohl in etwa gleichwertig und man tut gut daran, sich mit beiden vertraut zu machen.

3.2.1 Die Marktgleichgewichte im E/Y-Diagramm

Da es hier nicht um ein neues Modell geht, sondern lediglich um die Darstellung des Mundell-Fleming-Modells in einem anderen Diagramm, gelten nach wie vor die im letzten Kapitel bereits als Gleichungen 2.12, 2.17 und 2.21 hergeleiteten algebraischen Ausdrücke für die IS-, LM- und FE-Kurven. Nun ist

es allerdings opportun, die jeweiligen Gleichungen nach dem Wechselkurs aufzulösen, wo dies möglich ist. Wir benützen hierbei die Definition $R = EP^*/P$
und setzen die exogenen Preisniveaus $P = P^* = 1$, so dass $E = R$ resultiert und somit nominale und reale Wechselkursänderungen identisch sind.
Als neue Form der IS-Kurve erhalten wir durch Umformung von 2.12

$$E = \frac{1}{\mu_2 + \xi_2} \left[(1 - \gamma + \mu_1) Y + \beta i - \left(\overline{I} + G + \xi_1 Y^* \right) \right] \qquad (3.31)$$

mit der positiven Steigung

$$\frac{\partial E}{\partial Y} = \frac{1 - \gamma + \mu_1}{\mu_2 + \xi_2} > 0. \qquad (3.32)$$

Die Position dieser neuen IS-Kurve wird bestimmt durch die staatliche Aus-
gabenpolitik über

$$\frac{\partial E}{\partial G} = \frac{-1}{\mu_2 + \xi_2} < 0, \qquad (3.33)$$

durch die Einkommensentwicklung im Ausland über

$$\frac{\partial E}{\partial Y^*} = \frac{-\xi_1}{\mu_2 + \xi_2} < 0 \qquad (3.34)$$

und durch den inländischen Zinssatz wegen seiner Auswirkungen auf die Investitionsnachfrage über die partielle Ableitung

$$\frac{\partial E}{\partial i} = \frac{\beta}{\mu_2 + \xi_2} > 0. \qquad (3.35)$$

Es sei nochmals betont, dass der Zinssatz nun die Rolle der dritten endogenen
Variablen übernommen hat, welche sich im Hintergrund verändert und über
deren sich aus dem Zusammenspiel aller drei Märkte ergebende Dynamik wir
uns jeweils Gedanken machen müssen.

Auf dem Geldmarkt spielt der Wechselkurs keine Rolle. Bei gegebenem
Zinssatz und Geldangebot ist ein ganz spezifisches Volkseinkommen erforderlich, um den Geldmarkt zu räumen. Dies macht die LM-Kurve im E/Y-
Diagramm vertikal. Gemäss Gleichung 2.17 ist dieses, die Position von LM
bestimmende, Einkommen gegeben durch

$$Y = \frac{M}{\phi} + \frac{\lambda}{\phi} i. \qquad (3.36)$$

Sowohl eine Erhöhung des Geldangebots M als auch ein Anstieg des Zinssatzes i verschieben die LM-Kurve nach rechts. Ökonomisch bedeutet dies, dass
wir eine erhöhte Geldnachfrage durch einen Einkommensanstieg brauchen,

um im ersten Fall die Erhöhung des Geldangebots und im zweiten Fall die
Reduktion der Geldnachfrage zu kompensieren.

Als neue Gleichung der FE-Kurve erhalten wir schliesslich im allgemeinen
Fall

$$E = \frac{1}{\mu_2 + \xi_2} \left\{ \mu_1 Y - \xi_1 Y^* - \kappa \left[i - i^* - E(\dot{e}) \right] \right\}. \tag{3.37}$$

Auch die FE-Kurve besitzt eine positive Steigung

$$\frac{\partial E}{\partial Y} = \frac{\mu_1}{\mu_2 + \xi_2} > 0. \tag{3.38}$$

Festzuhalten ist hierbei, dass die FE-Kurve flacher ist als die IS-Kurve. Verschiebungen der FE-Kurve ergeben sich über

$$\frac{\partial E}{\partial Y^*} = \frac{-\xi_1}{\mu_2 + \xi_2} > 0 \tag{3.39}$$

und

$$\frac{\partial E}{\partial i} = -\frac{\partial E}{\partial i^*} = -\frac{\partial E}{\partial E(\dot{e})} = \frac{-\kappa}{\mu_2 + \xi_2} < 0. \tag{3.40}$$

Im E/Y-Diagramm lassen sich somit die Marktgleichgewichte des Mundell-
Fleming-Modells wie in Abb. 3.11 gezeigt darstellen.

Da wir es nach wie vor mit dem gleichen Modell zu tun haben, das wir
lediglich in einem neuen Kleid darstellen, müssen sich auch immer noch die
gleichen Zusammenhänge ergeben, wie wir sie in Kapitel 2 hergeleitet haben.
Dies gilt auch für die dort in verschiedenen Szenarien ausgeloteten Möglichkeiten der Konjunkturbeeinflussung durch Geld- und Fiskalpolitik. Wenn hier
die Geld- und Fiskalpolitik doch nochmals, in gebotener Kürze, diskutiert
werden soll, so geschieht dies zum einen, um auch eine gewisse Fingerfertig-
keit im Umgang mit der E/Y-Darstellung zu erwerben und hierbei selbst ein
Gefühl dafür zu entwickeln, in welchen Szenarien die eine oder andere Darstellung vorzuziehen ist. Zum anderen sollen später in diesem Kapitel beispielhaft
kreative Erweiterungen des Mundell-Fleming-Modells vorgestellt werden. Da
sich diese auch E/Y-Diagramm bewegen, ist eine fruchtbare Diskussion wohl
nur bei bereits vorliegender Erfahrung im Umgang mit dieser Darstellungs-
variante möglich. Wir wollen hier, in gebotener Kürze, nur die Polszenarien
vollkommener und unterbundener Kapitalmobilität betrachten. Die selbstän-
dige Erarbeitung des Falles unvollständiger Kapitalmobilität sollte danach
keine Schwierigkeiten mehr machen.

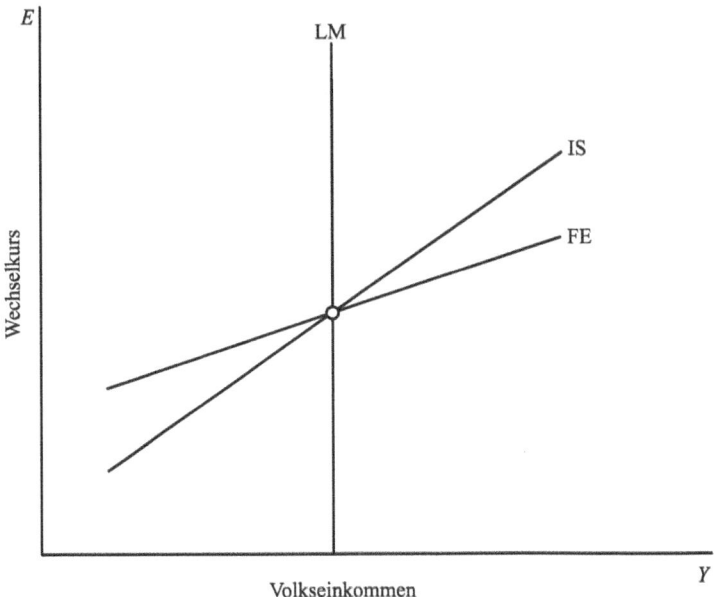

Abbildung 3.11 Darstellung der Marktgleichgewichtskurven des Mundell-Fleming-Modells im E/Y-Diagramm.

3.2.2 Geld- und Fiskalpolitik bei vollkommener Kapitalmobilität

Der Fall vollkommener Kapitalmobilität ist relativ einfach, erfordert allerdings nochmals eine Modifikation der anhand der Gleichungen 3.31, 3.36 und 3.37 dargestellten Gleichgewichtsbeziehungen. Der Grund liegt darin, dass Gleichung 3.37 bei gegen unendlich strebendem κ nur dann eine wohldefinierte Gerade mit positiver Steigung beschreibt, wenn wirklich strikt $i = i^*$ gilt. Würde sich hier die kleinste Diskrepanz auftun, würde die FE-Kurve quasi nach oben oder unten ins Unendliche davongleiten. Wie wir in Kapitel 2 gesehen haben, reduziert sich bei vollkommener Kapitalmobilität die Gleichgewichtsbedingung auf

$$i = i^*. \tag{3.41}$$

Unglücklicherweise lässt sich diese Bedingung im E/Y-Diagramm nicht darstellen. Wenn (3.41) aber sowieso in jedem Moment gelten muss, können wir die Bedingung auch direkt in die Gleichgewichtsbedingungen für die beiden anderen Märkte integrieren. Einsetzen von (3.41) in (3.31) ergibt eine ISFE-Kurve, eine Bedingung für ein gleichzeitiges Gleichgewicht auf dem Gütermarkt und Devisenmarkt:

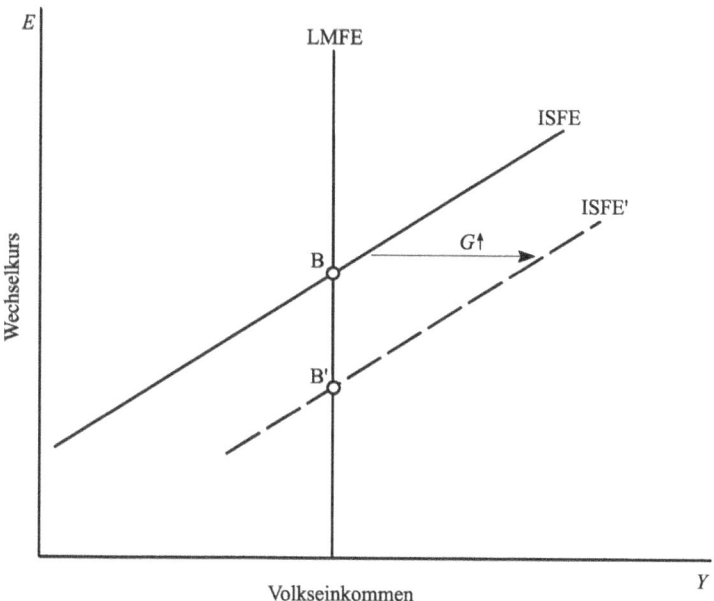

Abbildung 3.12 Expansive Fiskalpolitik bei flexiblen Wechselkursen und vollkommener Kapitalmobilität.

$$E = \frac{1}{\mu_2 + \xi_2} \left[(1 - \gamma + \mu_1) Y + \beta i^* - \left(\overline{I} + G + \xi_1 Y^* \right) \right].$$

(3.42)

Diese Kurve sieht genau gleich aus, wie die FE-Kurve (siehe Abb. 3.12), nur ihre Position wird nun nicht endogen über i bestimmt, sondern exogen über i^*.

Analog machen wir durch einsetzen von (3.41) in (3.36) eine LMFE-Kurve, die Wechselkurs-Einkommens-Kombinationen beschreibt, welche gleichzeitig den Devisenmarkt und den Geldmarkt ins Gleichgewicht bringen. Sie lautet

$$Y = \frac{M}{\phi} + \frac{\lambda}{\phi} i^*.$$

(3.43)

Auch die Position dieser in Abb. 3.12 eingezeichneten Gleichgewichtskurve wird nun durch die exogene Variable i^* bestimmt, welcher der inländische Zinssatz ja wegen der Zinsparität direkt folgt.

3.2.2.1 Flexible Wechselkurse

LMFE und ISFE markieren in Abb. 3.12 ein makroökonomisches Gleichgewicht in B. Erhöht nun der Staat seine *Ausgaben*, verschiebt dies die ISFE-

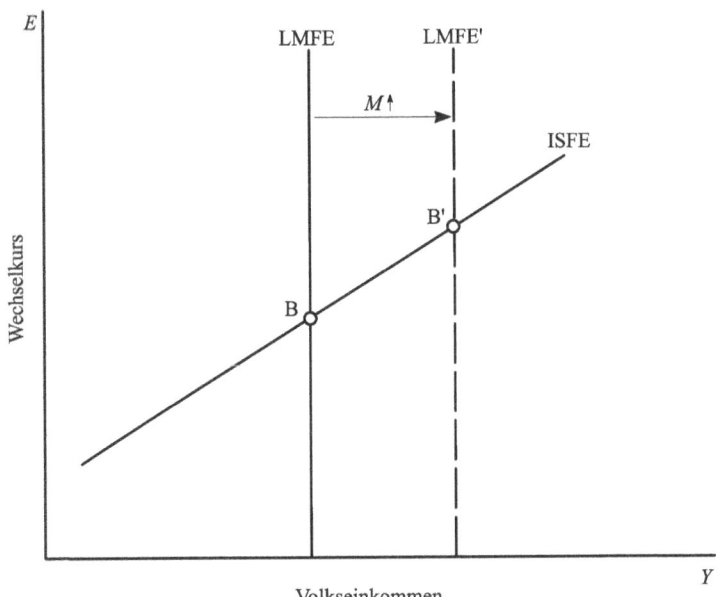

Abbildung 3.13 Expansive Geldpolitik bei flexiblen Wechselkursen und vollkommener Kapitalmobilität.

Kurve nach rechts in die Position ISFE′. Bei erhöhter staatlicher Nachfrage kann der Gütermarkt nur im Gleichgewicht sein, wenn bei jedem Wechselkurs, und damit bei ceteris paribus unveränderten Nettoexporten, von den Unternehmen eine grössere Gütermenge angeboten und damit ein höheres Volkseinkommen generiert wird. Natürlich kann das Einkommen aber nicht wirklich steigen, denn sonst wäre ja der Geldmarkt bei unverändertem, an den Weltmarktzinssatz gekettetem inländischen Zinssatz im Ungleichgewicht. Dies wird nur dann vermieden, wenn die Erhöhung von G von einer Aufwertung der inländischen Währung begleitet wird, welche die Nettoexporte genau um den Anstieg der Staatsausgaben reduziert. Punkt B′ markiert dieses neue Gleichgewicht, in dem vollständiges Crowding out der Nettoexporte durch die Staatsausgaben das Volkseinkommen unverändert gelassen hat. Der oben schon angedeutete Vorteil dieser grafischen Darstellung im Vergleich zu Abb. 2.3 besteht darin, dass wir hier die Aufwertung direkt aus der Grafik ablesen können.

Expansive Geldpolitik verschiebt die LMFE-Kurve nach rechts in die Position LMFE′ (Abb. 3.13). Auch hier müssen wir uns keine Gedanken darüber machen, wie im Hintergrund ablaufende Marktreaktionen die Position der einen oder anderen Kurve beeinflussen können. Da sowohl LMFE- als auch die ISFE-Kurve nur durch exogene Variable positioniert werden, ergibt sich das neue Gleichgewicht definitiv in B′, im Schnittpunkt zwischen

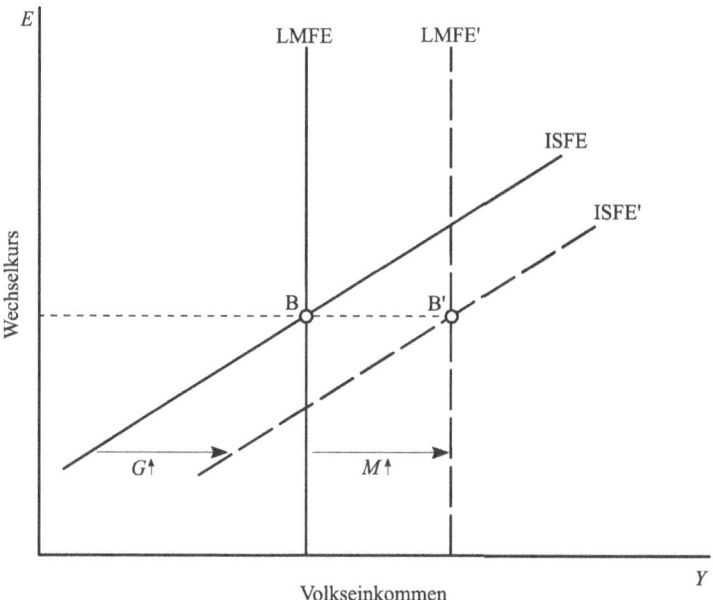

Abbildung 3.14 Expansive Fiskalpolitik bei festen Wechselkursen und vollkommener Kapitalmobilität.

LMFE′ und ISFE. Auch hier macht die Darstellung im E/Y-Diagramm explizit, dass expansive Geldpolitik in diesem Szenario die Konjunktur über eine durch eine Abwertung ausgelöste Wettbewerbsverbesserung für die inländische Wirtschaft stimuliert.

3.2.2.2 Feste Wechselkurse

Auch bei festen Wechselkursen verschiebt eine *Erhöhung der Staatsausgaben* ISFE nach ISFE′ (Abb. 3.14). Diesmal ist allerdings 'Crowding out' über eine Aufwertung nicht möglich – der Wechselkurs ist ja auf Höhe der gestrichelten horizontalen Linie fixiert. Den entstehenden Aufwertungsdruck muss die Notenbank dadurch auffangen, dass sie auf dem Devisenmarkt zur Stützung des Wechselkurses inländische Währung verkauft. Die damit einhergehende Ausdehnung der inländischen Geldmenge verschiebt die LM-Kurve solange nach rechts, bis sie ISFE′ in B′ schneidet und somit alle drei Märkte wieder beim alten Wechselkurs im Gleichgewicht sind. Das Volkseinkommen steigt. Crowding out wird dadurch verhindert, dass die Ausdehnung der Staatsausgaben durch eine erzwungene expansive Geldpolitik alimentiert wird.

Geldpolitik steht bei festen Wechselkursen wiederum nicht zur Verfügung, weil die Notenbank die Geldmenge nicht kontrolliert. Jeder Versuch, durch

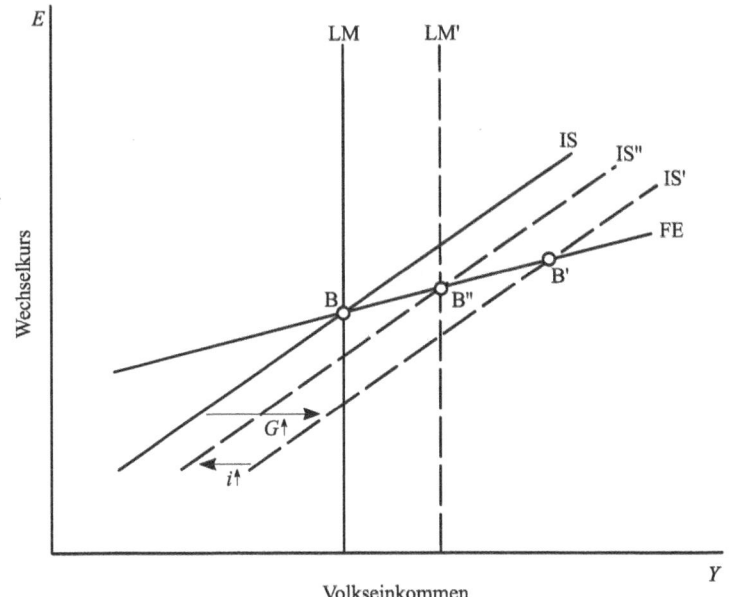

Abbildung 3.15 Expansive Fiskalpolitik bei flexiblen Wechselkursen und unterbundener Kapitalmobilität.

Offenmarktoperationen die Geldmenge zu erhöhen, würde wegen des entstehenden Drucks auf den Zinssatz und der damit einsetzenden Kapitalflucht die Notenbank zu Devisenverkäufen zwingen und damit im Keime erstickt.

3.2.3 Geld- und Fiskalpolitik bei unterbundener Kapitalmobilität

Unterstellen wir nun das entgegengesetzte Extremszenario völlig unterbundener Kapitalströme. In diesem Fall erhalten wir wieder im E/Y-Diagramm darstellbare Gleichgewichtsgeraden für jeden einzelnen der drei involvierten Märkte. Für den Geldmarkt ist dies wieder die vertikale LM-Kurve gemäss Gleichung 3.36. Für den Gütermarkt ist es die positiv geneigte IS-Kurve gemäss Gleichung 3.31. Für den Devisenmarkt erhalten wir eine wegen $\kappa = 0$ vereinfachte Version von Gleichung 3.37, nämlich

$$E = \frac{1}{\mu_2 + \xi_2} \left(\mu_1 Y - \xi_1 Y^* \right). \tag{3.44}$$

In Abb. 3.15 charakterisieren die drei Marktgleichgewichtskurven IS, LM und FE wieder ein Ausgangsgleichgewicht in Punkt B.

3.2.3.1 Flexible Wechselkurse

Eine *Ausdehnung der Staatsausgaben* verschiebt die IS-Kurve von IS nach IS'. Ob der neue Schnittpunkt mit der FE-Kurve ein neues Gleichgewicht ist, wissen wir deshalb nicht, weil sich ja im Hintergrund der Zinssatz ändern könnte, und das könnte wiederum sowohl LM als auch die IS-Kurve verschieben. Immerhin wissen wir, da ja der Zinssatz keine Auswirkungen auf die Position der FE-Kurve hat, dass sich das neue Gleichgewicht auf FE befindet. Da nun bei der Darstellung im E/Y-Diagramm eine andere Variable im Hintergrund bestimmt wird, müssen wir das im letzten Kapitel angebotene Rezept für den grafischen Umgang mit dem Mundell-Fleming-Modell für die neue Situation adaptieren:

Rezept:

Schritt 1: Nach der Störung des Gleichgewichts fragen wir uns zunächst, wohin sich die Wirtschaft bewegen würde, wenn wir den Geldmarkt, also die LM-Kurve ignorieren könnten. Der gesuchte Punkt wird durch den Schnittpunkt von IS-Kurve und FE-Kurve markiert.

Schritt 2: Danach fragen wir, welche Art von Ungleichgewicht eine Bewegung in diesen Punkt auf dem Geldmarkt hervorrufen würde.

Schritt 3: Weiter fragen wir nun, welche Reaktion das identifizierte Geldmarktungleichgewicht beim Zinssatz auslöst.

Schritt 4: Als letztes implementieren wir schliesslich die sich aus diesen Variablenveränderungen ergebenden Kurvenverschiebungen und identifizieren das neue Gleichgewicht.

Wenden wir dieses Rezept nun auf den vorliegenden Fall an. Die Erhöhung von G würde die Wirtschaft nach B' bringen, wenn wir LM ignorieren. In B' wäre aber das Einkommen zu hoch, um den Geldmarkt zu räumen. Wir hätten dort eine Überschussnachfrage. Diese würde den Zinssatz nach oben treiben, mit entgegengesetzten Konsequenzen für die Positionen von LM-Kurve und IS-Kurve. Die LM-Kurve verschiebt sich nach rechts. Ihr Schnittpunkt mit FE bewegt sich von der ursprünglichen Position B nach rechts oben. Die IS-Kurve bewegt sich von IS' ausgehend nach links. Ihr Schnittpunkt mit FE rutscht von B' ausgehend nach links unten. Da sich somit beide Schnittpunkte auf FE aufeinander zubewegen, werden sie sich irgendwo im Bereich zwischen B und B' treffen. In diesem Moment kommt der Geldmarkt wieder ins Gleichgewicht, der Zinssatz ändert sich nicht mehr, und ein neues makroökonomisches Gleichgewicht ist erreicht. Dies ist in B'' der Fall. Die Ausgabenerhöhung bewirkt eine Stimulierung des Einkommens.

Abbildung 3.16 zeigt den Fall *expansiver Geldpolitik*. Eine Erhöhung von M verschiebt die LM-Kurve nach rechts nach LM'. Nun liegt der Schnittpunkt zwischen IS und FE links von der LM-Kurve. D.h., dass das Einkommen zunächst zu tief für ein Geldmarktgleichgewicht ist. Auf dem Geldmarkt

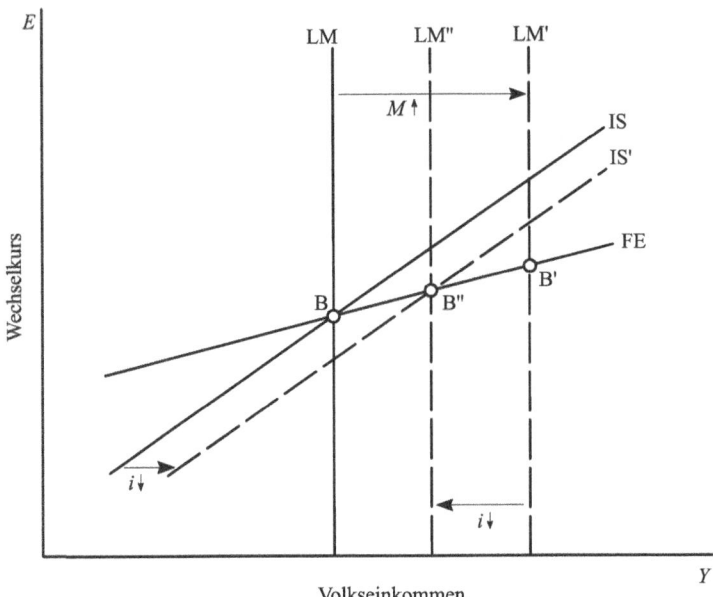

Abbildung 3.16 Expansive Geldpolitik bei flexiblen Wechselkursen und unterbundener Kapitalmobilität.

entsteht somit ansatzweise ein Überschussangebot, was den Zinssatz drückt. Dies verschiebt wiederum die LM-Kurve und die IS-Kurve, wieder in entgegengesetzter Richtung. Die LM-Kurve bewegt sich zurück nach links, die IS-Kurve nach rechts. Damit bewegen sich die Schnittpunkte der beiden Kurven mit der FE-Kurve, die ja in unveränderter Position bleibt, aufeinander zu und verschmelzen schliesslich in B″, das auf der Strecke zwischen B und B′ liegt.

3.2.3.2 Feste Wechselkurse

Welches Resultat sich letztlich bei festen Wechselkursen ergeben *muss*, ist bei dieser Darstellung offensichtlich. Wir müssen eigentlich nur an zwei Dinge denken. Erstens: Da der Wechselkurs fixiert ist, liegt das Gleichgewicht immer auf einer Horizontalen auf der Höhe des Wechselkurses. Zweitens: Die FE-Kurve ist immun gegenüber geld- oder fiskalpolitischen Massnahmen. Sie würde sich allenfalls bei Veränderungen des Welteinkommens verschieben. Da wir Y^* hier als gegeben betrachten, bleibt die FE-Kurve in ihrer ursprünglichen Position und das Gleichgewicht muss auf dieser Kurve liegen. Somit bestimmt der Schnittpunkt B zwischen FE und der Horizontalen beim Wech-

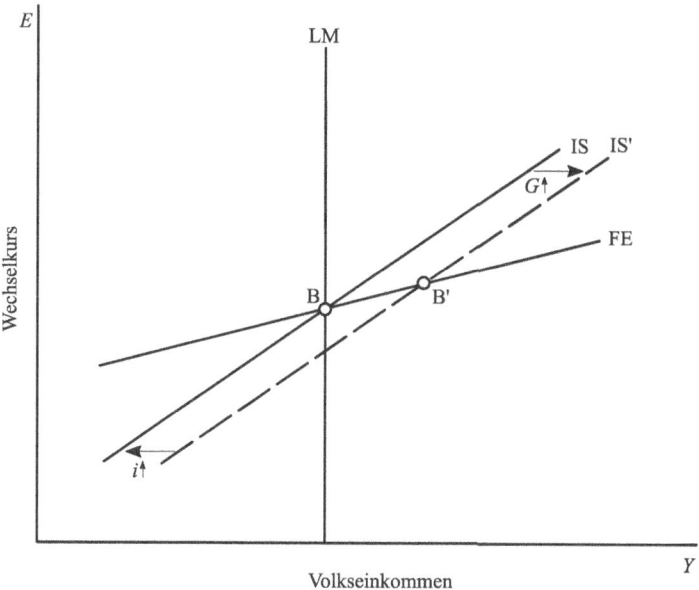

Abbildung 3.17 Expansive Fiskalpolitik bei festen Wechselkursen und unterbundener Kapitalmobilität.

selkurs das neue (und alte) Gleichgewicht. Dies nimmt als Ergebnis vorweg, dass weder Geld- noch Fiskalpolitik das Einkommen stimulieren können.

Für die *Geldpolitik* gilt dies aus dem gleichen Grund wie in den anderen betrachteten Szenarien: Geldpolitik steht der Notenbank gar nicht zur Verfügung. Jeder Versuch, die LM-Kurve zu verschieben, würde scheitern. Weshalb auch *expansive Fiskalpolitik* verpufft, zeigt Abb. 3.17. Verschiebt eine Erhöhung der Staatsausgaben IS nach IS′ und treibt damit die Wirtschaft Richtung B′, entsteht eine Überschussnachfrage auf dem Geldmarkt und treibt den Zinssatz in die Höhe. Als Folge sinken die Investitionen und die IS-Kurve wandert wieder nach links – so lange, bis sie in der Ausgangsposition und die Wirtschaft wieder zurück im ursprünglichen Gleichgewicht ist. Vollständiges Crowding out erfolgt in diesem Fall über die Investitionen.

3.3 Kreative Erweiterungen des Mundell-Fleming-Modells

Von Paul Krugman (1998) wurde im Zuge einer analytischen Nachbereitung der Asienkrise von 1997 ein angereichertes Mundell-Fleming-Modell zur Diskussion gestellt. Als Bausteine figurieren wieder der Gütermarkt, der Geldmarkt und der Devisenmarkt. Es gelten die in Tabelle 3.1 aufgelisteten Strukturgleichungen für das Inland, mit Ausnahme der Investitionsgleichung 3.3, mit der wir uns gleich noch beschäftigen werden. Als Konsequenz der Modifikationen von Krugman erhält das Modell mehrere lokal stabile Gleichgewichte. Befindet sich die Wirtschaft in einem dieser Gleichgewichte, bedarf es u.U. nur einer kleinen Störung, um das Modell auf den weiten Weg hin zu einem neuen, völlig anderen Gleichgewicht zu schicken.

3.3.1 Der Bernanke-Gertler-Effekt und die Investitionen

In der Grundversion des Mundell-Fleming-Modells ist die Investitionsnachfrage nur vom Zinssatz abhängig:

$$I = \bar{I} - \beta i. \tag{3.45}$$

Dahinter steht die Vorstellung, dass es zu jeder Zeit eine Liste potentieller Investitionsprojekte gibt, die sich hinsichtlich der erwarteten Ertragsrate unterscheiden und reihen lassen. Tatsächlich realisiert werden nur die Projekte, deren erwartete Ertragsrate über den durch den Zinssatz repräsentierten Kapitalkosten liegt. Mit sinkendem Zinssatz steigt die Zahl potentiell rentabler und somit durchgeführter Projekte, und damit die Investitionsnachfrage. Andere, die Bonität potentieller Kreditnehmer und damit die Investitionsnachfrage beeinflussende Faktoren gibt es nicht.

Bernanke und Gertler (1989) argumentieren nun, dass die Investitionsnachfrage eines Unternehmens, zumindest ab einer gewissen Schwelle, auch mit von der bereits aufgelaufenen Verschuldung abhängt. Man kann sich das so vorstellen, dass Unternehmen, wenn das Niveau ihrer Verschuldung eine bestimmte Höhe überschreitet, einfach keine neuen Kredite mehr erhalten und die von ihnen eigentlich gewünschte und geplante Investitionsnachfrage nicht realisiert werden kann. Oder Banken verlangen ab einem bestimmten Verschuldungsgrad eine rapide ansteigende Risikoprämie, also einen höheren Zinssatz. Damit werden bei den betroffenen Unternehmen eine Reihe von Investitionsprojekten unrentabel und folglich nicht durchgeführt. Die Investitionsnachfrage sinkt.

Krugman (1999) formuliert nun eine Variante des Bernanke-Gertler-Effekts für die offene Volkswirtschaft. Wenn Unternehmen ihr Kapital vorwiegend im Ausland bzw. in ausländischer Währung aufnehmen, so variiert das in inländischer Währung ausgedrückte Ausmass ihrer Verschuldung direkt mit dem Wechselkurs. Wertet sich die Währung ab, steigt die Verschuldung eines solchen Unternehmens, und seine Investitionsnachfrage nimmt wegen des Bernanke-Gertler-Effekts ab. Dies legt folgende nunmehr nichtlineare Formulierung der Investitionsfunktion nahe:

$$I = I(i, E) \qquad \frac{\partial I}{\partial i} < 0, \frac{\partial I}{\partial E} < 0. \tag{3.46}$$

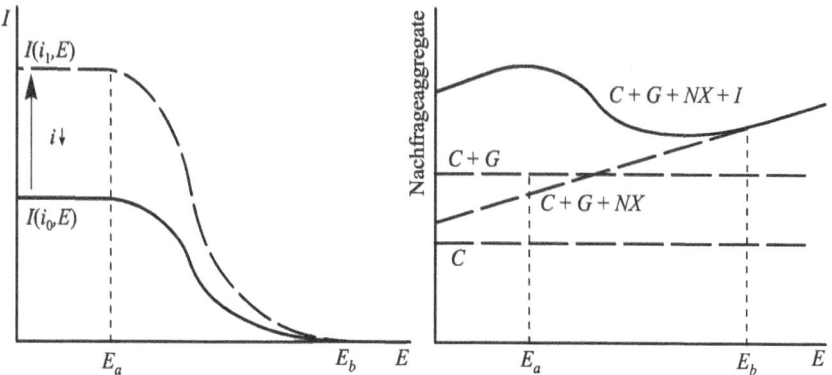

Abbildung 3.18 Auswirkung des Bernanke-Gertler-Effekts für die offene Wirtschaft auf Investitionen und gesamtwirtschaftliche Nachfrage.

Die unterstellten Eigenschaften der Funktion ergeben sich aus dem linken Teil von Abb. 3.18. Bis zu einer Wechselkursschwelle E_a erfahren die Unternehmen keine Kreditbeschränkungen. Änderungen des Wechselkurses in diesem Bereich wirken sich nicht auf das Investitionsvolumen aus. Unternehmen können alle Investitionsprojekte realisieren, die ihnen profitabel erscheinen. Wie viele das sind, hängt wie gewohnt vom Zinssatz ab. Beim Zinssatz i_0 beträgt die Investitionsnachfrage I_0. Sinkt der Zins auf i_1, steigen die Investitionen auf I_1.

Überschreitet nun der Wechselkurs den Schwellenwert E_a, erhalten die Unternehmen nicht mehr alle Kredite, die sie wünschen.[1] Jeder weitere Anstieg des Wechselkurses reduziert die Investitionen weiter, bis schliesslich in der Nähe eines oberen Schwellenwerts E_b keine Investitionen mehr finanziert und getätigt werden. Die Investitionsnachfrage ist nun wieder unabhängig vom Wechselkurs – weil sie nicht mehr weiter reduziert werden *kann*.

Interessant ist, wie sich die hier vorgeschlagene Sicht der Investitionsnachfrage auf die gesamtwirtschaftliche Nachfrage auswirkt. Der rechte Teil von Abb. 3.18 stapelt die relevanten vier Nachfragekomponenten übereinander. Neben den Investitionen sind dies die Konsumnachfrage, die ja nicht vom Wechselkurs abhängt und deshalb als horizontale Linie dargestellt ist. Das gleiche gilt für die staatliche Nachfrage G. Die Nettoexporte dagegen hängen vom Wechselkurs ab und sind deshalb als Gerade mit positiver Steigung dargestellt. Sie können, je nach Wechselkurs, negativ oder positiv sein. Addiert man nun zu dieser als $C + G + NX$ dargestellten Summe die Investitionen, ergibt sich eine buckelförmige Gesamtnachfragekurve. Wenn der Bernanke-Gertler-Effekt stark genug ist (die Bedingung lautet $\partial I / \partial E < -(\mu_2 + \xi_2)$)

---

[1] Die Grafik unterstellt, die Schwellenwerte E_a und E_b seien unabhängig vom ursprünglichen Investitionsvolumen und damit vom Zinssatz. Dies lässt sich leicht ohne Auswirkungen auf die hier relevanten Eigenschaften des Modells verallgemeinern.

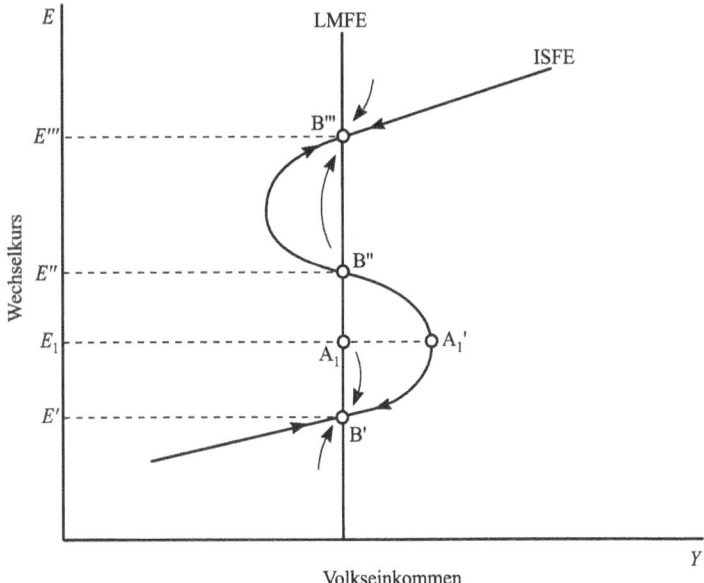

Abbildung 3.19 Darstellung des Mundell-Fleming-Modells mit Bernanke-Gertler-Effekt bei vollkommener Kapitalmobilität.

besitzt die Kurve ein fallendes Segment, in dem die Nachfrage trotz Abwertung *abnimmt*.

3.3.2 Das Mundell-Fleming-Modell mit Bernanke-Gertler-Effekt

Im nächsten Schritt überlegen wir nun, wie sich ein Einbau der gewonnenen Erkenntnisse in das Mundell-Fleming-Modell auswirkt. Da der Wechselkurs eine zentrale Rolle spielt, wählen wir die grafische Darstellung im E/Y-Diagramm. Wir unterstellen flexible Wechselkurse und vollkommene Kapitalmobilität, so dass Abb. 3.12 unsere Referenzgrafik ist. Wie der Bernanke-Gertler-Effekt die Modellgrafik verändert, sehen wir in Abb. 3.19. Da weder Geldmarkt noch Devisenmarkt tangiert werden, bleibt die LMFE-Kurve unverändert eine vertikale Gerade. Die ISFE-Kurve dagegen erhält bei Einbezug der eben entwickelten Zusammenhänge einen S-förmigen Verlauf. Wenn die Nachfrage in einem bestimmten Bereich mit steigendem Wechselkurs fällt, dann sinkt auch das den Gütermarkt räumende Einkommen. Erst wenn der Effekt schwächer wird und schliesslich verschwindet, weil die Investitionsnachfrage auf Null gedrückt wurde, bekommt die ISFE-Kurve wieder ihre ursprüngliche positive Steigung.

Wenn sich die ISFE-Kurve weit links oder weit rechts befindet, so dass sich nur ein Schnittpunkt mit LMFE ergibt, verhält sich das Modell in der Umgebung des Gleichgewichts genau so, wie wir es früher kennengelernt haben. Interessant wird die Geschichte, wenn sich die ISFE und LMFE mehrfach schneiden, wir also eine Konstellation *multipler Gleichgewichte* in B', B" und B''' erhalten. Will man wissen, welches dieser Gleichgewichte in bestimmten Situationen das relevante ist, muss man sich zunächst Gedanken über die Stabilität dieser Gleichgewichte machen. Diese Frage wird normalerweise im Rahmen des Mundell-Fleming-Modells nicht thematisiert. Zum einen, weil es im Kern als Gleichgewichtsmodell konzipiert ist. Es erlaubt deshalb eigentlich nur komparativ-statische Aussagen, also Aussagen darüber, wie das Gleichgewicht auf Parameteränderungen reagiert. Wie die Wirtschaft sich vom alten in das neue Gleichgewicht bewegt, lässt das Modell offen, da es nicht dynamisch spezifiziert ist. Dass sich die Wirtschaft ins neue Gleichgewicht bewegt, dass es also eine Art Gravitationspunkt darstellt, wird einfach unterstellt. Und es lässt sich in der Tat auch anhand von dynamischen Varianten des Mundell-Fleming-Modells zeigen, dass das Modell unter plausiblen Annahmen stabil ist.

Dies gilt aber nicht für alle Gleichgewichte der hier vorgestellten erweiterten Modellvariante. Wir müssen deshalb die Frage stellen, welche dynamischen Tendenzen wirken, wenn sich der Wechselkurs auf einem Wert befindet, der nicht mit einem der drei makroökonomischen Gleichgewichte kompatibel ist. Nehmen wir an, der Wechselkurs sei E_1. In diesem Fall könnte die Wirtschaft sich in A_1 befinden. Dann wäre der Geldmarkt im Gleichgewicht, aber der Gütermarkt nicht. Oder in A_1', dann wäre der Gütermarkt im Gleichgewicht, dafür der Geldmarkt nicht. Oder im Bereich dazwischen. Dann sind Geldmarkt und Gütermarkt in (moderateren) Ungleichgewichten.

Nehmen wir an, die Wirtschaft sei in A_1. Das Einkommen ist dann zu tief für ein Gütermarktgleichgewicht. Es herrscht ein Nachfrageüberhang, auf den die Unternehmen plausiblerweise mit einer Produktionsausweitung reagieren dürften. Sobald aber Y zu steigen beginnt, steigt die Geldnachfrage, dies drückt den Zinssatz nach oben und die inländische Währung beginnt sich aufzuwerten. Damit bewegt sich die Wirtschaft von A_1 ausgehend entlang des fast vertikal nach unten führenden Pfeils Richtung B'.

Sind wir ursprünglich in A_1', herrscht eine Überschussnachfrage nach Liquidität. Wieder führt der nach oben drückende Zinssatz zu einer Aufwertung. Sobald diese die Güternachfrage dämpft, fahren die Unternehmen ihre Produktion zurück und Y sinkt. Die Wirtschaft bewegt sich auf einem an ISFE angeschmiegten Pfad Richtung B'. Die gleichen Marktkräfte führen die Wirtschaft auch von anderen zwischen E' und E" liegenden Ausgangswerten Richtung B'. Mit analogen Argumenten kann man auch zeigen, dass sich die Wirtschaft aus der Region unterhalb von E' entlang der wieder durch Pfeile angedeuteten stilisierten Dynamik Richtung B' bewegt. Schliesslich kann man die Argumentation dieses Abschnitts auch auf den Bereich oberhalb von E" übertragen und zeigen, dass hier B''' die Rolle eines Gravitationspunkts,

eines stabilen Gleichgewichts, übernimmt. Zusammenfassend gilt somit: Das
Modell besitzt zwei stabile Gleichgewichte, eines in B′ und eines in B‴. Das
Gleichgewicht B″ ist nicht stabil. Jede Abweichung des Wechselkurses von
E″ führt zu einer Entwicklung der Wirtschaft Richtung B′ oder B‴.

3.3.3 Die Asienkrise von 1997

Wir wollen nun das entwickelte Modell verwenden,

– um die makroökonomischen Aspekte der Asienkrise von 1997 nachzuzeich-
nen, in deren Verlauf sich die Währungen der Tigerstaaten innerhalb eines
Jahres zwischen 50% und 80% ihres Werts verloren, begleitet von massiven, teilweise prozentual zweistelligen Einkommenseinbrüchen, und
– um die Möglichkeiten der Geld- und Fiskalpolitik auszuloten, vergleichba-
ren Krisenentwicklungen in Zukunft vorzubeugen.

Bevor wir Entstehung und Verlauf der Krise diskutieren, müssen wir noch
eine bisher aus Gründen der Vereinfachung unterstellte Annahme aufgeben.
Eine unverzichtbare Voraussetzung für Gleichgewicht auf dem Devisenmarkt
ist ja die Gleichheit der erwarteten Rendite im In- und Ausland. Dies führt
aber nur dann zur Bedingung $i = i^*$ wenn der Markt keine Änderung des
Wechselkurses erwartet und keine Risikoprämie für Anlagen im einen oder
anderen Land verlangt. Im allgemeinen Fall lautet die Gleichgewichtsbedingung

$$i = i^* + E(\dot{e}) + RP, \tag{3.47}$$

wobei RP die für Anlagen im Inland verlangte Risikoprämie ist.[2] Durch Einsetzen von (3.47) in die Gleichungen 3.18 und 3.31 erhalten wir

$$Y = \frac{M}{\phi} + \frac{\lambda}{\phi}(i^* + E(\dot{e}) + RP) \tag{3.48}$$

und

$$E = \frac{1}{\mu_2 + \xi_2} \left\{ (1 - \gamma + \mu_1) Y + \beta \left[i^* + E(\dot{e}) + RP \right] \right. \tag{3.49}$$
$$\left. - \left(\bar{I} + G + \xi_1 Y^* \right) \right\}.$$

Erhöht sich nun die erwartete Abwertung der inländischen Währung oder die
Risikoprämie auf inländische Anlagen um 1, so verschiebt sich die LM-Kurve
um λ/ϕ nach rechts und die ISFE-Kurve um $\beta/(\mu_2 + \xi_2)$ nach oben bzw.
um $\beta/(1 - \gamma + \mu_1)$ nach links. Letzteres gilt für die Version einer S-förmigen
ISFE-Kurve ebenso wie für die in der Formel gezeigte lineare ISFE-Kurve.

---

[2] Die Risikoprämie hat nun im Gegensatz zu Abschnitt 1.3.2 ein positives Vorzeichen, da
Anlagen im Inland in den Augen der Anleger riskanter sind als im Ausland.

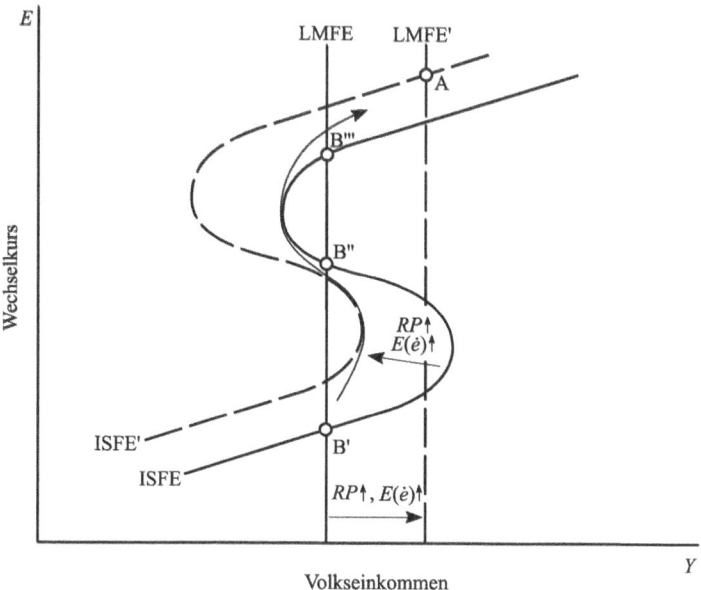

Abbildung 3.20 Die Asienkrise von 1997 im Spiegel des modifizierten Mundell-Fleming-Modells.

Nehmen wir nun an, ein Land wie Thailand habe sich noch zu Beginn des Jahres im unteren Gleichgewicht B′ befunden, bei einem relativ tiefen Wechselkurs (Abb. 3.20). Die erste, für unser Modell zunächst exogene Entwicklung, war ein dramatischer Anstieg der Unternehmensinsolvenzen. So stieg beispielsweise der Anteil der von den Banken abzuschreibenden Unternehmenskredite von 15% im Jahre 1997 auf 25% im Jahre 1998. Eine natürliche Reaktion hierauf ist, dass Anleger Kredite nach Thailand nur noch für den Preis einer erhöhten Risikoprämie vergeben. Damit steigt der Zinssatz. Die LMFE-Kurve verschiebt sich nach rechts; die ISFE-Kurve nach links oben. Ein unmittelbarer Effekt hieraus ist eine Abwertung des thailändischen Baht, zum einen aufgrund der Bewegung auf einer gegebenen ISFE-Kurve nach rechts, zum anderen weil sich die ISFE-Kurve auch nach oben verschiebt. Wenn sich nun die Währung abzuwerten beginnt, könnte dies zur Entstehung von Abwertungserwartungen führen, was die beiden Kurven weiter verschiebt, die Währung tatsächlich weiter abwertet und somit quasi selbsterfüllenden Charakter hat.

Die beschriebene Entwicklung ist solange unter Kontrolle, bis die Verbindung zwischen der LMFE-Kurve und dem unteren Bauch der ISFE-Kurve abreisst. Ab diesem Moment setzt ein freier Fall des Werts der eigenen Währung auf dem Devisenmarkt ein – in der Grafik natürlich eine Bewegung nach oben. Aufgrund der vorherigen Stabilitätsdiskussion wissen wir, dass sich die Wirtschaft in Richtung des eingezeichneten Pfeils zum nun einzigen verbleibenden Gleichgewicht in A bewegen wird. Obwohl unser Modell, wie wir betont haben, die Dynamik nicht explizit beschreibt, können wir davon ausgehen, dass die Wirtschaft auf dem Weg nach A eine schwere Rezession durchschreitet. Die damit verbundene Zerstörungen von unternehmerischen Existenzen und Arbeitslosigkeit sind aber nicht die einzigen temporären Begleiterscheinungen der Krise. Die Tatsache, dass sich das Einkommen nach einer gewissen Zeit wieder erholt, verdeckt, dass die Nachfragestruktur in A völlig anders ist, als in B. In A gibt es praktisch keine Investitionen mehr. Sie wurden durch stark angestiegene Nettoexporte ersetzt. Damit hat auch der Kapitalstock aufgehört zu wachsen, was die längerfristigen, über den Zeithorizont des Mundell-Fleming-Modells hinausreichenden Einkommens- und Wachstumsperspektiven stark beeinträchtigt. In diesem Sinne sind die im oberen Ast der S-förmigen ISFE-Kurve liegenden Gleichgewichte 'schlechte' Gleichgewichte. Und aus diesem Grunde ist es eine wichtige Aufgabe der nationalen und internationalen Wirtschaftspolitik, solche Krisen in ihrer Entstehung zu erkennen und Gegenmassnahmen zu ergreifen. Wir wollen uns nun zum Abschluss dieses Kapitels kurz mit der Frage beschäftigen, was Geld- und Fiskalpolitik tun können, um eine Währungskrise dieser Art schon in ihrer Entstehung unter Kontrolle zu bekommen.

Frage 3.3

Eine weniger befriedigende Implikation des in Abb. 3.20 dargestellten Krisenmodells ist, dass die Krise das Land in Richtung eines neuen Gleichgewichts mit *höherem* Volkseinkommen führt. Bitte untersuchen Sie, ob dieses Ergebnis zwingend bleibt, wenn man die nominale Geldnachfrage nicht, wie das bisher vereinfachend unterstellt wurde, mit dem Preis P für im Inland produzierte Güter deflationiert, sondern mit dem Konsumentenpreisindex $\hat{P} = \alpha P + (1 - \alpha)EP^*$, der einen Teil α im Inland produzierter Güter und einen Teil $1 - \alpha$ importierter Güter enthält.

3.3.4 Krisenmanagement mittels Geld- und Fiskalpolitik

Ziel der Wirtschaftspolitik muss es sein, bei den ersten Anzeichen einer Krise der Verschiebung der ISFE-Kurve nach links oben und/oder der Verschiebung der LMFE-Kurve nach rechts entgegenzusteuern. Es ist offensichtlich, das staatliche Budgetdisziplin, wie sie etwa der Internationale Währungsfonds kriseninfizierten Ländern empfohlen hatte, nicht zielführend ist. Ein Zurückfahren der Staatsausgaben verschiebt ja die ISFE-Kurve nach links oben und beschleunigt damit den Weg in die Krise. Richtig wäre staatdessen

ein Herauffahren der Staatsausgaben, um die entstehende Nachfragelücke auf
dem Gütermarkt zu füllen. Geldpolitisch kann man sich mittels restriktiver
Politik gegen die heraufziehende Krise stemmen, welche die LMFE-Kurve der
nach links abdriftenden ISFE-Kurve nachführt. Ökonomisch sorgt restriktive
Geldpolitik dafür, dass der Zinssatz steigt, somit die vom Markt verlangte
Risikoprämie liefert und keine Abwertung entstehen lässt. Zusammenfassend
lautet also das von unserem Modell verlangte Krisenvermeidungsrezept nach
einer Kombination von expansiver Fiskalpolitik und restriktiver Geldpolitik.

3.4 Zusammenfassung

Ziel dieses Kapitels war es, durch die Palette der Erweiterungsmöglichkei-
ten des klassischen Mundell-Fleming-Modells zu führen. Zu diesen gehörten
eher kosmetische Aspekte am Beispiel einer modifizierten grafischen Darstellung und Diskussion des Modells, eine vertiefte Analyse internationaler
Konjunktur- und Politikzusammenhänge mittels eines asymmetrischen und
eines symmetrischen 2-Länder-Modells, und schliesslich die inhaltliche Modi-
fizierung durch Einbau des Bernanke-Gertler-Effekts, um eine Modellvariante
zu erhalten, welche bestimmte in der Wirklichkeit beobachtete Krisenentwicklungen nachzeichnen zu können.

Gemeinsame Schwächen der bisher diskutierten Modellvarianten sind, dass
das Preisniveau als fix betrachtet wird.[3] Dies ist zwar eine für die kurze
Frist durchaus sinnvolle Annahme. Für die doch längere Zeit der Anpassung
von einem Gleichgewicht zum anderen, die im dritten Teil dieses Kapitels
eine wichtige Rolle gespielt hat, dürfte die Dynamik der Preisniveaus eine
wichtige Rolle spielen. Eher stiefmütterlich behandelt wurden bisher auch
die Abwertungserwartungen. Dass diese statisch sind, ist im Gleichgewicht
eine sinnvolle Annahme. Während des Übergangs von einem Gleichgewicht
zum anderen wiederum, der in der Regel auch Wechselkursänderungen mit
sich bringt, muss man von rational handelnden Anlegern erwarten, dass sie
bei ihren Investitionen auch Wechselkursänderungen in systematischer Weise
antizipieren. Das nächste Kapitel wird sich diesen Fragen zuwenden.

---

[3] Man kann auch das Mundell-Fleming-Modell unter der Annahme völlig flexibler Preise
lösen [siehe Gärtner (2009), Teilkapitel 5.8]. Man erhält allerdings wieder ein Gleichgewichtsmodell; aus dem man nur komparativ-statische Einsichten gewinnt. Eine explizite
Lösung für die Übergangsdynamik ergibt sich ohne zusätzliche Annahmen nicht.

3.5 Hinweise zur Beantwortung der gestellten Fragen

Frage 3.1

Wir wissen, dass sich bei flexiblen Wechselkursen die LM-Kurve nicht verschiebt. Soll sich das Einkommen verändern, müssen wir auf der *alten* LM-
Kurve oberhalb oder unterhalb des ursprünglichen Gleichgewichts landen.
Prüfen wir zunächst, ob ein Punkt oberhalb im Sinne der Kreislaufrestriktion logisch möglich ist. Tragen wir wiederum unterhalb der Variablen die
identifizierbaren Veränderungen ab.

$$S - I + T - G + Q - X = 0$$

$$+ \quad - \quad 0 \quad 0 \quad ? \quad + \;= 0$$

$$+ \qquad 0 \qquad 0 \qquad \neq 0$$

Sind wir oberhalb des alten Gleichgewichts, ist auf der LM-Kurve Y grösser
und i höher. Damit ist auch $S(Y)$ grösser und $I(i)$ kleiner. Konsolidiert ergibt
sich hier ein $+$. Bei einkommensunabhängigen Steuern haben sich weder T
noch G verändert. Also haben wir hier lauter Nullen. Somit müssten wir bei
den Nettoimporten konsolidiert ein $-$ erhalten. Dies ist aber nicht möglich, da
die Kapitalströme ja unterbunden sind und deshalb die Nettoexporte immer
Null sein müssen. Folglich führt die Unterstellung dieser Lösung zu einer
widersprüchlichen Konstellation.

Mit gleicher Logik unter umgekehrten Vorzeichen kann man eine Lösung
links unterhalb des alten Gleichgewichts auf LM ausschliessen. Folglich muss
das neue Gleichgewicht mit dem alten identisch sein.

Frage 3.2

Bei flexiblen Wechselkursen berechnen wir zunächst das inländische Einkommen aus (siehe Kapitel 2) der IS-Kurve (2.12), der LM-Kurve (2.17) und
der vertikalen FE-Kurve (2.25). Betrachten wir hierbei den Zinssatz und den
(realen) Wechselkurs als durch Substitution zu eliminierende weitere endogene Variable, erhalten wir

$$Y = \frac{\lambda G + \beta M}{(1 - \gamma)\lambda + \beta \phi}. \tag{3.50}$$

Das Ergebnis zeigt, das inländische Geld- und Fiskalpolitik wirkt, der flexible
Wechselkurs jedoch das Inland vor ausländischer Konjunkturpolitik schützt.

Bei festen Wechselkursen gehen wir gleich vor, betrachten nun jedoch statt
des Wechselkurses die Geldmenge als zu eliminierende endogene Variable.
Ersetzen wir im Ergebnis das ausländische Einkommen durch Gleichung 3.16,

erhalten wir

$$Y = \frac{\xi_1 \left(\lambda G^* + \beta M^* \right)}{\mu_1 \left[(1 - \gamma)\lambda + \beta\phi \right]} + \frac{(\mu_2 + \xi_2) R}{\mu_1}. \tag{3.51}$$

Offensichtlich verpufft bei festen Wechselkursen inländische Konjunkturpolitik. Dagegen schlägt ausländische Konjunkturpolitik mit den gleichen Vorzeichen durch, mit denen sie auch im Ausland wirkt. Das Inland könnte zur Konjunkturbeeinflussung allenfalls noch Paritätsanpassungen des Wechselkurses vornehmen.

Frage 3.3

Setzt man wieder $P = P^* = 1$, lautet die Geldnachfragefunktion

$$\frac{M}{\alpha + (1 - \alpha)E} = \phi Y - h(i^* + E(\dot{e}) + RP). \tag{3.52}$$

Dies impliziert unter Einbezug des Devisenmarktgleichgewichts die nichtlineare LMFE-Kurve

$$E = \frac{M - \alpha \left[\phi Y - h(i^* + E(\dot{e}) + RP) \right]}{(1 - \alpha) \left[\phi Y - h(i^* + E(\dot{e}) + RP) \right]}. \tag{3.53}$$

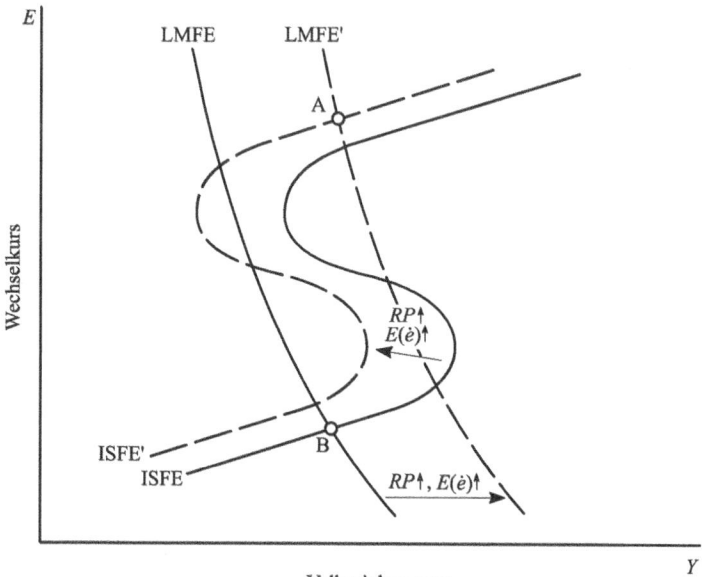

Abbildung 3.21 Grafische Darstellung zur Beantwortung der Frage 3.3.

Wie Abb. 3.21 zeigt, besitzt diese eine negative Steigung. Sie eröffnet somit zumindest die Möglichkeit eines tieferen Volkseinkommens im Krisengleichgewicht.

Literatur

Bernanke, Ben und Mark Gertler (1989). Agency Costs, Net Worth, and Economic Fluctuations. *American Economic Review* 79, 14-31.

Fleming, J. Marcus (1962). Domestic Financial Policies under Fixed and under Floating Exchange Rates. *IMF Staff Papers*, No. 3, 369-80.

Gärtner, Manfred (2009). *Macroeconomics*. London. FT Prentice Hall, 3. Auflage.

King, Robert G. (1993). Will the New Keynesian Macroeconomics Resurrect the IS-LM Model? *Journal of Economic Perspectives* 7, 67-82.

Krugman, Paul (1998). *Analytical Afterthoughts on the Asia crisis.* http://web.mit.edu/krugman/www/MINICRIS.htm

Krugman, Paul (1999). Balance Sheets, the Transfer Problem, and Financial Crises. In: P. Isard, A. Razin und A. Rose (eds.), *International Finance and Financial Crises – Essays in Honor of Robert P. Flood*, Kluwer Academic Publishers und International Monetary Fund.

Mundell, Robert A. (1963). Capital Mobility and Stabilization Policy under Fixed and Flexible Exchange Rates. *Canadian Journal of Economics*, 475-85.

Obstfeld, Maurice (2001). International Macroeconomics: Beyond the Mundell-Fleming Model. *IMF Staff Papers* 47 (special issue), 1-39.

Kapitel 4
Kapitalmarktbestimmte Wechselkurse bei trägen Preisen: Das Dornbusch-Modell

Das in den letzten beiden Kapiteln vorgestellte Modell von Robert Mundell und Marcus Fleming ermöglicht einen reibungslosen Übergang vom IS-LM-Modell für die geschlossene Wirtschaft zur Analyse offener Volkswirtschaften bei festen und flexiblen Wechselkursen. Allerdings besitzt das Modell die gleichen Schwachstellen wie die keynesianische Lehrbuchliteratur:

- Das Volkseinkommen wird ausschliesslich von der aggregierten Nachfrage bestimmt. Dies ist dann zu rechtfertigen, wenn in keynesianischer Tradition Unterbeschäftigung unterstellt wird.
- Das Preisniveau ist fix. Auch dies ist bestenfalls bei Unterbeschäftigung als erste Annäherung an die Wirklichkeit zu vertreten.
- Die Rendite für zinstragende Anlagen im Ausland wird dem ausländischen Zinssatz gleichgesetzt. Damit werden implizit stationäre Wechselkurserwartungen unterstellt (d.h. die Akteure glauben immer, der Wechselkurs bleibe auch morgen dort, wo er heute ist).

Das in diesem und im nächsten Kapitel ausführlich analysierte Modell ersetzt diese stark einschränkenden Aspekte durch eine Reihe realitätsnäherer Annahmen. Das Modell wurde in einer bahnbrechenden Arbeit von Rüdiger Dornbusch (1976) vorgestellt und trägt daher auch seinen Namen. Rogoff (2002, S. 1) bezeichnet es sogar als "one of the most influential papers written in the field of international finance since World War II".

Es handelt sich um ein für eine Vielzahl von Fragestellungen einsetzbares Modell, das einerseits noch deutliche Züge des Mundell-Fleming-Modells aufweist, andererseits aber auch modernere Konzepte wie z.B. *rationale Erwartungen* beinhaltet. Darüber hinaus modelliert es auch die zeitliche Entwicklung von Variablen explizit. Damit ist es nicht auf den Vergleich von Gleichgewichten beschränkt, wie das Mundell-Fleming-Modell, sondern kann den Anpassungspfad wichtiger Grössen von alten an neue Gleichgewichte präzise nachvollziehen.

Aus didaktischen Gründen wird das Dornbusch-Modell hier in einer leicht vereinfachten Version präsentiert. Der erste Abschnitt des Kapitels erläutert

die Modellannahmen. Im zweiten und dritten Abschnitt wird die Funktionsweise des Modells grafisch und formal entwickelt. Die darauffolgenden zwei
Abschnitte befassen sich mit der dem Modell zugrundliegenden Annahme bezüglich der Erwartungsbildung. Im letzten Abschnitt wird das Modell dann
unter der Annahme rationaler Erwartungen analysiert.

4.1 Modellstruktur

Das Modell beschreibt eine kleine offene Modellwirtschaft, die aus drei Märkten besteht: Gütermarkt, Geldmarkt und internationaler Kapitalmarkt. Das
Attribut "klein" bedeutet hier, dass Veränderungen in dieser Volkswirtschaft
weder den Weltmarktpreis noch den Weltzinssatz tangieren. "Offen" ist unsere Volkswirtschaft deshalb, weil sie mit den internationalen Güter- und
Kapitalmärkten verbunden ist. Die formale Struktur unseres Grundmodells
wird in Tabelle 4.1 dargestellt. Beginnen wir zunächst mit einer Interpretation der formalen Charakterisierung der drei Märkte.

Tabelle 4.1 Das Dornbusch-Modell (vereinfachte Version).

Gütermarkt

$\dot{p} = \pi(y^d - y)$	Phillipskurve	(4.1)
$y^d = \delta(e - p) + \gamma y + g$	aggregierte Nachfrage	(4.2)

Geldmarkt

$m^d = p + \phi y - \lambda i$	Geldnachfrage	(4.3)
$m^s = m^d = m$	Geldmarktgleichgewicht	(4.4)

Internationaler Kapitalmarkt

$i = i^* + E(\dot{e})$	Kapitalmarktgleichgewicht	(4.5)
$E(\dot{e}) = \theta(\bar{e} - e)$	Erwartungsbildungshypothese	(4.6)

Anmerkungen: Kleinbuchstaben bezeichnen den natürlichen Logarithmus der betreffenden Variablen. (Die einzige Ausnahme betrifft den Zinssatz). Ein Punkt über einer Variablen bezeichnet deren Änderung in der Zeit. Griechische Buchstaben geben positive
Modellparameter wieder. $E(.)$ ist der Erwartungsoperator. Die Bedeutung der verwendeten Symbole ist wie folgt:

$\dot{p}$	= inländische Inflationsrate	m^d	= inländische Geldnachfrage
y^d	= aggregierte Nachfrage nach In-	i	= inländischer Zinssatz
	landsgütern	m^s	= inländisches Geldangebot (exogen)
y	= aggregiertes Angebot an Inlands-	m	= inländische Geldmenge
	gütern (exogen)	i^*	= ausländischer Zinssatz (exogen)
e	= Wechselkurs	$\dot{e}$	= Änderungsrate des Wechselkurses
p	= inländisches Preisniveau	$\bar{e}$	= Gleichgewichtswechselkurs
g	= staatliche Nachfrage		

4.1.1 Der Gütermarkt

Auf diesem Markt trifft die gewünschte Güternachfrage y^d auf ein exogenes, durch Vollbeschäftigung limitiertes Güterangebot y. Die Güterpreise sind träge. Sie reagieren zwar auf Marktungleichgewichte mit einem Faktor π, aber eben nicht stark genug, um auftretende Ungleichgewichte sofort wieder zu beseitigen. Der neoklassische Fall vollkommen flexibler Preise mit permanentem Gütermarktgleichgewicht $y^d = y$ ergibt sich für $\pi \to \infty$. Für $\pi = 0$ wäre das Preisniveau vollkommen rigide – eine bei Vollbeschäftigung wenig sinnvolle Annahme.

Die Preisreaktionsfunktion (4.1) ist eine Phillipskurve ohne Inflationserwartungen auf der rechten Seite. Dies lässt sich damit rechtfertigen, dass das Modell nur stationäre Wirtschaften ohne anhaltende Inflation abbilden soll. Die Berücksichtigung eines Inflationsterms in (4.1) ist dann ohne Einfluss auf die kurz- und langfristigen Reaktionen des Modells auf eine *unerwartete* Störung.[1]

Gleichung 4.2 beschreibt die Determinanten der *gewünschten* Güternachfrage y^d. Der erste Term repräsentiert die Nettoexporte in Abhängigkeit vom realen Wechselkurs $e - p$.[2] Der Term γy repräsentiert die – hier bei fixem Einkommen konstante – einkommensabhängige Nachfrage nach inländischen Gütern, also insbesondere den privaten Konsum. g kann schliesslich in einer ersten Annäherung als staatliche Nachfrage verstanden werden, deckt aber z.B. auch die durch Steuerpolitik stimulierte Nachfrage ab. Verzichtet wird hier im Vergleich zum Originalmodell von Dornbusch auf die Berücksichtigung der vom Zinssatz abhängigen Investitionsnachfrage. Dies macht das Modell etwas durchsichtiger, lässt aber trotzdem seine zentralen Implikationen unberührt.[3]

4.1.2 Der Geldmarkt

Der Geldmarkt ist laut Gleichung 4.4 permanent im Gleichgewicht. Angebots- oder Nachfrageschocks werden hier sofort durch Veränderungen des vollkommen flexiblen Zinssatzes aufgefangen. Gleichung 4.3 erhält man durch Loga-

---

[1] Die mittelfristigen und auch die kurzfristigen Reaktionen auf *erwartete* Störungen können aber sehr wohl von einer Berücksichtigung der Inflationserwartungen tangiert werden. Deshalb wird Gleichung 4.1 in einer Reihe von weiterführenden Forschungsarbeiten um die Inflationserwartungen erweitert, z.B. in Buiter und Miller (1981), Bhandari und Turnovsky (1982) oder Mussa (1982).

[2] Den realen Wechselkurs hatten wir schon im letzten Kapitel als EP^*/P definiert. Durch Logarithmieren erhalten wir $lnE + lnP^* - lnP = e + p^* - p$. Normieren wir das exogene ausländische Preisniveau auf $P^* = 1$, können wir wegen $lnP^* = p^* = 0$ den Logarithmus des realen Wechselkurses als $e - p$ schreiben.

[3] Siehe auch Dornbusch (1987) und Frenkel und Rodriguez (1982).

rithmieren aus der konventionellen Geldnachfragefunktion

$$M^d/P = Y^\phi exp(-\lambda i).$$

4.1.3 Der internationale Kapitalmarkt

Die Modellierung des internationalen Kapitalmarktes geht von der Annahme aus, dass in- und ausländische Kapitalanlagen vollkommene Substitute sind und somit auch vollständige Kapitalmobilität herrscht. Wie in Kapitel 1 ausführlich erläutert wurde, bedeutet dies, dass die Zahlungsbilanz nur dann im Gleichgewicht sein kann, wenn Anlagen im Inland die gleiche Rendite erwarten lassen wie Anlagen im Ausland. Dies besagt Gleichung 4.5, aus der sich weiter ablesen lässt, dass die inländische Rendite dem inländischen Zinssatz entspricht und die ausländische Rendite dem ausländischen Zinssatz i^* zuzüglich der erwarteten Abwertung $E(\dot{e})$ der inländischen Währung. Letztere ist ja der erwarteten Aufwertung der ausländischen Währung gleichzusetzen.

Gleichung 4.6 ist eine plausible, aber für den Moment durchaus als arbiträr einstufbare Erwartungsbildungshypothese. Die Marktteilnehmer glauben, dass sich der Wechselkurs e asymptotisch auf seinen Gleichgewichtswert $\bar{e}$ zubewegt.[4] Wir werden uns später mit der Frage beschäftigen, ob so gebildete Erwartungen mit systematischen Erwartungsfehlern verbunden sind.

4.2 Grafische Analyse

Das Modell ermöglicht nun die Analyse der Reaktionen des Zinssatzes, des Wechselkurses und des Preisniveaus auf exogene Schocks oder konjunkturpolitische Eingriffe. Da auf dem Gütermarkt wegen der Trägheit des Preisniveaus temporäre Ungleichgewichte möglich sind, ist zu erwarten, dass sich in der kurzen Frist andere Reaktionen als in der langen Frist ergeben. Zunächst soll mit Hilfe von Abb. 4.1 eine grafisch-verbale Analyse erfolgen, die weiter unten mittels einer formalen Modelldiskussion untermauert, präzisiert und ergänzt wird.

Der erste Quadrant bildet den Gütermarkt ab, dessen Gleichgewichtslokus hier in Anlehnung an keynesianische Modelle als IS-Kurve bezeichnet wird. Die Steigung dieser Geraden von Eins ergibt sich aus den Gütermarktglei-

---

[4] Diese Form der Erwartungsbildung verbindet Elemente von *adaptiven* und *rationalen* Erwartungen. Dies lässt sich klarer erkennen, wenn man (4.6) zu $E(e_{+1}) = \theta\bar{e} + (1-\theta)e$ umformuliert. Der für die nächste Periode erwartete Wechselkurs ist ein gewichteter Durchschnitt von $\bar{e}$ und e. Wie bei adaptiven Erwartungen passen sich die Wechselkurserwartungen nur graduell an das neue Gleichgewicht an, weil sie auch vom gegenwärtigen Wert des Wechselkurses e abhängen. Im Unterschied zu adaptiven Erwartungen, dafür aber ähnlich wie bei rationalen Erwartungen, kennen die Akteure den Gleichgewichtswechselkurs $\bar{e}$.

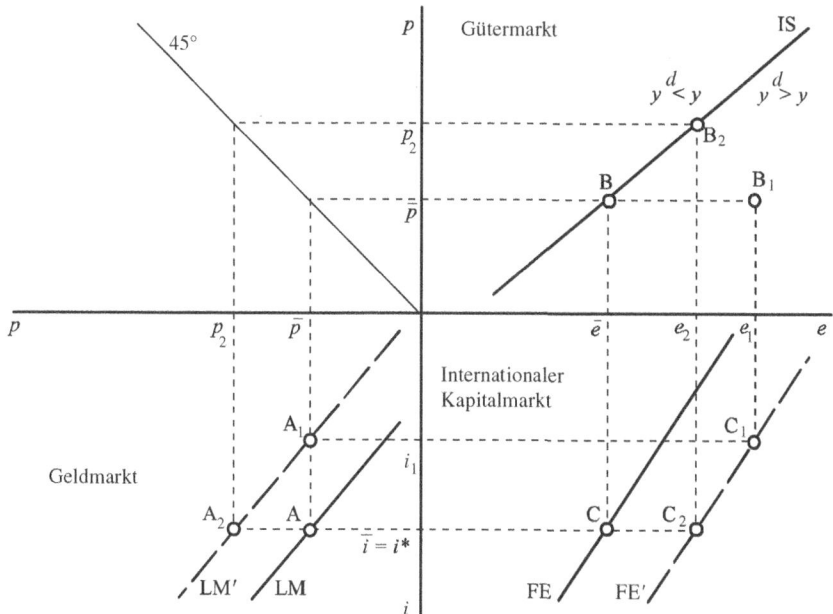

Abbildung 4.1 Grafische Darstellung einer vereinfachten Version des Wechselkursmodells von Dornbusch (1976).

chungen (4.1) und (4.2). Setzt man (4.2) in (4.1) ein und verlangt im Gleichgewicht $\dot{p} = 0$ (und damit implizit $y^d = y$),[5] so ergibt sich nach Auflösung nach p

$$p = e + \frac{g}{\delta} - \frac{(1-\gamma)y}{\delta}. \tag{4.7}$$

Um ein gegebenes Gütermarktgleichgewicht aufrechtzuerhalten, müssen sich also Wechselkurs und Preisniveau proportional zueinander entwickeln. Bei gegebener staatlicher Nachfrage gibt es somit nur *einen* realen Wechselkurs, bei dem der exogene Vollbeschäftigungsoutput y gerade nachgefragt wird. Gehen wir von einem beliebigen Punkt auf der IS-Kurve aus und erhöhen p bei gegebenem Wechselkurs, so verteuern sich die inländischen Güter im Vergleich zu den ausländischen. Es entsteht ein Nachfragedefizit, und das Preisniveau beginnt zu sinken. Analog dazu ist der Bereich unterhalb der IS-Kurve mit einer Überschussnachfrage nach inländischen Gütern und einem steigenden Preisniveau verbunden.

Die in den dritten Quadranten eingezeichnete LM-Kurve erhält man durch Einsetzen von (4.4) in (4.3) und Auflösen nach i:

---

[5] Da die IS-Kurve alle Preis-Wechselkurs-Kombinationen angibt, bei denen das Preisniveau konstant bleibt, kann man sie auch als $\dot{p} = 0$ Kurve bezeichnen (siehe Abschnitt 4.6).

$$i = \frac{1}{\lambda}(p - m + \phi y). \qquad (4.8)$$

Die Kurve gibt an, für welche p/i−Kombinationen ein vorgegebenes nominales Geldangebot gerade nachgefragt wird. Steigt das Preisniveau, so sinkt das reale Geldangebot. Damit parallel hierzu auch die Geldnachfrage sinkt, müssen die Opportunitätskosten der Kassenhaltung steigen, d.h. der Zinssatz i muss sich erhöhen. Da der Zinssatz völlig flexibel ist, gleicht er die Nachfrage zu jedem Zeitpunkt an das Angebot an. Der Geldmarkt ist somit *permanent im Gleichgewicht*, d.h. wir befinden uns immer auf der LM-Kurve. Selbstverständlich gilt die Gleichgewichtsgerade nur für gegebene exogene Grössen. Erhöht sich die Geldmenge, verschiebt sich nach Gleichung 4.8 die LM-Kurve nach oben bzw. nach links. Dies ist deshalb der Fall, weil bei jedem vorgegebenen Zinssatz das nun höhere *nominale* Geldangebot nur dann nachgefragt wird, wenn es durch einen Anstieg des Preisniveaus auf das vor der Geldmengenexpansion vorhandene *reale* Geldangebot reduziert wird oder wenn der Zinssatz sinkt. Entsprechend verschiebt eine Erhöhung des Güterangebots y die LM-Kurve nach rechts unten.

Die Gleichungen 4.5 und 4.6 beschreiben das Gleichgewicht auf dem internationalen Kapitalmarkt. Einsetzen von (4.6) in (4.5) ergibt

$$i = i^* + \theta(\bar{e} - e). \qquad (4.9)$$

Ein Gleichgewicht auf dem internationalen Kapitalmarkt – und damit auch in der Kapitalverkehrsbilanz – kann sich somit bei gegebenen Werten für i^* und $\bar{e}$ bei unterschiedlichen Kombinationen der endogenen Variablen Zinssatz und Wechselkurs ergeben. Die Gerade FE bildet mit ihrer negativen Steigung die in (4.9) enthaltene Information ab, dass der Kapitalmarkt nur dann im Gleichgewicht bleibt, wenn ein steigender Zinssatz von einem im angezeigten Ausmass fallenden Wechselkurs begleitet wird und umgekehrt. Die ökonomische Begründung hierfür lautet wie folgt: Ein Gleichgewicht setzt ja einen Ausgleich der im Inland und Ausland erwarteten Renditen voraus. Steigt der inländische Zinssatz und somit die Rendite im Inland, muss auch die im Ausland erwartete Rendite steigen. Bei gegebenem i^* kann sie das nur, wenn mit einer Anlage im Ausland die Erwartung eines Kursgewinns beim Rücktausch der Devisen in inländische Währung verbunden ist. Es muss also die Erwartung einer Aufwertung der ausländischen Währung (bzw. die Erwartung einer Abwertung der inländischen Währung) entstehen. Laut Erwartungsbildungshypothese (4.6) passiert dies bei gegebenem Gleichgewichtswechselkurs $\bar{e}$ aber nur dann, wenn der Wechselkurs unter seinen Gleichgewichtswechselkurs sinkt, sich also aufwertet. Da der Wechselkurs ebenso wie der Zinssatz eine "schnelle" Variable ist, beseitigt er tendenzielle Ungleichgewichte sofort und hält den internationalen Kapitalmarkt *permanent im Gleichgewicht*. Die modellierte kleine offene Volkswirtschaft befindet sich somit immer auf der FE-Kurve.

Die langfristigen Gleichgewichtswerte der endogenen Modellgrössen, $\bar{e}$, $\bar{p}$ und $\bar{\imath}$, werden natürlich vom exogenen Datenkranz, den Politikvariablen, Verhaltensparametern und im Ausland determinierten Variablen bestimmt und müssen neben den Märkten des monetären Sektors, die ja immer im Gleichgewicht sind, auch Angebot und Nachfrage auf dem Gütermarkt ausgleichen. Ein sich im Gleichgewicht befindender Gütermarkt lässt das Preisniveau konstant, womit sich im permanent im Gleichgewicht stehenden monetären Sektor auch Zinssatz und Wechselkurs nicht mehr ändern. Da im langfristigen Gleichgewicht $e = \bar{e}$ gilt, folgt laut Gleichung (4.9) für den Zinssatz $i = i^*$. Abbildung 4.1 zeigt als Ausgangssituation ein Gleichgewicht mit den Variablen $\bar{e}$, $\bar{p}$ und i^*.

Betrachten wir nun die Auswirkungen einer Veränderung der Geldmenge. Eine Erhöhung des Geldangebots verschiebt nun die LM-Kurve nach LM$'$ und wirft die Wirtschaft aus ihrem ursprünglichen Gleichgewicht.

4.2.1 Langfristige Reaktionen

Untersuchen wir zunächst, wie sich die Wirtschaft auf lange Sicht an die aufgetretenen Veränderungen anpasst. *Langfristig* ist ja der inländische Zinssatz durch den Auslandszins i^* fixiert. Da auch das Volkseinkommen fixiert ist, lässt sich aus der Geldmarktgleichgewichtsbedingung ablesen, dass das überschüssige nominale Geldangebot nur beseitigt werden kann, indem das Preisniveau ansteigt und das reale Geldangebot auf seinen ursprünglichen Wert zurückführt. Das langfristige Geldmarktgleichgewicht verschiebt sich also horizontal von A nach A$_2$. Da nominales Geldangebot und Preisniveau um den gleichen Prozentsatz gestiegen sind, gilt langfristig die Quantitätstheorie.

Auf dem Gütermarkt stellt sich das ursprüngliche Gleichgewicht nur dann wieder ein, wenn der reale Wechselkurs $e - p$ seinen ursprünglichen Wert $\bar{e} - \bar{p}$ annimmt. Da aber das Preisniveau auf p_2 steigt, muss somit auch der Wechselkurs steigen, und zwar auf e_2. Das Gütermarktgleichgewicht verschiebt sich von B nach B$_2$.

e_2 ist der neue Gleichgewichtswechselkurs, aus dem sich stationäre Wechselkurserwartungen[6] ergeben. Somit ist der Kapitalmarkt jetzt bei e_2 und i^* im (langfristigen) Gleichgewicht C$_2$. C$_2$ liegt auf der neuen Kapitalmarktgleichgewichtskurve FE$'$, deren Position ja nach (4.9) durch den neuen Gleichgewichtswechselkurs bestimmt wird.

---

[6] Die Erwartung, dass sich der Wechselkurs nun nicht mehr verändert, nennt man stationäre Erwartung.

4.2.2 Kurzfristige Reaktionen (Impact-Effekte)

Die Rückführung der als Folge der Geldmengenexpansion angestiegenen realen Geldmenge auf ihr ursprüngliches Niveau mittels eines Anstiegs des Preisniveaus braucht Zeit, da wir mit Gleichung 4.1 ja *träge Preise* unterstellen. Folglich sind horizontale Bewegungen im Geldmarkt-Quadranten kurzfristig ausgeschlossen. Damit definieren wir die kurze Frist als den (fiktiven) Zeitraum, in dem das Preisniveau noch nicht reagieren kann. Solange das Preisniveau aber nicht reagiert und auf $\bar{p}$ verharrt, kann ein Ausgleich zwischen dem erhöhten Geldangebot und der Nachfrage nach Realkasse nur über eine Zinssenkung erfolgen. Da der Zinssatz völlig flexibel ist, springt er sofort auf i_1, weil dieser Wert den Geldmarkt in A_1 wieder ausgleicht. Der neu entstandene Zinsnachteil des Inlands muss zur Aufrechterhaltung des Gleichgewichts auf dem internationalen Kapitalmarkt durch eine Aufwertungserwartung ausgeglichen werden. Damit diese entsteht, muss der Wechselkurs steigen, und zwar nicht nur bis zu seinem neuen Gleichgewichtswert e_2, sondern darüber hinaus auf e_1, einen Wert, bei dem laut Gleichung (4.6) eine Aufwertungserwartung im Ausmass $\theta(e_2 - e_1)$ entsteht. Dieses Phänomen, dass der Wechselkurs zunächst stärker steigt, als zur Aufrechterhaltung des langfristigen Gleichgewichts erforderlich ist, bezeichnet man als *Überschiessen*.

4.2.3 Von der kurzen zur langen Frist

Der Motor für den Übergang von der kurzfristigen Reaktion zum langfristigen Gleichgewicht ist der in B_1 ins Ungleichgewicht gebrachte Gütermarkt. In B_1 besteht eine verstärkte Nachfrage nach Nettoexporten und damit eine Überschussnachfrage nach inländischen Gütern. Dies führt dazu, dass das Preisniveau steigt, womit sich das reale Geldangebot wieder reduziert und der Zinssatz langsam steigt. Dies baut den Zinsnachteil gegenüber dem Ausland etwas ab und erlaubt es dem Wechselkurs, sich wieder etwas auf seinen Gleichgewichtswert zuzubewegen.

Abbildung 4.2 illustriert diesen Anpassungsprozess anhand des ersten Schritts von B_1 nach B' auf dem Gütermarkt, von A_1 nach A' auf dem Geldmarkt und von C_1 nach C' auf dem internationalen Kapitalmarkt. Da der Gütermarkt auch in B' noch nicht wieder im Gleichgewicht ist, hält der Preisauftrieb und damit wegen der Geld- und Kapitalmarkteffekte auch die Aufwertungstendenz weiter an. Der Weg des realen Wechselkurses führt weiter in Richtung langfristiges Gütermarktgleichgewicht, bis schliesslich B_2 erreicht ist (und Geld- und Kapitalmarkt in A_2 respektive C_2 sind).

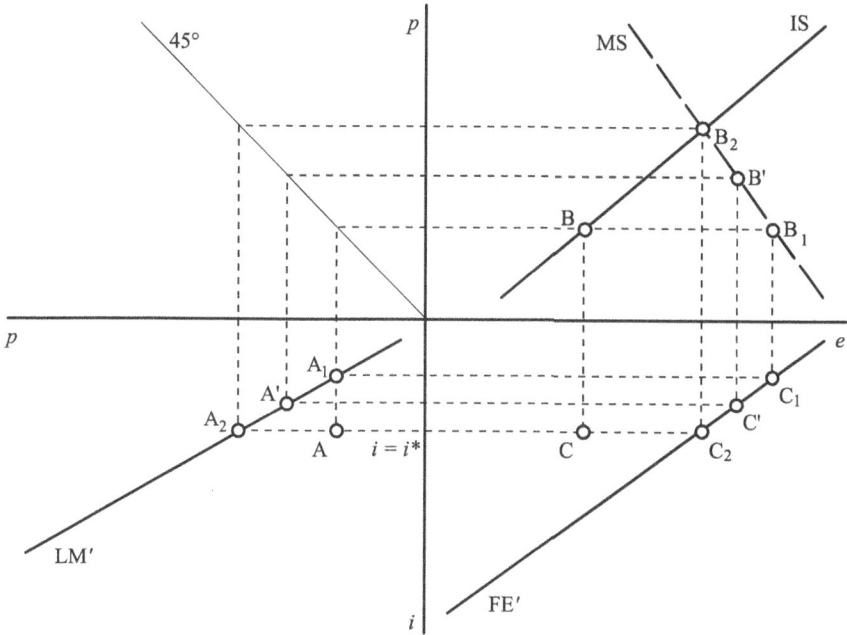

Abbildung 4.2 Herleitung der Gleichgewichtskurve MS für den monetären Sektor des Dornbusch-Modells im p/e-Diagramm.

4.2.4 Alternative Darstellung des Geld- und Kapitalmarktgleichgewichts

B_1, B_2 und B' geben Preis-Wechselkurs-Kombinationen an, welche den Geldmarkt und den internationalen Kapitalmarkt gleichzeitig im Gleichgewicht halten. Wie man sich leicht verdeutlichen kann, würden weitere B-Punkte mit der gleichen Eigenschaft alle auf der gestrichelten Geraden MS durch B_1, B_2 und B' liegen. Alle Punkte auf MS beschreiben mögliche Gleichgewichte im monetären Sektor unserer Modellwirtschaft, zu dem sich Geld- und Kapitalmarkt zusammenfassen lassen. Diese Zusammenfassung ermöglicht eine kompaktere grafische Darstellung des Modells. Anstelle eines Schemas mit vier Quadranten reicht dann ein Quadrant aus, um die drei Märkte des Modells darzustellen. Der kleine in Kauf zu nehmende Nachteil liegt darin, dass man aus dieser kompakteren Darstellung die Zinsbewegungen nicht mehr ablesen kann.

Die Position der MS-Kurve hängt von den gleichen Faktoren ab, welche die Positionen der LM-Kurve und der FE-Kurve bestimmen. Verschiebt sich zum Beispiel aufgrund einer Erhöhung der Geldmenge die LM-Kurve nach links oben und damit gleichzeitig wegen des gestiegenen Gleichgewichtswechselkurses die FE-Kurve nach rechts unten, so stellt sich bei gegebenem Preisniveau ein gleichzeitiges Gleichgewicht in beiden Märkten des monetären Sektors nur

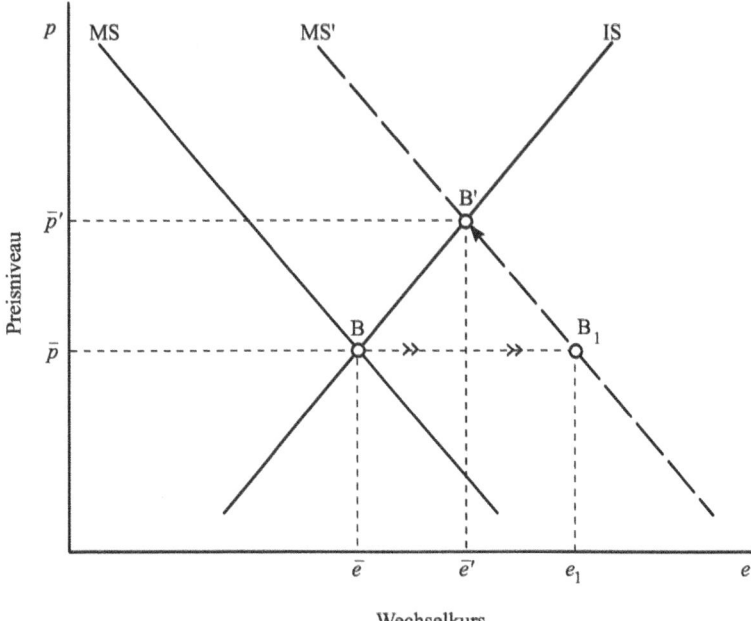

Abbildung 4.3 Kurz- und langfristige Reaktionen im vereinfachten Dornbusch-Modell.

bei einem höheren Wechselkurs ein. Das bedeutet, dass eine Geldmengenerhöhung die MS-Kurve nach rechts verschiebt.

Damit lässt sich das Überschiessen des Wechselkurses wie in Abb. 4.3 darstellen: Die Wirtschaft befinde sich bei gegebenem Datenkranz im Gleichgewicht B, wobei IS die Gütermarktgleichgewichtskurve und MS die Gleichgewichtskurve des monetären Sektors ist. Wird nun die Geldmenge unerwartet
und auf Dauer erhöht, verschiebt sich MS nach MS'. Da der monetäre Sektor
laut Annahme immer im Gleichgewicht ist, muss sich die Wirtschaft nach
dem Schock sofort zu einem Punkt auf MS' bewegen. Bei kurzfristig konstantem Preisniveau kann dieses neue partielle Gleichgewicht nur B_1 sein.
Der Wert des Wechselkurses ist in B_1 mit e_1 höher als im neuen langfristigen
Gleichgewicht $\bar{e}'$. Er überschiesst also. Sobald das Preisniveau zu steigen beginnt, sinkt auch der Wechselkurs wieder, und wir bewegen uns entlang MS'
nach B'.

4.3 Formale Analyse des Modells

Der *Gütermarkt* ist im Gleichgewicht, wenn sich Angebot und Nachfrage
entsprechen ($y^d = y$). Dann ist auch das Preisniveau stabil, und, wie wir

schon auf Seite 103 gesehen haben, es folgt aus (4.1) und (4.2)

$$p = e + \frac{g}{\delta} - \frac{(1-\gamma)y}{\delta}. \tag{4.7}$$

Der Gütermarkt ist also nur bei einem ganz bestimmten realen Wechselkurs im Gleichgewicht. Dieses reale Tauschverhältnis lässt sich aus beliebig
vielen Kombinationen von p und e bilden. Wie oben gezeigt wurde, lassen
sich all diese Kombinationen – und somit der Gleichgewichtslokus für den
Gütermarkt – grafisch durch eine Gerade in der Preis-Wechselkurs-Ebene
darstellen, welche die Steigung Eins hat (siehe z.B. Abb. 4.3).

Der Geldmarkt und der Kapitalmarkt bilden zusammen den *monetären
Sektor*. Um die Gleichgewichtsbedingung für den gesamten monetären Sektor
zu erhalten, muss man die bereits bekannten Gleichgewichtsbedingungen für
die beiden konstitutiven Märkte verbinden. Einsetzen von (4.6) in (4.5) und
des Resultats in (4.3) ergibt unter Verwendung von (4.4)

$$m - p = \phi y - \lambda i^* - \lambda\theta(\bar{e} - e), \tag{4.10}$$

bzw., bei Auflösung nach p,

$$p = m - \phi y + \lambda i^* + \lambda\theta(\bar{e} - e). \tag{4.11}$$

Auf dieser Gleichgewichtskurve des monetären Sektors (*MS-Kurve*) besteht
somit eine inverse Beziehung zwischen Preisniveau und Wechselkurs. Eine
Abweichung von dieser Gleichgewichtskurve ist nicht möglich, da die "Preise"
des monetären Sektors, Zinssatz und Wechselkurs, schnelle Variablen sind,
welche sich nach einer Störung (= Verschiebung der MS-Kurve) sofort so
anpassen, dass der monetäre Sektor wieder im Gleichgewicht ist.

Die *Steigung* der MS-Kurve, $-\lambda\theta$, wird von zwei Grössen bestimmt: Der
Geschwindigkeit θ, mit der die Akteure die Anpassung des Wechselkurses an
sein Gleichgewicht erwarten, und $-\lambda$, der Semi-Zinselastizität[7] der Geldnachfrage. Je kleiner diese Parameter sind, desto flacher ist die MS-Kurve. Beide
Parameter bestimmen aber auch die *Lage* der MS-Kurve mit, neben den exogenen Variablen m, y, i^* und $\bar{e}$. Präzise Aussagen lassen sich hier allerdings
erst machen, nachdem die exogenen Determinanten des Gleichgewichtswechselkurses quantifiziert sind.

Setzt man in (4.11) $e = \bar{e}$, erhält man

$$\bar{p} = m - \phi y + \lambda i^* \tag{4.12}$$

---

[7] Eine Elastizität gibt an, um wieviel Prozent sich eine Variable verändert, wenn sich
eine andere um ein Prozent erhöht. Die Beziehung zwischen zwei logarithmierten Grössen gibt die Elastizität an. So ist in der Geldnachfragegleichung 4.3 der Koeffizient ϕ die
Einkommenselastizität der Geldnachfrage. Da $-\lambda$ die Beziehung zwischen einer logarithmierten Grösse (m) und einer Niveaugrösse (i) angibt, nennt man diesen Koeffizienten eine
Semi-Elastizität.

und erkennt, dass das Preisniveau *langfristig* monetär bestimmt wird, da y und i^* exogen vorgegeben sind. Einsetzen von (4.12) in (4.7) ergibt für den Gleichgewichtswechselkurs

$$\bar{e} = m - \phi y + \lambda i^* - \frac{g}{\delta} + \frac{(1-\gamma)y}{\delta} \tag{4.13}$$

$$= \bar{p} - \frac{g}{\delta} + \frac{(1-\gamma)y}{\delta}.$$

Langfristig gilt somit die Kaufkraftparitätenhypothese und die Quantitätstheorie, da

$$d\bar{e}/d\bar{p} = d\bar{p}/dm = d\bar{e}/dm = 1, \tag{4.14}$$

allerdings nur bei Veränderungen im monetären Bereich. Der langfristige reale Wechselkurs

$$\bar{e} - \bar{p} = \frac{-g + (1-\gamma)y}{\delta} \tag{4.15}$$

reagiert sehr wohl auf angebotsseitige Störungen und fiskalpolitische Eingriffe (siehe Kapitel 5).

Die IS-Kurve (4.7) bindet nur langfristig und kann bei der Behandlung kurzfristiger Fragestellungen ignoriert werden. Somit erhält man die kurzfristige Reaktion des Wechselkurses aus (4.11), der Gleichgewichtskurve des monetären Sektors, die ja auch kurzfristig bindet. Löst man (4.11) nach e auf, ergibt sich

$$e = \bar{e} + \frac{m - p - \phi y}{\lambda \theta} + \frac{i^*}{\theta}. \tag{4.16}$$

Die kurzfristigen Wechselkursreaktionen erhält man aus den Ableitungen von (4.16) nach den interessierenden Grössen, unter Konstanthaltung von p. Der kurzfristige Einfluss einer Geldmengenerhöhung auf e ist somit

$$de/dm = d\bar{e}/dm + \frac{1}{\lambda \theta}$$

$$= 1 + \frac{1}{\lambda \theta} > 1.$$

Kurzfristig, bevor das Preisniveau reagieren kann, steigt also der Wechselkurs stärker als die Geldmenge und somit auch mehr, als zur Aufrechterhaltung des langfristigen Gleichgewichts erforderlich wäre. *Der Wechselkurs überschiesst.*

Nach dem Überschiessen folgt das Preisniveau während der Phase der Anpassung an das neue Gleichgewicht der sich aus (4.1) und (4.2) ergebenden Phillipskurve

$$\dot{p} = \pi[\delta(e - p) - (1 - \gamma)y + g]. \tag{4.17}$$

Da laut (4.15)

$$(1 - \gamma)y - g = \delta(\bar{e} - \bar{p}),$$

ergibt sich aus (4.17)

$$\dot{p} = \pi[\delta(e - \bar{e}) - \delta(p - \bar{p})]. \tag{4.18}$$

Einsetzen von (4.12) in (4.16) ergibt zunächst

$$e - \bar{e} = \frac{1}{\lambda\theta}(\bar{p} - p), \tag{4.19}$$

und durch Einsetzen von (4.19) in (4.18) erhält man schliesslich

$$\dot{p} = -\pi\left(\frac{\delta}{\lambda\theta} + \delta\right)(p - \bar{p}) = -v(p - \bar{p}). \tag{4.20}$$

Gleichung 4.20 beschreibt die Post-Schock-Preisdynamik mittels einer linearen Differentialgleichung erster Ordnung mit konstanten Koeffizienten und konstanter Inhomogenität. Deren Lösung lautet[8]

$$p(t) = \bar{p} + [p(0) - \bar{p}]exp(-vt), \tag{4.21}$$

wobei $p(0)$ das Preisniveau im Zeitpunkt 0 ist, also unmittelbar nach dem Überschiessen des Wechselkurses und $exp(-vt) \equiv e^{-vt}$.[9]

Da $exp(-vt)$ mit wachsendem t wegen $v > 0$ gegen 0 geht, konvergiert das Preisniveau zu seinem langfristigen Gleichgewichtswert. Durch Einsetzen von (4.21) in (4.19) erhält man

$$e(t) = \bar{e} - \frac{1}{\lambda\theta}[p(0) - \bar{p}]exp(-vt). \tag{4.22}$$

Da (4.19) in jedem Zeitpunkt gilt, also auch im Zeitpunkt 0, lässt sich (4.7) umformen zu

$$e(t) = \bar{e} + [e(0) - \bar{e}]exp(-vt). \tag{4.23}$$

Somit passt sich auch der Wechselkurs nach Störungen asymptotisch an seinen Gleichgewichtswert an, sogar mit der gleichen Geschwindigkeit wie das Preisniveau.

Wie rasch aufgetretene Ungleichgewichte beseitigt werden, hängt vom Anpassungskoeffizienten v ab und, da wir in (4.20)

$$v = \pi\left(\frac{\delta}{\lambda\theta} + \delta\right) \tag{4.24}$$

---

[8] Vgl. z.B. Chiang (1984), Kapitel 14 oder Gandolfo (1980), Teil 2, Kapitel 1 und 2.

[9] Auf die Verwendung der rechts vom Definitionszeichen stehenden Schreibweise wird verzichtet, weil die üblicherweise mit e bezeichnete Eulersche Zahl im vorliegenden Text schon durch den Logarithmus des Wechselkurses belegt ist.

gesetzt hatten, von den vier Parametern π, δ, λ und θ. Die Anpassung erfolgt umso schneller, je stärker die Preise auf Nachfrageüberhänge reagieren und je stärker die Güternachfrage auf Veränderungen des realen Wechselkurses reagiert. Nicht so einfach nachzuvollziehen ist der Einfluss der hier relevanten Verhaltensparameter des monetären Sektors, der Semizinselastizität der Geldnachfrage λ und der vom Markt *erwarteten* Geschwindigkeit der Anpassung des Wechselkurses an sein Gleichgewicht, repräsentiert durch θ. Je kleiner diese Parameter sind, desto schneller passt sich die Wirtschaft an. Es wäre nun aber voreilig, daraus zu schliessen, dass λ und θ generell möglichst klein sein sollten. Denn wie wir oben gesehen haben, überschiesst der Wechselkurs (zumindest bei monetären Störungen) seinen Gleichgewichtswert um $1/(\lambda\theta)$, also bei kleinem λ und/oder θ stärker.

Ein kleineres λ oder θ hat also den zweifachen und – wenn man die Wirtschaft gerne im Gleichgewicht sieht – ambivalenten Effekt, dass jede kleine monetäre Störung die Wirtschaft jetzt stärker aus dem Gleichgewicht bringt, gleichzeitig aber auch die Konvergenzrate zum Gleichgewicht grösser ist.[10]

4.4 Sind die Abwertungserwartungen rational?

Wäre die zentrale Botschaft des Dornbusch-Modells – flexible Wechselkurse schwanken stärker als die das Gleichgewicht bestimmenden Fundamentalvariablen – Resultat einer willkürlichen Hypothese über die Abwertungserwartungen der Devisenmarktteilnehmer, würde sie viel von ihrem Gewicht verlieren. Somit drängt sich die Frage auf, wie vernünftig denn die durch Gleichung 4.6 beschriebene Erwartungsbildungshypothese ist.

Leitet man (4.23) nach der Zeit ab, ergibt sich

$$\dot{e} = -v[e(0) - \bar{e}]exp(-vt). \tag{4.25}$$

Dies lässt sich unter Verwendung von (4.23) umformen zu

$$\dot{e} = -v(e - \bar{e}). \tag{4.26}$$

Ein Vergleich von (4.6) mit (4.26) zeigt, dass die Akteure eine Konvergenz des Wechselkurses zum Gleichgewicht erwarten und diese auch tatsächlich eintritt. Dies spricht sicherlich für Gleichung 4.6, setzt allerdings voraus, dass den Marktteilnehmern der Gleichgewichtswechselkurs bekannt ist. Welch grosse Zahl von Parametern für eine präzise Bestimmung von $\bar{e}$ bekannt sein muss, ergibt sich aus (4.13). Ist $\bar{e}$ bekannt, garantiert dies allerdings noch nicht, dass sich der Wechselkurs auch mit genau der Geschwindigkeit zum Gleichgewicht hinbewegt, mit der der Markt dies erwartet. Gleichung 4.24

---

[10] Ein ähnliches Ergebnis werden wir in Kapitel 5 antreffen, wenn wir die Auswirkungen einer *angekündigten* Geldmengenerhöhung untersuchen.

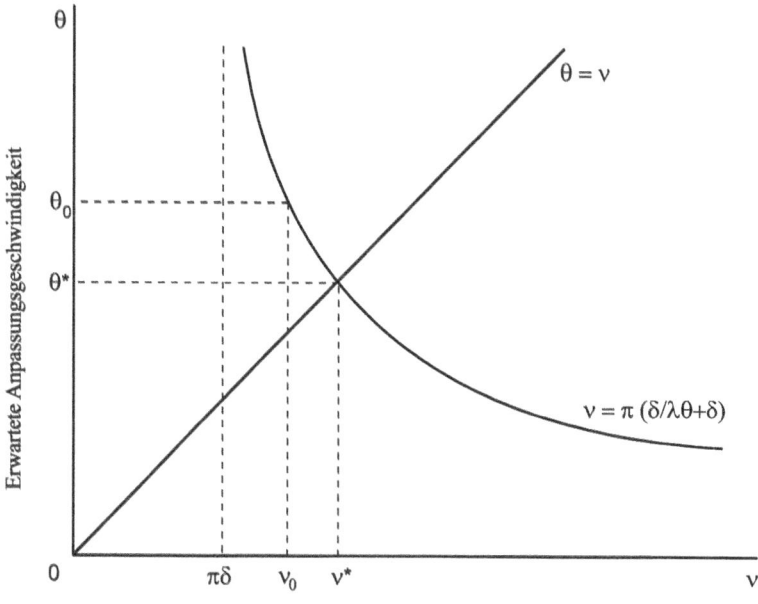

Abbildung 4.4 Tatsächliche und erwartete Anpassungsgeschwindigkeit des Wechselkurses an seinen Gleichgewichtswert.

zeigt ja, dass sich der Wechselkurs umso langsamer zum Gleichgewicht hinbewegt, je rascher der Markt diese Konvergenz erwartet.

Abbildung 4.4 enthält diesen hyperbelartigen Zusammenhang zwischen tatsächlicher und erwarteter Anpassungsgeschwindigkeit. Der geometrische Ort für konsistente Erwartungen im Sinne vollkommener Voraussicht [$\dot{e} = E(\dot{e})$] ist die 45°-Linie. Der Schnittpunkt dieser Konsistenzbedingung mit der Hyperbel bestimmt $\theta^* = v^*$, den Wert von θ, für den gilt $\theta^*(\bar{e} - e) = \dot{e}$. Erwartet der Markt eine schnellere Anpassung, z.B. θ_0, so konvergiert der Wechselkurs mit der deutlich geringeren Geschwindigkeit v_0 zu seinem Gleichgewicht.

Berechnen lässt sich θ^* aus $v = \theta$ unter Verwendung von (4.24). Einsetzen ergibt

$$\theta^2 - \pi\delta\theta - \pi\delta/\lambda = 0.$$

Diese quadratische Gleichung besitzt die Lösungen

$$\theta^*_{1,2} = \pi\delta/2 \pm \sqrt{\pi^2\delta^2/4 + \pi\delta/\lambda}. \tag{4.27}$$

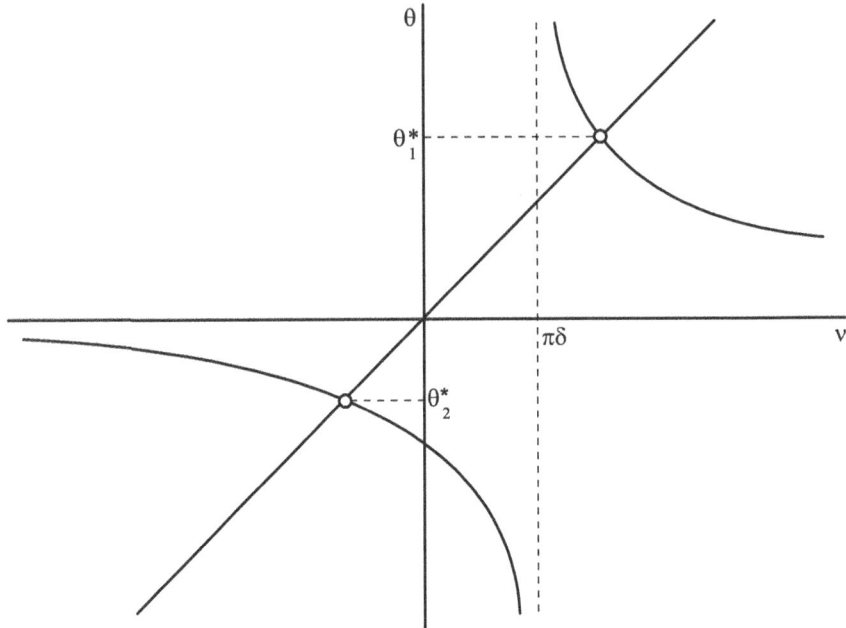

Abbildung 4.5 Stabile und instabile Modellösungen, bei denen vollkommene Voraussicht mit adaptiven Erwartungen kompatibel ist.

$\theta_1^* > 0$ entspricht dem in Abb. 4.4 abgeleiteten Wert und garantiert allein die Stabilität des Modells bei vollkommener Voraussicht. Da wir $\theta < 0$ – der Markt glaubt dann, der Wechselkurs werde sich weiter und weiter von $\bar{e}$ entfernen – aus ökonomischen Überlegungen von vornherein ausgeschlossen hatten, war uns beim Zeichnen von Abb. 4.4 entgangen, dass Gleichung 4.24 auch noch noch einen zweiten Ast besitzt.

Wie in Abb. 4.5 gezeigt wird, bestimmt der Schnittpunkt dieses Hyperbelastes mit der $\theta = v$-Geraden eine zweite Lösung $\theta_2^* < 0$. Hier erwartet der Markt, ein entstandenes Wechselkursungleichgewicht werde sich laufend mit einem Faktor $-\theta_2^*$ vergrössern – und genau das passiert dann auch wirklich.

Die makroökonomischen Implikationen der Annahme, dass die Akteure ihre Abwertungserwartungen auf der Basis von $\theta = \theta_2^* < 0$ bilden, lassen sich grafisch darstellen, wenn wir uns zunächst die MS-Kurve (4.11) in Erinnerung rufen und die Definition des Wechselkursgleichgewichts (4.13) einsetzen:

$$p = -\lambda\theta e + (1+\lambda\theta)m - (\phi+\phi\lambda\theta - \frac{\lambda\theta}{\delta} + \frac{\lambda\theta\gamma}{\delta})y + (1+\lambda\theta)\lambda i^* - \frac{\lambda\theta g}{\delta}. \quad (4.11')$$

Wollen wir wieder die Konsequenzen einer Geldmengenerhöhung untersuchen, interessieren uns nur die Koeffizienten von e und von m. Da nun $-\lambda\theta > 0$, hat die MS-Kurve in jedem Fall eine positive Steigung. Unter-

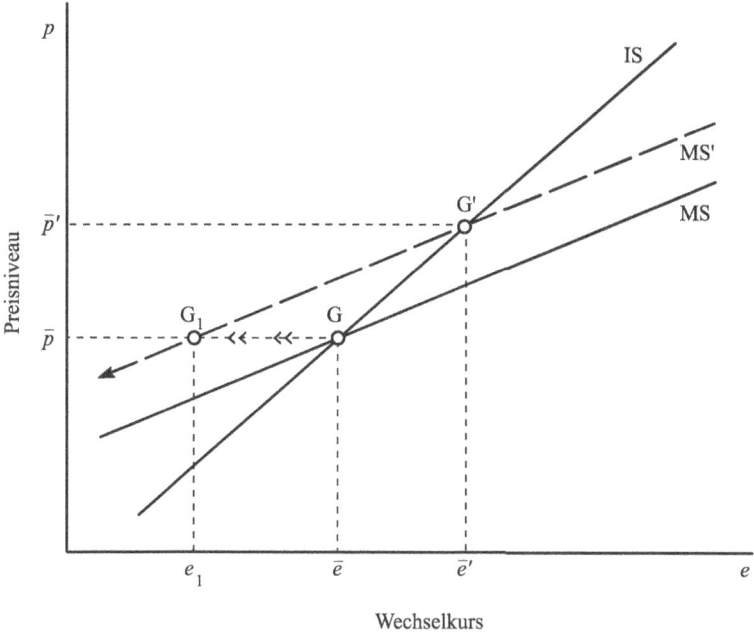

Abbildung 4.6 Modelldynamik unter der Annahme, dass die Akteure bei vollkommener Voraussicht glauben, der Wechselkurs werde sich immer weiter von seinem Gleichgewichtswert wegbewegen.

stellen wir zunächst $0 < -\lambda\theta < 1$, d.h., die MS-Kurve sei flacher als die IS-Kurve. Da in diesem Fall auch $1 + \lambda\theta > 0$, verschiebt eine Geldmengenexpansion die MS-Kurve nach oben. Wie Abb. 4.6 zeigt, erhöhen sich $\bar{e}$ und $\bar{p}$. Der Wechselkurs wertet sich aber sofort so weit auf, bis die damit entstandene Aufwertungserwartung (wegen $\theta_2^* < 0$!) den inländischen Zinsnachteil kompensiert. Im Anschluss an die sofortigen Effekte sinken Wechselkurs und Preisniveau kontinuierlich (und, im Fall des Wechselkurses, erwartet) immer weiter unter ihre "Gleichgewichtswerte".

Wir sind damit bei dem doch eigentlich beunruhigenden Resultat angelangt, dass es bei gegebenen sonstigen Strukturparametern unserer Modellwirtschaft allein von den Erwartungen der Wirtschaftssubjekte abhängt, ob die Wirtschaft stabil ist oder nicht. Glauben die Akteure also, eine Geldmengenausdehnung werde zu Deflation und Nachfragedefiziten führen, dann wird nach einer Geldmengenerhöhung auch genau das eintreten. Umgekehrt würde eine Verknappung des Geldangebots in eine Hyperinflation münden, was wiederum genau den Erwartungen entspräche.

Gegen die instabile Variante des Modells kann man nun einwenden, dass Hyperinflationen, oder auch akzelerierende Deflationen, erfahrungsgemäss von begrenzter Dauer sind. Käme es in unserem Modell zu einer instabilen Entwicklung, weil die Wirtschaft dies erwartet, so würden nach einiger

Zeit politische, aber auch ökonomische Reaktionen einsetzen, welche diese Entwicklung bremsen: Einschränkungen im internationalen Kapitalverkehr, Währungsreformen, Aufgabe flexibler Wechselkurse, Verwendung von Devisen als Zahlungsmittel im Inland, u.ä. Wenn dies aber so ist, können die Akteure auch nicht glauben, der Wechselkurs werde sich auf Dauer schneller und schneller von seinem (instabilen) Gleichgewichtswert wegbewegen. Der einzige verbleibende Pfad mit vollkommener Voraussicht ist dann $\theta = \theta_1^* = v$, der nach einem unerwarteten Schock die Wirtschaft entlang der MS-Kurve ins neue Gleichgewicht führt.

Frage 4.1

Diskutieren Sie die kurz-, mittel- und langfristigen Konsequenzen einer Geldmengenerhöhung für den Fall, dass $-\lambda\theta > 1$.

4.5 Lernprozesse bei irrationalen Erwartungen

Nun setzen perfekt voraussehende Erwartungen sehr viele Informationen voraus, wie wir im vorhergehenden Abschnitt gesehen haben:

- Die korrekte Anpassungsgeschwindigkeit θ_1^* lässt sich nur berechnen, wenn wir π, δ und λ kennen.
- Die Berechnung des Gleichgewichtswechselkurses $\bar{e}$ ist gar nur bei Kenntnis von ϕ, λ, δ, γ, m, y, i^* und g möglich.

Es ist nun sicherlich legitim, Zweifel daran zu äussern, dass die Wirtschaftssubjekte derartig viele Informationen besitzen und die von uns durchgeführten Berechnungen bis hin zur Lösung von quadratischen Gleichungen vornehmen, um θ^* und $\bar{e}$ zu erhalten. Wenn man nun zeigen könnte, dass einfachste Korrekturmechanismen die Wirtschaftssubjekte längerfristig so agieren lassen, *als ob* sie θ^* und $\bar{e}$ berechnen könnten, würde die Unterstellung vollkommener Voraussicht schon weniger aberwitzig klingen. Im vorliegenden Zusammenhang seien Erwartungen dann irrational, wenn sie die kommende Wechselkursänderung systematisch, also dauernd in der gleichen Weise, über- oder unterschätzen.

Unterstellen wir zunächst eine Ausgangssituation, in der die Akteure eine unrealistisch schnelle Konvergenz des Wechselkurses zum korrekt antizipierten Gleichgewicht $\bar{e}$ erwarten ($\theta > \theta_1^*$). Als Referenzpfad ist in Abb. 4.7 festgehalten, dass sich der Wechselkurs im Fall vollkommener Voraussicht vom ursprünglichen Gleichgewicht G über G_1 nach G' bewegen würde. Wird nun θ zu hoch angesetzt, grösser als θ_1^*, dreht sich die MS-Gerade um den Punkt G'. Da ihre Steigung $-\lambda\theta$ beträgt, wird sie steiler. Die Anpassung von

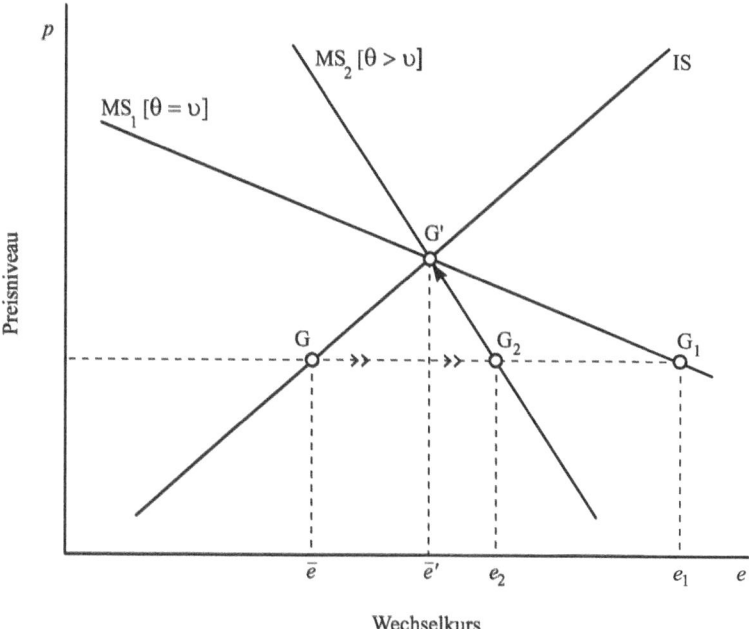

Abbildung 4.7 Modelldynamik unter der Annahme, dass die Akteure eine unrealistisch schnelle Konvergenz des Wechselkurses zum korrekt antizipierten Gleichgewicht erwarten.

G nach G′ erfolgt jetzt über G_2 und – solange θ konstant bleibt – entlang MS_2.

Dass rational handelnde Akteure θ konstant lassen, ist allerdings unwahrscheinlich. Da $\theta > \theta_1^*$ ist $v < \theta$. D.h., entlang MS_2 konvergiert der Wechselkurs immer langsamer zu seinem Gleichgewicht als erwartet. Wenn die Akteure aus systematischen Erwartungsfehlern lernen, werden sie früher oder später θ verkleinern und damit näher an θ_1^* heranführen. Damit würde u.U. bereits während des Anpassungsprozesses die MS-Kurve etwas flacher werden. Ob sich die MS-Kurve bereits im Verlaufe *eines* Anpassungsprozesses in die Position MS_1 dreht, hängt davon ab, wie schnell die Wirtschaft aus Fehlern lernt. Wiederholt auftretende Störungen müssten in jedem Fall dazu führen, dass θ schliesslich zu θ_1^* konvergiert.

Gehen wir nun in Abb. 4.8 von der Annahme aus, den Akteuren sei zwar die korrekte Anpassungsgeschwindigkeit bekannt, aber nicht der korrekte Gleichgewichtswechselkurs. Um einen Referenzpunkt zu erhalten und die Argumentation einfach zu halten, sei die Wirtschaft zunächst im Gleichgewicht G, in dem $\bar{e}$ auch korrekt gesehen wird. Nun glauben die Akteure *ungerechtfertigterweise*, der Gleichgewichtswechselkurs habe sich nach $\bar{e}'$ verschoben. Da dieser Glaube nach unserer Annahme ungerechtfertigt ist, hat sich kein exogener Parameter verändert. Das Preisniveau kann kurzfristig noch nicht

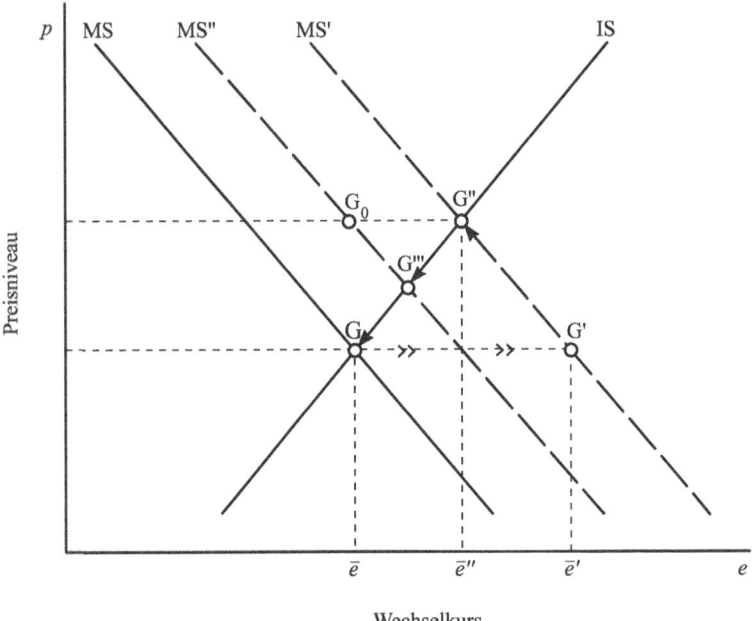

Abbildung 4.8 Modelldynamik unter der Annahme, dass die Akteure an einen falschen Gleichgewichtswechselkurs glauben.

reagieren. Folglich ist auch der Zinssatz unverändert und entspricht nach wie vor dem ausländischen Zinssatz. Damit der internationale Kapitalmarkt im Gleichgewicht bleibt, dürfen deshalb keine Abwertungserwartungen entstehen. Deswegen muss der Wechselkurs auch unverzüglich auf den vermuteten neuen Gleichgewichtswert $\bar{e}'$ springen (vgl. auch Gleichung 4.11). Diese Überlegung zeigt auch, dass sich die MS-Kurve genau nach MS' verschoben hat.

Obwohl der Wechselkurs nun in Punkt G' eigentlich im Gleichgewicht sein müsste, beginnt er zu sinken. Die Ursache hierfür liegt natürlich in den wegen der Überschussnachfrage nach inländischen Gütern steigenden Güterpreisen, welche die Realkasse verringern, den inländischen Zinssatz nach oben treiben und damit Abwertungserwartungen fördern.

Diese bauen sich während der Bewegung entlang MS' nach G'' in zunehmendem Masse auf. In G'' kommen Preisniveau und Wechselkurs zunächst zur Ruhe. Allerdings verbleibt in G'' eine massive Diskrepanz zwischen der erwarteten und der dann tatsächlich eintretenden Wechselkursentwicklung: Einerseits ist der Wechselkurs beim Wert $\bar{e}''$ stationär, andererseits glauben die Akteure, das Gleichgewicht sei bei $\bar{e}'$ und der Wechselkurs werde sich umgehend in diese Richtung bewegen. Angesichts dieser Situation muss sich früher oder später die Erkenntnis durchsetzen, dass der Gleichgewichtswert wohl doch nicht bei $\bar{e}'$ liegt. Es liegt nahe, statt dessen anzunehmen, er liege bei $\bar{e}''$. Dies verschiebt nun die MS-Kurve nach MS$''$ und bringt die Wirtschaft auf längere Sicht nach G$'''$.[11] Mit den gleichen Argumenten wird die Wirtschaft aber auch nicht auf Dauer in G$'''$ bleiben können. Lernprozesse werden zu einem ständigen Absinken des erwarteten Gleichgewichtswechselkurses führen und zu einer weiteren Linksverschiebung der MS-Kurve, bis schliesslich G erreicht ist und der Gleichgewichtswechselkurs wieder korrekt eingeschätzt wird.

4.6 Vollkommene Voraussicht

In den beiden vorhergehenden Abschnitten haben wir uns sowohl mit der Frage beschäftigt, ob die Erwartungsbildungshypothese $E(\dot{e}) = \theta(\bar{e} - e)$ bei adäquater Wahl von θ vollkommener Voraussicht entspricht, als auch mit Situationen, in denen sie nicht mehr mit vollkommener Voraussicht kompatibel ist. Im nun folgenden Abschnitt werden wir vollkommene Voraussicht [d.h. $E(\dot{e}) = \dot{e}$] direkt in das Grundmodell einführen. Dies eröffnet die Möglichkeit, am Beispiel eines inzwischen vertrauten Modells die Methode der qualitativen Analyse von Differentialgleichungssystemen mittels Phasendiagrammen vorzustellen. Mit dieser Methode lassen sich Einsichten in die wesentlichen dynamischen Charakteristika eines Modells gewinnen, ohne dieses mit viel Aufwand analytisch lösen zu müssen.

Unterstellen wir nun vollkommene Voraussicht, erhält das Dornbusch-Modell die in Tabelle 4.2 dargestellte Struktur, die sich im Vergleich zum Grundmodell in Tabelle 4.1 nur leicht verändert hat. Formal lässt sich unser neues Modell zu einem Differentialgleichungssystem erster Ordnung zusammenfassen:

$$\dot{p} = \pi[\delta(e - p) - (1 - \gamma)y + g] \tag{4.28}$$

$$\dot{e} = \frac{1}{\lambda}(p + \phi y - m) - i^*. \tag{4.29}$$

Die erste, die Preisbewegung erklärende Gleichung ist aus dem Grundmodell bekannt und entsteht durch Zusammenfassung der Gütermarktgleichungen 4.1 und 4.2. Die zweite Gleichung ist neu und wird durch Einsetzen der Geldmarktgleichungen 4.3 und 4.4 in die Kapitalmarktgleichgewichtsgleichung 4.5 bei vollkommener Voraussicht (4.6$'$) gewonnen.

Gleichungssysteme werden häufig in Matrixform dargestellt. Das vorliegende Modell hat dann die Form

---

[11] Ob die Bewegung von G$''$ nach G$'''$ entlang der IS-Kurve oder nach zunächst übergeschossenem Wechselkurs über G$_0$ entlang MS$''$ erfolgt, hängt davon ab, ob die Gleichgewichtsvorstellung langsam oder schnell von $\bar{e}'$ auf $\bar{e}''$ gesenkt wird.

Tabelle 4.2 Modell mit vollkommener Voraussicht.

Gütermarkt

$\dot{p} = \pi(y^d - y)$	Phillipskurve	(4.1)
$y^d = \delta(e - p) + \gamma y + g$	aggregierte Nachfrage	(4.2)

Geldmarkt

$m^d = p + \phi y - \lambda i$	Geldnachfrage	(4.3)
$m^s = m^d = m$	Geldmarktgleichgewicht	(4.4)

Internationaler Kapitalmarkt

$i = i^* + E(\dot{e})$	Kapitalmarktgleichgewicht	(4.5)
$E(\dot{e}) = \dot{e}$	Erwartungsbildungshypothese	(4.6')

Anmerkungen (siehe auch Tabelle 4.1): Die Bedeutung der verwendeten Symbole ist wie folgt:

$\dot{p}$ = inländische Inflationsrate

y^d = aggregierte Nachfrage nach Inlandsgütern

y = aggregiertes Angebot an Inlandsgütern (exogen)

e = Wechselkurs

p = inländisches Preisniveau

g = staatliche Nachfrage

m^d = inländische Geldnachfrage

i = inländischer Zinssatz

m^s = inländisches Geldangebot (exogen)

m = inländische Geldmenge

i^* = ausländischer Zinssatz (exogen)

$\dot{e}$ = Änderungsrate des Wechselkurses

$\bar{e}$ = Gleichgewichtswechselkurs

$\dot{m}$ = Geldmengenzuwachsrate

$$\begin{bmatrix} \dot{p} \\ \dot{e} \end{bmatrix} = \begin{bmatrix} -\pi\delta & \pi\delta \\ 1/\lambda & 0 \end{bmatrix} \begin{bmatrix} p \\ e \end{bmatrix} + \begin{bmatrix} \pi[g - (1-\gamma)y] \\ (\phi y - m)/\lambda - i^* \end{bmatrix}.$$

Das hier vorliegende autonome[12] lineare Differentialgleichungssystem 1. Ordnung lässt sich mit einem gewissen Aufwand analytisch lösen. Hier soll auf eine explizite Lösung verzichtet und stattdessen exemplarisch in die nützliche Methode der qualitativen Analyse dynamischer Systeme mittels Phasendiagrammen eingeführt werden. Allerdings kommt auch diese Methode nicht ganz ohne Berechnungen aus.

In einem ersten Schritt sucht man nach den Bedingungen, unter denen sich die endogenen Variablen e und p nicht mehr verändern. Die grafische Darstellung dieser Bedingungen bezeichnet man als *Demarkationslinien*. Die Gleichung für die erste Demarkationslinie ergibt sich aus der Gleichung 4.28, indem man $\dot{p} = 0$ setzt:

$$p = e + \frac{g}{\delta} - \frac{(1-\gamma)y}{\delta}. \tag{4.30}$$

---

[12] Man spricht von einem autonomen System, wenn die auftretenden Koeffizienten im Zeitablauf konstant sind. Siehe Chiang (1984), Kapitel 14, 15 und 18.

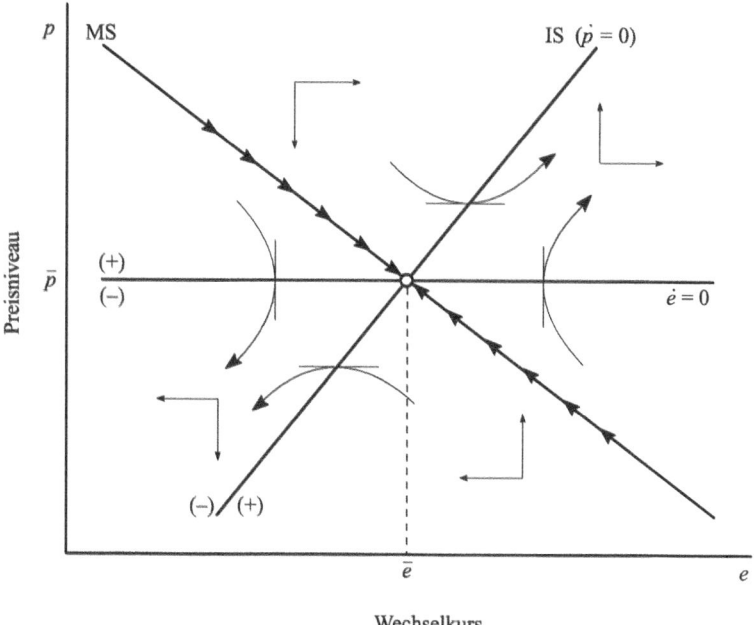

Abbildung 4.9 Darstellung der Modelldynamik bei vollkommener Voraussicht mittels eines Phasendiagramms.

Diese Gleichung ist natürlich identisch mit der Gütermarktgleichgewichtsbedingung (4.7) und besitzt die Steigung Eins. Einsetzen von $\dot{e} = 0$ in Gleichung 4.29 führt zu

$$p = m - \phi y + \lambda i^*, \tag{4.31}$$

also einer Horizontalen auf der Höhe des Gleichgewichtspreisniveaus $\bar{p}$.

Die $\dot{p} = 0$- und die $\dot{e} = 0$-Kurven bezeichnet man deshalb als Demarkationslinien, weil sie in der p/e-Ebene unterschiedliche Sektoren mit qualitativ eindeutig bestimmbaren Bewegungsrichtungen der endogenen Variablen p und e gegeneinander abgrenzen (siehe Abb. 4.9). Will man nun wissen, in welche Richtung sich der Wechselkurs bewegt, wenn wir uns oberhalb der $\dot{e} = 0$-Demarkationslinie befinden, muss man (4.29) nach p differenzieren. Dies ergibt

$$d\dot{e}/dp = 1/\lambda > 0.$$

Gehen wir somit von einem beliebigen Punkt auf der $\dot{e} = 0$-Geraden vertikal nach oben, wird $\dot{e}$ positiv. Der Wechselkurs steigt und treibt das System nach rechts. Mit analoger Argumentation fällt der Wechselkurs im Bereich unterhalb der $\dot{e} = 0$-Kurve. Die gewonnen Einsichten sind in Abb. 4.9 durch nach rechts bzw. links gerichtete horizontale Pfeile festgehalten.

Die Tendenz des Preisniveaus rechts und links der $\dot{p} = 0$-Geraden zeigt sich bei Ableitung von (4.28) nach e.[13] Dies ergibt

$$d\dot{p}/de = \pi\delta > 0.$$

Rechts von $\dot{p} = 0$ steigt somit das Preisniveau, links fällt es. Diese Tendenzen sind nun in Abb. 4.9 mittels vertikaler Pfeile eingezeichnet.

• Es gibt nur eine Gerade, entlang welcher das System nach einer aufgetretenen Störung bei vollkommener Voraussicht zum Gleichgewicht hin konvergiert. Diese Gerade entspricht der MS-Kurve im Grundmodell.
• Jeder Punkt oberhalb der MS-Kurve löst dauernde Inflation und Abwertung aus.
• Jeder Punkt links unterhalb der MS-Kurve führt zu anhaltender Deflation und Aufwertung.

Stabilität besteht somit nur dann, wenn die Akteure glauben, der Wechselkurs werde sich jeweils entlang MS an sein neues Gleichgewicht anpassen. Wir haben es also mit sogenannter *Sattelpfadstabilität* zu tun. Im vorliegenden Fall springt der Wechselkurs nach einer Verschiebung der MS-Kurve auch sofort auf die neue MS-Kurve. Andere Erwartungen können auch mit der tatsächlichen Entwicklung kompatibel sein, ergeben aber ein instabiles Modell. Analog zur obigen Argumentation würde man nun davon ausgehen, dass die Wirtschaft die prinzipielle Instabilität von anderen Pfaden vollkommener Voraussicht zu erkennen vermag und weiss, dass modellfremde Bremsmechanismen instabile Entwicklungen irgendwann stoppen würden. Der einzige unter solch breiterer Perspektive auch mittel- und langfristig mit vollkommener Voraussicht kompatible Entwicklungspfad ist somit derjenige entlang der MS-Kurve.

Der Umstand, dass es neben einem stabilen Entwicklungspfad auch einen oder mehrere instabile gibt, also Sattelpfadstabilität, tritt in deterministischen Modellen mit vollkommener Voraussicht oder in stochastischen Modellen mit rationalen Erwartungen regelmässig auf.[14]

---

[13] Die Berechnung von $d\dot{p}/dp = -\pi\delta$ würde zu den genau gleichen Schlussfolgerungen führen.

[14] In deterministischen Modellen gibt es neben den strukturellen Zusammenhängen keine von der Theorie nicht erklärten Einflüsse zufälliger Natur. Kennen die Akteure das Modell und die Entwicklung der exogenen Variablen, ermöglicht ihnen dies *vollkommene Voraussicht* der künftigen Entwicklung, also z.B. $E(p) = p$. In stochastischen Modellen lässt man in den postulierten Strukturgleichungen auch Platz für zufällige Einflüsse, wie man das auch in der Ökonometrie tun muss. Da zufällige Ereignisse definitionsgemäss nicht vorherzusehen sind, kann man die künftige Entwicklung auch bei Kenntnis des Modells samt exogenen Grössen nicht fehlerlos vorhersehen. Werden die verfügbaren Informationen aber so verwendet, dass man keine systematischen Fehler mehr macht, spricht man von *rationalen Erwartungen*. Im obigen Beispiel wäre dann $E(p) = p + \varepsilon$, wobei ε eine Zufallsvariable mit Erwartungswert 0 ist.

Frage 4.2

Stellen Sie die in Abb. 4.9 dargestellte Dynamik bei vollkommener Voraussicht den in Abb. 4.6 und Abb. 4.3 dargestellten Pfaden gegenüber. Lassen sich beide Ergebnisse unter einen Hut bringen?

4.7 Zusammenfassung

In diesem Kapitel wurde ein einfaches Modell einer kleinen offenen Volkswirtschaft vorgestellt, dessen zentrale *Annahmen* wie folgt lauten:

- Es herrscht Vollbeschäftigung.
- Nachfrageschwankungen auf dem Gütermarkt führen nur zu Preisreaktionen, haben also keine Outputwirkungen.
- Güterpreise sind träge, brauchen also Zeit, um auf Nachfrageschwankungen reagieren zu können.
- Zinssätze und Wechselkurse sind vollkommen flexibel, so dass Geld- und Kapitalmärkte zu jedem Zeitpunkt geräumt sind.

Die Analyse dieses Modells führte zu folgenden *Ergebnissen*:

1. Langfristig gelten die Aussagen der Quantitätstheorie, d.h. das Preisniveau wird auf lange Sicht durch die Geldmenge bestimmt.
2. International gilt langfristig die Kaufkraftparitätenhypothese. Der Wechselkurs spiegelt also nach Ablauf aller Anpassungsprozesse die in- und ausländischen Preisniveaus wieder.
3. Kurzfristig reagiert der Wechselkurs stärker, als zur Aufrechterhaltung des gesamtwirtschaftlichen Gleichgewichts langfristig nötig ist. Ursache für dieses *Überschiessen* ist die Trägheit der Güterpreise, welche es diesen nicht erlaubt, den von ihnen geforderten Anpassungsbeitrag bereits kurzfristig zu leisten.

4.8 Hinweise zur Beantwortung der gestellten Fragen

Frage 4.1

Die Frage lässt sich auf zwei Arten beantworten:

(1) Der Koeffizient $-\lambda\theta$ gibt ja die Steigung der MS-Kurve an. Für $-\lambda\theta > 1$ ist die MS-Kurve steiler als die IS-Kurve. Da nach (4.11') $dp/dm = 1 + \lambda\theta$, verschiebt eine Geldmengenerhöhung die MS-Kurve dann *nach unten*, wenn

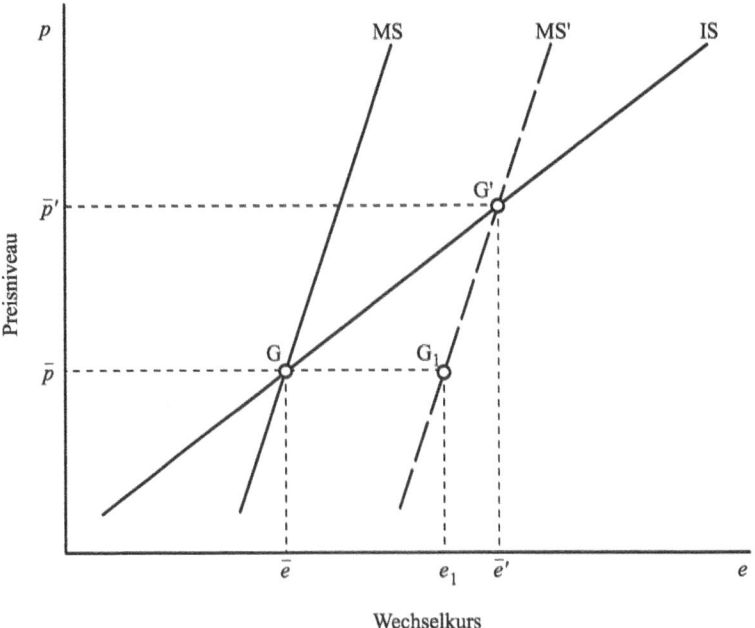

Abbildung 4.10 Grafische Darstellung zur Beantwortung der Frage 4.1.

$m - \lambda\theta > 1$ ist (vgl. Abb. 4.10). Eine Geldmengenerhöhung würde das langfristige Gleichgewicht von G nach G' bringen, hätte also 'konventionelle' komparativ-statische Effekte. Kurzfristig würde der Wechselkurs von $\bar{e}$ auf e_1 springen, also nicht überschiessen. Mittelfristig scheint die Geschichte kompliziert zu werden:

Da $e_1 < \bar{e}'$, müsste sich der Wechselkurs bei vollkommener Voraussicht wegen $\theta < 0$ immer weiter vom Gleichgewicht wegbewegen. Dies geht bei sich permanent im Gleichgewicht befindendem monetären Sektor nur, wenn wir auf der MS'-Kurve bei sinkenden Preisen nach links unten rutschen. Da aber unterhalb der IS-Kurve Überschussnachfrage nach inländischen Gütern besteht, müsste das Preisniveau gemäss Gleichung 1 ja eigentlich steigen. Irgendetwas an unserer "Lösung" stimmt also nicht.

(2) Es stellt sich nun die Frage, ob der von uns unterstellte Fall $-\lambda\theta > 1$ überhaupt auftreten kann (mit dieser Frage hätte man natürlich oben auch beginnen können bzw. sollen). In der Tat kann man zeigen, dass $-\lambda\theta < 1$. Gemäss dieser Behauptung ist wegen (4.27)

$$\lambda\theta = \pi\delta\lambda/2 - \lambda(\pi^2\delta^2/4 + \pi\delta/4)^{1/2} > -1.$$

Dies lässt sich umformen zu

$$1/\lambda + \pi\delta/2 > [\pi^2\delta^2/4 + \pi\delta/\lambda]^{1/2}.$$

Quadriert man nun beide Seiten, ergibt sich

$$1/\lambda^2 + \pi\delta/\lambda + \pi^2\delta^2/4 > \pi^2\delta^2/4 + \pi\delta/\lambda.$$

Es gilt also in jedem Fall $-\lambda\theta < 1$, d.h., *die MS-Kurve ist immer flacher als die IS-Kurve.* Der in der Fragestellung postulierte Fall kann gar nicht auftreten!

Frage 4.2

Abbildung 4.3 zeigt die Reaktion auf eine Geldmengenexpansion unter der allgemeinen Annahme, dass die Wirtschaft eine Konvergenz des Wechselkurses zum Gleichgewicht erwartet $[E(\dot{e}) = \theta(\bar{e} - e)]$. Abbildung 4.4 präsentiert, dass nur ein bestimmter Wert von θ, nämlich $\theta = v$, und damit eine ganz bestimmte Steigung der MS-Kurve mit vollkommener Voraussicht kompatibel sind. Diese spezielle MS-Kurve ist identisch mit dem stabilen Anpassungspfad in Abb. 4.9. Daneben enthält Abb. 4.9 eine unbegrenzte Zahl weiterer Entwicklungspfade bei vollkommener Voraussicht; Abb. 4.3 dagegen nur einen. Dies ist dadurch zu erklären, dass $E(\dot{e}) = \theta^*(\bar{e} - e) \rightarrow E(\dot{e}) = \dot{e}$, aber der Umkehrschluss nicht gilt: $E(\dot{e}) = \dot{e} \nrightarrow E(\dot{e}) = \theta^*(\bar{e} - e)$. Offensichtlich ist eine unbegrenzte Zahl anderer Erwartungsbildungsmuster mit vollkommener Voraussicht kompatibel. Allerdings machen sie alle das Modell instabil. Zusammenfassend kann man sagen, dass hinter den Abbildungen 4.3 und 4.9 zwei sich bezüglich der unterstellten Erwartungsbildung grundsätzlich unterscheidende Modelle stehen, deren gemeinsamer Nenner die in Abb. 4.7 dargestellte Modellvariante mit der $MS_1[\theta = v]$-Kurve ist.

Literatur

Bhandari, Jagdeep S. und Steven J. Turnovsky (1982). Alternative Monetary Policies in an Inflationary Equilibrium Model of the Open Economy. *Weltwirtschaftliches Archiv* 118, 1-18.

Buiter, Willen H. und M. H. Miller (1981). Monetary Policy and International Competitiveness: The Problem of Adjustment. *Oxford Economic Papers* 33, 143-175.

Chiang, Alpha C. (1984). *Fundamental Methods of Mathematical Economics.* Singapore: McGraw-Hill. 3. Auflage

Dornbusch, Rudiger (1976). Expectations and Exchange Rate Dynamics. *Journal of Political Economy* 84, 1167-1176.

Dornbusch, Rudiger (1987). Exchange Rate Economics: 1986. *Economic Journal* 97, 1-18.

Frenkel, Jacob A. und Carlos A. Rodriguez (1982). Exchange Rate Dynamics and the Overshooting Hypothesis. *IMF Staff Papers* 29, 1-30.

Gandolfo, Giancarlo (1980). *Economic Dynamics: Methods and Models.* Amsterdam: North-Holland. 2. Auflage.

Mussa, Michael (1982). A Model of Exchange Rate Dynamics. *Journal of Political Economy* 90, 74-104.

Rogoff, Kenneth (2002). Dornbusch's Overshooting Model after Twenty-Five Years. *International Monetary Fund Staff Papers* 49, 1-35.

Kapitel 5
Wie robust ist das Überschiessen im Dornbusch-Modell?

Die zentrale Botschaft des Dornbusch-Modells lautet: Wechselkurse sind volatiler als die den Wechselkurs *langfristig* bestimmenden Fundamentalvariablen. Dieses Resultat wurde in Kapitel 4 exemplarisch für den Fall einer Geldmengenausdehnung abgeleitet. Während diese Aussage wohl *insgesamt charakteristisch* für das Verhalten flexibler Wechselkurse während der letzten drei Jahrzehnte ist, so fällt es insgesamt doch nicht schwer, Gegenbeispiele zu finden: Wechselkurse reagieren nicht immer so stark, wie es die Fundamentalvariablen langfristig verlangen; gelegentlich reagieren sie auch gar nicht, oder zunächst in die falsche Richtung.

Diese empirischen Beobachtungen rechtfertigen zunächst sicherlich Zweifel an der Fähigkeit des Dornbusch-Modells, die Wirklichkeit zu erklären. Wenn man nun aber zeigen könnte, dass das Überschiessen des Wechselkurses keine *zwingende Eigenschaft* des Dornbusch-Modells ist, sondern nur eine *Möglichkeit* darstellt, so würde dies das Potential des Modells, das Verhalten flexibler Wechselkurse seit dem endgültigen Ende des Bretton-Woods-Systems im Jahre 1973 zu erklären, sicherlich wesentlich erhöhen.

Um in dieser Frage zu mehr Klarheit zu gelangen, wird die im letzten Kapitel vorgestellte Basisversion des Dornbusch-Modells nun abwechselnd in einer Reihe verschiedener wirklichkeitsnaher Aspekte modifiziert. Dies wird uns nicht nur zeigen, wie robust das Überschiessen und andere zentrale Eigenschaften der Basisversion sind. Es wird auch illustrieren, dass das Dornbusch-Modell bei sachkundiger, kreativer Handhabung eine fruchtbare Basis für die Analyse einer Vielzahl unterschiedlicher Fragestellungen ist Bei diesem Unternehmen wird sich zeigen,

– dass schon bei *Aufgabe der Annahme vollkommener Substituierbarkeit* zwischen in- und ausländischen Anlagen der Wechselkurs nicht mehr zwingend überschiesst;
– dass die kurzfristige Wechselkursreaktion insbesondere auch davon abhängt, welche *Rückschlüsse* die Akteure z.B. aus einem Geldmengenschock

für den künftigen Kurs der Geldpolitik ziehen, und ob die Veränderung der Geldmenge *antizipiert* wurde;

- dass die *Art der Störung* wesentlich mitbestimmt, ob der Wechselkurs überschiesst oder nicht.

5.1 Unvollkommene Kapitalmobilität

Bisher hatten wir unterstellt, in- und ausländische Kapitalanlagen seien *vollkommene Substitute*, Kapital sei also völlig mobil. In diesem Fall fliesst prinzipiell das gesamte Anlagekapital in die Währung mit der höchsten erwarteten Rendite. Die Kapitalbilanz kann somit nur dann ausgeglichen sein, wenn sich die erwarteten Renditen zwischen In- und Ausland vollständig angeglichen haben. Die Anleger sind nun völlig indifferent zwischen Anlagen in in- und ausländischer Währung und finanzieren jedes Leistungsbilanzungleichgewicht zum Marktzins.

Wenn wir zur Vereinfachung die laufenden Übertragungen ignorieren, setzt sich die Zahlungsbilanz ZB aus den Teilbilanzen Leistungsbilanz LB und Kapitalbilanz KB zusammen:

$$ZB = LB + KB \tag{5.1}$$

Führen wir die hier nicht interessierenden Zahlungsbilanzdeterminanten nicht explizit auf und unterstellen wir lineare Abhängigkeiten der Leistungsbilanz vom realen Wechselkurs $e - p$ und der Kapitalbilanz von der Nettorendite inländischer Anlagen $i - i^* - \theta(\bar{e} - e)$, so erhalten wir

$$ZB = \xi(e - p) + \kappa[i - i^* - \theta(\bar{e} - e)]. \tag{5.2}$$

Bei vollkommener Kapitalmobilität ist $\kappa \to \infty$. Eine ausgeglichene Zahlungsbilanz, $ZB = 0$, ist dann bei endlichem ξ nur möglich für $i - i^* - \theta(\bar{e} - e) = 0$, wenn also die Kapitalbilanz im Gleichgewicht ist.[1] Für endliche Werte von κ dagegen können Kapitalbilanzungleichgewichte durchaus durch Leistungsbilanzungleichgewichte kompensiert werden.

Integrieren wir diese Überlegung in die Grundversion des Dornbusch-Modells aus Kapitel 4, ergibt sich das in Tabelle 5.1 dargestellte Modell.[2] Der realwirtschaftliche Teil des Modells ist gleich wie in den bisher verwendeten Modellen. Als Gleichgewichtsgerade für den Gütermarkt erhalten wir deshalb wieder eine IS-Kurve mit der Steigung Eins. Die Gleichgewichtsgerade für den monetären Sektor (inklusive Zahlungsbilanz) berechnet sich aus

---

[1] Es sei nochmals daran erinnert, dass *im Gleichgewicht* nicht *ausgeglichen* im Sinne von $KB = 0$ bedeutet.

[2] Siehe auch Frenkel und Rodriguez (1982).

Tabelle 5.1 Modell mit unvollkommener Kapitalmobilität.

Gütermarkt

$\dot{p} = \pi(y^d - y)$	Phillipskurve	(5.3)
$y^d = \delta(e - p) + \gamma y + g$	aggregierte Nachfrage	(5.4)

Geldmarkt

$m^d = p + \phi y - \lambda i$	Geldnachfrage	(5.5)
$m^s = m^d = m$	Geldmarktgleichgewicht	(5.6)

Internationaler Kapitalmarkt

$\xi(e - p) + \kappa[i - i^* - E(\dot{e})] = 0$	Zahlungsbilanzgleichgewicht	(5.7′)
$E(\dot{e}) = \theta(\bar{e} - e)$	Erwartungsbildung	(5.8)

Anmerkungen: Kleinbuchstaben bezeichnen den natürlichen Logarithmus der betreffenden Variablen. (Die einzige Ausnahme betrifft den Zinssatz). Ein Punkt über einer Variablen bezeichnet deren Änderung in der Zeit. Griechische Buchstaben geben positive Modellparameter wieder. Die Bedeutung der verwendeten Symbole ist wie folgt:

$\dot{p}$ = inländische Inflationsrate

y^d = aggregierte Nachfrage nach Inlandsgütern

e = Wechselkurs

p = inländisches Preisniveau

y = aggregiertes Angebot an inländischen Gütern (exogen)

g = staatliche Nachfrage

m^d = inländische Geldnachfrage

i = inländischer Zinssatz

m^s = inländisches Geldangebot (exogen)

m = inländische Geldmenge

i^* = ausländischer Zinssatz (exogen)

$\dot{e}$ = Änderungsrate des Wechselkurses

$\bar{e}$ = Gleichgewichtswechselkurs

den Gleichungen 5.5-5.8 und lautet[3]

$$p = \frac{m - \phi y + \lambda i^*}{1 - \lambda\xi/\kappa} + \frac{\lambda\theta\bar{e}}{1 - \lambda\xi/\kappa} - \frac{\lambda\theta + \lambda\xi/\kappa}{1 - \lambda\xi/\kappa}e. \tag{5.9}$$

Gleichung 5.9 vereinfacht sich im übrigen zur gewohnten MS-Kurve aus Kapitel 4 (siehe Gleichung 4.11 auf Seite 109) für $\kappa \to \infty$. Die Steigung der neuen MS-Kurve hängt vom Vorzeichen des Ausdrucks $-(1 - \lambda\xi/\kappa)$ ab und kann offensichtlich wie in den bisherigen Modellvarianten negativ sein, aber auch positiv. Letzteres ist z.B. dann der Fall, wenn der Quotient ξ/κ sehr gross ist, wenn also die Handelsbilanz vergleichsweise stark auf Wechselkursänderungen reagiert oder die Kapitalmobilität sehr gering ist.

In welche Richtung eine exogene Parameteränderung die MS-Kurve verschiebt, hängt ebenfalls vom Ausdruck $1 - \lambda\xi/\kappa$ ab. Ist die Steigung der Kurve negativ, wird sie z.B. durch eine Geldmengenausdehnung nach oben verschoben. Ist die Steigung positiv, verschiebt eine Geldmengenausdehnung

---

[3] Die MS-Kurve beschreibt jetzt wie im Kapitel zuvor ein gleichzeitiges Geldmarkt- und Zahlungsbilanzgleichgewicht, kann nun aber durchaus Kapitalbilanz*ungleichgewichte* implizieren.

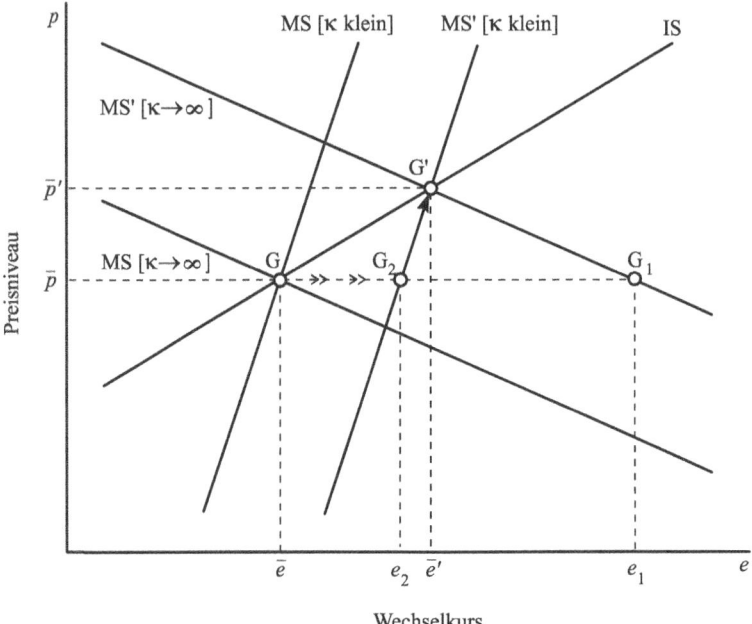

Abbildung 5.1 Die Auswirkung unvollkommener Kapitalmobilität auf das Überschiessen des Wechselkurses und die längerfristigen Modelleigenschaften.

die Kurve nach unten. Die komparativ-statischen (d.h. langfristigen) Effekte sind somit im Vorzeichen unabhängig von der Steigung der MS-Kurve.

Frage 5.1

Begründen Sie, dass eine gegebene Geldmengenexpansion das langfristige Gleichgewicht bei einer positiven Steigung der MS-Kurve nicht nur in die gleiche Richtung verschiebt wie bei einer negativen Steigung, sondern genau in den gleichen Punkt.

Abbildung 5.1 illustriert, dass eine gegebene Geldmengenexpansion die Wirtschaft unabhängig von der Steigung der MS-Kurve langfristig von G nach G' führt. Da unser Modell für $\kappa \to \infty$ mit der Dornbusch-Variante zusammenfällt, überschiesst der Wechselkurs in diesem Fall kurzfristig von G nach G_1. Ist ξ/κ dagegen gross genug, um der MS-Kurve eine positive Steigung zu geben, überschiesst der Wechselkurs nicht mehr. Er springt kurzfristig zunächst nur auf e_2 und steigt danach erst langfristig, synchron mit dem Preisniveau, auf $\bar{e}'$ an.

Ökonomisch spielt sich folgendes ab: Unterstellen wir zur Vereinfachung der Argumentation, in G seien alle Teilbilanzen der Zahlungsbilanz im Gleichgewicht. Das erhöhte nominale Geldangebot wird nun nur bei reduziertem Inlandszins gehalten. Bliebe der Wechselkurs bei $\bar{e}$, dann wäre die Leistungsbilanz ausgeglichen, aber die Kapitalbilanz würde bei gesunkenem Inlandszins und Abwertungserwartungen defizitär. Die Zahlungsbilanz würde damit insgesamt defizitär. Stiege der Wechselkurs auf e_1, bliebe zwar die Kapitalbilanz ausgeglichen, aber die Leistungsbilanz wäre überschüssig. Jeder Wechselkurs zwischen $\bar{e}$ und e_1 bewirkt somit eine *positive Leistungsbilanz* und eine *negative Kapitalbilanz*. Bei welchem Wechselkurs sich beide Ungleichgewichte gerade neutralisieren und damit die Zahlungsbilanz ausgleichen, hängt von den Wechselkurselastizitäten der beiden Teilbilanzen ab. In Abb. 5.1 ergibt sich dieser Ausgleich bei e_2.

Die Quintessenz der Analyse dieser Modellvariante lautet, dass bei unvollkommener Kapitalmobilität der Wechselkurs zwar überschiessen *kann*, aber es nicht mehr zwingend *muss*.

5.2 Endogene Geldmengenerwartungen

Das Dornbusch-Modell behandelt die Geldpolitik auf sehr spezielle Weise:

- Jede Geldmengenänderung ist eine *unerwartete* Geldmengenänderung. Bei einer erwarteten Geldmengenänderung[4] könnte man den Akteuren nicht unterstellen, sie glaubten bis zur effektiven Geldangebotsausweitung, der Wechselkurs bleibe bei seinem *alten* Gleichgewichtswert.
- Nach einer Geldmengenänderung glauben die Marktteilnehmer, die Geldmenge werde sich nun nicht mehr weiter ändern.

Beide Annahmen sind dann plausibel, wenn das Geldangebot einem Zufallspfad folgt, also

$$m_t = m_{t-1} + \varepsilon_t, \tag{5.10}$$

wobei ε_t "weisses Rauschen (white noise)" darstellt. Weisses Rauschen bedeutet, der Erwartungswert von ε_t ist Null $[E(\varepsilon_t) = 0]$ und ε ist nicht autokorreliert $[E(\varepsilon_t, \varepsilon_{t-i}) = 0$ für $i \neq 0]$. Aus der Annahme, dass ε_t weisses Rauschen ist, folgt $E_{t-1}m_t = m_{t-1}$: Die zum Zeitpunkt $t-1$ für den Zeitpunkt t erwartete Geldmenge ist bei Gültigkeit von (5.10) rationalerweise die zum Zeitpunkt $t-1$ beobachtete Geldmenge. Jede Änderung der Geldmenge ist dann ganz im Sinne der Annahme des Dornbusch-Modells *überraschend* und wird von den Marktteilnehmern als *permanent* betrachtet. Sie ziehen dann

---

[4] Erwartete bzw. angekündigte Geldmengenänderungen werden in Abschnitt 5.3 untersucht.

aus einer beobachteten Geldmengenänderung keinerlei Rückschlüsse für die künftige Geldmengenentwicklung.

Empirisch wird man nur in Ausnahmefällen Geldmengenentwicklungen antreffen, die Gleichung 5.10 folgen, also weisses Rauschen darstellen. (5.10) ist ja auch eine sehr spezielle Verhaltensgleichung für eine Notenbank, da sie eigentlich unterstellt, (i) dass die Notenbank nie Kurswechsel vornimmt (z.B. von einer stabilitätsorientierten zu einer expansiven Politik) und (ii) dass es keine Unwägbarkeiten im Geldangebotsprozess gibt, d.h. keine von der Notenbank nicht gewollten Änderungen des Geldangebots, welche sie nach ihrem Auftreten wieder zu neutralisieren oder korrigieren versucht.

Ausgangspunkt unserer Überlegungen ist wieder die Grundversion des Dornbusch-Modells (siehe Tabelle 4.1 auf S. 100 im Kapitel zuvor), die in Tabelle 5.2 zusammengefasst ist. Sie unterscheidet sich von der Version in Tabelle 5.1 nur dadurch, dass wir jetzt in Gleichung 5.7 wieder von vollkommener Kapitalmobilität und somit der ungedeckten Zinsparität ausgehen.

Tabelle 5.2 Grundversion des Dornbusch-Modells.

Gütermarkt

$\dot{p} = \pi(y^d - y)$	Phillipskurve	(5.3)
$y^d = \delta(e - p) + \gamma y + g$	aggregierte Nachfrage	(5.4)

Geldmarkt

$m^d = p + \phi y - \lambda i$	Geldnachfrage	(5.5)
$m^s = m^d = m$	Geldmarktgleichgewicht	(5.6)

Internationaler Kapitalmarkt

$i = i^* + E(\dot{e})$	Kapitalmarktgleichgewicht	(5.7)
$E(\dot{e}) = \theta(\bar{e} - e)$	Erwartungsbildung	(5.8)

Anmerkungen (siehe auch Tabelle 5.1): Die Bedeutung der verwendeten Symbole ist wie folgt:

$\dot{p}$ = inländische Inflationsrate	m^d = inländische Geldnachfrage
y^d = aggregierte Nachfrage nach Inlandsgütern	i = inländischer Zinssatz
	m^s = inländisches Geldangebot (exogen)
e = Wechselkurs	m = inländische Geldmenge
p = inländisches Preisniveau	i^* = ausländischer Zinssatz (exogen)
y = aggregiertes Angebot an inländischen Gütern (exogen)	$\dot{e}$ = Änderungsrate des Wechselkurses
g = staatliche Nachfrage	$\bar{e}$ = Gleichgewichtswechselkurs

Unterstellen wir nun den allgemeinen Fall, dass der Markt eine beobachtete (unerwartete) Geldmengenänderung als Signal für weitere Geldmengenänderungen in der Zukunft interpretiert.[5] Er tut das z.B. schon dann, wenn er

---

[5] Die Überlegungen dieses Abschnitts folgen Gärtner (1983).

nicht mit absoluter Sicherheit weiss, ob die Geldmengenerhöhung transitorisch oder permanent ist. Eine weitere Geldmengenerhöhung in der nächsten Periode bedeutet natürlich auch eine proportionale Veränderung des Gleichgewichtswechselkurses in der nächsten Periode. Dann ist aber die Wechselkurserwartungshypothese (5.8) nicht mehr vernünftig, sondern müsste um $E(d\bar{e}/dt)$ ergänzt werden:

$$E(\dot{e}) = \theta(\bar{e} - e) + E(d\bar{e}/dt). \tag{5.8'}$$

Der Markt glaubt nun einerseits, dass entstandene Wechselkursungleichgewichte Schritt für Schritt wieder beseitigt werden, und andererseits, dass der Wechselkurs auch antizipierten Änderungen seines Gleichgewichtswerts direkt folgt. Im folgenden soll gezeigt werden, dass schon in diesem einfachen Fall der Wechselkurs nach einer unerwarteten Geldmengenerhöhung nicht mehr zwingend überschiesst.

Da wir im Kapitel zuvor (siehe Gleichung 4.14, S. 110) zeigen konnten, dass $\dot{m} = d\bar{e}/dt$, können wir bei rationalen Akteuren unterstellen, dass

$$E(d\bar{e}/dt) = E(\dot{m}). \tag{5.11}$$

Damit wird aus (5.8')

$$E(\dot{e}) = \theta(\bar{e} - e) + E(\dot{m}) \tag{5.8''}$$

und wir erhalten als neue Gleichgewichtsbedingung für den monetären Sektor

$$e = \bar{e} + \frac{1}{\lambda\theta}[m - p - \phi y + \lambda i^* + \lambda E(\dot{m})]. \tag{5.12}$$

Gehen wir nun zur Betrachtung in diskreter Zeit über und nehmen an, dass Geldmengenerwartungen adaptiv gebildet werden, weil die Akteure nicht wissen, ob eine aufgetretene Veränderung permanent oder transitorisch ist:[6]

$$E_t(m_{t+1}) = E_{t-1}(m_t) + \psi[m_t - E_{t-1}(m_t)]. \qquad 0 \leq \psi \leq 1 \tag{5.13}$$

Nach einer einmaligen Geldmengenänderung im Zeitpunkt t passt sich das von der Wirtschaft *erwartete* nominale Geldangebot nach und nach an das neue Niveau an. Dabei wird der Anteil ψ der Geldmengenänderung als permanent betrachtet, der Anteil $1 - \psi$ als transitorisch.

Beispiel: Die Wirtschaft befand sich bisher in einem langfristigen Gleichgewicht [d.h., $E(m) = m$]. Nun wird die Geldmenge im Zeitpunkt t von 100 auf 110 erhöht. Setzen wir $\psi = 0.5$, ergibt sich auf der Basis von (5.13)

$$E_t(m_{t+1}) = 100 + 0.5[110 - 100] = 105.$$

---

[6] Das Subskript am Erwartungsoperator E gibt an, zu welchem Zeitpunkt die Erwartungen gebildet werden, das Subskript an der Variable, für welchen Zeitpunkt Erwartungen gebildet werden bzw. zu welchem Zeitpunkt eine Variable gemessen wird.

Für den Zeitpunkt $t+1$ wird also eine *Reduktion* der Geldmenge um ca. 4.5 Prozent von 110 auf 105 erwartet. Dies ergibt dann für $t+2$ folgende Erwartung:

$$E_{t+1}(m_{t+2}) = 105 + 0.5[110 - 105] = 107.5$$

Die Akteure haben jetzt ihre ursprüngliche, in Periode t vorgenommene Interpretation revidiert und glauben nun, eine Periode später, nicht mehr, $100(1 - \psi) = 50$ Prozent der unerwarteten Geldmengenerhöhung sei transitorisch sondern $100(1-\psi)^2 = 100(1-0.5)^2 = 25$ Prozent. Eine weitere Periode später ist dieser Anteil gar auf $100(1 - \psi)^3 = 100(1 - 0.5)^3 = 12.5$ Prozent gesunken.

Allgemein gilt, dass bei adaptiven Erwartungen gemäss (5.13) die Wirtschaft n Perioden nach einem unerwarteten Schock glaubt, $100(1 - \psi)^{n+1}$ Prozent des Schocks sei transitorisch, werde also in der folgenden Periode verschwunden sein.[7] Bei dieser Interpretation folgt die dem Dornbusch-Modell zugrundeliegende Annahme für $\psi = 1$ als Grenzfall.

Welche Reaktion des Wechselkurses sich nun in der Impact-Periode nach einer unerwarteten Geldmengenexpansion für den allgemeinen Fall adaptiver Geldmengenerwartungen ergibt, lässt sich am anschaulichsten zeigen, wenn man die Zeit in diskreten Zeitpunkten misst, wie wir dies ja auch schon in Gleichung 5.13 getan hatten.[8] Subtrahiert man in (5.13) auf beiden Seiten m_t, ergibt sich

$$E_t(m_{t+1}) - m_t = E_{t-1}(m_t) - m_t + \psi[m_t - E_{t-1}(m_t)]. \qquad (5.14)$$

Links vom Gleichheitszeichen steht nun nichts anderes als die im Zeitpunkt t, also nach Bekanntwerden des Geldmengenschocks erwartete weitere *Änderung* der Geldmenge, die wir in (5.8″) mit $E(\dot{m})$ bezeichnet hatten. Somit wird aus (5.14)

$$E_t(\dot{m}) = (\psi - 1)[m_t - E_{t-1}(m_t)]. \qquad (5.15)$$

Befand sich die Wirtschaft nun bis zum Zeitpunkt $t - 1$ in einem langfristigen Gleichgewicht mit einem konstanten Geldangebot von m^*, gilt $E_{t-1}(m_t) = m^*$. Bezeichnen wir die unmittelbar nach dem Schock (im Zeitpunkt t) angebotene Geldmenge mit m, können wir (5.15) ohne Zeitindices schreiben als

$$E(\dot{m}) = (\psi - 1)(m - m^*). \qquad (5.16)$$

---

[7] Der Ausdruck *transitorisch* wird hier in einer kurzsichtigen, nur auf die nächste Periode blickenden Bedeutung verwendet. Es wäre ja denkbar, dass die Notenbank eine unerwünschte Geldmengenänderung durchaus voll neutralisieren will, aber erst später, und nicht schon in der nächsten Periode.

[8] Das Dornbusch-Modell misst die Zeit ja kontinuierlich und $\dot{p}$ bezieht sich auf eine infinitesimal kleine Einheit. Da wir im folgenden nur den kurzfristigen Wechselkurseffekt betrachten, der sich ergibt, bevor das Preisniveau reagiert ($\dot{p}$ ist also gleich Null) und somit direkt aus dem sich stets im Gleichgewicht befindenden monetären Sektor ermittelt werden kann, spielt der Übergang von kontinuierlicher zu diskreter Zeit keine Rolle.

Einsetzen von (5.16) in (5.12) ergibt

$$e = \bar{e} + \frac{1}{\lambda\theta}[m - p - \phi y + \lambda i^* + \lambda(\psi - 1)(m - m^*)]. \qquad (5.17)$$

Hieraus berechnet sich mittels Differentiation nach m der kurzfristige Wechselkurseffekt einer unerwarteten Geldmengenerhöhung als (erinnert sei hierbei an die Homogenitätseigenschaft $d\bar{e}/dm = 1$)

$$\frac{de}{dm} = 1 + \frac{1}{\lambda\theta} - \frac{1 - \psi}{\theta}. \qquad (5.18)$$

Glaubt die Wirtschaft im hier verwendeten Sinne grundsätzlich an die Stabilität der Geldpolitik, überschiesst der Wechselkurs bei monetären Schocks nicht mehr zwangsläufig. Als Bedingung für ein Überschiessen erhalten wir

$$1 + \frac{1}{\lambda\theta} - \frac{1 - \psi}{\theta} > 1,$$

was sich vereinfachen lässt zu

$$1 > \lambda(1 - \psi).$$

Wie diese formale Bedingung empirisch zu beurteilen ist, illustriert folgende Überlegung: In der Schweiz erhält man für die Semi-Zinselastizität der Geldnachfrage $-\lambda$ einen Schätzwert von -6.6.[9] Damit der Wechselkurs in diesem Fall trotzdem überschiesst, muss $\psi > 0.85$ gelten. Das heisst, die schweizerische Wirtschaft muss von jeder beobachteten Geldmengenänderung annehmen, dass sie zu über 85 Prozent permanent sein wird. Sieht man mehr als 15 Prozent einer unerwarteten Geldmengenänderung als transitorisch an, *überschiesst der Wechselkurs nicht mehr.*

Nach (5.18) ist es sogar prinzipiell möglich, dass der Wechselkurs nach einer Geldmengenerhöhung zunächst sinkt, sich also aufwertet. Die Bedingung hierfür lautet

$$1 + \frac{1}{\lambda\theta} - \frac{1 - \psi}{\theta} < 0,$$

bzw.

---

[9] Für den Zeitraum 1951-1986 ergibt sich

$$m - p = -6.10 + 1.03y - 6.60i \qquad\qquad R^2 = 0.97$$
$$ (4.12) \quad (4.59) \quad (6.48) \qquad\qquad D.W. = 1.65$$

wobei in Klammern die absoluten t-Werte angegeben sind, R^2 das korrigierte Bestimmtheitsmass ist und $D.W.$ die Durbin-Watson-Statistik. Für den Störterm wurde Autokorrelation 1. Ordnung unterstellt. Die verwendeten Datenreihen sind $M1$, der Konsumentenpreisindex, das Bruttoinlandsprodukt und die Rendite eidgenössischer Obligationen.

$$\lambda(1 - \theta - \psi) > 1.$$

Unterstellen wir wieder $\lambda = 6.6$, dann wird aus dieser Bedingung $\theta + \psi < 0.85$. Es gibt keinen Grund, anzunehmen, dass diese Parameterkonstellation in der Realität nicht auftreten könnte.

Wie lässt sich nun ökonomisch begründen, dass sich die Währung eines Landes u.U. zunächst in die falsche Richtung bewegt, also aufwertet, wenn die Geldmenge unerwartet steigt? Gehen wir von der ungedeckten Zinsparität $i = i^* + E(\dot{e})$ aus und verwenden die hier relevante Erwartungsbildungshypothese (5.8′), so ergibt sich

$$i = i^* + \theta(\bar{e} - e) + E(d\bar{e}/dt).$$

Vor dem Hintergrund unseres Modells ist festzuhalten, dass wegen des kurzfristig rigiden Preisniveaus die zusätzliche Liquidität nur bei tieferem Zinssatz nachgefragt wird. Dieser inländische Zinsnachteil muss durch Aufwertungserwartungen kompensiert werden, um den internationalen Kapitalmarkt im Gleichgewicht zu halten. Nach (5.8′) setzen sich die Abwertungserwartungen aus zwei Komponenten zusammen: Der erwarteten Änderung des Gleichgewichtswechselkurses $[E(d\bar{e}/dt)]$, die der erwarteten Geldmengenänderung entspricht, und der erwarteten Korrektur eines möglichen Wechselkursungleichgewichts $[\theta(\bar{e} - e)]$. Gemäss unserer adaptiven Geldmengenerwartungshypothese erwarten wir nach einem plötzlichen Anstieg der Geldmenge, dass diese wieder sinkt und somit auch der Gleichgewichtswechselkurs wieder zurückgeht $[E(d\bar{e}/dt) < 0]$. Ob die damit entstandene partielle Aufwertungserwartung bereits ausreicht, um den bestehenden inländischen Zinsnachteil zu kompensieren, bestimmt den Beitrag, den die zweite Erwartungsbildungskomponente, $\theta(\bar{e} - e)$, leisten muss, um den Ausgleich der für in- und ausländische Anlagen erwarteten Renditen wieder herzustellen. Gilt $E(\dot{m}) = E(d\bar{e}/dt) < i - i^*$, überschiesst der Wechselkurs sein momentanes Gleichgewicht nicht. Liegt $E(\dot{m})$ weit genug unter dem inländischen Zinsnachteil $i - i^*$, muss der Wechselkurs sogar unter sein vor dem Schock geltendes Gleichgewicht sinken, um die Gültigkeit der ungedeckten Zinsparität zu erhalten. Er wertet sich also auf.

In unsere grafische Modelldarstellung fügt sich dieses Ergebnis wie folgt ein (siehe Abb. 5.2): Die Wirtschaft befinde sich unmittelbar vor der Geldmengenausdehnung im langfristigen Gleichgewichtspunkt G. G liegt auf der IS-Kurve, die identisch ist mit derjenigen des Grundmodells, und auf der MS-Kurve, die hier ebenfalls mit derjenigen des Grundmodells identisch ist, da in G $E(\dot{m}) = 0$ gilt. Man kann deshalb hier von einer *langfristigen* MS-Kurve durch G sprechen. Erhöht sich nun die Geldmenge unerwartet und permanent, so verschiebt sich die langfristige MS-Kurve nach MS′ und ihr Schnittpunkt mit der IS-Kurve markiert das neue langfristige Gleichgewicht. Da unmittelbar nach dem Schock aber zunächst die Erwartung entsteht, die Geldmenge werde wieder reduziert $[E(\dot{m}) < 0]$, verschiebt sich gemäss (5.12)

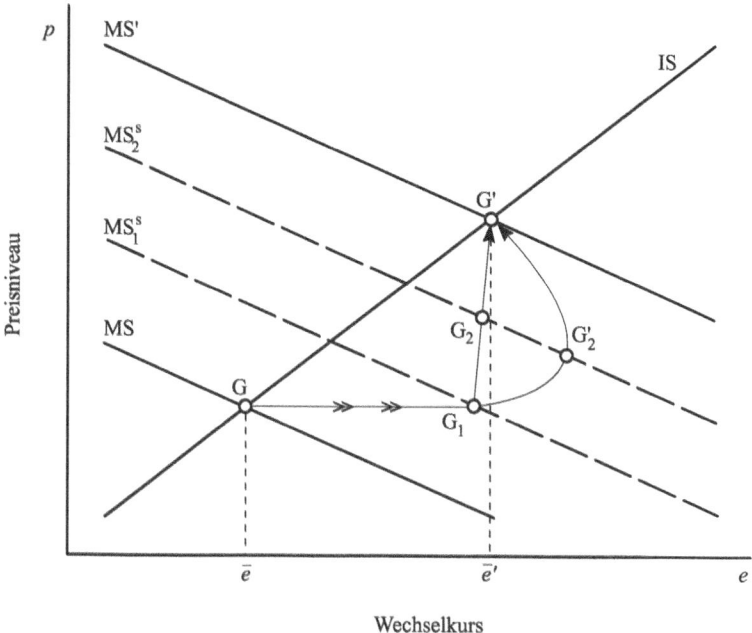

Abbildung 5.2 Kurz- und langfristige Konsequenzen einer unerwarteten Geldmengenerhöhung, welche die Wirtschaft zum Teil für transitorisch hält [Annahme: $\lambda(1-\psi) > 1$].

die MS-Kurve noch nicht in ihre neue langfristige Position MS′, sondern in
eine erste kurzfristige Zwischenposition MS_1^s. Je mehr die Wirtschaft in der
Folge erkennt, das sich die Geldmenge wohl doch auf Dauer erhöht hat, desto
mehr verschiebt sich die kurzfristige MS-Kurve nach rechts oben und lan-
det schliesslich in MS′. Wechselkurs und Preisniveau bewegen sich über die
Stationen G_1 (Impact-Effekt) und G_2 ohne Überschiessen nach G′.[10]

Abbildung 5.3 illustriert den oben angedeuteten Fall, dass sich die kurzfristige MS-Kurve zunächst nach links verschiebt und sich erst danach kontinuierlich in Richtung MS′ bewegt. Die Folge wäre zunächst eine Aufwertung
nach e_1 und danach eine kontinuierliche Abwertung mit zunächst sinkendem
und schon bald steigendem Preisniveau.

---

[10] Dieses Ergebnis ist aber nicht zwingend. Reagieren die Preise sehr träge bzw. merken
die Akteure sehr schnell, dass die Geldmengenerhöhung doch nicht transitorisch war, ist
ein Anpassungspfad über G_2' mit überschiessendem Wechselkurs möglich.

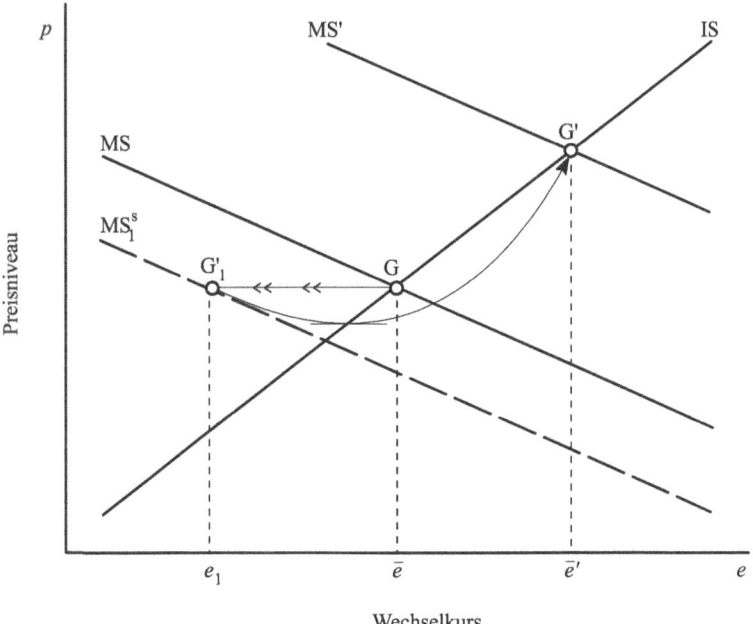

Abbildung 5.3 Kurz- und langfristige Konsequenzen einer unerwarteten Geldmengenerhöhung, welche die Wirtschaft für transitorisch hält. [Annahme: $\lambda(1 - \theta - \psi) > 1$]

Frage 5.2

Nehmen Sie an, die Wirtschaft verstehe eine einmalige unerwartete Geldmengenausdehnung zunächst als Signal für einen dauerhaften Übergang von der bisherigen stabilitätsorientierten zu einer
inflationären Geldpolitik.
(1) Skizzieren Sie die Reaktionen von Preisniveau und Wechselkurs grafisch.
(2) Versuchen Sie, diese Modellvariante zu formalisieren und die
kurzfristige Wechselkursreaktion analytisch herzuleiten.

5.3 Antizipierte Änderungen des Geldangebots

Wie bereits mehrmals betont wurde, untersucht Dornbusch (1976) die Konsequenzen einer (i) unerwarteten und (ii) von der Wirtschaft korrekt als permanent eingestuften Änderung des Geldangebots. Die Konsequenzen einer
Aufgabe von Annahme (ii) wurde soeben in Abschnitt 5.2 untersucht. Nun
wollen wir die Gültigkeit von (ii) wieder unterstellen, stattdessen aber die

Annahme aufgeben, die Geldmenge ändere sich unerwartet. Dieser Fall wurde von Wilson (1979) analysiert und ist formal aufwendig. Wir beschränken uns hier auf eine verbale Beschreibung und grafische Darstellung der Zusammenhänge.

Unterstellen wir folgendes Szenario: Die Notenbank kündigt an, sie werde in einem Jahr die Geldmenge verdoppeln, und die Wirtschaft glaubt ihr das.[11] Damit weiss die Wirtschaft, dass sich das Preisniveau langfristig verdoppeln wird und dass sich der Wechselkurs in einem Jahr *ceteris paribus* mehr als verdoppeln wird. Inländische Finanzaktiva werden somit in absehbarer Zeit im Vergleich zu ausländischen Wertpapieren die Hälfte ihres Werts verlieren. Als Folge versuchen die Anleger:

- von Finanz- in Sachwerte zu flüchten.[12] Hierbei sind sie jedoch rationiert, zumindest in der ganz kurzen Frist, in der das Preisniveau rigide ist. Ein Nachteil von Sachwerten ist ausserdem, dass die Erträge voraussichtlich erst spät, beginnend in einem Jahr, anfallen.
- inländische durch ausländische Kapitalanlagen zu ersetzen. Dies geschieht am besten erst in 364 Tagen, einen Tag vor der Geldmengenverdopplung. Wenn das jedoch alle Akteure planen und alle Akteure dies wissen, wird der Wechselkurs bereits einen Tag vor der Geldmengenexpansion springen. Es wäre also sinnvoll, bereits *zwei* Tage vor der Geldmengenexpansion in die ausländische Währung zu gehen, um vom dann noch tiefen Kurs zu profitieren. Planen dies aber wieder alle Akteure und wissen das alle, wertet sich die inländische Währung bereits zwei Tage vor der Geldmengenexpansion ab. Diese Gedankenkette lässt sich über den ganzen Ankündigungszeitraum hinweg fortsetzen. Die Konsequenz ist, dass man seine Kapitalanlagen sinnvollerweise bereits heute, unmittelbar nach Bekanntwerden der Notenbankankündigung, in ausländische Währungen umschichtet und sich damit die inländische Währung bereits heute abwertet.

Als *Zwischenergebnis* lässt sich festhalten, dass eine für die Zukunft angekündigte oder aus anderen Gründen erwartete Störung bereits heute zu Verhaltensanpassungen und Wechselkursreaktionen führt. Eine erste Vorstellung, auf welchen Wert der Wechselkurs springt, erhält man durch folgende Überlegung:

1. Im Ankündigungszeitpunkt reagiert der inländische Zins nicht, da y, p und m unverändert sind, und entspricht somit nach wie vor dem ausländischen Zins. Folglich muss der Wechselkurs auf einen Wert springen, bei dem die Akteure keine weiteren Wechselkursänderungen mehr erwarten. Unterstellen wir vollkommene Voraussicht, folgt weiter, dass sich der Wechselkurs im ersten Moment nach seinem Sprung auch wirklich nicht mehr verändert. Da

---

[11] Wenn die Wirtschaft der Notenbank nicht glaubt, passiert ein Jahr lang nichts. In einem Jahr erhöht sich dann die Geldmenge unerwartet, mit den bereits in Kapitel 4 abgeleiteten Konsequenzen.

[12] Diese Möglichkeit wird allerdings im Dornbusch-Modell nicht berücksichtigt.

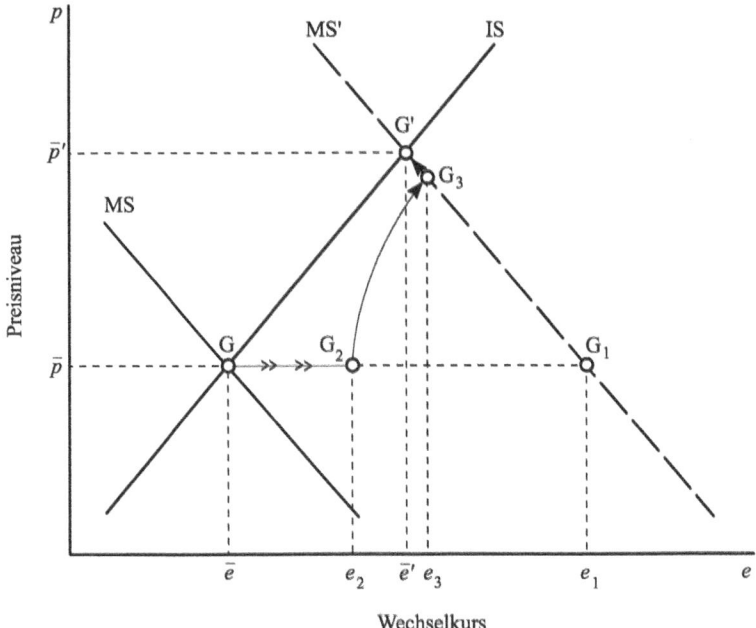

Abbildung 5.4 Modelldynamik bei angekündigter und somit erwarteter einmaliger Geldmengenausdehnung.

durch den Abwertungssprung aber eine Unterbewertung entstanden ist, besteht eine Überschussnachfrage nach inländischen Gütern. Die Preise beginnen zu steigen. Grafisch bewegt sich die Wirtschaft im Dornbusch-Diagramm
in diesem Moment also senkrecht nach oben (siehe 5.4). Mit steigendem Preisniveau verknappt sich nun das reale Geldangebot und der inländische Zins
steigt. Um den internationalen Kapitalmarkt im Gleichgewicht zu halten,
muss der entstandene inländische Zinsvorteil durch eine Abwertungserwartung kompensiert werden. Bei vollkommener Voraussicht bedeutet dies, dass
sich die inländische Währung auch tatsächlich abwertet. Die Wirtschaft bewegt sich in nordöstlicher Richtung. Je weiter nun das Preisniveau (vor der
Geldmengenexpansion) steigt, desto mehr verknappt sich das reale Geldangebot. Der inländische Zinsvorteil wird immer grösser. Die korrekt antizipierte
Abwertung muss sich folglich immer mehr beschleunigen. Das bedeutet grafisch, dass der Anpassungspfad immer flacher wird.

    2. Zum Zeitpunkt der effektiven Geldmengenexpansion befinden wir uns
wieder im Szenario des ursprünglichen Dornbusch-Modells, da keine Änderungen der Geldmenge mehr erwartet werden. Die Wirtschaft trifft deshalb
auch genau zu diesem Zeitpunkt auf MS′. Die weitere Anpassung erfolgt in
bekannter Weise entlang dieser Geraden nach G′. Wegen des Knicks in G_3
schlägt die bis jetzt akzelerierende Abwertung von einem Moment zum an-

deren in eine Aufwertung um. Dies stört allerdings das Gleichgewicht des internationalen Kapitalmarkts nicht, da gleichzeitig auch der inländische Zinsvorteil in einen Zinsnachteil umschlägt. Letzteres ergibt sich daraus, dass das Preisniveau seinen neuen Gleichgewichtswert noch nicht erreicht hat, sich also noch nicht verdoppelt hat, und somit das reale Geldangebot nach der nun erfolgten Verdopplung des nominalen Geldangebots über dem realen Geldangebot in G liegt. Somit ist der inländische Zinssatz nun tiefer als der ausländische.

Fassen wir die *drei Phasen* der Anpassung nach der Ankündigung und späteren Durchführung einer Geldmengenerhöhung nochmals anhand von Abb. 5.4 zusammen: Phase 1 umfasst wieder die ganz kurze Frist, bevor das Preisniveau reagieren kann. Hier springt der Wechselkurs unmittelbar nach der Ankündigung auf den Wert e_2. Hierbei *kann* der Wechselkurs überschiessen, er *muss* es aber nicht. Wo e_2 konkret liegt, hängt von der Länge der "Vorwarnzeit" ab, der Zeit zwischen Ankündigung und Durchführung. Ist die Vorwarnzeit gleich Null, haben wir als Grenzfall das Dornbusch-Resultat. Der Wechselkurs überschiesst voll von $\bar{e}$ nach e_1. Je länger nun die Vorwarnzeit ist, desto weiter verschiebt sich G_2 (und e_2) nach links.

Phase 2 umfasst die Zeit zwischen Ankündigung und Durchführung. Während dieser Vorwarnzeit bewegen wir uns auf einer in G_2 zunächst senkrechten, sich danach immer mehr abflachenden Kurve nach rechts oben und treffen im Durchführungszeitpunkt in G_3 auf MS'. Danach bewegen wir uns in Phase 3 entlang MS' von G_3 ins langfristige Gleichgewicht G'.

Die für die Wirtschaftspolitik wohl relevanteste Schlussfolgerung aus unserer Analyse ist die folgende: Die *Ankündigung* einer Störung reduziert die Wechselkursausschläge, welche sich bei Eintritt der Störung ergeben. Hieraus ergibt sich die Forderung nach einer Verstetigung der Wirtschaftspolitik. Wirtschaftspolitische Kehrtwendungen sind möglichst zu vermeiden und, falls unumgänglich, möglichst frühzeitig anzukündigen.

Frage 5.3

Nehmen wir an, die Wirtschaft realisiere in G_3 plötzlich, dass die Regierung ihre Ankündigung gar nicht wahrmachen will. Stellen Sie die auf diesen Zeitpunkt folgende weitere Entwicklung von Wechselkurs und Preisniveau graphisch dar.

Diese Schlussfolgerung ist nicht unumstritten. Es lässt sich nämlich zeigen, dass Wechselkursausschläge bei angekündigten Störungen zwar weniger massiv sind, die Wirtschaft aber mehr Zeit braucht, um diese kleineren Ungleichgewichte zu beseitigen [Gärtner (1986)].

Abbildung 5.5 illustriert dieses Problem anhand von drei Anpassungspfaden des Wechselkurses, die sich ohne Vorwarnzeit, bei kleiner Vorwarnzeit

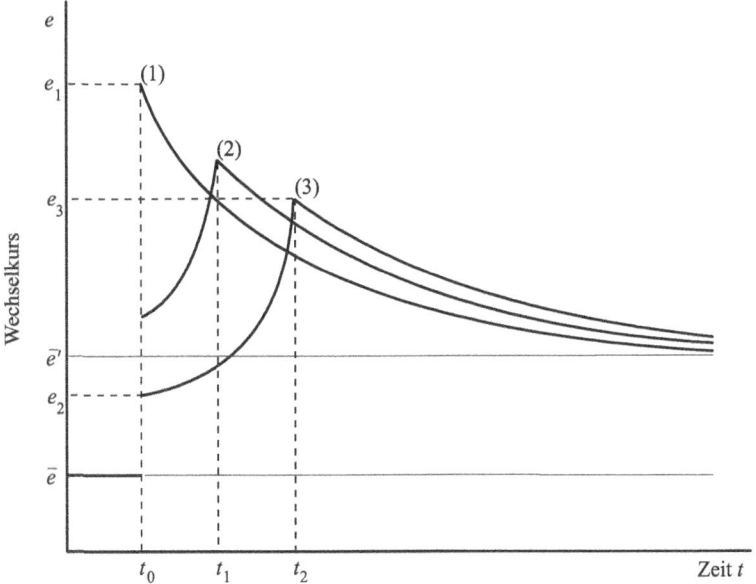

Abbildung 5.5 Reaktion des Wechselkurses (1) auf eine überraschende Geldmengenerhöhung in t_0, (2) auf eine in t_0 für t_1 angekündigte und dann auch durchgeführte Geldmengenerhöhung und (3) auf eine in t_0 für t_2 angekündigte und dann auch durchgeführte Geldmengenerhöhung.

und bei grosser Vorwarnzeit ergeben. Die Wirtschaftspolitik steht also vor der Wahl, die Wirtschaft einer kräftigen aber kurzen, oder einer kleineren, länger anhaltenden Störung auszusetzen.

Frage 5.4

Ersetzen Sie bei den Abwertungserwartungen die Annahme vollkommener Voraussicht durch $E(\dot{e}) = \theta(\bar{e} - e)$ und untersuchen Sie die Auswirkungen einer angekündigten Geldmengenerhöhung.

5.4 Konsequenzen einer angebotsseitigen Störung

Unter Verwendung des Grundmodells aus Tabelle 5.2 untersuchen wir nun die Reaktionen des Preisniveaus und des Wechselkurses, die sich nach einer plötzlichen Veränderung im Angebotsbereich ergeben, z.B. aufgrund einer Verbesserung der Produktionstechnologie. Als konkrete Störung unterstellen wir eine einmalige und dauerhafte Erhöhung des Vollbeschäftigungsoutputs y. Dies beeinflusst das Gleichgewicht in zwei Teilmärkten des Modells. Erstens wird das Gütermarktgleichgewicht verändert, was sich auf die Lage der IS-Kurve auswirkt. Zweitens steigt die Geldnachfrage, was eine Verschiebung der LM-Kurve und somit auch der MS-Kurve zur Folge hat.

Die Reaktion des Gleichgewichtswechselkurses erhalten wir aus der Ableitung von[13]

$$\bar{e} = m - \phi y + \lambda i^* - \frac{g}{\delta} + \frac{(1 - \gamma)y}{\delta} \qquad (5.19)$$

nach y. Das Resultat

$$\frac{d\bar{e}}{dy} = -\phi + \frac{1 - \gamma}{\delta}$$

ist im Vorzeichen unbestimmt, da die zwei Terme rechts des Gleichheitszeichens entgegengesetzte Vorzeichen aufweisen und ihre Grösse durch voneinander unabhängige Koeffizienten bestimmt wird. Der erste Term zeigt, wie sich eine Erhöhung des aggregierten Angebots über den Geldmarkt auf den Gleichgewichtswechselkurs auswirkt. Der zweite Term reflektiert die Auswirkung über den Gütermarkt. Wir betrachten beide Einflusskanäle getrennt.

Wenn das Güterangebot und damit das Volkseinkommen steigt, erhöht sich die Geldnachfrage, und zwar umso mehr, je grösser deren Einkommenselastizität ϕ ist. Um den Geldmarkt im Gleichgewicht zu halten, muss das reale Geldangebot im gleichen Mass steigen. Bei gegebenem nominalen Geldangebot kann dies nur über ein sinkendes Preisniveau geschehen, welches wiederum von einer Aufwertung begleitet wird.

Auf dem Gütermarkt verursacht ein Anstieg des aggregierten Angebots *ceteris paribus* einen Angebotsüberschuss. Dieser muss über die Zunahme einer der endogenen Nachfragekomponenten Konsum, Investitionen oder Nettoexporte ausgeglichen werden. Die Investitionen können nichts beitragen, da sie vom Zinssatz abhängen und dieser im langfristigen Gleichgewicht durch den hier unveränderten Weltzinssatz bestimmt wird. Der inländische Konsum leistet einen Beitrag, denn er folgt dem Einkommensanstieg mit einem Faktor γ, der marginalen Konsumneigung. Wegen $0 < \gamma < 1$ verbleibt aber ein Angebotsüberhang von $1 - \gamma$ Prozent der Angebotserhöhung. Diese Lücke muss durch einen Anstieg der Nettoexporte geschlossen werden. Damit die Nettoexporte steigen, muss sich die inländische Währung abwerten. Wie gross die benötigte Abwertung ist, hängt einerseits davon ab, wie stark die Nettoexporte steigen müssen, also von der durch $1 - \gamma$ bestimmten Lücke, andererseits aber auch davon, wie elastisch die Nettoexporte auf Veränderungen des realen Wechselkurses reagieren, also von δ, der Wechselkurselastizität der Nettoexporte.

Die kurzfristige Wechselkursreaktion ergibt sich aus der Ableitung von

---

[13] Dies ist Gleichung 4.13 auf Seite 110 im vorhergenden Kapitel.

$$e = \bar{e} + \frac{m - p - \phi y}{\lambda \theta} + \frac{i^*}{\theta} \tag{5.20}$$

nach y. Dies ergibt unter Berücksichtigung von $d\bar{e}/dy$

$$\frac{de}{dy} = -\phi + \frac{1 - \gamma}{\delta} - \frac{\phi}{\lambda \theta} = -\phi \left(1 + \frac{1}{\lambda \theta}\right) + \frac{1 - \gamma}{\delta}. \tag{5.21}$$

Offensichtlich ist auch die kurzfristige Reaktion des Wechselkurses im Vorzeichen unbestimmt. Immerhin ist aber erkennbar, dass der Wechselkurs in der kurzen Frist in jedem Fall geringer ausfällt als im neuen Gleichgewicht, da bei der kurzfristigen Reaktion noch $-\phi/\lambda\theta$ zu $d\bar{e}/dy$ hinzukommt.

Die langfristige Reaktion des Preisniveaus fällt hingegen eindeutig aus. Unter Rückgriff auf das langfristige Geldmarktgleichgewicht

$$\bar{p} = m - \phi y + \lambda i^*$$

aus dem vorhergehenden Kapitel (siehe Gleichung 4.12, S. 109) zeigt sich, dass

$$\frac{d\bar{p}}{dy} = -\phi < 0,$$

d.h. das Preisniveau sinkt also *langfristig*. Dieses langfristige Sinken des Preisniveaus kann nun über drei stilisierte Pfade erreicht werden, die in den Abbildungen 5.6-5.8 illustriert werden.

- *Fall 1* (vgl. Abb. 5.6): $A \equiv -\phi + (1 - \gamma)/\delta < 0 \implies d\bar{e}/dy < 0$ und $de/dy < d\bar{e}/dy$. Der Wechselkurs sinkt kurz- und langfristig, kurzfristig aber stärker. Er überschiesst also.

- *Fall 2a* (vgl. Abb. 5.7): $A > \phi/(\lambda\theta) \implies d\bar{e}/dy > 0$ und $0 < de/dy < d\bar{e}/dy$. Der Wechselkurs steigt kurz- und langfristig, langfristig aber stärker. Es findet also *kein Überschiessen* statt.

- *Fall 2b* (vgl. Abb. 5.8): $0 < A < \phi/(\lambda\theta) \implies d\bar{e}/dy > 0$ und $de/dy < 0$. Der Wechselkurs steigt langfristig, sinkt aber zunächst kurzfristig. Auch hier findet ein Überschiessen im üblichen Sinn eigentlich nicht statt.

Zusammenfassend können wir hier festhalten, dass der Wechselkurs nach angebotsseitigen Schocks zwar auch überschiessen *kann*, aber dies nicht mehr *muss*, wie dies bei monetären Störungen im Nachfragebereich der Fall war.

Frage 5.5

Erklären Sie die eben geschilderte formale Abhängigkeit des Vorzeichens von de/dy von den Parametern θ, γ und δ *ökonomisch*.

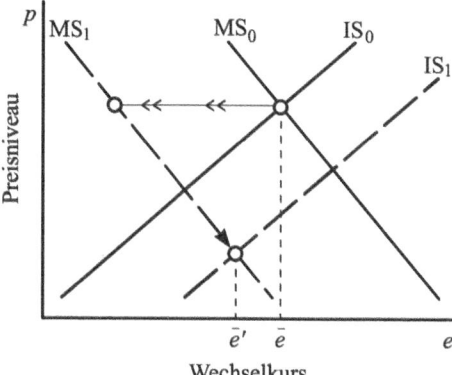

Abbildung 5.6 Konsequenzen eines positiven Angebotsschocks (Fall 1).

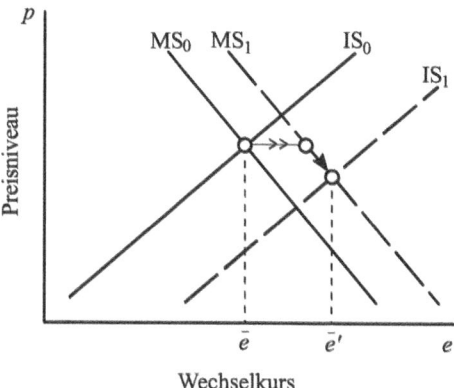

Abbildung 5.7 Konsequenzen eines positiven Angebotsschocks (Fall 2a).

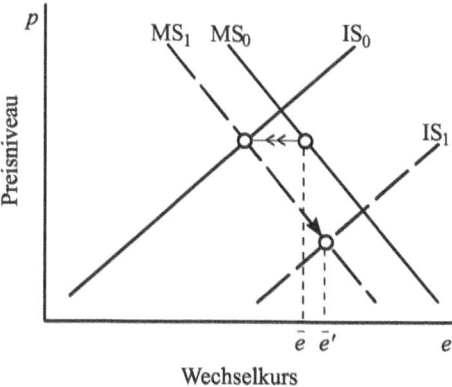

Abbildung 5.8 Konsequenzen eines positiven Angebotsschocks (Fall 2b).

5.5 Ein Importzoll

Die Konsequenzen der Einführung eines Zolls auf Importgüter lassen sich anhand des Modells in Tabelle 5.3 untersuchen. Gegenüber der Grundversion des Dornbusch-Modells (siehe Tabelle 4.1 auf S. 100) ist lediglich Gleichung 5.4′ verändert. Nun hängt die Nachfrage nach inländischen Gütern auch vom Zollsatz t ab, der ja genau wie der reale Wechselkurs die Preisrelation zwischen in- und ausländischen Gütern mitbestimmt. Die Zollvariable sei zur Vereinfachung der Notation als $Z = 1 + t$ definiert, so dass bei Freihandel $Z = 1$ und somit $lnZ \equiv z = 0$ gilt.

Tabelle 5.3 Modell mit Zoll auf Importgütern.

Gütermarkt

$\dot{p} = \pi(y^d - y)$	Phillipskurve	(5.3)
$y^d = \delta(e - p) + \beta z + \gamma y + g$	aggregierte Nachfrage	(5.4′)

Geldmarkt

$m^d = p + \phi y - \lambda i$	Geldnachfrage	(5.5)
$m^s = m^d = m$	Geldmarktgleichgewicht	(5.6)

Internationaler Kapitalmarkt

$i = i^* + E(\dot{e})$	Kapitalmarktgleichgewicht	(5.7)
$E(\dot{e}) = \theta(\bar{e} - e)$	Erwartungsbildung	(5.8)

Anmerkungen (siehe auch Tabelle 5.1): Die Bedeutung der verwendeten Symbole ist wie folgt:

$\dot{p}$	= inländische Inflationsrate	g	= staatliche Nachfrage
y^d	= aggregierte Nachfrage nach Inlandsgütern	m^d	= inländische Geldnachfrage
y	= aggregiertes Angebot an Inlandsgütern (exogen)	i	= inländischer Zinssatz
		m^s	= inländisches Geldangebot (exogen)
e	= Wechselkurs	m	= inländische Geldmenge
z	= Zollvariable	i^*	= ausländischer Zinssatz (exogen)
p	= inländisches Preisniveau	$\dot{e}$	= Änderungsrate des Wechselkurses
		$\bar{e}$	= Gleichgewichtswechselkurs

β ist ebenso wie δ ein positiver Parameter, da ja ein Anstieg von z die Importgüter im Vergleich zu den inländischen Gütern ebenso verteuert wie eine reale Abwertung. Während aber eine reale Abwertung die inländischen Güter für in- *und* ausländische Nachfrager vergleichsweise billiger macht, lässt eine Zollsatzänderung die Preisrelation für ausländische Nachfrager unverändert. Wir können deshalb davon ausgehen, dass eine Veränderung von $e - p$ zu stärkeren Nachfrageverschiebungen führt als eine gleich grosse Veränderung von z und unterstellen deshalb im folgenden $\beta < \delta$.

Die IS-Kurve erhält man wieder aus (5.3) und (5.4') unter Berücksichtigung von $\dot{p} = 0$:

$$p = e + \frac{\beta}{\delta}z + \frac{\gamma - 1}{\delta}y + \frac{g}{\delta}. \tag{5.22}$$

Eine Einführung oder eine Erhöhung von Importzöllen verschiebt somit die IS-Kurve nach oben. Je grösser die Zollbelastung für Importe wird, desto höher muss das Preisniveau für inländische Güter werden, damit der Markt für inländische Güter weiterhin im Gleichgewicht bleibt.

Die Spezifikation der MS-Kurve ist unverändert und lautet

$$p = m - \phi y + \lambda i^* + \lambda\theta(\bar{e} - e). \tag{5.23}$$

In dem Masse wie aber eine Erhöhung des Zollsatzes den Gleichgewichtswechselkurs $\bar{e}$ reduziert, verschiebt sich zusammen mit der IS-Kurve auch die MS-Kurve nach links. Wie weit, das wird klar, wenn man in (5.23) zur Bestimmung des langfristigen Preisniveaus $\bar{e} = e$ setzt und

$$\bar{p} = m - \phi y + \lambda i^*$$

erhält. Das Preisniveau wird also langfristig weiterhin rein quantitätstheoretisch bestimmt und durch Zollsatzänderungen nicht beeinflusst. Das bedeutet grafisch, dass sich IS- und MS-Kurve genau gleich weit nach links verschieben – in Abb. 5.9 von IS nach IS' und von MS nach MS'.

Der langfristige Gleichgewichtswechselkurs sinkt von $\bar{e}$ nach $\bar{e}'$, während das langfristige Preisniveau unverändert bei $\bar{p}$ bleibt. Da in unserem Modell nur die Güterpreise träge sind, sich diese aber nach einer Zollsatzänderung gar nicht anpassen müssen, bewegt sich die Wirtschaft direkt vom alten langfristigen Gleichgewicht G zum neuen Gleichgewicht G'. Der *Wechselkurs* springt ohne Umweg und ohne Verzögerung von $\bar{e}$ auf $\bar{e}'$, *überschiesst also nicht*.

Dieses Resultat lässt sich verallgemeinern: Erfordert ein exogener Schock keine Preisanpassungen, so überschiesst der Wechselkurs auch nicht. Dies ergibt sich eigentlich schon daraus, dass der Wechselkurs ja in der Regel deshalb überschiesst, weil er bei trägen Güterpreisen zunächst auch den Teil der Anpassungslast mittragen muss, der eigentlich den Güterpreisen zufällt. Müssen sich die Güterpreise gar nicht anpassen, entfällt diese Komponente natürlich.

Dass Handelshemmnisse ohne Einfluss auf das inländische Preisniveau sind, ist natürlich ein überraschendes, der Intuition und konventionellen Analyse widersprechendes Resultat. Verantwortlich dafür ist die unserem Problem nicht ganz angemessene Wahl des Preisniveaus für inländische Güter, p, als Deflator der nominalen Geldmenge in der Geldnachfragefunktion.

Wenn inländische Wirtschaftssubjekte inländisches Geld nicht nur zum Zwecke des Erwerbs inländischer Güter halten, sondern auch ausländische Güter in ihrem Warenkorb haben, so nimmt ihre Kasse real nicht nur dann

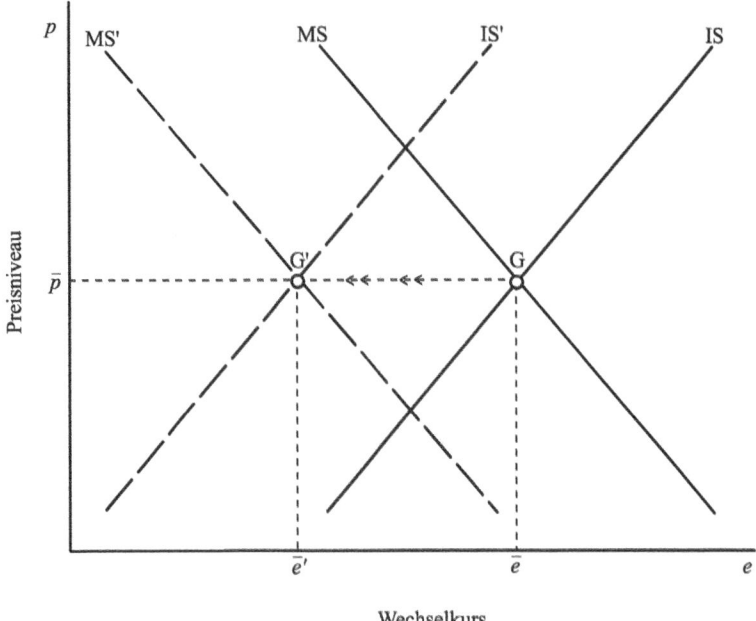

Abbildung 5.9 Konsequenzen der Einführung eines Importzolls.

ab, wenn inländische Güter teurer werden, sondern auch wenn ausländische Güter *in inländischer Währung* teurer werden. Ein angemessener Geldmengendeflator wäre dann $\hat{P} = P^\alpha (Z \cdot E \cdot P^*)^{1-\alpha}$, wobei α das Gewicht inländischer Güter im Güterkorb der Inländer darstellt.[14] Während nun die zentralen Aussagen des Dornbusch-Modells von dieser Modifikation nicht tangiert werden,[15] so ermöglicht sie doch eine sophistiziertere Betrachtung der Auswirkungen zollpolitischer Massnahmen.

Unterstellen wir zur Untersuchung dieser Fragen das in Tabelle 5.4 wiedergegebene modifizierte Modell. Gleichung 5.24 ergibt sich, indem man $\hat{P} = P^\alpha (Z \cdot E \cdot P^*)^{1-\alpha}$ logarithmiert und $P^* = 1$ setzt. Die IS-Kurve für das Gütermarktgleichgewicht lautet gleich wie bei der letzten Modellvariante:

$$p = e + \frac{\beta}{\delta} z + \frac{\gamma - 1}{\delta} y + \frac{g}{\delta}. \tag{5.22}$$

Die MS-Kurve erhält man aus den Gleichungen 5.5'-5.8:

$$p = \frac{1}{\alpha} [m - (1-\alpha)e - (1-\alpha)z - \phi y + \lambda i^* + \lambda \theta (\bar{e} - e)]. \tag{5.25}$$

---

[14] Für $\alpha = 1$ ist diese Version mit dem bisher verwendeten Modell identisch.

[15] Siehe Dornbusch (1976), S. 1164, Fussnote 3.

Tabelle 5.4 Modell mit Importzoll und Preisindex als Deflator.

Gütermarkt

$\dot{p} = \pi(y^d - y)$	Phillipskurve	(5.3)
$y^d = \delta(e - p) + \beta z + \gamma y + g$	aggregierte Nachfrage	(5.4')

Geldmarkt

$m^d = \hat{p} + \phi y - \lambda i$	Geldnachfrage	(5.5')
$\hat{p} = \alpha p + (1 - \alpha)e + (1 - \alpha)z$	Inländischer Preisindex	(5.24)
$m^s = m^d = m$	Geldmarktgleichgewicht	(5.6)

Internationaler Kapitalmarkt

$i = i^* + E(\dot{e})$	Kapitalmarktgleichgewicht	(5.7)
$E(\dot{e}) = \theta(\bar{e} - e)$	Erwartungsbildung	(5.8)

Anmerkungen (siehe auch Grundmodell in Tabelle 5.1): Die Bedeutung der verwendeten Symbole ist wie folgt:

$\dot{p}$	= Inflationsrate (inl. Güter)	q	= Preisniveau (alle Güter)
y^d	= aggregierte Nachfrage nach Inlandsgütern	m^d	= inländische Geldnachfrage
		i	= inländischer Zinssatz
y	= aggregiertes Angebot an Inlandsgütern (exogen)	m^s	= inländisches Geldangebot (exogen)
		m	= inländische Geldmenge
e	= Wechselkurs	i^*	= ausländischer Zinssatz (exogen)
z	= Zollvariable	$\dot{e}$	= Änderungsrate des Wechselkurses
p	= Preisindex für inländ. Güter	$\bar{e}$	= Gleichgewichtswechselkurs
g	= staatliche Nachfrage		

Eine Zollsatzerhöhung wirkt sich in beiden Sektoren qualitativ gleich aus wie im oben analysierten einfacheren Modell: Die IS-Kurve verschiebt sich nach oben (links). Dies signalisiert, dass auf die Zollerhöhung eine reale Aufwertung der inländischen Währung folgen muss, damit der Markt für inländische Güter wieder ins Gleichgewicht kommt. Die MS-Kurve verschiebt sich nach unten (links), diesmal allerdings nicht nur deshalb, weil die Verschiebung der IS-Kurve ein Sinken von $\bar{e}$ impliziert, sondern auch weil die durch Zölle verteuerten Güterimporte einen zusätzlichen Bedarf an inländischer Nominalkasse implizieren. Bei unverändertem inländischem Geldangebot muss dies durch Preissenkungen für inländische Güter und/oder eine Aufwertung kompensiert werden.

Aus den Richtungen der beiden Kurvenverschiebungen ergibt sich bereits eindeutig, dass Zollprotektion eine Aufwertung auslöst. Deren langfristiges Ausmass erhält man durch Gleichsetzen von (5.24) und (5.25) und Auflösung nach $\bar{e}$:

$$\bar{e} = m - \left(1 - \alpha + \frac{\alpha\beta}{\delta}\right)z - \left[\phi + \frac{\alpha(1 - \gamma)}{\delta}\right]y - \frac{\alpha}{\delta}g + \lambda i^*. \qquad (5.26)$$

Da wir oben argumentiert hatten, dass die Zollelastizität der Nachfrage nach inländischen Gütern kleiner ist als die Wechselkurselastizität der Nachfrage nach inländischen Gütern, also $\beta < \delta$, ist

$$\frac{d\bar{e}}{dz} = -\left(1 - \alpha + \frac{\alpha\beta}{\delta}\right) > -1 \text{ und } \frac{d\bar{e}}{dz} < 0.$$

Dies bedeutet, dass eine durch Zollerhöhungen verursachte Verteuerung der Importgüter zwar über eine Aufwertung längerfristig reduziert, aber eben nicht ganz kompensiert wird.

Das langfristige Niveau der inländischen Preise lässt sich durch Einsetzen von (5.26) in (5.22) berechnen. Nach einer Reihe von Umformungen ergibt sich

$$\bar{p} = m - \phi y + \lambda i^* - (1 - \alpha)\left(1 - \frac{\beta}{\delta}\right)z + \frac{1 - \alpha}{\delta}[g - (1 - \gamma)y]. \tag{5.27}$$

Die langfristige Preisreaktion

$$\frac{d\bar{p}}{dz} = -(1 - \alpha)\left(1 - \frac{\beta}{\delta}\right) < 0$$

ergibt sich wieder wegen $\beta < \delta$. Dass das Preisniveau sinkt, wenn die Zollsätze steigen, widerspricht zunächst der Intuition. Nun ist aber zu bedenken, dass p ja nur das Preisniveau für inländische Güter ist. Das Preisniveau für den von Inländern nachgefragten Güterkorb, $\hat{p}$, wird aber durch die Geldnachfragefunktion (5.5′) bestimmt. Da im (stationären) langfristigen Gleichgewicht $i = i^*$ ist und i^*, y und m exogen sind, kann eine Zollsatzänderung den inländischen Preis*index* nicht ändern. Darum muss die oben beschriebene Zunahme der effektiven Importpreise mit einer Senkung des Preisniveaus für im Inland produzierte Güter verbunden sein.

Frage 5.6

Untersuchen Sie die Dynamik des zuletzt verwendeten Modells unter der Annahme vollkommener Voraussicht mit Hilfe der in Kapitel 4 eingeführten qualitativen Methode der Phasendiagramme.

Unter Rückgriff auf diese Ergebnisse lassen sich die Auswirkungen einer Einführung von Importzöllen nun auch grafisch darstellen.

Die Wirtschaft befinde sich zunächst im langfristigen Gleichgewicht G (siehe Abb. 5.10). Durch die Einführung von Importzöllen verteuern sich Importgüter ceteris paribus und verringern so in einem ersten Schritt die inländische Realkasse. Da dies bei gegebenem Geldangebot durch Preissenkungen und/oder eine Aufwertung kompensiert werden muss, verschiebt sich die

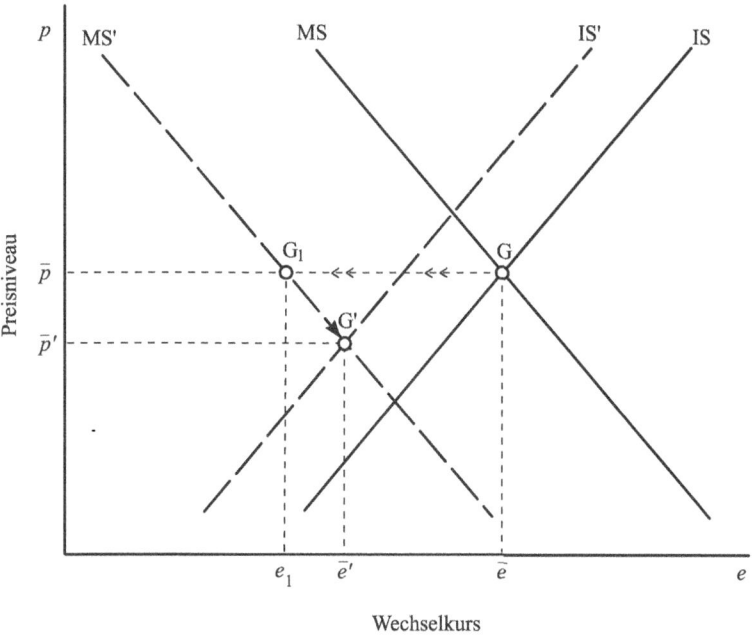

Abbildung 5.10 Konsequenzen der Einführung eines Importzolls, wenn der inländische Preisindex auch Importgüter enthält.

MS-Kurve nach links unten. Diese Bewegung wird noch dadurch verstärkt, dass sich bei einer Linksverschiebung der MS-Kurve (und der IS-Kurve) auch der Gleichgewichtswechselkurs reduziert und bringt die Geldmarktgleichgewichtskurve schliesslich von MS nach MS'.

Steigende Zollsätze verändern ceteris paribus die relativen Preise zugunsten von im Inland hergestellten Gütern. Ein Ausgleich zwischen Angebot und Nachfrage ist damit auf dem inländischen Gütermarkt nur erreichbar, wenn das Preisniveau steigt und/oder der Wechselkurs sinkt. Somit verschiebt sich die IS-Kurve nach links oben. Wie weit sie sich nach oben verschiebt, ob also das Preisniveau langfristig steigt oder sinkt, kann man sich ohne Rückgriff auf Formeln wie folgt verdeutlichen:

Wenn p konstant bliebe, müsste die gesamte Anpassung über eine Aufwertung erfolgen. Da die Wechselkurselastizität der Nachfrage nach inländischen Gütern grösser ist als die Zollelastizität, muss der Wechselkurs nicht gleich weit fallen, wie der Zollsatz gestiegen ist, um die Nachfragewirkung der Zollerhöhung zu kompensieren. Güterimporte wären somit nach abgeschlossener Wechselkursreaktion immer noch teurer als vor der Zollerhöhung. Diese Situation – unveränderte Inlandsgüterpreise und gestiegene Importgüterpreise – kann aber kein Geldmarktgleichgewicht darstellen, da sich der inländische

Preisindex bei gegebenem Geldangebot ja nicht ändern kann. Somit muss das Preisniveau für inländische Güter längerfristig sinken.

Würde p steigen, müssten sich ja wegen $\hat{p}$ = konstant die Importe verbilligen. e müsste also stärker sinken als z steigt. Dies kann aber kein Gütermarktgleichgewicht darstellen, da nach den Überlegungen des letzten Absatzes bei unverändertem p der Wechselkurs *weniger* sinken muss als z gestiegen ist, um den Gütermarkt wieder ins Gleichgewicht zu bringen. Bei gestiegenem p würde das natürlich verstärkt gelten.

Somit wird sich die Gütermarktgleichgewichtsgerade in Abb. 5.10 etwa in Position IS′ verschieben. Das Preisniveau sinkt dann langfristig auf $\bar{p}'$, der Wechselkurs auf $\bar{e}'$. Da das Preisniveau kurzfristig rigide ist, überschiesst der Wechselkurs zunächst auf e_1 und steigt danach, parallel mit fallendem Inlandsgüterpreis, auf $\bar{e}'$ an.

5.6 Die Entdeckung von Rohstoffvorkommen

Die in diesem Abschnitt behandelte Frage lautet, welche Konsequenzen sich für eine kleine offene Volkswirtschaft aus der Entdeckung von Rohstoffvorkommen ergeben. Forschungsarbeiten zu dieser Frage wurden insbesondere durch die britischen Ölfunde in der Nordsee in den 1970er Jahren angeregt. Als Ausgangspunkt dient die in Tabelle 5.5 wiedergegebene Modellvariante. Wir unterstellen wieder, dass die inländische Kasse mit einem gewichteten Durchschnitt aus den Preisen für inländische Güter und für Importgüter zu deflationieren ist. Die Entdeckung von Rohstoffvorkommen wirkt sich direkt auf zwei Märkten aus. Auf dem Gütermarkt gehen wir davon aus, dass sich Konsumentscheidungen am *permanenten Einkommen* orientieren. In Gleichung 2 repräsentiert x deshalb den auf Dauer möglichen *permanenten* Einkommensstrom aus den entdeckten Rohstoffvorkommen. In Gleichung 5.5″ dagegen ist x^* das *tatsächliche* Einkommen aus den Rohstoffvorräten.

Die IS-Kurve und die MS-Kurve berechnen sich in bekannter Weise aus den Gütermarktgleichungen respektive den Gleichungen des monetären Sektors und lauten in der genannten Reihenfolge

$$p = e + \frac{\zeta}{\delta}x + \frac{\gamma - 1}{\delta}y + \frac{g}{\delta} \tag{5.28}$$

und

$$p = \frac{1}{\alpha}[m - (1 - \alpha)e - \phi y + \lambda i^* - \rho x^* + \lambda\theta(\bar{e} - e)]. \tag{5.29}$$

Die IS-Kurve hat wie gewohnt eine positive Steigung. Die Steigung der MS-Kurve ist negativ, solange im inländischen Preisindex im Inland produzierte Güter eine Rolle spielen ($\alpha > 0$)(vgl. Abb. 5.11).

Tabelle 5.5 Modell zur Analyse der Auswirkungen von Rohstofffunden.

Gütermarkt

$\dot{p} = \pi(y^d - y)$	Phillipskurve	(5.3)
$y^d = \delta(e - p) + \gamma y + g + \zeta x$	aggregierte Nachfrage	(5.4'')

Geldmarkt

$m^d = \hat{p} + \phi y - \lambda i + \rho x^*$	Geldnachfrage	(5.5'')
$\hat{p} = \alpha p + (1 - \alpha)e$	Inländischer Preisindex	(5.24')
$m^s = m^d = m$	Geldmarktgleichgewicht	(5.6)

Internationaler Kapitalmarkt

$i = i^* + E(\dot{e})$	Kapitalmarktgleichgewicht	(5.7)
$E(\dot{e}) = \theta(\bar{e} - e)$	Erwartungsbildung	(5.8)

Anmerkungen (siehe auch Grundmodell in Tabelle 5.1): Die Bedeutung der verwendeten Symbole ist wie folgt:

$\dot{p}$ = Inflationsrate (inl. Güter)	$\hat{p}$ = Preisniveau (alle Güter)
y^d = aggregierte Nachfrage nach Inlandsgütern	m^d = inländische Geldnachfrage
	i = inländischer Zinssatz
y = aggregiertes Angebot an Inlandsgütern (exogen)	x^* = tatsächlicher Einkommensstrom aus den Rohstoffvorkommen
e = Wechselkurs	m^s = inländisches Geldangebot (exogen)
z = Zollvariable	m = inländische Geldmenge
p = Preisindex für inländ. Güter	i^* = ausländischer Zinssatz (exogen)
g = staatliche Nachfrage	$\dot{e}$ = Änderungsrate des Wechselkurses
x = permanenter Einkommensstrom aus den Rohstoffvorkommen	$\bar{e}$ = Gleichgewichtswechselkurs

Aus (5.28) und (5.29) ist weiter ersichtlich, dass sich beide Gleichgewichtskurven verschieben, wenn die Entdeckung von Rohstoffvorkommnissen zu einer Erhöhung des volkswirtschaftlichen Vermögens führt. Ermöglicht dieser Vermögenszuwachs einen permanenten Einkommenszuwachs von Δx, erhöht sich die Nachfrage nach im Inland produzierten Gütern über die Permanent-Income-Hypothese um $\zeta \Delta x$. Diese zusätzliche Nachfrage kann das wegen der herrschenden Vollbeschäftigung limitierte Angebot an inländischen Gütern nur befriedigen, wenn die Nachfrage aus dem Ausland zurückgeht und/oder inländische Nachfrage aus anderen Gründen ins Ausland umgelenkt wird. Voraussetzung hierfür ist eine Veränderung der Preisrelation $e - p$ zugunsten des Auslands, also eine reale Aufwertung. Somit verschiebt sich die IS-Kurve nach oben.

Die Gleichgewichtskurve des monetären Sektors verschiebt sich aus zwei Gründen nach unten. Zum einen führt ja, wie beschrieben, die zusätzliche Güternachfrage partiell zu einer Aufwertung und damit bei zunächst als gegeben unterstelltem Geldmarktgleichgewicht auch zu einem Sinken des Gleichgewichtswechselkurses. Bei durch das Geldangebot langfristig gegebenem inlän-

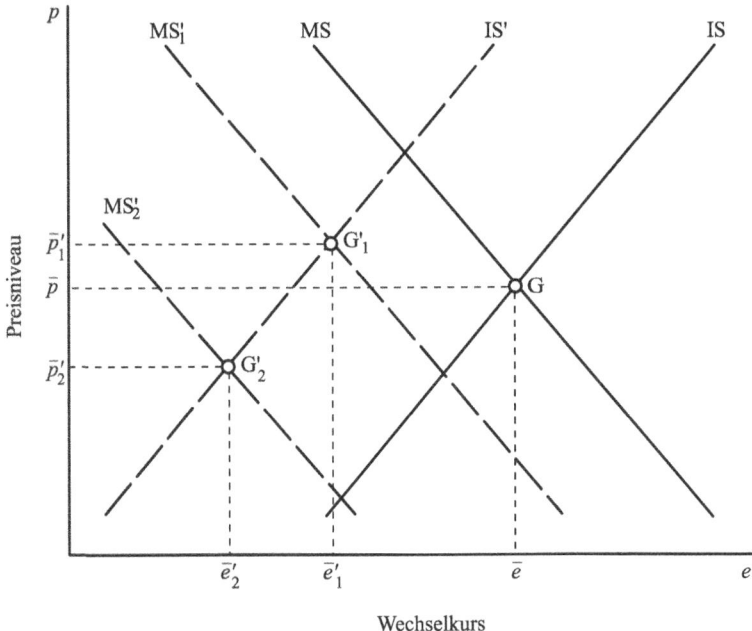

Abbildung 5.11 Kurz-, mittel- und langfristige Konsequenzen einer Entdeckung neuer Rohstoffvorräte.

dischen Preisindex $\hat{p}$ und Zinssatz i muss auch der tatsächliche Wechselkurs mit dem Gleichgewichtswechselkurs sinken. Damit verschiebt sich die MS-Kurve nach links unten. Dieser Effekt wird nun noch dadurch verstärkt, dass das zusätzliche Einkommen aus den Rohstoffvorkommen zu erhöhter Nachfrage nach Transaktionskasse führt. Dies muss partiell dazu führen, dass das Preisniveau sinkt und damit das reale Geldangebot steigt.

Aus (5.28) und (5.29) lassen sich wieder die Gleichgewichtswerte des Wechselkurses und des Preisniveaus berechnen. Wir erhalten

$$\bar{e} = m - \left[\frac{(\gamma - 1)\alpha}{\delta} + \phi\right] y - \frac{\alpha}{\delta}g + \lambda i^* - \frac{\alpha\zeta}{\delta}x - \rho x^* \qquad (5.30)$$

und

$$\bar{p} = m + \left[\frac{(\gamma - 1)(1 - \alpha)}{\delta} - \phi\right] y + \frac{1 - \alpha}{\delta}g + \lambda i^* \qquad (5.31)$$
$$+ \frac{(1 - \alpha)\zeta}{\delta}x - \rho x^*.$$

Die Ergebnisse bestätigen die oben vorgetragenen verbalen Ausführungen:

- Der nominale Wechselkurs wertet sich nach einer Entdeckung von Rohstoffvorkommen in jedem Fall langfristig auf. Dies gilt unabhängig davon, wie schnell die Vorkommen abgebaut werden, d.h., ob der effektive Einkommensstrom x^* den fiktiven permanenten Einkommensstrom x übersteigt oder nicht.

- Der Effekt auf das Preisniveau ist im Vorzeichen unklar. Je grösser der effektive Einkommensstrom aus dem Abbau der Rohstoffvorkommen ist, desto grösser ist die Nachfrage nach Transaktionskasse und desto tiefer muss langfristig das Preisniveau sein, um das reale Geldangebot auf das nachgefragte Niveau auszudehnen. Je grösser nun aber der kalkulatorische permanente Einkommensstrom aus dem entdeckten Vorkommen ist, desto grösser ist aufgrund dieses Vermögenseffekts die Nachfrage nach inländischen Gütern. Da deren Angebot aber begrenzt ist, ergibt sich *ceteris paribus* eine Preissteigerung. Der Nettoeffekt ist völlig offen, auch dann, wenn sich der effektive Abbau direkt am permanenten Einkommen orientiert $(x = x^*)$.[16]

Ceteris paribus ist der inflationäre Effekt umso geringer, je grösser die durch x^* induzierte Transaktionskassennachfrage, je grösser die Elastizität der Inlandsgüternachfrage bezüglich des realen Wechselkurses, je grösser der Anteil inländischer Güter am inländischen Warenkorb und je kleiner die durch die Vermögenszunahme induzierte Zusatznachfrage nach inländischen Gütern ist.

Abbildung 5.12 illustriert die beiden möglichen komparativ-statischen Resultate grafisch. Hierbei wird zwischen den beiden Möglichkeiten eines sehr langsamen und eines sehr raschen Abbaus der entdeckten Rohstoffvorkommen unterschieden. Zunächst ist festzuhalten, dass für den Gütermarkt nur das Ausmass der entdeckten Reserven zählt, nicht jedoch die eingeschlagene Abbaupolitik[17] (siehe Gleichung 5.28). Die IS-Kurve verschiebt sich deshalb in jedem Fall nach IS'. Werden die Vorkommen nun nicht oder sehr langsam abgebaut, verschiebt sich die MS-Kurve nur nach MS_1' und das Preisniveau steigt langfristig auf $\bar{p}_1'$. Bei forciertem Abbau erhöht sich das effektive Einkommen stark genug, um die MS-Kurve nach MS_2' zu verschieben und langfristig eine Senkung des Preisniveaus nach $\bar{p}_2'$ auszulösen.

Wie die Darstellung in Abb. 5.12 ebenfalls zeigt, *überschiesst* der Wechselkurs nach der Entdeckung von Rohstoffreserven dann kurzfristig, wenn sehr rasch abgebaut wird, aber nicht, wenn beim Abbau eher zurückhaltend vorgegangen wird.

---

[16] Allein für den Fall, dass auf jeglichen Abbau verzichtet würde ($x^* = 0$), ergibt sich auf lange Sicht eindeutig eine Steigerung des Preisniveaus.

[17] Dies ist natürlich eine direkte Konsequenz der Annahme, dass sich die Güternachfrage am permanenten Einkommensstrom aus den Rohstoffvorkommen orientiert und nicht am tatsächlichen.

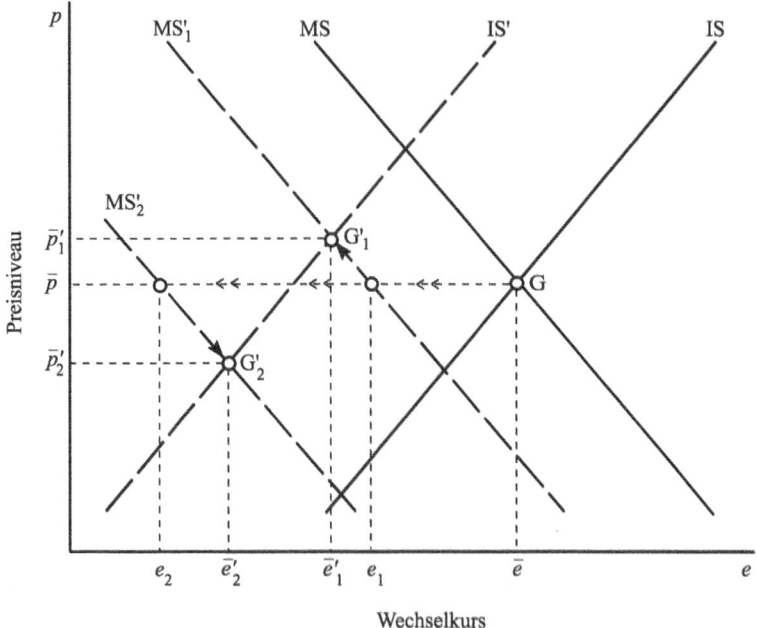

Abbildung 5.12 Darstellung des Zusammenhangs zwischen der Geschwindigkeit, mit der neu entdeckte Rohstoffvorkommen abgebaut werden, und dem kurzfristigen Überschiessen des Wechselkurses.

5.7 Ein Modell mit strukturellem Gütermarkt

Die bisherige Behandlung des Gütermarktes unterstellt, dass im Inland und auf dem Weltmarkt nur jeweils ein homogenes Gut produziert wird. Somit wird auf die in der Literatur gelegentliche und für viele Fragestellungen auch wichtige Unterscheidung zwischen handelbaren und nicht handelbaren Gütern verzichtet.

Im folgenden Modell (siehe Tabelle 5.6) soll nun explizit zwischen *handelbaren* und *nicht handelbaren* Gütern unterschieden werden. Diese werden im *exponierten* respektive im *geschützten* Sektor der inländischen Wirtschaft produziert. Daneben wird unterstellt, dass die Entwicklung von Löhnen und Preisen in beiden Sektoren nicht durch Marktkräfte im klassischen Sinn bestimmt wird, sondern über einen zentralisierten Arbeitsmarkt mit starken Gewerkschaften, die eine gewisse Monopolmacht besitzen. Dies führt dazu, dass die Lohn- und Gewinnquoten in beiden Sektoren im Zeitablauf konstant bleiben.

Die Gleichungen 5.32-5.36 beschreiben den unterstellten strukturellen Gütermarkt, der in der Literatur als *Skandinavisches Inflationsmodell* bekannt ist. Gemäss (5.32) kann der inländische Preis für handelbare Güter nicht vom

Tabelle 5.6 Modell mit strukturellem Gütermarkt.

Gütermarkt

$p^T = p^* + e$	"Law of one price"	(5.32)
$w^T = p^T + a^T$	Lohn im handelbaren Sektor	(5.33)
$w^N = w^T$	Lohngleichgewicht	(5.34)
$p^N = w^N - a^N$	Preis nicht handelbarer Güter	(5.35)
$p = (1 - \alpha^N)p^T + \alpha^N p^N$	Preisindex	(5.36)

Geldmarkt

$m^d = p + \phi y - \lambda i$	Geldnachfrage	(5.5)
$m^s = m^d = m$	Geldmarktgleichgewicht	(5.6)

Internationaler Kapitalmarkt

$i = i^* + E(\dot{e})$	Kapitalmarktgleichgewicht	(5.7)
$E(\dot{e}) = \theta(\bar{e} - e)$	Erwartungsbildung	(5.8)

Anmerkungen (siehe auch Grundmodell in Tabelle 5.1): Die Bedeutung der verwendeten Symbole ist wie folgt:

p^T = Preis handelbarer Güter	w^N = Lohn im geschützten Sektor
p^* = Weltmarktpreisniveau	p = inländisches Preisniveau
e = Wechselkurs	y = aggregiertes Angebot an Inlandsgütern
w^T = Lohn im exponierten Sektor	(exogen)
a^T = Produktivität im exponierten Sektor	i = inländischer Zinssatz
p^N = Preis nicht handelbarer Güter	m = inländische Geldmenge (exogen)
a^N = Produktivität im geschützten Sektor	i^* = ausländischer Zinssatz (exogen)
	$\dot{e}$ = Änderungsrate des Wechselkurses
	$\bar{e}$ = Gleichgewichtswechselkurs

Weltmarktpreis für handelbare Güter, ausgedrückt in inländischer Währung, abweichen. Der kollektive Lohnbildungsprozess im exponierten Sektor sorgt dafür, dass sich die Lohnquote (und damit implizit auch die Gewinnquote, also der Einkommensanteil des Produktionsfaktors Kapital) nicht verändert. Der Nominallohn im exponierten Sektor berechnet sich deshalb als Summe aus Güterpreis und der Arbeitsproduktivität in diesem Sektor (Gleichung 5.33). Weiter sorgen starke, zentralisierte Gewerkschaften oder starke Marktkräfte (mobile Arbeit) dafür, dass sich die Reallöhne und damit auch die Nominallöhne in beiden Sektoren parallel entwickeln (Gleichung 5.34). Der Preis im geschützten Sektor wird mittels eines Aufschlags auf die Lohnstückkosten bestimmt (Gleichung 5.35). Damit bleiben die Einkommensanteile von Arbeit und Kapital auch hier konstant. Gleichung 5.36 definiert schliesslich das inländische Preisniveau als gewichtetes Mittel der Preise handelbarer und nicht handelbarer Güter. Der monetäre Sektor entspricht demjenigen des Dornbusch-Modells.

Abbildung 5.13 zeigt die Wirkungszusammenhänge unseres Modells mit strukturellem Gütermarkt und kapitalmarktbestimmtem Wechselkurs in Form

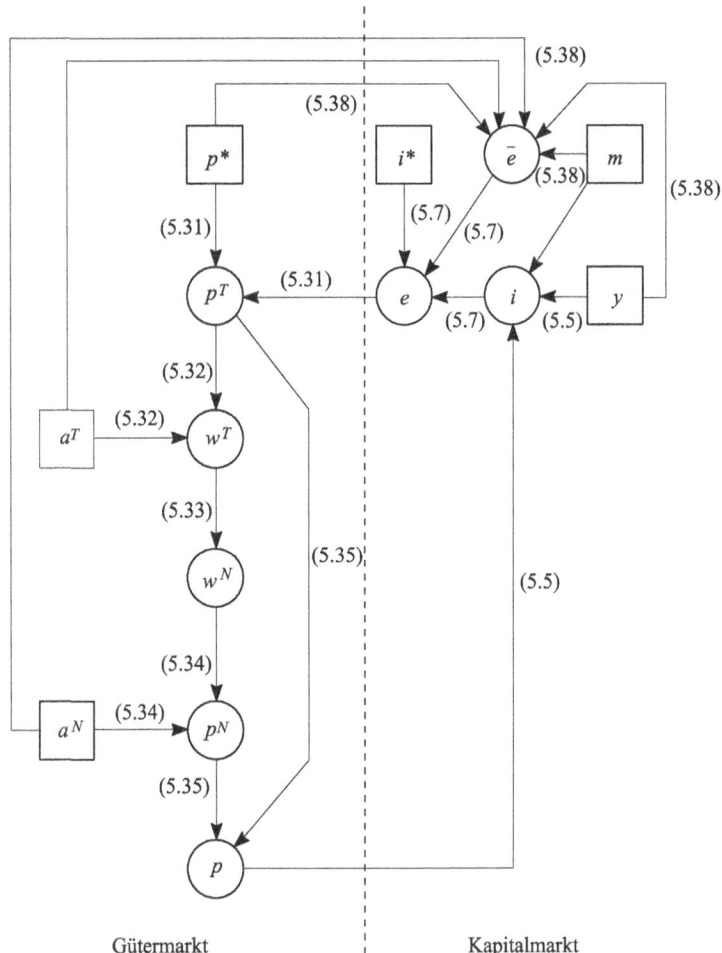

Abbildung 5.13 Übersicht über die Wirkungszusammenhänge im Modell mit struktu-rellem Gütermarkt.

eines Flussdiagramms. Pfeile geben die postulierte Wirkungsrichtung an. Quadrate kennzeichnen modellexogene, Kreise modellendogene Variablen.[18]

Die Gleichgewichtsbedingung für den monetären Sektor lautet wieder wie in früheren Modellvarianten

$$p = m - \phi y + \lambda[i^* + \theta(\bar{e} - e)]. \tag{5.23}$$

Die Gleichgewichtsbedingung für den Gütermarkt ergibt sich aus den Gleichungen 5.32-5.36 und lautet

---

[18] Die Darstellung wurde Gärtner und Ursprung (1980) entnommen.

$$p = p^* + e + \alpha^N (a^T - a^N).\tag{5.37}$$

Gleichung 5.37 ist dann nicht nur eine Gleichgewichtsbedingung, wenn (5.32)-(5.36) in jedem Zeitpunkt gilt, sondern beschreibt dann auch die tatsächliche Preis-Wechselkurs-Relation auf dem Gütermarkt.

Das gleichgewichtige Preisniveau erhalten wir aus (5.23), indem wir $\bar{e} = e$ setzen:

$$\bar{p} = m - \phi y + \lambda i^*.\tag{5.38}$$

Interessanterweise ergibt sich, dass das Preisniveau von unseren im realen Sektor vorgenommenen Veränderungen völlig unbeeinflusst bleibt. Es wird nach wie vor durch monetäre Faktoren bestimmt und spiegelt denkbare strukturelle Veränderungen zwischen den beiden Sektoren unserer Volkswirtschaft nicht wieder. Auch der Import von Preissteigerungen ist bei flexiblen Wechselkursen auf lange Sicht trotz der unterstellten strukturellen Lohn- und Preisbildung nicht möglich.

Setzt man in Gleichung 5.37 $e = \bar{e}$ und $p = \bar{p}$, erhalten wir als Gleichgewichtswechselkurs

$$\bar{e} = \bar{p} - p^* - \alpha^N (a^T - a^N).\tag{5.39}$$

Gleichung 5.39 besagt, dass der Wechselkurs langfristig eine *hausgemachte* Komponente aufweist (inländische Inflation), eine *importierte* Komponente (ausländische Inflation) und eine *strukturelle* Komponente (die gewichtete Produktivitätslücke zwischen dem geschützten und dem exponierten Sektor).

Das kurz-, mittel- und langfristige Modellverhalten lässt sich wieder im p/e-Diagramm darstellen (siehe Abb. 5.14):

Eine Ausdehnung des Geldangebots verschiebt wieder die MS-Kurve nach MS'. Dies führt langfristig zu prozentual gleichen Preis- und Wechselkursänderungen in Form einer Bewegung der Wirtschaft von G nach G'. Reagiert das inländische Preisniveau gemäss (5.32)-(5.36) ohne Verzögerung, steigt der Wechselkurs sofort auf $\bar{e}'$ und überschiesst nicht. Sobald wir aber unterstellen, dass die strukturellen Lohn- und Preisreaktionen Zeit brauchen, gelten die Gleichungen 5.32-5.36 nur noch langfristig. Das Preisniveau ist dann träge, und diese Asymmetrie der Reaktionsgeschwindigkeit im Gütermarkt und im monetären Sektor führt wieder zu einem Überschiessen des Wechselkurses nach e_1.

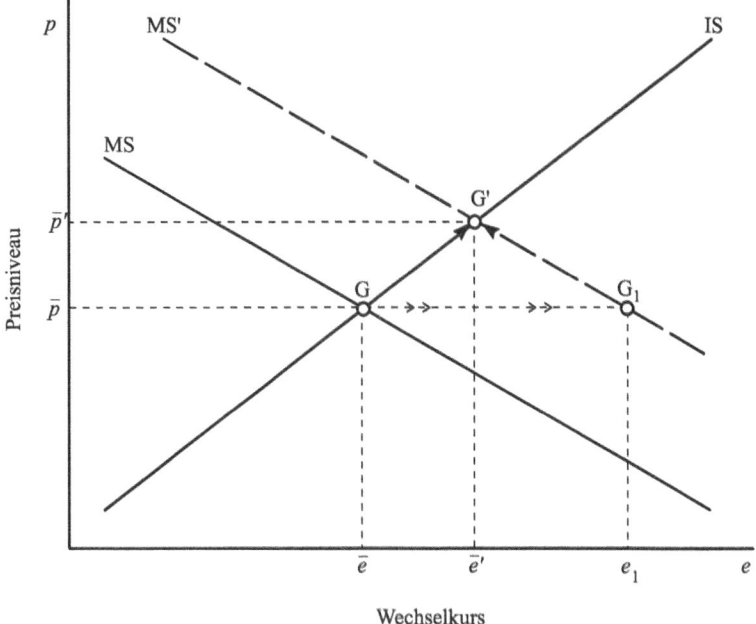

Abbildung 5.14 Modelldynamik bei struktureller Lohn- und Preisfestsetzung auf dem Arbeits- und Gütermarkt.

Frage 5.7

Das oben präsentierte strukturelle Modell einer offenen Volkswirtschaft bei flexiblen Wechselkursen ist formal eigentlich ein Gleichgewichtsmodell mit völlig flexiblen Preisen. Wie könnte man die bei der verbalen Diskussion von 5.14 verwendete Idee formal (mathematisch) fassen, dass die strukturellen Lohn- und Preisreaktionen Zeit brauchen?

5.8 Hinweise zur Beantwortung der gestellten Fragen

Frage 5.1

Die Gleichungen des monetären Sektors lassen sich zu folgender langfristiger (d.h. man setzt $e = \bar{e}$) Relation zusammenfassen:

$$p = m - \phi y + \lambda i^* + \frac{\lambda \xi}{\kappa}(p - e). \tag{5.40}$$

Die IS-Kurve (Gleichung 5.4 mit $y^d = y$) lässt sich schreiben als

$$p - e = \frac{g - (1 - \gamma)y}{\delta}. \tag{5.41}$$

Einsetzen von (5.41) in (5.40) ergibt schliesslich

$$p = m - \phi y + \lambda i^* + \frac{\lambda \xi}{\kappa \delta}[g - (1 - \gamma)y]. \tag{5.42}$$

Das Preisniveau verändert sich also langfristig proportional zur Geldmenge und zwar unabhängig von den übrigen Parametern des Modells.

Hinweis: Natürlich müssen bei anderen Werten von κ und/oder ξ die exogenen Modellvariablen andere Ausgangswerte annehmen, damit beide Modellvarianten im gleichen Ausgangsgleichgewicht G sind.

Frage 5.2

(1) Gemäss Annahme gilt nach dem Schock $E(\dot{m}) > 0$. Aus

$$e = \bar{e} + \frac{1}{\lambda \theta}[m - p - \phi y + \lambda i^* + \lambda E(\dot{m})] \tag{5.12}$$

lässt sich ablesen, dass damit die kurzfristige MS-Kurve zunächst rechts oberhalb der langfristigen MS-Kurve zu liegen kommt. Abbildung 5.15 zeigt, dass der Wechselkurs in diesem Fall noch stärker überschiesst als im Dornbusch-Fall und illustriert auch den längerfristigen Anpassungspfad.

(2) Eine Geldmengenerhöhung wird z.B. dann als Signal für eine beginnende inflationäre Politik verstanden, wenn die Erwartungen adaptiv bezüglich der Änderungsrate der Geldmenge sind:

$$E_t(\dot{m}_{t+1}) = E_{t-1}(\dot{m}_t) + \psi'[\dot{m}_t - E_{t-1}(\dot{m}_t)]. \tag{5.43}$$

Da sich die Wirtschaft vor dem Schock in einem stationären Gleichgewicht befand, gilt $E_{t-1}(\dot{m}_t) = 0$ und damit $\dot{m}_t - E_{t-1}(\dot{m}_t) = m - m^*$ (m^* ist die Geldmenge vor dem Schock, m diejenige nach dem Schock). Somit wird aus (5.43) bei gleichzeitigem Verzicht auf die Subskripte

$$E(\dot{m}) = \psi'(m - m^*). \tag{5.44}$$

Einsetzen von (5.44) in (5.12) und Ableiten nach m ergibt

$$\frac{de}{dm} = 1 + \frac{1}{\lambda \theta} + \frac{\psi'}{\theta}.$$

Der Wechselkurs überschiesst also um ψ'/θ stärker als im Dornbusch-Fall.

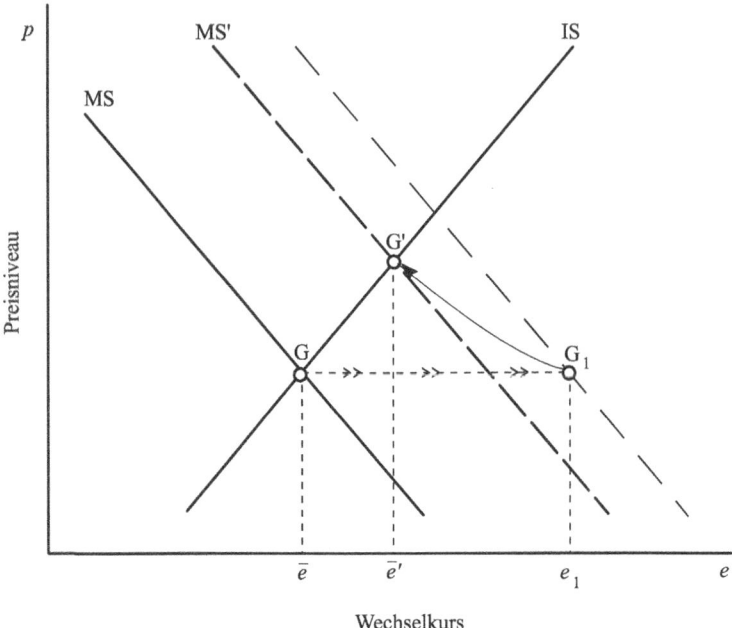

Abbildung 5.15 Grafische Darstellung zur Beantwortung der Frage 5.2.

Frage 5.3

Abbildung 5.16 zeigt die ab G_3 einsetzende weitere Entwicklung. Wenn die Wirtschaft *plötzlich* realisiert, dass sich die Geldmenge doch nicht erhöhen wird, so weiss sie auch, dass sich der Gleichgewichtswechselkurs nach wie vor bei $\bar{e}$ befindet. Die MS-Kurve liegt dann wieder in der Position MS. Bei dem mit G_3 verbundenen überhöhten Preisniveau ($p_3 > \bar{p}$) kommt der monetäre Sektor nur ins Gleichgewicht, wenn der Wechselkurs nach e_4 überschiesst und danach bei gleichzeitig sinkendem Preisniveau langsam auf $\bar{e}$ ansteigt.

Frage 5.4

Auch wenn man mit Dornbusch (1976) annimmt, dass sich der Wechselkurs schrittweise seinem langfristigen Gleichgewichtswert zubewegt, ist es sinnvoll, zwischen der Zeit von der Ankündigung der Geldmengenänderung bis zum Eintritt der Geldmengenänderung und der Zeit ab der Geldmengenänderung zu unterscheiden.

1. Unmittelbar nach der Ankündigung sind in- und ausländischer Zinssatz zunächst noch gleich. Im Inland ist ja noch keine Liquiditätsausweitung eingetreten. Das Gleichgewicht auf dem internationalen Kapitalmarkt bleibt

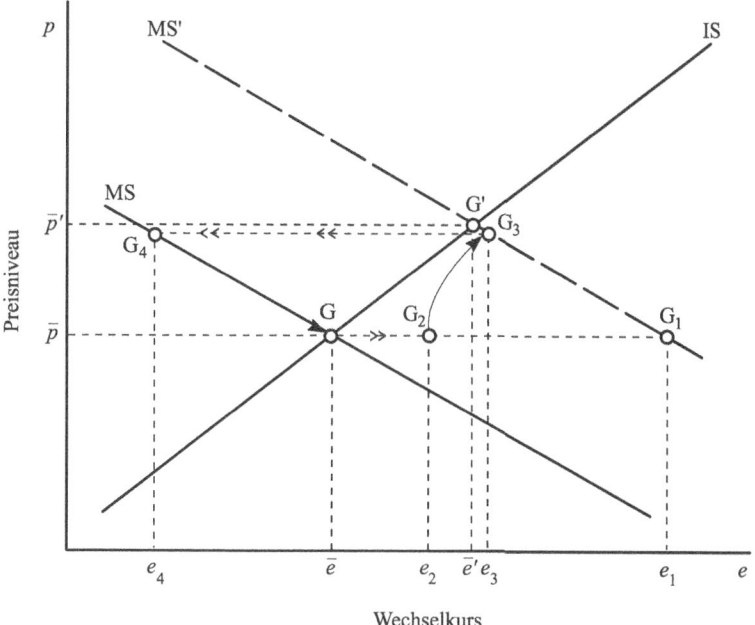

Abbildung 5.16 Grafische Darstellung zur Beantwortung der Frage 5.3.

erhalten, wenn keine Änderung des Wechselkurses mehr erwartet wird. Das ist dann der Fall, wenn der Wechselkurs sofort auf seinen neuen Gleichgewichtswert springt (wir unterstellen hier, dass $\bar{e}'$ der langfristige Gleichgewichtswechselkurs ist, der sich nach der angekündigten Geldmengenerhöhung einstellt).

Zwischenergebnis: Der Wechselkurs überschiesst in diesem Szenario nicht.

Die nun entstandene Überschussnachfrage nach Gütern beginnt, das Preisniveau nach oben zu treiben. Das reale inländische Geldangebot sinkt. Der inländische Zinssatz steigt. Um den internationalen Kapitalmarkt im Gleichgewicht zu halten, müssen Abwertungserwartungen entstehen. Dies ist bei der unterstellten Erwartungsbildung nur möglich, wenn der Wechselkurs unter seinen Gleichgewichtswert sinkt. Unsere Modellwirtschaft bewegt sich also auf einen nach links oben gerichteten Pfad, bis die tatsächliche Geldmengenexpansion eintritt.

2. Die Ausdehnung der Geldmenge erhöht das reale inländische Geldangebot. Da das Preisniveau noch nicht auf seinen neuen Gleichgewichtswert angestiegen ist, ist das inländische Geldangebot real nun höher als im Ausgangszeitpunkt. Der Inlandszins muss somit unter dem Auslandszins liegen. Zur Aufrechterhaltung des Kapitalmarktgleichgewichts müssen sofort Abwertungserwartungen eintreten. Dies ist nur möglich, wenn der Wechselkurs über sein Gleichgewichtsniveau hinausschiesst. Dieses Überschiessen bringt unsere

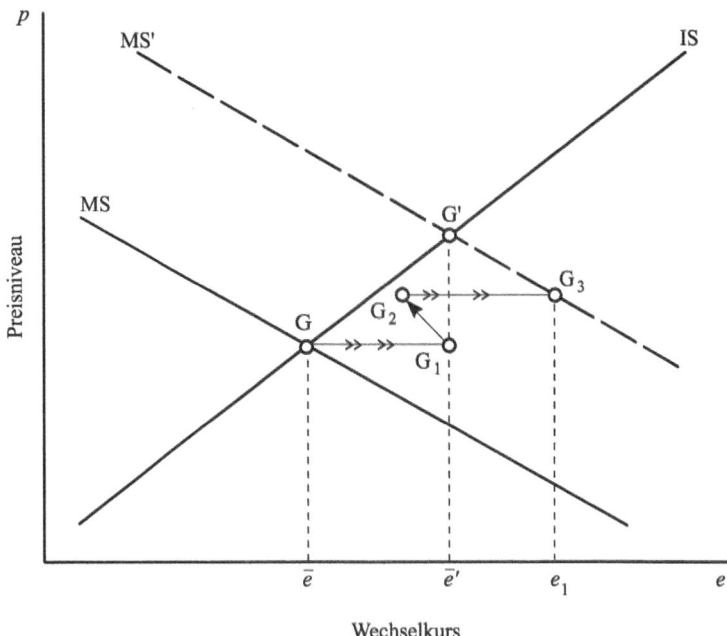

Abbildung 5.17 Grafische Darstellung (1) zur Beantwortung der Frage 5.4.

Modellwirtschaft auf die neue Gleichgewichtsgerade für den monetären Sektor. In der Folge passen sich Wechselkurs und Preisniveau monoton an ihre neuen Gleichgewichte an (siehe Abb. 5.17).

Um die Frage zu klären, ob die unterstellte Erwartungsbildung angesichts der skizzierten Reaktion vernünftig ist, kann man tatsächliche und erwartete Wechselkursänderung in ein Abwertungs-Zeit-Diagramm einzeichnen (Abb. 5.18). Es zeigt sich, dass tatsächliche und erwartete Wechselkursänderung in der oben beschriebenen ersten Phase völlig konträr zueinander verlaufen. Zwischen dem Sprung im Ankündigungszeitpunkt t_0 und der effektiven Geldmengenausdehnung in t_1 beobachten wir einerseits eine sich ständig beschleunigende Aufwertung, andererseits eine ebenfalls immer grösser werdende Abwertungserwartung. Es erscheint somit ausgeschlossen, dass rational handelnde Individuen die unterstellte Form der Erwartungsbildung auf Dauer beibehalten.

Frage 5.5

Eine Ausdehnung des aggregierten Angebots führt zunächst zu einem Überschussangebot. Die inländische Währung muss sich nun soweit abwerten, dass

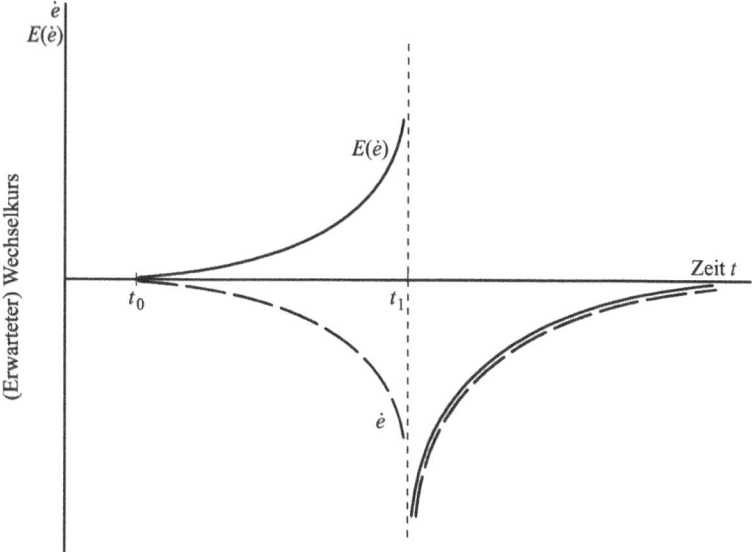

Abbildung 5.18 Grafische Darstellung (2) zur Beantwortung der Frage 5.4.

dieses ursprüngliche Überschussangebot im neuen langfristigen Gleichgewicht nachgefragt wird.

- Je grösser der Indikator für die marginale Konsumneigung (γ) ist, desto kleiner ist das Überschussangebot, welches von einer gegebenen Angebotsexpansion zunächst erzeugt wird. Je kleiner das Überschussangebot, desto weniger muss der reale Wechselkurs ($e - p$) steigen. Da eine Angebotsexpansion das Preisniveau laut Geldmarktgleichgewicht ceteris paribus um einen Faktor $-\phi$ senkt, der unabhängig von γ ist, erfordert ein weniger starker Anstieg des realen Wechselkurses einen weniger starken Anstieg oder einen stärkeren Fall des nominalen Wechselkurses. Zusammenfassend: Je grösser γ ist, desto kleiner ist e.
- Je grösser die Elastizität der Güternachfrage bezüglich des realen Wechselkurses (δ) ist, desto weniger muss der reale Wechselkurs steigen, um ein gegebenes Überschussangebot auf dem Gütermarkt zu beseitigen. Je tiefer der reale Wechselkurs sein darf, desto tiefer darf wegen des von δ unabhängigen Preisniveaus auch der nominale Wechselkurs e sein. Je grösser δ ist, desto kleiner ist e.
- Je grösser die Einkommenselastizität der Geldnachfrage (ϕ) ist, desto stärker erhöht sich die Geldnachfrage nach einer Erhöhung des Güterangebots und desto stärker muss folglich das Preisniveau sinken, um Geldangebot und Geldnachfrage wieder auszugleichen. Je tiefer das Preisniveau ist, desto tiefer muss der Wechselkurs sein, um den vom Gütermarktgleichge-

wicht verlangten realen Wechselkurs $e - p$ zu realisieren. Je grösser also ϕ ist, desto kleiner ist e.

Frage 5.6

In einem ersten Schritt suchen wir wieder nach den Bedingungen, unter denen sich die endogenen Variablen e und p nicht mehr verändern. Aus (5.3) und (5.4′) erhalten wir

$$\dot{p} = \pi[\delta(e - p) + \beta z + (\gamma - 1)y + g] \tag{5.45}$$

und aus (5.5′), (5.24), (5.6), (5.7) und $E(\dot{e}) = \dot{e}$

$$\dot{e} = \frac{1}{\lambda}[\alpha p + (1 - \alpha)e + (1 - \alpha)z + \phi y - m] - i^*. \tag{5.46}$$

Aus $\dot{p} = 0$ in (5.45) und $\dot{e} = 0$ in (5.46) berechnen wir die Demarkationslinien

$$p = e + \frac{\beta}{\delta}z + \frac{\gamma - 1}{\delta}y + \frac{g}{\delta} \qquad\qquad [\dot{p} = 0] \tag{5.47}$$

und

$$p = -\frac{1 - \alpha}{\alpha}e - \frac{1 - \alpha}{\alpha}z - \frac{\phi}{\alpha}y + \frac{m}{\alpha} + \frac{\lambda}{\alpha}i^* \qquad [\dot{e} = 0]. \tag{5.48}$$

Da $0 < \alpha < 1$, haben beide Demarkationslinien entgegengesetzte Steigungen (vgl. Abb. 5.19). Die dynamischen Eigenschaften des Systems erkennen wir, indem wir aus Gleichung (5.45)

$$d\dot{p}/dp = -\pi\delta < 0$$

berechnen, aus Gleichung (5.46)

$$d\dot{e}/dp = \alpha/\lambda > 0$$

und dieses Ergebnis in das Phasendiagramm in Abb. 5.19 eintragen. Es zeigt sich, dass wir es wieder mit Sattelpfadstabilität zu tun haben.

Frage 5.7

Der Preis, bei dem der Gütermarkt geräumt ist, ergibt sich aus

$$p = p^* + e + \alpha^N(a^T - a^N). \tag{5.37}$$

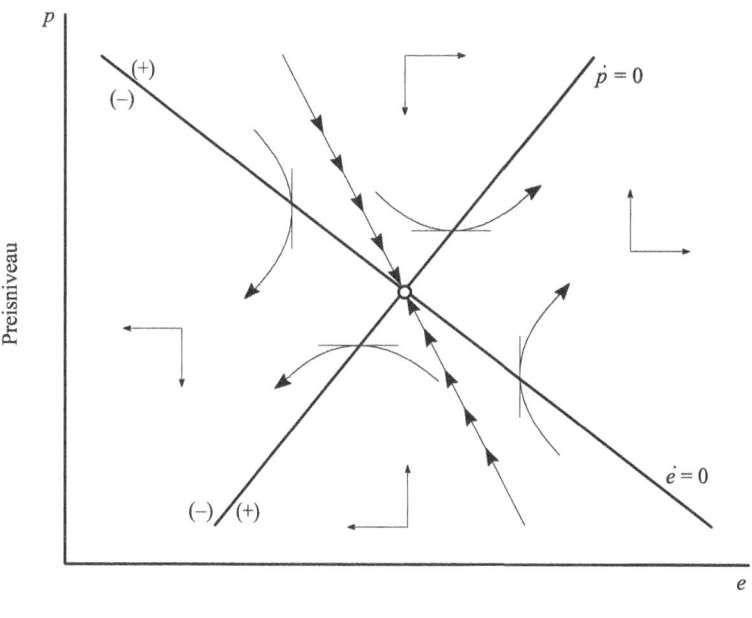

Wechselkurs

Abbildung 5.19 Grafische Darstellung zur Beantwortung der Frage 5.6.

Solange (5.37) gilt, wirken auch keinerlei Kräfte auf eine Preisänderung. Nun kann man unterstellen, dass die strukturellen Lohn- und Preisbildungsprozesse tendenziell eine Korrektur bewirken, wenn das Gleichheitszeichen in (5.37) nicht gilt, sondern das Preisniveau zu hoch oder zu tief ist. Formal könnte man postulieren

$$\dot{p} = \theta[p^* + e + \alpha^N(a^T - a^N) - p]. \tag{5.49}$$

Für $\dot{p} = 0$ folgt dann (5.37) als *Gleichgewichtsbedingung*, die in Abb. 5.14 als IS-Kurve dargestellt ist. Im Bereich unterhalb der IS-Kurve gilt dann $\dot{p} > 0$, oberhalb der IS-Kurve gilt $\dot{p} < 0$.

Literatur

Dornbusch, Rüdiger (1976). Expectations and Exchange Rate Dynamics. *Journal of Political Economy* 84, 1167-1176.

Frenkel, Jacob A. und Carlos A. Rodriguez (1982). Exchange Rate Dynamics and the Overshooting Hypothesis. *IMF Staff Papers* 29, 1-30.

Gärtner, Manfred (1983). Asset Market Models of the Small Open Economy with Endogenous Money Supply Expectations. *Zeitschrift für die gesamte Staatswissenschaft* 139, 643-659.

Gärtner, Manfred (1986). Anticipated Shocks and Exchange Rate Disequilibrium Beyond the Short Run. *Zeitschrift für Wirtschafts- und Sozialwissenschaften* 106, Heft 1, 1-13.

Gärtner, Manfred und Heinrich W. Ursprung (1980). A Structural Model of Price and Exchange Rate Dynamics in a Small Open Economy. *Zeitschrift für Nationalökonomie* 40, Nr. 3-4, 321-342.

Wilson, Charles (1979). Anticipated Shocks and Exchange Rate Dynamics. *Journal of Political Economy* 87, 639-47.

Kapitel 6
Monetäre Wechselkurstheorie

Der monetäre Ansatz wurde ursprünglich entwickelt, um Zahlungsbilanzungleichgewichte bei *festen Wechselkursen* und damit die Veränderung der Devisenreserven von Notenbanken zu analysieren.[1] Bei *flexiblen Wechselkursen* sind Zahlungsbilanzungleichgewichte ausgeschlossen, und die gleiche Theorie erklärt dann Wechselkursbewegungen. Das monetäre Modell kann auch als eine Art Referenzmodell betrachtet werden, in dem – im Gegensatz zum Mundell-Fleming-Modell und Dornbusch-Modell – die Preise vollkommen flexibel sind. Da folglich alle Märkte immer geräumt sind, befindet sich der Wechselkurs auch fortwährend im Gleichgewicht. Eine Kernannahme des monetären Modells in seiner ursprünglichen Version ist die Kaufkraftparität, $p = e + p^*$, die das Gütermarktgleichgewicht definiert.

Man kann das monetäre Wechselkursmodell allerdings auch aus dem in den Kapiteln 4 und 5 ausführlich diskutierten Dornbusch-Modell herleiten, sobald man die Annahme träger Preise aufgibt. In dieser Betrachtungsweise gleicht das monetäre Modell der langen Frist im Dornbusch-Modell. Der Unterschied zur Standardvariante des monetären Modells besteht bei dieser Betrachtungsweise darin, dass die Kaufkraftparität nicht von Beginn an als Gleichgewichtsbedingung für den Gütermarkt festgelegt wird.

6.1 Bezug zum Dornbusch-Modell

Im Dornbusch-Modell braucht der Gütermarkt Zeit, um nach einer Störung Angebot und gewünschte Nachfrage wieder in Übereinstimmung zu bringen. Die Anpassung des Preisniveaus an sein neues Gleichgewicht wird durch die Phillipskurve beschrieben:

$$\dot{p} = \pi(y^d - y). \tag{6.1}$$

---

[1] Dieser Aspekt wird in Kapitel 10 ausführlicher analysiert.

Das monetäre Wechselkursmodell erhalten wir nun in seiner einfachsten Form, indem wir in (6.1) *flexible Preise* unterstellen, die den Markt *sofort* räumen. Flexible Preise kann man auf zwei Arten einführen:

1. Indem man $\pi \to \infty$ annimmt. Dividieren wir dann beide Seiten durch π, folgt $y^d = y$. Der Gütermarkt ist dann immer im Gleichgewicht.
2. Indem man die Phillipskurve um die Inflationserwartungen $E(\dot{p})$ erweitert,

$$\dot{p} = \pi(y^d - y) + E(\dot{p}), \tag{6.1'}$$

und zusätzlich vollkommene Voraussicht $E(\dot{p}) = \dot{p}$ unterstellt. Aus (6.1') folgt dann wiederum das permanentes Gütermarktgleichgewicht, $y^d = y.$[2]

Ist nun aber die Güternachfrage

$$y^d = \delta(e + p^* - p) + \gamma y + g \tag{6.2}$$

von einer einzigen endogenen Variablen abhängig, nämlich dem realen Wechselkurs, so kann der Gütermarkt nur dann permanent im Gleichgewicht bleiben, wenn sich diese Variable nicht verändert, wenn also permanent $e + p^* - p = [(1 - \gamma)y - g]/\delta$ = konstant gilt. Setzen wir diese Konstante zur Vereinfachung der Schreibweise gleich Null, erhalten wir als Gleichgewichtsbedingung für den Gütermarkt $e + p^* - p = 0$. Oberflächlich betrachtet enspricht diese Formulierung wiederum der Kaufkraftparität. Allerdings steht dahinter lediglich die Annahme, dass die anderen Gütermarktvariablen gemeinsam auf Null normiert und somit nicht weiter beachtet werden.

6.2 Das elementare monetäre Wechselkursmodell

Nach diesen Vorüberlegungen lässt sich das vollständige Grundmodell der monetären Wechselkursbestimmung gemäss Tabelle 6.1 aufschreiben. Das Modell unterscheidet sich von der vereinfachten Version des Dornbusch-Modells aus Kapitel 4 nur dadurch, dass nun auch der Gütermarkt permanent im Gleichgewicht ist und dass die Abwertungserwartungen nicht näher spezifiziert sind.

---

[2] Allerdings muss man anfügen, dass $y^d = y$ hier nur in einem deterministischen Modell in jedem Zeitpunkt gilt. Wirken in einem stochastischen Szenario mit diskret gemessener Zeit zufällige, nicht vorhersehbare Störungen auf die Preisentwicklung, dann können sich trotz Unterstellung von (6.1') temporäre Gütermarktungleichgewichte (allerdings nur für eine Periode) ergeben.

Tabelle 6.1 Elementares monetäres Wechselkursmodell (1).

Gütermarkt

$p = e + p^*$ Gütermarktgleichgewicht (6.3)

Geldmarkt

$m - p = \phi y - \lambda i$ Geldmarktgleichgewicht (6.4)

Internationaler Kapitalmarkt

$i = i^* + E(\dot{e})$ Kapitalmarktgleichgewicht (6.5)

Anmerkungen: Kleinbuchstaben bezeichnen den natürlichen Logarithmus der betreffenden Variablen. Einzige Ausnahme ist der Zinssatz. Ein Punkt über einer Variablen bezeichnet deren Änderung in der Zeit. Griechische Buchstaben geben positive Modellparameter wieder. $E(.)$ ist der Erwartungsoperator. Die Bedeutung der verwendeten Symbole ist wie folgt:

p = inländisches Preisniveau	y = aggregiertes Angebot an Inlandsgü-
p^* = ausländisches Preisniveau	tern (exogen)
e = Wechselkurs	i^* = ausländischer Zinssatz (exogen)
m = inländische Geldmenge (exogen)	$\dot{e}$ = Änderungsrate des Wechselkurses
i = inländischer Zinssatz	

6.2.1 Stationäre Umwelt

Wir beginnen mit dem einfachsten Fall, in dem sich alle Märkte permanent in einem *stationären* Gleichgewicht befinden. Da sich in einem solchen Umfeld keine der Modellvariablen verändert, können die Abwertungserwartungen vernachlässigt werden, d.h. es gilt $E(\dot{e}) = 0$. Eine Wechselkursgleichung erhalten wir durch Einsetzen von (6.5) in (6.4) und des anschliessend erhaltenen Resultats in (6.3):

$$e = m - \phi y + \lambda i^* - p^*. \tag{6.6}$$

Der Wechselkurs ergibt sich also in jedem Zeitpunkt aus der Differenz zwischen dem Gleichgewichtspreisniveau im Inland[3] und dem ausländischen Preisniveau. Dies ist nicht überraschend, da Wechselkurs und Preisniveau ja einfach durch die *Kaufkraftparitätenhypothese* und die *Quantitätstheorie des Geldes* erklärt werden.

Die wesentlichen Eigenschaften des monetären Wechselkursmodells lassen sich auch grafisch darstellen (Abb. 6.1). Der linke Quadrant beschreibt das permanent gültige Gleichgewicht des monetären Sektors, das sich bei exogenem Einkommen und in einem stationären Umfeld aus (6.4) und (6.5) ergibt. Für gegebene Werte von y und i^* befindet sich der monetäre Sektor nur

---

[3] Den Gleichgewichtspreis erhalten wir aus (6.4) und $i = i^*$. Dies ergibt $\bar{p} = m - \phi y + \lambda i^*$.

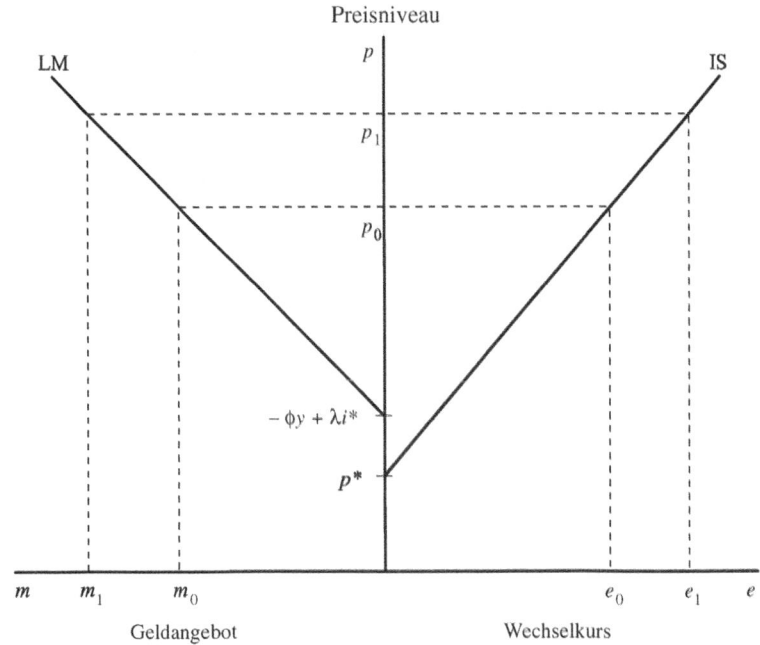

Abbildung 6.1 Das elementare monetäre Wechselkursmodell in einem stationären Umfeld.

bei konstanter realer Geldmenge im Gleichgewicht. Dies ist grafisch durch eine Gerade mit der Steigung 1 dargestellt. Im rechten Quadrant wird das durch Gleichung 6.3 gegebene und ebenfalls permanent gültige Gütermarktgleichgewicht dargestellt. Wie im vorhergehenden Abschnitt bereits erläutert wurde, basiert das Gütermarktgleichgewicht im monetären Modell auf der Annahme der Kaufkraftparität, die hier durch eine Gerade mit der Steigung 1 abgebildet wird.

Ein Geldangebot von m_0 bewirkt ein inländisches Preisniveau von p_0 und einen Wechselkurs von e_0. Da beide Gleichgewichtsbedingungen eine Steigung von 1 haben, zeichnet unsere Grafik die extremen Homogenitätseigenschaften des monetären Wechselkursmodells nach. Steigt die Geldmenge von m_0 auf m_1, steigen Preisniveau und Wechselkurs genau gleich stark von p_0 auf p_1 respektive von e_0 auf e_1.

Anhand der Grafik lassen sich auch die aus einer Veränderung der exogenen Grössen resultierenden Konsequenzen nachvollziehen. Steigt z.B. das ausländische Preisniveau p^*, verschiebt sich die Gütermarktgleichgewichtsgerade nach links und der Wechselkurs sinkt bei konstantem Preisniveau. Würde andererseits z.B. die Geldmengenerhöhung von m_0 auf m_1 auch das Güterangebot stimulieren, würde sich die Gleichgewichtsgerade für den Geldmarkt nach links verschieben und der resultierende Anstieg des Preisniveaus wäre geringer als der auslösende Anstieg der Geldmenge.

6.2.2 Inflationäre Umwelt

Interessanter werden die Aussagen des monetären Ansatzes dann, wenn wir die Annahme einer stationären Wirtschaft aufgeben und nun von einer inflationären und/oder wachsenden Wirtschaft ausgehen. Selbst wenn wir weiterhin permanente Markträumung unterstellen, impliziert dies nun nicht mehr stationäre Wechselkurserwartungen. Berechnen wir aus den Gleichungen 6.3-6.5 eine Wechselkursbestimmungsgleichung für diesen allgemeinen Fall, also ohne $E(\dot{e}) = 0$ zu setzen, erhalten wir

$$e = m - \phi y + \lambda i^* + \lambda E(\dot{e}) - p^*. \tag{6.6'}$$

Gleichung 6.6' zeigt auf einfache Weise, weshalb Erwartungen auf dem Devisenmarkt eine gewisse Tendenz besitzen, sich selbst zu erfüllen. Was immer der Markt erwartet, tut der Wechselkurs auch zunächst, zumindest ansatzweise. Ein vergleichbares Ergebnis hatten wir auch schon in Kapitel 4 erhalten, als der Markt an einen falschen Gleichgewichtswechselkurs glaubte. Diese Fehleinschätzung des Marktes führte zunächst tatsächlich zu einer Wechselkursbewegung in die erwartete Richtung, musste dann allerdings auf längere Sicht wieder korrigiert werden, und die Wechselkurswirkung der fehlerhaften Erwartungen verschwand.

Unterstellt man, dass es im Ausland eine zur inländischen analoge Geldnachfrage gibt, also

$$m^* - p^* = \phi y^* - \lambda i^*, \tag{6.4'}$$

erhält man aus (6.4), (6.4') und (6.3) die *fundamentale monetäre Wechselkursgleichung*

$$e = m - m^* - \phi(y - y^*) + \lambda(i - i^*). \tag{6.6''}$$

Gleichung 6.6'' macht deutlich, dass der Wechselkurs von der *relativen* Entwicklung der Fundamentalvariablen[4] abhängt, nicht von deren absoluten Werten. So kann sich die inländische Währung selbst bei expansiver Geldpolitik aufwerten, solange die ausländische Notenbank noch stärker inflationiert.

---

[4] Veränderungen der Einkommen im In- und Ausland haben hier nur über ihre Auswirkung auf die jeweilige Geldnachfrage einen Einfluss auf den Wechselkurs. Dies entspricht der Standardvariante des monetären Modells, in dem das Gütermarktgleichgewicht durch die Kaufkraftparität repräsentiert wird. Leitet man das Modell hingegen aus dem Dornbusch-Modell her, wie es im ersten Abschnitt dieses Kapitels beschrieben wurde, müsste man auch den Effekt von Einkommensveränderungen auf den Gütermarkt berücksichtigen.

Natürlich können wir die Zinsdifferenz unter Verwendung von (6.5) durch die Abwertungserwartungen ersetzen und erhalten dann eine weitere Version der monetären Wechselkursgleichung:

$$e = m - m^* - \phi(y - y^*) + \lambda E(\dot{e}). \qquad (6.6''')$$

Weiss der Markt, dass der reale Wechselkurs konstant bleiben muss, entspricht die Abwertungserwartung natürlich den erwarteten Inflationsdifferenzen und wir erhalten

$$e = m - m^* - \phi(y - y^*) + \lambda[E(\dot{p}) - E(\dot{p}^*)]. \qquad (6.7)$$

Verwenden wir schliesslich weiter das Wissen, dass unsere Wirtschaft immer im Gleichgewicht ist und dass in diesem Gleichgewicht die Einkommen bei ihren Vollbeschäftigungswerten $\tilde{y}$ und $\tilde{y}^*$ sind sowie die Inflationsrate der Geldmengenzuwachsrate entspricht, können wir die erwarteten Inflationsraten durch die erwarteten Geldmengenwachstumsraten ersetzen und erhalten

$$e = m - m^* - \phi(\tilde{y} - \tilde{y}^*) + \lambda[E(\dot{m}) - E(\dot{m}^*)]. \qquad (6.7')$$

Interessant an (6.7') ist, dass sich offensichtlich trotz flexibler Preise eine überproportionale Reaktion des Wechselkurses auf eine Geldmengenänderung ergeben kann; und zwar dann, wenn eine Geldmengenerhöhung *heute* die Erwartung weiterer Geldmengenänderungen *in der Zukunft* hervorruft. Gilt also z.B. $dE(\dot{m})/dm > 0$, ergibt sich aus (6.7') als Wechselkurseffekt einer Geldmengenerhöhung

$$\frac{de}{dm} = 1 + \lambda \frac{dE(\dot{m})}{dm} > 1. \qquad (6.8)$$

Diese überproportionale Reaktion des Wechselkurses wird zur Unterscheidung vom im Dornbusch-Modell auftretenden *Überschiessen* als *Vergrösserungseffekt* (magnification effect[5]) bezeichnet. Während das *Überschiessen* eine temporäre Überreaktion des nominalen Wechselkurses, gemessen an seinem Gleichgewichtswert, beschreibt, deren Ursache die Trägheit der Güterpreise ist und die auch von einem temporären Ungleichgewicht des realen Wechselkurses begleitet wird, entsteht der Vergrösserungseffekt auch bei völlig flexiblen Güterpreisen. Der Wechselkurs überschiesst auch nicht, da der Gleichgewichtswechselkurs beim Übergang von einem Geldmengenexpansionspfad zu einem neuen, steileren ebenfalls überproportional ansteigt. All das spielt sich bei ständig geräumtem Gütermarkt und somit bei konstantem realen Wechselkurs ab. Dies bedeutet, dass auch das Preisniveau überproportional reagiert. Verantwortlich hierfür ist der *Fisher-Effekt*, nach dem im inflationären Gleichgewicht der Nominalzins die Inflationsrate enthält und

---

[5] Siehe Bilson (1979).

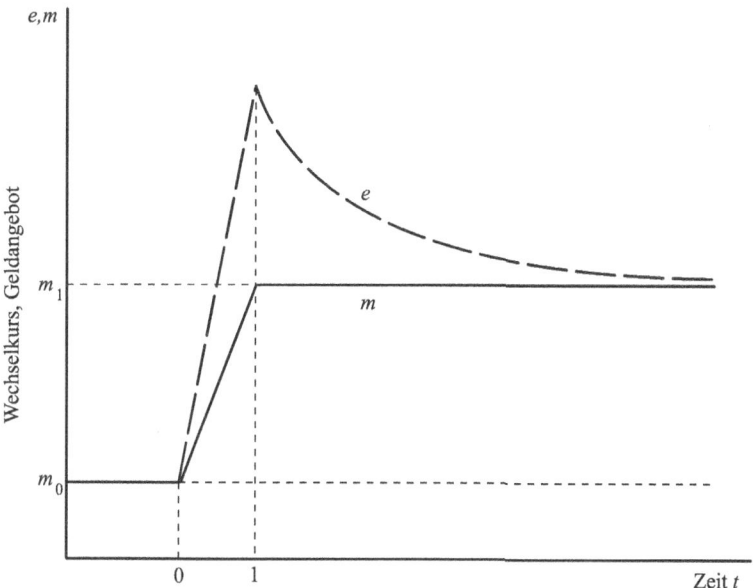

Abbildung 6.2 Einmalige Geldmengenerhöhung und Überschiessen des Wechselkurses bei diskreter Zeit.

sich somit der Kassenhaltungskoeffizient verringert (siehe Gleichung 6.4)[6]. Eine geringere Realkasse kann sich aber nur ergeben, wenn das Preisniveau stärker steigt als die Geldmenge.

Die Abbildungen 6.2-6.4 stellen Überschiessen und Vergrösserungseffekt visuell gegenüber. Abbildung 6.2 zeigt zunächst das aus Kapitel 4 bekannte Überschiessen des Wechselkurses aufgrund einer einmaligen und dauerhaften Erhöhung der Geldmenge. Die Ursache für diese Überreaktion des Wechselkurses sind träge Güterpreise. Zu beachten ist, dass die Überreaktion mit der Zeit vollständig abgebaut wird.

Abbildung 6.3 illustriert den Vergrösserungseffekt, der sich beim Übergang auf einen steileren Geldmengenexpansionspfad auch dann ergibt, wenn die Güterpreise völlig flexibel sind. Hier wurde die Geldmenge von der Notenbank bis zum Zeitpunkt 0 auf dem Wert m_0 konstant gehalten. Ab dem Zeitpunkt 1 lässt die Notenbank die Geldmenge mit einer konstanten positiven Rate wachsen. Bei vollkommener Voraussicht der Geldmengenentwicklung reagiert der Wechselkurs darauf mit einem überproportionalen Anstieg in Periode 1, wächst danach aber mit den gleichen Raten wie die Geldmenge. Der Vergrösserungseffekt bleibt bestehen, solange die Geldmenge ihrem inflationären Pfad folgt. Wird die Geldmengenentwicklung im Zeitpunkt t_1+1 auf dem Niveau m_1 stabilisiert, verschwindet der Vergrösserungseffekt wieder.

---

[6] Der Kassenhaltungskoeffizient ist der Anteil der Realkassennachfrage am Realeinkommen. Er nimmt im vorliegenden Modell mit steigendem Zinssatz ab.

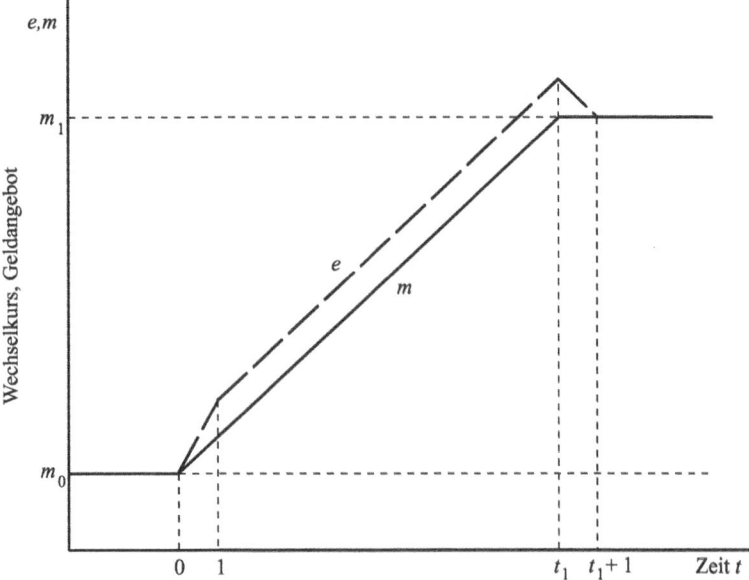

Abbildung 6.3 Vergrösserungseffekt bei Übergang zu dauerhaft inflationärer Geldpolitik.

Da im Dornbusch-Szenario die Güterpreise zwar kurzfristig träge, aber langfristig eben doch flexibel sind, muss die Entwicklung des Gleichgewichtswechselkurses den Vergrösserungseffekt widerspiegeln. Dies ergibt sich ja schon aus der zu Beginn dieses Kapitels aufgestellten Behauptung, dass das monetäre Wechselkursmodell als Dornbusch-Modell mit flexiblen Preisen bzw. als langfristiges Dornbusch-Modell interpretiert werden kann. Geht man nun im Dornbusch-Modell unerwartet von einer stabilen zu einer inflationären Politik über, so überlagern sich Vergrösserungs- und Überschiessenseffekt (siehe Abb. 6.4). Im Zeitpunkt 1 überschiesst der Wechselkurs seinen neuen, nun den Vergrösserungseffekt enthaltenden Gleichgewichtswert, nähert sich jedoch mit der Zeit von oben an diesen an. Bei der unerwarteten Stabilisierung im Zeitpunkt $t_1 + 1$ überschiesst der Wechselkurs nach unten und nähert sich mit der Zeit von unten wieder an seinen Gleichgewichtswert an.

6.3 Vergrösserungseffekt und Informationsstand der Wirtschaft

Der Zusammenhang zwischen Geldmengenerwartungen und Vergrösserungseffekt lässt sich anhand eines Modells von Mussa (1976) präzisieren. Mussa

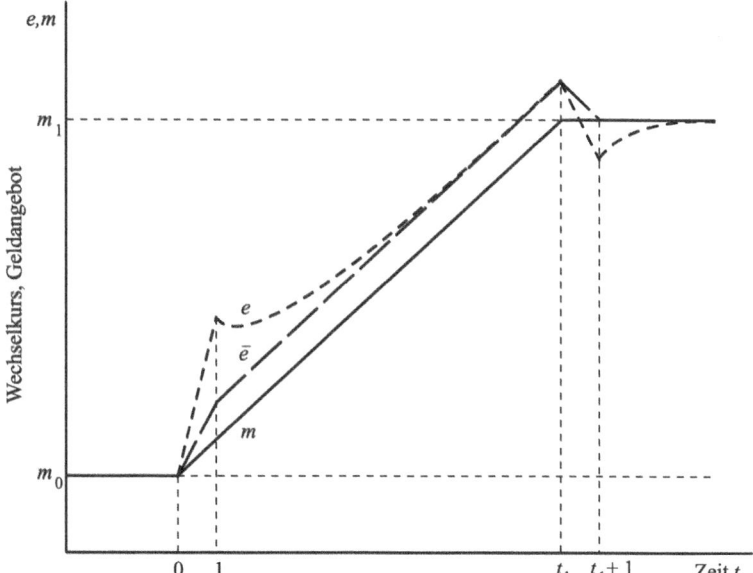

Abbildung 6.4 Vergrösserungseffekt und Überschiessen beim unerwarteten Übergang zu inflationärer Geldpolitik in einer Wirtschaft mit trägen Preisen.

unterstellt, dass die Geldpolitik, repräsentiert durch die angestrebte Geldmengenzuwachsrate $\dot{m}_t' \equiv m_t' - m_{t-1}$, einem von der Wirtschaft durchschauten Muster folgt. Formal gilt also

$$\dot{m}_t' = \dot{m}_{t-1}' + \varepsilon_t \qquad (6.9)$$

wobei ε_t einen Erwartungswert von Null hat $[E(\varepsilon_t) = 0]$, nicht autokorreliert $[E(\varepsilon_t \varepsilon_{t-i}) = 0$ für alle $i \neq 0]$ und Varianz σ_ε^2 hat. Man spricht in diesem Zusammenhang auch von *weissem Rauschen* ("white noise").[7] Nehmen wir weiter an, es gebe daneben auch zufällige Störungen des Geldangebots, welche die Notenbank in der folgenden Periode nicht korrigiert:

$$m_t = m_{t-1} + \dot{m}_t' + \zeta_t. \qquad (6.10)$$

Auch ζ_t stelle wieder weisses Rauschen dar. Es gelte also $E(\zeta_t) = 0$, $E(\zeta_t \zeta_{t-i}) = 0$ und $E(\zeta_t \zeta_t) = \sigma_\zeta^2$. Ergänzt man nun das elementare monetäre Wechselkursmodell um den in (6.9) und (6.10) beschriebenen stochastischen Geldangebotsprozess, erhält man das in Tabelle 6.2 dargestellte Modell.

---

[7] Man bezeichnet einen durch eine Gleichung wie 6.9 beschreibbaren Prozess als *Random-Walk* (Zufallspfad, Irrfahrt). Die Wahrscheinlichkeit, dass die Variable steigt, ist bei einem Random-Walk in jedem Zeitpunkt gleich gross wie die Wahrscheinlichkeit, dass die Variable sinkt.

Tabelle 6.2 Modell mit stochastischem Geldangebot.

Gütermarkt

$p_t = e_t + p_t^*$ Gütermarktgleichgewicht   (6.3)

Geldmarkt

$m_t - p_t = \phi \tilde{y}_t - \lambda i_t$ Geldmarktgleichgewicht   (6.4)

$m_t^* - p_t^* = \phi \tilde{y}_t^* - \lambda i_t^*$ Geldmarktgleichgewicht im Ausland   (6.4a)

$\dot{m}_t' = \dot{m}_{t-1}' + \varepsilon_t$ Random-Walk   der   Geldmengenwachs-   (6.9)
                                            tumsregel

$m_t = m_{t-1} + \dot{m}_t' + \zeta_t$ Random-Walk des Geldangebots mit sto-   (6.10)
                                            chastischem Trend

Internationaler Kapitalmarkt

$i_t = i_t^* + E(\dot{e}_t)$ Kapitalmarktgleichgewicht   (6.5)

Anmerkungen: Kleinbuchstaben bezeichnen den natürlichen Logarithmus der betreffenden Variablen mit Ausnahme des Zinssatzes. Ein Punkt über einer Variablen bezeichnet deren Änderung in der Zeit. Griechische Buchstaben geben positive Modellparameter wieder oder bezeichnen Zufallsvariablen. $E(.)$ ist der Erwartungsoperator. Entsprechende ausländische Grössen sind mit einem Stern gekennzeichnet. Die Bedeutung der verwendeten Symbole ist wie folgt:

p = inländisches Preisniveau
e = Wechselkurs
m = inländische Geldmenge (exogen)
$\tilde{y}$ = aggregiertes Angebot an Inlandsgütern bei Vollbeschäftigung (exogen)
i = inländischer Zinssatz

$\dot{m}'$ = geplante Geldmengenzuwachsrate
$\dot{m}$ = Geldmengenwachstumsrate
ε = Zufallsvariable
ζ = Zufallsvariable
$\dot{e}$ = Änderungsrate des Wechselkurses

Ignorieren wir zunächst die Gleichungen 6.9 und 6.10, ergibt sich analog zur Ableitung von (6.7′) als Wechselkursgleichung

$$e_t = m_t - m_t^* - \phi(\tilde{y}_t - \tilde{y}_t^*) + \lambda[E(\dot{m}_t) - E(\dot{m}_t^*)]. \tag{6.7″}$$

Um die in (6.7″) benötigten Geldmengenerwartungen zu erhalten, müssen wir zunächst die den Geldangebotsprozess beschreibenden Gleichungen 6.9 und 6.10 zusammenfassen. Durch Einsetzen von (6.9) in (6.10) erhalten wir

$$m_t = m_{t-1} + \dot{m}_{t-1}' + \varepsilon_t + \zeta_t. \tag{6.11}$$

Bildet der Markt nun die in (6.7″) benötigten Geldmengenänderungserwartungen, muss er wissen, ob sich die Geldmenge über den Zufallsparameter ε_t oder über ζ_t verändert hat. Das Problem lässt sich anhand eines Zahlenbeispiels erläutern (siehe Abb. 6.5).

Beispiel: Im Zeitpunkt 0 betrage das Geldangebot 100 Einheiten. $\dot{m}_0'$, die gewollte Expansionsrate des Geldangebots, betrage 5 Prozent. Unter Zugrundelegung dieser Infor-

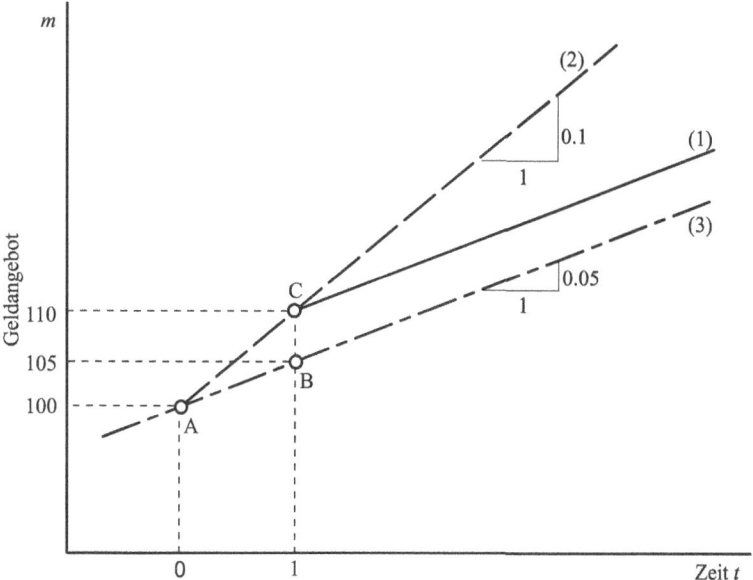

Abbildung 6.5 Mögliche Interpretationen einer unerwarteten Geldmengenausdehnung.

mation müsste sich die Geldmenge entlang Pfad (3) entwickeln. Nun steige die Geldmenge bis zum Zeitpunkt 1 aber nicht um die erwarteten 5 Prozent, sondern um 10 Prozent. Die Geldmenge bewegt sich also von A nicht wie erwartet nach B, sondern nach C. Glaubt der Markt, die Ursache hierfür sei ein einmaliger Schock auf das Geldmengenniveau, es sei also $\zeta_1 = 5$, erwartet er die weitere Geldmengenentwicklung entlang des Pfads (1). Interpretiert der Markt dagegen die in Periode 1 unerwartet stark gestiegene Geldmenge als Indiz für eine dauerhafte Änderung der Geldpolitik, also $\varepsilon_1 = 5$, erwartet er die weitere Entwicklung der Geldmenge entlang des steileren gestrichelten Pfads (2).

Es lässt sich sogar ein dritter Fall vorstellen, nämlich dass Niveauschocks nach der Erwartung des Markts in der nächsten Periode wieder korrigiert werden. Formal würde dann aus (6.10)

$$m_t = m_{t-1} + \dot{m}'_t - \zeta_{t-1} + \zeta_t. \tag{6.10'}$$

Interpretiert der Markt den Sprung in Periode 1 jetzt als einmaligen Ausreisser, der in der nächsten Periode wieder korrigiert wird, erwartet er unverändert eine Entwicklung entlang des ursprünglichen Geldmengenexpansionspfads (3). Es lässt sich leicht nachrechnen, dass der Markt im Fall (1) in Periode 2 eine Geldmengenerhöhung um 5 Prozent erwartet, im Fall (2) eine Erhöhung um 10 Prozent und im Fall (3) keine Veränderung der Geldmenge. Dies unterstreicht, wie wichtig es ist, auf welche Ursachen der Markt eine gegebene Änderung des Geldangebots zurückführt.

Unterstellen wir zunächst vollkommene Information. Aus (6.11) berechnen wir dann als Geldmengenerwartung für die nächste Periode

$$E_t(m_{t+1}) = m_t + \dot{m}'_t, \tag{6.12}$$

wobei das Subskript am Erwartungsoperator E darauf hinweist, dass die Erwartungen aufgrund der im Zeitpunkt t vorliegenden Informationen gebildet werden. Durch Subtraktion von m_t auf beiden Seiten von (6.12) erhält man die erwartete Geldmengenänderungsrate. Einsetzen in (6.7'') ergibt

$$e_t = m_t - m_t^* - \phi(\tilde{y}_t - \tilde{y}_t^*) + \lambda[\dot{m}'_t - E(\dot{m}_t^*)], \tag{6.13}$$

bzw. unter Verwendung von (6.9) und (6.11)

$$e_t = m_{t-1} + \dot{m}'_{t-1} + \varepsilon_t + \zeta_t - m_t^* - \phi(\tilde{y}_t - \tilde{y}_t^*) \tag{6.13'}$$
$$+\lambda[\dot{m}'_{t-1} + \varepsilon_t - E(\dot{m}_t^*)].$$

6.3.1 Vollkommene Information

Ist der Markt vollkommen informiert, kann er auch zwischen Niveau- und Wachstumsratenschocks unterscheiden. Die Geldmengenerwartungen werden dann auf der Basis von allen bis zum Zeitpunkt t vorliegenden Informationen gebildet. Somit ist die auf einen Niveauschock des Geldangebots (Erhöhung von ζ_t) zurückzuführende Wechselkursänderung

$$\frac{de_t}{dm_t}\Big|_{\varepsilon_t=0} = \frac{de_t}{d\zeta_t} = 1, \tag{6.14}$$

die auf einen Wachstumsratenschock des Geldangebots (Erhöhung von ε_t) zurückzuführende

$$\frac{de_t}{dm_t}\Big|_{\zeta_t=0} = \frac{de_t}{d\varepsilon_t} = 1 + \lambda. \tag{6.15}$$

Eine Überreaktion des Wechselkurses im Sinne des Vergrösserungseffekts ergibt sich bei vollkommener Information somit nur dann, wenn die Geldpolitik auf einen neuen Wachstumspfad mit anderer Steigung über geht.

6.3.2 Unvollkommene Information

Ist der Markt nicht vollkommen informiert, kann er im Zeitpunkt t nur das Aggregat $\varepsilon_t + \zeta_t = \xi_t$ beobachten, dieses aber nicht in seine Komponenten zerlegen. Anstelle der tatsächlichen Werte von ε_t und ζ_t müssen deshalb bei der Berechnung von (6.13') aus (6.7''), (6.9), (6.11) und (6.12) deren vermutete bzw. erwartete Werte eingesetzt werden. Beträgt der Anteil von ε_t an ξ_t aufgrund früherer Erfahrungen α, erhalten wir anstatt (6.13')

$$e_t = m_{t-1} + \dot{m}'_{t-1} + \alpha\xi_t + (1-\alpha)\xi_t + \qquad\qquad (6.13'')$$
$$\lambda[\dot{m}'_{t-1} + \alpha\xi_t - E(\dot{m}^*_t)] - m^*_t - \phi(\tilde{y}_t - \tilde{y}^*_t).$$

Jede Erhöhung der Geldmenge erhöht nun den Wechselkurs um

$$\frac{de_t}{dm_t} = \frac{de_t}{d\xi_t} = 1 + \alpha\lambda > 1. \qquad\qquad (6.16)$$

Bei unvollkommener Information ergibt sich also immer dann ein Vergrösserungseffekt bei der Wechselkursreaktion, wenn der Markt bei einer beobachteten Geldmengenänderung die Möglichkeit einer bewussten Richtungsänderung der Geldpolitik nicht völlig ausschliessen kann ($1 \geq \alpha > 0$). Die wahre Ursache für den beobachteten Schock spielt dabei zunächst keine Rolle. Mittel- und langfristig ist α natürlich als endogene Variable zu betrachten, die korrigiert wird, wenn es bei ihrem momentanen Wert zu systematischen Fehleinschätzungen kommt.[8]

Abbildung 6.6 illustriert diesen Zusammenhang. Nehmen wir an, die Ursache für den unerwarteten Anstieg der Geldmenge von A nach C sei eine *einmalige Niveauverschiebung*. Dann vollzieht sich die weitere Entwicklung der Geldmenge in den Perioden 2, 3 und 4 über die Punkte D, E und F. Hält es der Markt aufgrund unvollkommener Information für gleich wahrscheinlich, dass der unerwartete Anstieg von A nach C eine einmalige Niveauverschiebung darstellt, wie dass er eine dauerhafte Erhöhung der Geldmengenwachstumsrate darstellt, gilt $\alpha = 0.5$.

Die Wirtschaft erwartet dann für Periode 2 einen Anstieg auf D', für Periode 3 einen Anstieg auf E' und für Periode 4 einen Anstieg auf F'. Vergleicht man diese Punkte mit der tatsächlichen Entwicklung, sieht man, dass die Erwartungen systematisch falsch, nämlich immer um 2.5 Prozentpunkte zu hoch sind. Rational handelnde Akteure werden erkennen, dass sie diesen Erwartungsfehler verringern können, indem sie α verringern und diese Anpassung so lange fortsetzen, bis α bei seinem wahren Wert Null angelangt ist.

Bei der *Modellierung der Wechselkurserwartungen*, die ja von zentraler Bedeutung für die kurz- und mittelfristige Entwicklung einer offenen Volkswirtschaft sind, stehen einem zwei sich grundsätzlich voneinander unterscheidende Wege offen: Die Untersuchung *rationaler Erwartungen* und die explizite *Modellierung des Erwartungsbildungsprozesses*.

Eine explizite Modellierung des Erwartungsbildungsprozesses erscheint immer dann angebracht, wenn sich die Wirtschaftssubjekte mit Situationen und Strukturen auseinanderzusetzen haben, die in ihrem eigenen aktiven Erfahrungsschatz nicht enthalten sind:

---

[8] Entsprechende Lernprozesse, welche längerfristig zu einer Konvergenz von α zu seinem wahren Wert führen, werden in allgemeiner Form für eine stochastische Umwelt in Lucas (1975) beschrieben und in Bernholz, Gärtner und Heri (1985) im Rahmen von Simulationen historischer Episoden mit flexiblen Wechselkursen verwendet.

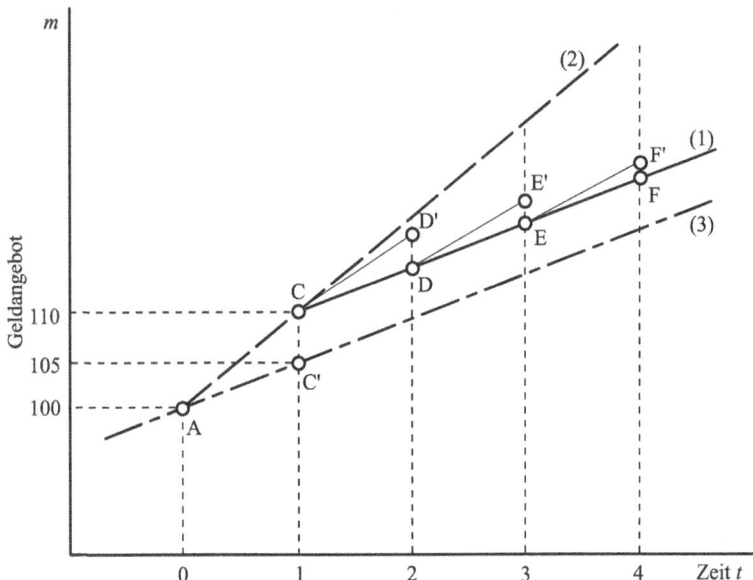

Abbildung 6.6 Erwartete und tatsächliche Geldmengenentwicklung nach einem einmaligen Niveauschock bei unvollständiger Information der Akteure.

1. Hyperinflationen treten in einem Land in einer Generation selten mehr als einmal auf. Da vieles darauf hindeutet, dass die Erfahrungen früherer Generationen weitgehend ignoriert oder vergessen werden, muss jede von einer Hyperinflation betroffene Generation aufs neue lernen, mit dieser für sie unbekannten Situation umzugehen und die veränderten strukturellen Zusammenhänge zu durchschauen. Will man die makroökonomische Entwicklung eines Landes während einer konkreten hyperinflationären Phase nachvollziehen, muss man versuchen, den Lernprozess zu modellieren.

2. Wechselt die Regierungsverantwortung in einem Land seit Jahrzehnten zum ersten Mal, braucht die Wirtschaft Zeit, um zu erkennen, welche Vorstellungen der neuen Regierung nur Programm sind und welche sie tatsächlich realisieren will.

3. Nach der Umstellung des internationalen Währungssystems nach über zwei Jahrzehnten "Bretton Woods" von festen auf flexible Wechselkurse mussten sich die Akteure erst mit der Funktionsweise offener Volkswirtschaften bei marktbestimmten Wechselkursen vertraut machen.

4. Die westdeutsche Wirtschaft musste nach über einem Jahrzehnt dirigistischer Wirtschaftsplanung und einem Weltkrieg mit nachfolgend völlig veränderten Rahmenbedingungen in den 50er und 60er Jahren lernen, die Strukturzusammenhänge einer Marktwirtschaft qualitativ und quantitativ zu durchschauen. Ähnliches haben die neuen Bundesländer im Osten

Deutschlands und die Transformationsstaaten Osteuropas in der jüngeren Vergangenheit durchlaufen.

Für die Modellierung von Lernprozessen bei zunächst *nicht* rationalen Erwartungen sei nochmals beispielhaft auf die Arbeiten von Lucas (1975) und Bernholz, Gärtner und Heri (1985) verwiesen. Wir wollen im folgenden die extrem gegensätzliche Position einnehmen und unterstellen, dass die Wirtschaftssubjekte das zugrundeliegende Modell kennen und rationale Erwartungen bilden. Etwas Vergleichbares hatten wir bereits in Kapitel 4 getan, in dem wir vollkommene Voraussicht unterstellt hatten. Indem wir nun aber nicht mehr wie im Dornbusch-Modell davon ausgehen, dass die Akteure mit keinen weiteren Änderungen der Geldmenge rechnen, werden wir interessante Einsichten über den Zusammenhang zwischen *heutigem* Wechselkurs und *künftiger* Wirtschaftspolitik gewinnen.

6.4 Rationale Erwartungen: Die Bedeutung der Zukunft für den heutigen Wechselkurs

Ausgangspunkt ist hier die Annahme, dass sich die Entwicklung einer Volkswirtschaft einerseits aufgrund struktureller Abhängigkeiten zwischen makroökonomischen Grössen und andererseits als Reaktion auf unerwartete Störungen ergibt, deren Ursache nicht modellierbar ist. Die Arbeitshypothese, gelegentlich auch nur im Sinne einer *als-ob*-Hypothese verwendet, lautet, dass die Akteure das Strukturmodell kennen und ihrer Erwartungsbildung zugrunde legen. Da die Akteure rational handeln und somit bei der Bildung von Erwartungen jede verfügbare Information verwenden, berücksichtigen sie neben dem Strukturmodell auch jede systematische Komponente in der zeitlichen Entwicklung der Störvariablen. Dies führt dazu, dass die Erwartungen im Durchschnitt richtig sind und Erwartungsfehler zwar auftreten, aber völlig unsystematisch, also zufällig sind.

Die Annahme *rationaler Erwartungen* im Sinne einer perfekten Kenntnis der ökonomischen Strukturzusammenhänge überzeichnet den Wissensstand des Marktes. Andererseits ist es plausibel anzunehmen, dass die Wirtschaft nicht auf Dauer systematische Erwartungsfehler macht und dass sie eine gegebene Struktur der Wirtschaft mit der Zeit immer besser durchschaut. Die makroökonomische Theorie unter *rationalen Erwartungen* denkt dies konsequent zu Ende und fragt, welche makroökonomischen Zusammenhänge und wirtschaftspolitischen Einflussmöglichkeiten am Ende dieses Prozesses verbleiben. Während man sich über die Relevanz dieses Ansatzes für die empirische Makroökonomik streiten kann, ist seine Nützlichkeit als *theoretische* Gegenposition zu früheren keynesianischen Ansätzen mit naiver Erwartungsbildung heute unbestritten.

Formulieren wir zunächst unser monetäres Grundmodell für diskrete Zeiteinheiten um. Wenn wir zur Vereinfachung der Schreibweise die ausländischen Grössen p^* und i^* gleich Null setzen, resultiert daraus das in Tabelle 6.3 dargestellte Modell.

Tabelle 6.3 Elementares monetäres Wechselkursmodell (2).

Gütermarkt		
$p_t = e_t$	Gütermarktgleichgewicht	(6.17)
Geldmarkt		
$m_t - p_t = \phi y_t - \lambda i_t$	Geldmarktgleichgewicht	(6.18)
Internationaler Kapitalmarkt		
$i_t = E_t e_{t+1} - e_t$	Kapitalmarktgleichgewicht	(6.19)

Anmerkungen: Kleinbuchstaben bezeichnen den natürlichen Logarithmus der betreffenden Variablen. Einzige Ausnahme ist der Zinssatz. Griechische Buchstaben geben positive Modellparameter wieder. $E(.)$ ist der Erwartungsoperator. Die Bedeutung der verwendeten Symbole ist wie folgt:

p = inländisches Preisniveau
e = Wechselkurs
m = inländische Geldmenge (exogen)

y = aggregiertes Angebot an Inlandsgütern (exogen)
i = inländischer Zinssatz

Bei der Ableitung der Wechselkursentwicklung unter rationalen Erwartungen folgen wir dem im Anhang (siehe Abschnitt 6.8) anhand eines noch einfacheren Beispiels beschriebenen Lösungsrezept.

1. Schritt: In einem ersten Schritt lösen wir das Modell nach der uns interessierenden Variable auf, hier also nach dem Wechselkurs. Auf der rechten Seite des Gleichheitszeichens sollen danach nur noch exogene oder verzögerte endogene Variablen stehen.[9] Erwartete Variable werden hierbei zunächst als exogene Grössen betrachtet. Durch einsetzen von (6.17) und (6.19) in (6.18) erhalten wir

$$e_t = \frac{1}{1+\lambda}(m_t - \phi y_t + \lambda E_t e_{t+1}). \qquad (6.20)$$

2. Schritt: Nun müssen wir eine Lösung für den in (6.20) enthaltenen Erwartungswert $E_t e_{t+1}$ berechnen. Hierbei können wir ja davon ausgehen, dass die Wirtschaft das Modell kennt. Folglich *erwartet* sie natürlich auch im Zeitpunkt t, dass die Zusammenhänge (6.17)-(6.19) im Zeitpunkt $t+1$ gelten. Wir können diese Gleichungen somit in ihrer Erwartungsform schreiben:

---

[9] Technisch ausgedrückt berechnen wir also die reduzierte Form für den Wechselkurs. Siehe Chiang (1984), S. 178.

$$E_t p_{t+1} = E_t e_{t+1}, \tag{6.17'}$$

$$E_t m_{t+1} - E_t p_{t+1} = \phi E_t y_{t+1} - \lambda E_t i_{t+1}, \tag{6.18'}$$

$$E_t i_{t+1} = E_t e_{t+2} - E_t e_{t+1}. \tag{6.19'}$$

Der erste Term auf der rechten Seite von (6.19') heisst eigentlich korrekt $E_t E_{t+1} e_{t+2}$, gibt also an, welche Wechselkurserwartungen wir in Periode t für Periode $t+1$ erwarten. Dies ist natürlich identisch mit dem Wechselkurs, den wir in t für $t+2$ erwarten. Es gilt also $E_t E_{t+1} e_{t+2} = E_t e_{t+2}$.

Einsetzen von (6.17') und (6.19') in (6.18') und auflösen nach $E_t e_{t+1}$ ergibt

$$E_t e_{t+1} = \frac{1}{1+\lambda}(E_t m_{t+1} - \phi E_t y_{t+1} + \lambda E_t e_{t+2}). \tag{6.21}$$

Der für $t+1$ erwartete Wechselkurs wird also durch die für $t+1$ erwarteten Werte der exogenen Variablen m und y bestimmt und durch den für $t+2$ erwarteten Wechselkurs.

3. *Schritt:* Nun setzen wir den in (6.21) berechneten Erwartungswert in die Wechselkursgleichung (6.20) ein und erhalten nach einigen Umformungen

$$e_t = \frac{1}{1+\lambda}\left[m_t - \phi y_t + \frac{\lambda}{1+\lambda}(E_t m_{t+1} - \phi E_t y_{t+1})\right]$$
$$+ \left(\frac{\lambda}{1+\lambda}\right)^2 E_t e_{t+2}. \tag{6.22}$$

Nun haben wir zwar die in (6.20) auf der rechten Seite stehende endogene Erwartungsvariable $E_t e_{t+1}$ eliminiert, aber mit $E_t e_{t+2}$ in (6.22) immer noch eine endogene Erwartungsvariable. Um nun auch $E_t e_{t+2}$ zu eliminieren, richten wir in (6.21) unsere Erwartungen um eine weitere Periode in die Zukunft, d.h. auf den Zeitpunkt $t+2$ und setzen das Resultat in (6.22) ein. Dies ergibt

$$e_t = \frac{1}{1+\lambda}\left[m_t - \phi y_t + \frac{\lambda}{1+\lambda}(E_t m_{t+1} - \phi E_t y_{t+1})\right. \tag{6.23}$$
$$\left. + \left(\frac{\lambda}{1+\lambda}\right)^2 (E_t m_{t+2} - \phi E_t y_{t+2})\right] + \left(\frac{\lambda}{1+\lambda}\right)^3 E_t e_{t+3},$$

bzw. nach Zusammenfassung geeigneter Terme

$$e_t = \frac{1}{1+\lambda}\left[m_t - \phi y_t + \sum_{i=1}^{2}\left(\frac{\lambda}{1+\lambda}\right)^i (E_t m_{t+i} - \phi E_t y_{t+i})\right] \tag{6.23'}$$
$$+ \left(\frac{\lambda}{1+\lambda}\right)^3 E_t e_{t+3}.$$

Wieder haben wir wie gewünscht zwar $E_t e_{t+2}$ eliminiert, dafür tritt nun die unbekannte endogene Erwartung $E_t e_{t+3}$ auf. Immerhin erkennen wir als Muster, dass der vor der Wechselkurserwartung stehende Koeffizient immer kleiner wird, je weiter wir diese Erwartung in die Zukunft verschieben. Der

Koeffizient beträgt $[\lambda/(1 + \lambda)]^n$, wenn wir durch sukzessives Einsetzen bei $E_t e_{t+n}$ angelangt sind:

$$
e_t = \frac{1}{1 + \lambda} \left[m_t - \phi y_t + \sum_{i=1}^{n-1} \left(\frac{\lambda}{1 + \lambda} \right)^i (E_t m_{t+i} - \phi E_t y_{t+i}) \right]
$$
$$
+ \left(\frac{\lambda}{1 + \lambda} \right)^n E_t e_{t+n}
$$

Wiederholen wir dieses Einsetzen unendlich oft, erhalten wir unter Verwendung der Annahme, dass $\lim_{n \to \infty} E_t e_{t+n}$ endlich ist, wegen

$$
\lim_{n \to \infty} \left(\frac{\lambda}{1 + \lambda} \right)^n = 0
$$

endlich die gesuchte Wechselkursgleichung,

$$
e_t = \frac{1}{1 + \lambda} \left\{ m_t + \sum_{i=1}^{\infty} \left(\frac{\lambda}{1 + \lambda} \right)^i E_t m_{t+i} \right.
$$
$$
\left. -\phi \left[y_t + \sum_{i=1}^{\infty} \left(\frac{\lambda}{1 + \lambda} \right)^i E_t y_{t+i} \right] \right\},
$$

(6.24)

aus der sich eine ganze Reihe wichtiger Aussagen ablesen lassen:

- Der heutige Wechselkurs wird von allen künftigen Werten der exogenen Variablen mitbestimmt.
- Je weiter in der Zukunft eine erwartete Variablenveränderung liegt, desto weniger stark wirkt sie sich auf den heutigen Wechselkurs aus. Dies entspricht den in Kapitel 5 abgeleiteten Wirkungen einer angekündigten Geldmengenänderung.
- Für den Fall, dass keine Veränderungen von m und y in der Zukunft erwartet werden, wenn also $E_t m_{t+i} = m_t$ und $E_t y_{t+i} = y_t$ für alle i gilt, vereinfacht sich (6.24) zu[10]

$$
e_t = m_t - \phi y_t = p_t.
$$

(6.24')

---

[10] Dies folgt aus

$$
1 + \sum_{i=1}^{\infty} \left(\frac{\lambda}{1 + \lambda} \right)^i = \sum_{i=0}^{\infty} \left(\frac{\lambda}{1 + \lambda} \right)^i = \frac{1}{1 - \frac{\lambda}{1+\lambda}} = 1 + \lambda.
$$

6.5 Wechselkursausschläge als Seifenblasen

Unter dem Sammelbegriff *Seifenblasen* (*"Bubbles"*) hat die Wechselkurstheorie Ansätze zur Erklärung von exzessiven, scheinbar unmotivierten und sich selbst verstärkenden Wechselkursausschlägen entwickelt, die nicht mehr als einfaches Überschiessen interpretiert werden können.[11]

Ob ein Wechselkurs noch durch die Fundamentalvariablen Geldmenge, Volkseinkommen etc. gerechtfertigt werden kann, hängt in der Regel vom zugrundegelegten Wechselkursmodell ab. Prinzipiell können aber Seifenblasen in jedem Wechselkursmodell entstehen. Die wichtigste Einsicht lautet aber, dass ihnen nicht notwendigerweise irrationales Herdenverhalten zugrundeliegen muss, sondern dass sie sehr wohl mit rationalen Erwartungen der Anleger kompatibel sein können. Im Folgenden soll das Entstehen rationaler Seifenblasen im Rahmen des monetären Wechselkursmodells aus Tabelle 6.3 aufgezeigt werden.

6.5.1 Nicht platzende Seifenblasen

Im vorhergehenden Teilkapitel hatten wir festgestellt (vgl. Gleichung 6.20), dass im monetären Wechselkursmodell der Wechselkurs zu jedem Zeitpunkt ein gewichtetes Mittel des momentanen Wertes der Fundamentalvariablen und des für die nächste Periode erwarteten Wechselkurses ist:

$$e_t = \frac{1}{1+\lambda}(m_t - \phi y_t) + \frac{\lambda}{1+\lambda} E_t e_{t+1}. \tag{6.25}$$

Unterstellen wir im folgenden $m_t = \bar{m}$ und $y_t = \bar{y}$ für alle t und definieren $\alpha \equiv \lambda/(1+\lambda)$. (6.25) lässt sich dann schreiben als

$$e_t = (1-\alpha)(\bar{m} - \phi\bar{y}) + \alpha E_t e_{t+1}. \tag{6.26}$$

Wie im vorhergehenden Abschnitt ebenfalls gezeigt wurde, erhalten wir durch das Schreiben der Modellgleichungen in Erwartungsform

$$E_t e_{t+1} = (1-\alpha)(\bar{m} - \phi\bar{y}) + \alpha E_t e_{t+2}. \tag{6.27}$$

---

[11] Seifenblasenmodelle wurden ursprünglich zur Erklärung exzessiver Aktienkursbewegungen entwickelt. Ein Beispiel ist Froot and Obstfeld (1991). In der makroökonomischen Theorie wurden Sie nicht nur für die Erklärung von Wechselkursbewegungen verwendet, sondern auch zur Erklärung von Hyperinflationen [siehe Obstfeld und Rogoff (1983)]. Eine aktuelle Übersicht mit vielen Anwendungen bietet das Buch von Hunter et al. (2003). Eine formale Einführung in die theoretische Diskussion zum Thema Seifenblasen und verwandte Ansätze findet sich in Blanchard und Fischer (1989), Kapitel 5. Lesenswert sind auch Garber (2000) und die Beiträge zu einem Symposium über "Bubbles" im *Journal of Economic Perspectives* (1990).

Durch Vorwärtssubstitution (d.h. sukzessives Einsetzen) von Gleichung 6.27, die sich in der Zeit Periode für Periode nach vorn verschieben lässt, für den erwarteten Wechselkurs in (6.26), könnten wir eine Bestimmungsgleichung für den Wechselkurs herleiten.

Ein direkterer Lösungsweg wird erkennbar, wenn wir Gleichung 6.27 umschreiben zu

$$E_t e_{t+2} - \frac{1}{\alpha} E_t e_{t+1} = -\frac{1-\alpha}{\alpha}(\bar{m} - \phi\bar{y}). \qquad (6.28)$$

Die von den Wirtschaftssubjekten im Zeitpunkt t rational erwartete künftige Wechselkursentwicklung lässt sich offensichtlich durch eine lineare Differenzengleichung 1. Ordnung mit konstanten Koeffizienten und konstanter Inhomogenität beschreiben.[12] Die allgemeine Lösung von (6.28) setzt sich aus der speziellen Lösung für diese Gleichung, $E_t e_{t+1} = \bar{m} - \phi\bar{y}$, und der sogenannten komplementären Lösung für die homogene Variante von (6.28) zusammen.[13] Die homogene Variante von (6.28) lautet $E_t e_{t+2} - \alpha^{-1} E_t e_{t+1} = 0$ und hat die Lösung $E_t e_{t+1} = A\alpha^{-(t+1)}$, wobei A eine arbiträre Konstante ist. Die allgemeine Lösung von (6.28) lautet somit

$$E_t e_{t+1} = \bar{m} - \phi\bar{y} + A\alpha^{-(t+1)}. \qquad (6.29)$$

Durch Einsetzen von (6.29) in (6.26) erhalten wir schliesslich

$$e_t = \bar{m} - \phi\bar{y} + A\alpha^{-t}. \qquad (6.30)$$

Da (6.30) in jedem Zeitpunkt gilt, also auch für $t = 0$, ergibt sich A aus

$$e_0 = \bar{m} - \phi\bar{y} + A.$$

Da der Gleichgewichtswechselkurs $\bar{e} = \bar{m} - \phi\bar{y}$ ist, ergibt sich

$$A = e_0 - \bar{e}.$$

A ist also die Abweichung des Wechselkurses im Ausgangszeitpunkt 0 von seinem Gleichgewichtswert.[14] $A\alpha^{-t}$ bezeichnet in (6.30) die Abweichung des Wechselkurses von seinem Gleichgewichtswert im Zeitpunkt t.

Bezeichnen wir

$$s_t = A\alpha^{-t} \qquad (6.31)$$

---

[12] Siehe Chiang (1984), Kapitel 16. Die Eigenschaft konstanter Inhomogenität ergibt sich hier nur aus der zur Vereinfachung der Darstellung getroffenen Annahme konstanter Fundamentalvariablen. Sie ist für die folgenden Ableitungen und Ergebnisse nicht wesentlich.

[13] Siehe Chiang (1984), S. 554-556.

[14] Natürlich könnte der durch Gleichung 6.30 beschriebene dynamische Prozess theoretisch auch zu jedem anderen Zeitpunkt in Gang kommen. A wäre dann das Wechselkursungleichgewicht zu diesem anderen Zeitpunkt.

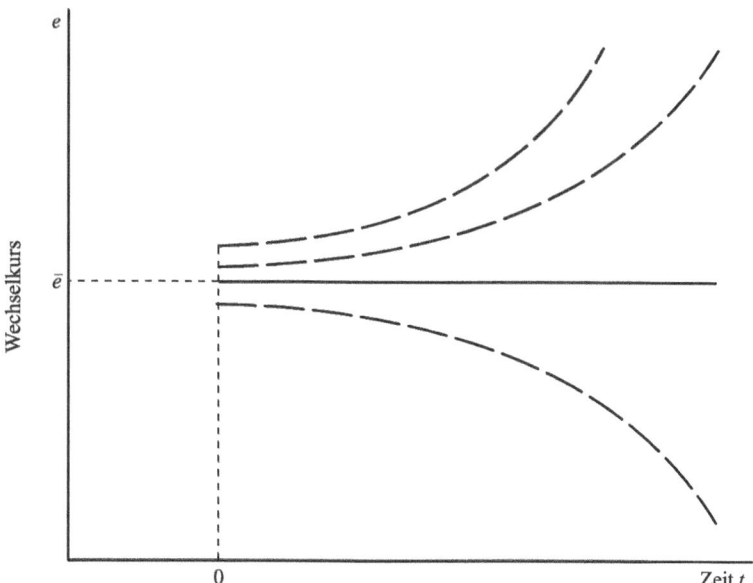

Abbildung 6.7 Mögliche Wechselkursentwicklungen unter rationalen Erwartungen bei Existenz von nicht platzenden Seifenblasen.

als Seifenblase s_t, lässt sich der Wechselkurspfad nach Einsetzen von (6.31) in (6.30) neu ausdrücken als

$$e_t = \bar{e} + s_t. \tag{6.32}$$

Abbildung 6.7 stellt die aufgrund von (6.30) respektive (6.32) möglichen Entwicklungspfade dar. Da $\alpha^{-1} > 1$, führt $s_0 \neq 0$, also jeder Ansatz zu einer Seifenblase im Zeitpunkt 0, trotz rationaler Erwartungen zu einem sich selbst verstärkenden Prozess, der die Seifenblase schneller und schneller anschwellen lässt. Weil die Akteure erwarten, dass sich der Wechselkurs morgen ändert, ändert sich der Wechselkurs auch tatsächlich.

Charakteristisch für die in Abb. 6.7 skizzierten Seifenblasen ist:

- Sie sind mit vollkommener Voraussicht bzw. rationalen Erwartungen kompatibel. Erwartungen sehen damit den Wechselkurs perfekt oder zumindest unverzerrt voraus.
- Der Wechselkurs entfernt sich mit ständig zunehmender Geschwindigkeit von seinem Gleichgewichtswert.
- Entlang des Entwicklungspfads gilt die ungedeckte Zinsparität. Der Devisenmarkt ist effizient.
- Die Marktteilnehmer sind sich in jedem Moment absolut sicher, dass die Seifenblase weiter wachsen wird.

- Der Markt zahlt für die betrachtete Währung einen überhöhten, durch die Fundamentalvariablen nicht gerechtfertigten Preis, weil er mit weiteren Preissteigerungen rechnet.

Im monetären Wechselkursmodell schlummert also (wie in vielen anderen Wechselkursmodellen auch) theoretisch die Möglichkeit ewig währender und immer schneller wachsender Seifenblasen. Die Marktteilnehmer erkennen auch, dass eine Seifenblase, wenn sie einmal existiert, unbegrenzt wächst, da ja aus Gleichung 6.31 folgt:

$$\lim_{t \to \infty} E_0 s_t = \lim_{t \to \infty} s_0 \alpha^{-t} = \begin{cases} +\infty, & \text{falls } s_0 > 0, \\ 0, & \text{falls } s_0 = 0, \\ -\infty, & \text{falls } s_0 < 0. \end{cases}$$

Bereits im Zusammenhang mit der Diskussion des Dornbusch-Modells unter vollkommener Voraussicht war nun argumentiert worden, dass die Erfahrung den Wirtschaftssubjekten sagt, dass es keine ewig währende, unbegrenzt wachsende Seifenblase gibt. Sie wissen also, dass, möglicherweise auch nur aufgrund modellexogener Restriktionen, $\lim_{t \to \infty} E_0 s_t = 0$ sein muss. Da dies nur für $s_0 = 0$ möglich ist, entstehen Seifenblasen der beschriebenen Art gar nicht erst. Von den vielen in Abb. 6.7 skizzierten Pfaden wählt die Wirtschaft automatisch die gleichgewichtige Entwicklung $e = \bar{e}$ nach rechts.

6.5.2 Platzende Seifenblasen

Nehmen wir nun an, die Wirtschaftssubjekte seien sich nicht sicher, ob die Seifenblase in der nächsten Periode weiter wächst, oder ob sie platzt. Unter einem Platzen der Seifenblase sei die plötzliche Rückkehr des Wechselkurses zum von den Fundamentalvariablen vorgegebenen Wert zu verstehen. Platzt die Seifenblase im Zeitpunkt t^*, gilt $s_{t^*} = 0$ und $e_{t^*} = \bar{e}$.

In Abb. 6.8 stellt SS' nochmals eine nie platzende Seifenblase dar, die aus einem ursprünglichen Ungleichgewicht s_0 resultiert. Wenn die Marktteilnehmer nun in S damit rechnen müssen, dass die Seifenblase in der nächsten Periode mit einer gewissen Wahrscheinlichkeit platzt und es damit zu einer Aufwertung von e_0 nach $\bar{e}$ kommt, werden sie bereits heute die Währung wechseln und damit die Seifenblase zum platzen bringen – es sei denn, sie erwarten eine Abwertung, welche sie nicht nur für den Zinsnachteil ausländischer Anlagen kompensiert, sondern auch für das Risiko, dass die Seifenblase platzt und die ausländischen Wertpapiere plötzlich an Wert verlieren.

Beispiel: Nehmen wir an, im Punkt S in Abb. 6.8 liege der Inlandszins 10 Prozentpunkte über dem Auslandszins. Der internationale Kapitalmarkt kann in S nur dann im Gleichgewicht sein, wenn eine Abwertung der inländischen Währung um 10 Prozent erwartet wird. Bei vollkommener Voraussicht und nie platzender Seifenblase wird aufgrund dieser Erwartungen der Wechselkurs tatsächlich um 10 Prozent steigen und im weiteren dem Pfad SS' folgen.

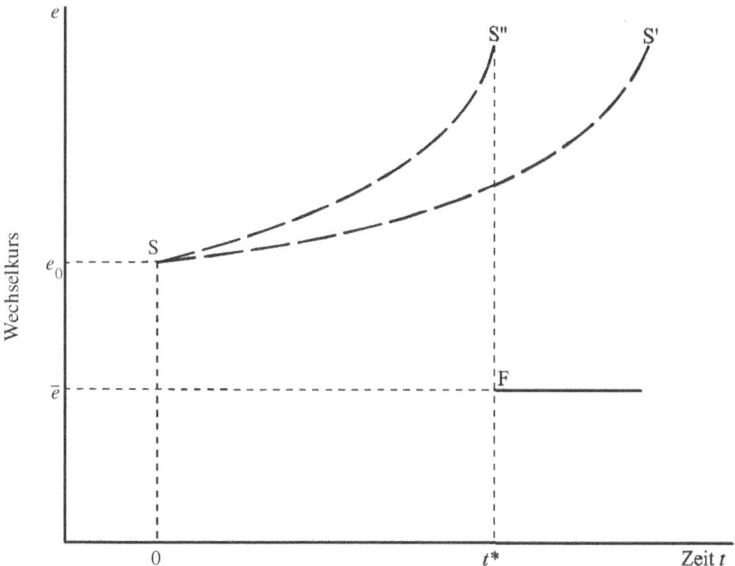

Abbildung 6.8 Beispiel einer nicht platzenden Seifenblase (SS') und einer platzenden Seifenblase (SS''F).

Ist der Markt nun aber unsicher und rechnet mit einer Wahrscheinlichkeit von 50 Prozent damit, dass die Seifenblase in der nächsten Periode platzt und der Wechselkurs zu seinem Fundamentalwert zurückkehrt, so muss der Wechselkurs bei Fortbestehen der Seifenblase um über 20 Prozent steigen. Dies ergibt sich aus der Gleichgewichtsbedingung

$$E_0 e_1 - e_0 = i_0,$$

da sich nach Einsetzen von $i_0 = 10$ und $E_0 e_1 - e_0 = 0.5(e_1 - e_0) - 0.5(e_0 - \bar{e})$ somit

$$e_1 - e_0 = 20 + (e_0 - \bar{e})$$

ergibt. Eine Seifenblase, über deren Fortbestehen Unsicherheit besteht, wächst demnach schneller als eine als ewig wachsend eingestufte Seifenblase, die ja im vorliegenden Fall mit einer Rate von 10 Prozent wachsen müsste.

Der Pfad SS'' in Abb. 6.8 beschreibt einen möglichen Pfad. Im gezeichneten Fall platzt die Seifenblase im Zeitpunkt t^*. Wichtig ist, dass dieser Zeitpunkt zufallsbestimmt ist und *ex ante* nicht bekannt ist.

Die Gleichgewichtsbedingung für den internationalen Kapitalmarkt lautet in allgemeiner Form (für $i^* = 0$)

$$E_t e_{t+1} - e_t = i_t. \tag{6.33}$$

Wächst die Seifenblase in der nächsten Periode in der Einschätzung der Marktteilnehmer mit der Wahrscheinlichkeit π weiter (dies impliziert eine Rückkehr zum Gleichgewichtswechselkurs mit der Wahrscheinlichkeit $1 - \pi$), so berechnet sich die Abwertungserwartung als

$$E_t e_{t+1} - e_t = \pi(e_{t+1} - e_t) + (1 - \pi)(\bar{e} - e_t). \tag{6.34}$$

Durch Gleichsetzen der rechten Seite von (6.33) und (6.34) und Auflösen nach der effektiven Abwertungsrate ergibt sich

$$e_{t+1} - e_t = \frac{1}{\pi} i_t + \frac{1 - \pi}{\pi}(e_t - \bar{e}). \tag{6.35}$$

Der Zinssatz im monetären Wechselkursmodell bestimmt sich als

$$i_t = \frac{1}{\lambda}(p_t - \bar{m} + \phi\bar{y}),$$

woraus wegen $\bar{e} = \bar{m} - \phi\bar{y}$ und $e_t = p_t$ folgt

$$i_t = \frac{1}{\lambda}(e_t - \bar{e}).$$

Eliminieren wir mit Hilfe dieser Gleichung den Zinssatz aus Gleichung 6.35, so ergibt sich nach der Zusammenfassung geeigneter Terme [und der Verwendung von $\alpha \equiv \lambda/(1 + \lambda)$]

$$e_{t+1} - \frac{1}{\alpha\pi} e_t = \left(1 - \frac{1}{\alpha\pi}\right)\bar{e}.$$

Die Lösung dieser Differenzengleichung lautet

$$e_t = \bar{e} + (e_0 - \bar{e})(\alpha\pi)^{-t}, \tag{6.36}$$

bzw.

$$e_t = \bar{m} - \phi\bar{y} + A(\alpha\pi)^{-t}. \tag{6.37}$$

Gleichung 6.37 beschreibt nun eine mit rationalen Erwartungen und der Vorstellung eines effizienten Devisenmarkts kompatible endliche Seifenblase. Die Akteure schätzen die beiden Pfade, denen die Seifenblase folgen kann, und das Risiko eines Platzens, also eines Pfadwechsels, korrekt ein. Vergleicht man Gleichung 6.37 mit Gleichung 6.30, so wird deutlich, dass der Wechselkurs bei einer unsicheren Seifenblase schneller wachsen muss als bei einer sicheren, immerwährenden.[15] Dies kompensiert die Marktteilnehmer für das Risiko von Kurseinbussen, die bei einem Platzen der Seifenblase entstehen.

---

[15] Wegen $0 < \pi < 1$ gilt $(\alpha\pi)^{-t} > \alpha^{-t}$ für $t > 0$.

Frage 6.1

Die Wahrscheinlichkeit, dass die Seifenblase in der nächsten Periode platzt und der Kurs damit auf seinen Gleichgewichtswert zurückfällt, sei $1 - \pi$. (1) Berechnen Sie die von den Marktteilnehmern erwartete *Dauer* der Seifenblase. (2) Mit welcher Rate wächst der Wechselkurs?

Charakteristisch für eine unsichere Seifenblase in der Wechselkursentwicklung ist, dass der Terminkurs, der ja bei Risikoneutralität die Wechselkurserwartungen abbildet (siehe Kapitel 1), den künftigen Kassakurs in der Phase des Anwachsens der Seifenblase bei positiven Abweichungen von $\bar{e}$ systematisch unterschätzt und bei negativen Abweichungen überschätzt.

Die in Abb. 6.8 durch den Pfad SS''F wiedergegebene spezifische Seifenblase bildet in stilisierter Form eine 'exzessive' Wechselkursentwicklung ab, wie sie sich aus dem monetären Wechselkursmodell in Verbindung mit einer Seifenblase ergeben kann. Nun ist die dargestellte Form einer sich zunächst ständig beschleunigenden Bewegung vom Gleichgewicht weg, die durch einen plötzlichen Knall mit sofortiger Rückkehr zum Gleichgewicht endet, für empirische Wechselkurse sicherlich nicht typisch.[16] Realistischere Seifenblasen ergeben sich, wenn man das hier für didaktische Zwecke sehr einfach gehaltene Modell durch wirklichkeitsnähere Annahmen anreichert:

- Man kann das Strukturmodell selbst stochastisch formulieren und entweder unerwartete Veränderungen der Fundamentalvariablen selbst, wie im nächsten Abschnitt diskutiert wird, oder auch der Seifenblase zulassen.
- π könnte als stochastische Komponente, z.B. als Random Walk, modelliert werden.
- π könnte endogenisiert und etwa vom Alter der Seifenblase oder von ihrer Grösse abhängig gemacht werden.
- Man kann als Gleichgewichtsmodell einen Ansatz mit trägen Preisen verwenden, wie etwa das Dornbusch-Modell. Der Wechselkurs kehrt dann nach dem Platzen der Seifenblase langsam, gebremst durch die nur langsam reagierenden Preise, zu seinem Gleichgewichtswert zurück. Ausserdem muss die Seifenblase weniger schnell wachsen als bei Zugrundelegung des monetären Wechselkursmodells, da die bei einem Platzen der Seifenblase zu erwartenden Kursverluste weit geringer ausfallen.

---

[16] Ein derart abruptes Ende nehmen aber doch gelegentlich Seifenblasen in der Güterpreisbildung, also Hyperinflationen.

Frage 6.2

Es gelte das oben präsentierte Modell einer platzenden Seifenblase. Das Platzen der Seifenblase sei nun aber nicht mehr als Rückkehr des Wechselkurses zu seinem Gleichgewichtswert definiert, sondern als Stagnation. Platzt also die Seifenblase, bleibt der Kurs auf dem Wert der Vorperiode stehen. Diskutieren Sie diesen Fall.

6.5.3 Das Peso-Problem

Neben einer unsicheren Seifenblase, wie sie im vorhergehenden Unterabschnitt diskutiert wurde, lassen sich systematische Prognosefehler bei rationalen Erwartungen auch durch das sogenannte *Peso-Problem*[17] erklären. Die Hypothese des Peso-Problems ist zwar eine eigenständige Erklärung, weist aber gewisse Ähnlichkeiten mit der Seifenblasentheorie auf. Aus diesem Grund ist es sinnvoll, das Peso-Problem in diesem Abschnitt zu besprechen.

Betrachtet wird wieder das elementare monetäre Wechselkursmodell (2) aus Tabelle 6.3, wobei zur Vereinfachung $y_t = 0$ gesetzt wird. Die Lösung unter rationalen Erwartungen lautet jetzt (siehe Gleichung 6.24)

$$e_t = \frac{1}{1+\lambda} \left[m_t + \sum_{i=1}^{\infty} \left(\frac{\lambda}{1+\lambda} \right)^i E_t(m_{t+i}) \right].$$ (6.38)

Das Geldangebot sei durch den folgenden stochastischen Prozess charakterisiert:

$$m_t = \begin{cases} m_{t-1} & \text{mit Wahrscheinlichkeit } 1 - \pi \\ 0 & \text{mit Wahrscheinlichkeit } \pi \end{cases}.$$ (6.39)

Gleichung 6.39 schliesst die Möglichkeit eines irreversiblen Regimewechsels (in der Geldpolitik) mit ein, wenn $m_t > 0$. Wenn $m_t > 0$, dann bleibt das Geldangebot in der nächsten Periode mit der Wahrscheinlichkeit $1 - \pi$ unverändert bei m_t, könnte aber mit der Wahrscheinlichkeit π auf Null zurückgehen. Wenn es einmal auf Null reduziert worden ist, bleibt es definitiv für immer bei Null.

Um die Notation zu vereinfachen, setzen wir jetzt

$$m_t = 1,$$ (6.40)

ohne dass dadurch das allgemeine Resultat beeinträchtigt wird.

---

[17] Der Begriff wurde von Krasker (1980) im Kontext einer ökonometrischen Analyse des mexikanischen Peso eingeführt.

Gemäss (6.39) ist die rationale Erwartung des Geldangebots $E_t(m_{t+1}) = 1 - \pi$ für $t = 1$, $E_t(m_{t+2}) = (1 - \pi)^2$ für $t = 2$ und so weiter. Allgemein ausgedrückt ist die rationale Erwartung des zukünftigen Geldangebots zum Zeitpunkt t

$$E_t(m_{t+i}) = (1 - \pi)^i. \tag{6.41}$$

Durch Einsetzen von (6.40) und (6.41) in (6.38) unter Verwendung von $\alpha \equiv \lambda/(1 + \lambda)$ erhält man für den Wechselkurs zum Zeitpunkt t:

$$e_t = \frac{1}{1 + \lambda} \left[1 + \alpha(1 - \pi) + \alpha^2(1 - \pi)^2 + ... \right] \tag{6.42}$$

$$= \frac{1}{1 + \lambda} \sum_{i=0}^{\infty} \left[\alpha(1 - \pi) \right]^i.$$

Der zum Zeitpunkt $t + 1$ beobachtete Erwartungsfehler hängt davon ab, ob der Regimewechsel bereits stattgefunden hat. Hat er stattgefunden, dann gibt es danach keinerlei Prognosefehler mehr, da $e_{t+i} = E_{t+i-1}(e_{t+i}) = 0$ für $i > 1$. Der Grund dafür ist, dass das Geldangebot zum Zeitpunkt $t + 1$ auf Null gesunken ist und den Akteuren bekannt ist, dass es für immer dort bleiben wird.

Wenn jedoch der Regimewechsel in Periode $t + 1$ noch nicht stattgefunden hat, ist der beobachtete Erwartungsfehler

$$e_{t+1} - E_t(e_{t+1}) = \frac{1}{1 + \lambda} \left[1 + \alpha(1 - \pi) + \alpha^2(1 - \pi)^2 + ... \right]$$

$$- (1 - \pi)\frac{1}{1 + \lambda} \left[1 + \alpha(1 - \pi) + \alpha^2(1 - \pi)^2 + ... \right]$$

$$= \pi \frac{1}{1 + \lambda} \sum_{i=0}^{\infty} \left[\alpha(1 - \pi) \right]^i \tag{6.43}$$

$$= \pi e_{t+1} > 0.$$

Wir hätten das gleiche Resultat auch direkter erreicht, wenn wir gleich $E_t(e_{t+1}) = (1 - \pi)e_{t+1} + \pi \cdot 0$ gesetzt hätten. Augenscheinlich verfehlen die Wechselkurserwartungen systematisch ihr Ziel, indem sie die tatsächliche Wechselkursveränderung wieder und wieder unterschätzen, solange der mögliche Regimewechsel noch nicht stattgefunden hat.

Man würde also dann mit systematischen Erwartungs- und Prognosefehlern des Terminkurses rechnen, wenn es eine zwar geringe, aber dennoch fortlaufende Möglichkeit eines Regimewechsels gibt. Das Peso-Problem könnte beispielsweise unter den folgenden Szenarien relevant sein:

- Hyperinflationen, von denen die Akteure wissen, dass sie durch einen abrupten Regimewechsel – wirtschaftlich und/oder politisch – gestoppt werden müssen.
- Allgemein immer dann, wenn die Möglichkeit einer Revolution oder aber eines friedlicheren Wechsels der politischen Führung besteht.

- Wenn die Möglichkeit besteht, dass ein Land einem festen Wechselkurssystem oder gar einer Währungsunion unter Aufgabe der eigenen Währung beitritt.
- Wenn eine nicht vernachlässigbare Wahrscheinlichkeit besteht, dass es zu kriegerischen Auseinandersetzungen kommt oder grosse Rohstoffvorkommen entdeckt werden.

Die Tatsache, dass wir an dieser Stelle auch von Hyperinflationen gesprochen haben, weist darauf hin, dass das Peso-Problem unter Umständen sogar gemeinsam mit einer Seifenblase auftreten könnte, wenn diese die Wahrscheinlichkeit eines Regimewechsels erhöht.

6.5.4 Abschliessende Bemerkungen

Die Existenz von Seifenblasen ist empirisch nur mit Schwierigkeiten zu überprüfen. Dies liegt nicht zuletzt daran, dass eine Seifenblase in Relation zu einem Gleichgewicht definiert ist. Für dieses Gleichgewicht benötigt man ein Modell, in diesem Abschnitt beispielsweise das monetäre Wechselkursmodell.[18] Die Möglichkeit einer Seifenblase besteht aber auch in anderen Wechselkursmodellen.[19] Seifenblasentests setzen sich somit immer mit einer verbundenen Hypothese auseinander: dass keine Seifenblase existiert und dass das verwendete Strukturmodell richtig spezifiziert ist. Problematisch daran ist, dass ökonometrische Untersuchungen im Allgemeinen kein statistisch befriedigendes strukturelles Wechselkursmodell erkennen lassen.[20] Aus diesem Grund wird in der Seifenblasendiskussion häufig auf Basis von Fallstudien argumentiert.[21]

Ein wichtiger Beitrag der Seifenblasenansätze besteht sicherlich darin, dass sie das Augenmerk auf die Analyse und Modellierung der Erwartungsbildung lenken. Konsequente und vielversprechende Weiterentwicklungen der Seifenblasenmodelle der ersten Generation bestehen darin, dass die Annahme homogener Marktteilnehmer aufgegeben wird. Aufgrund von Umfrageergebnissen gehen z.B. Frankel und Froot (1991) davon aus, dass der Devisenmarkt

---

[18] MacDonald und Taylor (1993) finden keine Evidenz für Seifenblasen in ökonometrischen Schätzungen, die sich auf das monetäre Wechselkursmodell stützen.

[19] In diesem Zusammenhang ist von Bedeutung, dass die vielbeachteten, die untersuchten Wechselkursmodelle nicht stützenden Resultate von Meese und Rogoff (1983) nicht auf eine fehlende Berücksichtigung von Seifenblasen zurückgeführt werden können. Siehe Flood (1987).

[20] Einen kompakten Überblick über die zur Anwendung kommenden Testansätze vermitteln Flood und Hodrick (1990).

[21] Unterschiedliche Anwendungen werden in Hunter et al. (2003) diskutiert. Garber (2000) argumentiert, dass die bekanntesten wirtschaftshistorischen Beispiele für spekulative Exzesse, wie etwa die "Tulpenmanie" im 17. Jahrhundert in Holland, oft vorschnell als Seifenblasen klassifiziert werden.

heterogen ist. Ein variabler Teil des Marktes bildet seine Erwartungen aufgrund technischer Analysen, die restlichen Marktteilnehmer glauben an die Bestimmung des Wechselkurses durch Fundamentalvariablen.[22]

6.6 Zusammenfassung

Der monetäre Ansatz der Wechselkursbestimmung betont diejenigen Faktoren, welche den Wechselkurs über die nationalen Geldmärkte bestimmen. Die hier in Kapitel 6 gewählte Darstellung verwischt diese zentrale Prämisse etwas, da der monetäre Ansatz aus didaktischen Überlegungen als Sonderfall des Dornbusch-Modells präsentiert wird. Der reale Wechselkurs ergibt sich dann als Gleichgewichtsbedingung für den Gütermarkt und kann deshalb selbstverständlich auch durch Angebotsschocks verändert werden. Monetäre Wechselkursmodelle überspringen diesen Schritt in der Regel und *unterstellen* die Gültigkeit der Kaufkraftparitätenhypothese, also einen konstanten realen Wechselkurs.

Unterstellt man dann eine stabile Geldnachfragefunktion, können Variablen den Wechselkurs nur in dem Mass beeinflussen, wie sie entweder das reale Geldangebot oder die reale Geldnachfrage verändern. Trotz der Vernachlässigung angebotsseitiger Schocks erweist sich der monetäre Ansatz insbesondere dann durchaus auch als empirisch leistungsfähig, wenn monetäre Entwicklungen alle anderen Veränderungen dominieren. Ein bekanntes und erfolgreiches Anwendungsbeispiel ist deshalb die deutsche Hyperinflation der 20er Jahre.[23] Gerade in Hyperinflationen dürfte auch die Annahme flexibler Güterpreise die Realität besser beschreiben als die Annahme träger Güterpreise.

In normalen Zeiten, und dies gilt insbesondere auch für die Phase seit 1973, lassen sich Wechselkursschwankungen jedoch nur ausnahmsweise durch Schwankungen des realen Geldangebots und der realen Geldnachfrage allein erklären.[24] Dornbusch (1989) resümiert gar bezüglich der oben als (6.6″) gezeigten fundamentalen monetären Wechselkursgleichung: "The empirical success of this equation has been so poor, and the PPP foundations so doubtful, that this approach is basically extinct" (S. 410). Einige neueren Untersuchung hingegen, z.B. Mark und Sul (2001) und Engel und West (2005), bieten Evidenz, dass Wechselkursprognosen auf Basis des monetären Modells einem reinen Random-Walk – in der Tradition des Tests von Meese und Rogoff (1983) – überlegen sind.

Wenn dem monetären Wechselkursmodell hier trotz seiner empirischen Schwächen ein ganzes Kapitel gewidmet wird, dann aus der doppelten Absicht,

---

[22] Eine explizites Modell mit diesen Eigenschaften findet sich beispielsweise in Brunnermeier und Debreu (2003)

[23] Siehe Frenkel (1977).

[24] Dies dokumentiert z.B. Dornbusch (1980).

– ein Wechselkursmodell für die lange Frist zu präsentieren und
– vor dem Hintergrund seiner Interpretation als Sonderfall des Dornbusch-
  Modells für die lange Frist eine Reihe von Einflüssen herauszuarbeiten, die
  auch im Dornbusch-Modell mit trägen Preisen wirken, aber dort hinter
  dem alles dominierenden Phänomen des Überschiessens und hinter vielen
  vereinfachenden Annahmen verschwinden.

Die zentralen Resultate, die auch in einem allgemeinen Modell Gültigkeit
behalten, lauten:

1. Beim Übergang der Geldpolitik von einem gegebenen Expansionspfad zu
   einem inflationäreren reagiert der Wechselkurs überproportional. Dieser
   Vergrösserungseffekt ist dem Effekt des Überschiessens auf den ersten Blick
   zum Verwechseln ähnlich. Er unterscheidet sich von diesem jedoch dadurch, dass er sich bei konstantem realen Wechselkurs und geräumtem
   Markt für inländische Güter ergibt und der inländischen Wirtschaft *keinerlei Wettbewerbsvorteile* bringt. Das Überschiessen des nominalen Wechselkurses im Dornbusch-Modell ist dagegen immer auch ein Überschiessen
   des realen Wechselkurses und verschafft der inländischen Wirtschaft zumindest vorübergehende Vorteile im preislichen Wettbewerb.
2. Alles, was in Zukunft erwartet wird, bestimmt bereits heute den Wechselkurs mit. Diese Aussage bezieht sich nicht nur auf die Geldmengen- und
   Outputentwicklung, auf die sich unser formales Modell beschränkt hatte,
   sondern in gleichem Masse auf andere prozesspolitische Variablen, auf die
   Ordnungspolitik, die Institutionen in Wirtschaft und Politik, national und
   international, kurzum auf alles, was letztlich ein Mindestmass an volkswirtschaftlicher Relevanz besitzt.
3. Gemäss *Seifenblasentheorien* ist es theoretisch möglich, dass sich Wechselkurse zunehmend von ihrem jeweiligen Fundamentalwert entfernen. Beispielsweise müssen systematisch falsche Prognosen des Terminkurses über
   längere Perioden nicht bedeuten, dass die Erwartungen des Marktes *ex
   ante* irrational waren. Ursache für den verzerrten Terminkurs können de-
   stabilisierende aber unsichere Erwartungen sein, die sich selbst erfüllen,
   solange die Seifenblase nicht wirklich platzt und der Kurs zu seinem Gleichgewichtswert zurückkehrt.

6.7 Hinweise zur Beantwortung der gestellten Fragen

Frage 6.1

(1) Die a-priori-Wahrscheinlichkeit, dass die Seifenblase die laufende Periode
übersteht, ist π. Somit ist auch die erwartete Dauer der Seifenblase *in der
ersten Periode* gleich π.

Sollte die Seifenblase die erste Periode überstehen, wäre ihre erwartete Dauer in der zweiten Periode ebenfalls gleich π. Da aber aus heutiger Sicht die Wahrscheinlichkeit, dass die Seifenblase am Anfang der zweiten Periode noch nicht geplatzt ist, gleich π ist, ist aus heutiger Sicht die erwartete Dauer der Seifenblase *in der zweiten Periode* gleich π^2. Aus analogen Überlegungen folgt, dass die erwartete Dauer der Seifenblase in Periode 3 gleich π^3 ist, in Periode 4 gleich π^4, usw. Setzt man diese Überlegungen fort, ergibt sich als erwartete Dauer einer heute existierenden Seifenblase

$$\pi + \pi^2 + \pi^3 + \pi^4 + \ldots + \pi^\infty = 1/(1-\pi).$$

(2) Gemäss Gleichung 6.36 folgt eine platzende Seifenblase, solange sie wächst, dem Pfad

$$e_t = \bar{e} + (e_0 - \bar{e})(\alpha\pi)^{-t}.$$

Die Wachstumsrate des Wechselkurses erhält man, indem man diese Gleichung um eine Periode in die Zukunft verschiebt und dann beide Gleichungen voneinander abzieht. Dies ergibt

$$
\begin{aligned}
e_{t+1} - e_t &= (e_0 - \bar{e})(\alpha\pi)^{-(t+1)} - (e_0 - \bar{e})(\alpha\pi)^{-t} \\
&= (e_0 - \bar{e})(1 - \alpha\pi)(\alpha\pi)^{-(t+1)}.
\end{aligned}
$$

Die Wachstumsrate ist also umso grösser, je kleiner die Wahrscheinlichkeit eines Fortbestehens und je grösser die Seifenblase ursprünglich ist. Ausserdem wächst die Seifenblase im Zeitablauf immer schneller, um den im Falle eines Platzens immer grösser werdenden Kurseinbruch zu kompensieren.

Frage 6.2

Zunächst würde man vermuten, dass eine solche Seifenblase weniger schnell wachsen muss als die im Text beschriebene, da im Falle eines Platzens ja keine Kursverluste zu befürchten sind. Nun ist aber zu bedenken, dass ein überhöhter Wechselkurs definitionsgemäss kein stationäres Gleichgewicht ist und auch keines sein kann. Entlang einer Abwertungsseifenblase bleibt ja der reale Wechselkurs konstant, ebenso wie die Geldmenge. Bei steigendem Preisniveau muss somit die reale Geldmenge sinken und der Zinssatz steigen. Die exzessive Abwertung (gleich Aufwertung der ausländischen Währung) kompensiert somit nicht nur für das Risiko eines Platzens, sondern auch für den ständig grösser werdenden Zinsnachteil der ausländischen Währung.

Dieser Zinsnachteil würde nach dem Platzen solange bestehen bleiben, wie Wechselkurse und flexible Preise auf dem überhöhten Niveau stagnieren. Ein in der Erwartung der Akteure stagnierender Wechselkurs kann aber den Zinsnachteil der ausländischen Währung nicht mehr kompensieren. Jeder würde versuchen, seine ausländischen Kapitalanlagen in inländische umzuschichten.

Dies würde zu einem sinkenden Wechselkurs führen und sich solange fortsetzen, bis der Wechselkurs bei seinem Gleichgewichtswert angelangt ist.

Der entscheidende Punkt dieser Überlegungen ist, dass es irrational wäre,
das Platzen der Seifenblase mit einer Stagnation des Wechselkurses gleichzusetzen (zumindest bei flexiblen Preisen, die wir ja hier unterstellen). Rationale
Akteure würden voraussehen, dass der Wechselkurs in dieser Situation sofort
auf seinen Gleichgewichtswert sinken würde, und ihre Erwartungen in einer
mit diesem Wissen konsistenten Weise bilden. Dies heisst, dass sie ein Platzen
der Seifenblase definieren würden, wie wir das im Text getan haben.

6.8 Anhang: Eine Lösungsmethode für Modelle mit rationalen Erwartungen

Für das Lösen von Modellen unter *rationalen Erwartungen* sind eine Reihe spezieller Verfahren entwickelt worden. Jedes dieser Verfahren ist für die
Analyse bestimmter Modelltypen besonders geeignet. Die mathematischen
Grundlagen sind zum Teil sehr anforderungsreich und gehen oft über das
hinaus, was hier vorausgesetzt werden kann. Hier soll nur rezeptartig eine
Lösungsmethode vorgestellt werden, die den Vorteil hat, bei bestimmten Modelltypen auf einfachem Wege zu direkt interpretierbaren Lösungen zu führen. Das Untersuchungsobjekt sei die durch zwei Gleichungen beschreibbare
geschlossene Volkswirtschaft in Tabelle 6.4

Tabelle 6.4 Modell einer geschlossenen Volkswirtschaft

Gütermarkt

$$p_t = E_{t-1}p_t + \alpha(y_t - \tilde{y}) \qquad\qquad \text{Phillipskurve} \qquad\qquad\qquad (A1)$$

Geldmarkt

$$m_t - p_t = \phi y_t + \varepsilon_t \qquad\qquad\qquad \text{Geldmarktgleichgewicht} \qquad\qquad (A2)$$

Anmerkungen: Kleinbuchstaben bezeichnen den natürlichen Logarithmus der betreffenden Variablen. Griechische Buchstaben geben positive Modellparameter wieder. $E(.)$ ist
der Erwartungsoperator. Die Bedeutung der verwendeten Symbole ist wie folgt:

p= inländisches Preisniveau	$\tilde{y}$ = Vollbeschäftigungsangebot
y= aggregiertes Angebot an Inlandsgü- tern (exogen)	m= inländische Geldmenge (exogen)
	ε = Zufallsvariable

Für den Gütermarkt wird im Sinne der Neuen Klassischen Makroöko-
nomie unterstellt, dass der Output in einer Volkswirtschaft nur bei uner-
warteter Inflation über seinen natürlichen oder gleichgewichtigen Wert $\tilde{y}$
steigt. Diese Annahme ist formal identisch mit der um die Inflationserwar-

tungen erweiterten Phillipskurve[25] und wird in der einschlägigen Literatur als Sargent-Wallace-Angebotsfunktion bezeichnet. Die Gleichgewichtsbedingung (A2) folgt aus einer konventionellen Geldnachfragefunktion, in der vereinfachend der Zinssatz unterdrückt ist und die Geldnachfrage mit ε_t ein stochastisches Element enthält.

Elementare Lösungsmethode[26]

Die elementare Lösungsmethode ist dann sehr einfach, wenn im Modell keine zukunftsgerichteten Erwartungen auftreten. Deshalb wird hier zur Illustration ein Modell einer *geschlossenen* Wirtschaft verwendet. In Makromodellen *offener* Wirtschaften spielen ja meistens zukunftsgerichtete Wechselkurserwartungen eine zentrale Rolle.

1. Schritt: *Bildung der reduzierten Form.*
Eine reduzierte Form ist eine aus einem Modell gewonnene Gleichung, in der auf der linken Seite eine endogene Variable steht und auf der rechten Seite nur exogene oder verzögerte endogene Variablen. Im vorliegenden Zusammenhang behandeln wir erwartete Grössen zunächst als exogene Grössen.
Die reduzierte Form für y erhalten wir durch einsetzen von (A1) in (A2) und auflösen nach y_t:

$$y_t = \frac{1}{\alpha + \phi}(m_t - E_{t-1}p_t + \alpha\tilde{y} - \varepsilon_t). \tag{A3}$$

2. Schritt: *Umschreiben des Modells in Erwartungsform.*
Wenn die Akteure das obige Modell kennen und ihre Erwartungen rational bilden, dann gelten nicht nur die Beziehungen des Modells, sondern diese Beziehungen werden auch erwartet. Somit können wir schreiben

$$E_{t-1}p_t = E_{t-1}p_t + \alpha E_{t-1}y_t - \alpha E_{t-1}\tilde{y}. \tag{A4}$$

$$E_{t-1}m_t - E_{t-1}p_t = \phi E_{t-1}y_t + E_{t-1}\varepsilon_t. \tag{A5}$$

3. Schritt: *Reduzieren der Erwartungsform des Modells nach der erwarteten Grösse, die in der im ersten Schritt berechneten reduzierten Form auftritt.*
Wir suchen nun also eine reduzierte Form für $E_{t-1}p_t$. Gemäss Annahme gilt $E_{t-1}\varepsilon_t = 0$, und da $\tilde{y}$ eine Konstante ist, gilt $E_{t-1}\tilde{y} = \tilde{y}$. Aus (A4) folgt damit

---

[25] Die um die Inflationserwartungen erweiterte Phillipskurve lautet $\dot{p}_t = E_{t-1}\dot{p}_t + \alpha(y_t - \tilde{y})$. Dies lässt sich auch schreiben als $p_t - p_{t-1} = E_{t-1}p_t - p_{t-1} + \alpha(y_t - \tilde{y})$. Addiert man auf beiden Seiten p_{t-1} ergibt sich (A1).

[26] Siehe Minford (1992), Kapitel 2, oder Holden, Peel und Thompson (1985), S. 30ff.

$$E_{t-1}y_t = \tilde{y} \tag{A6}$$

und durch einsetzen von (A6) in (A5) erhalten wir die gesuchte reduzierte
Form

$$E_{t-1}p_t = E_{t-1}m_t - \phi\tilde{y}. \tag{A7}$$

4. Schritt: *Einsetzen der im dritten Schritt berechneten Erwartungen in die
im ersten Schritt berechnete reduzierte Form.*
Einsetzen von (A7) in (A3) ergibt nach einigen Umformungen

$$y_t = \tilde{y} + \frac{m_t - E_{t-1}m_t}{\phi + \alpha} - \frac{\varepsilon_t}{\phi + \alpha}. \tag{A8}$$

Die ermittelte Lösung besagt, dass Abweichungen des Outputs vom Vollbeschäftigungsoutput bei rationalen Erwartungen nur möglich sind, wenn sich
das Geldangebot oder die Geldnachfrage unerwartet verändert. Treten in der
folgenden Periode keine unerwarteten Störungen mehr auf, ist y_t wieder bei
seinem Vollbeschäftigungswert $\tilde{y}$. Die Einkommenswirkung einer unerwarteten Störung auf dem Geldmarkt ist umso grösser, je kleiner die Einkommenselastizität der Geldnachfrage ϕ ist und je kleiner α ist.

Literatur

Bernholz, Peter, Manfred Gärtner und Erwin W. Heri (1985). Historical Experiences with
    Flexible Rates: a Simulation of Common Qualitative Characteristics. *Journal of In-
    ternational Economics* 19, 21-45.
Bilson, John F. O. (1979). Recent developments in monetary models of exchange rate
    determination. *IMF Staff Papers* 26, 201-23.
Blanchard, Olivier Jean und Stanley Fischer (1989). *Lectures on Macroeconomics.* Cam-
    bridge, Mass.: The MIT Press.
Brunnermeier, Markus und Dilip Abreu (2003). Bubbles and crashes. Econometrica 71,
    173-204.
Chiang, Alpha C. (1984). *Fundamental Methods of Mathematical Economics.* Singapore:
    McGraw-Hill, 3. Auflage.
Dornbusch, Rudiger (1980). Exchange Rate Economics: Where Do We Stand? *Brookings
    Papers on Economic Activity*, 143-185.
Dornbusch, Rudiger (1982). Equilibrium and Disequilibrium Exchange Rates. *Zeitschrift
    für Wirtschafts- und Sozialwissenschaften* 37, 573-599.
Dornbusch, Rudiger (1989). Real Exchange Rates and Macroeconomics: A Selective Survey.
    Scandinavian Journal of Economics 91, 401-432.
Engel, Charles und Kenneth West (2005).Exchange rates and fundamentals. *Journal of
    Political Economy* 113, 485-517.
Flood, Robert P. (1987). Comments on Speculation and the Volatility of Foreign Cur-
    rency Exchange Rates. In: Karl Brunner und Allan H. Meltzer. *Bubbles and other*

Essays. Carnegie-Rochester Conference Series on Public Policy 26. Amsterdam: North-Holland, 57-62.

Flood, Robert P. und Robert J. Hodrick (1990). On Testing for Speculative Bubbles. *Journal of Economic Perspectives* 4, 85-101.

Frankel, Jeffrey A. und Kenneth A. Froot (1991). Chartists, Fundamentalists, and the Demand for Dollars. In: A. Courakis und M. Taylor (Hrsg.). *Policy Issues for Interdependent Economies.* London.

Frenkel, Jacob A. (1977). A Monetary Approach to the Exchange Rate: Doctrinal Aspects and Empirical Evidence. In: J. Herin, Assar Lindbeck und Johan Myhrman (Hrsg.). *Flexible Exchange Rates and Stabilization Policy.* Boulder, CO: Westview Press, 68-92.

Froot, Kenneth A. und Maurice Obstfeld (1991). Intrinsic Bubbles: The Case of Stock Prices. *American Economic Review* 81, 1189-1214.

Garber, Peter M. (2000). *Famous First Bubbles: The Fundamentals of Early Manias.* Cambridge, MA: MIT Press.

Holden, K., D. A. Peel und J. L. Thompson (1985). *Expectations: Theory and Evidence.* London: MacMillan.

Hunter, William C., George G. Kaufman and Michael Pomerleano (2003). *Asset Price Bubbles.* Cambridge, MA: MIT Press.

Krasker, William (1980). The 'Peso Problem' in Testing the Efficiency of Foreign Exchange Markets. *Journal of Monetary Economics* 6, 269-76.

Lucas, Robert E. (1975). An equilibrium model of the business cycle. *Journal of Political Economy* 83, 1113-44.

MacDonald, Ronald und Mark P. Taylor (1993). The Monetary Approach to the Exchange Rate: Rational Expectations, Long-Run Equilibrium and Forecasting. *International Monetary Fund Staff Papers* 40, 89-107.

Mark, Nelson C. und Donggyu Sul (2001). Nominal Exchange Rates and Monetary Fundamentals: Evidence from a Small Post-Bretton Woods Panel. *Journal of International Economics* 53, 29-52.

Meese, Richard und Kenneth Rogoff (1983). Empirical Exchange Rate Models of the Seventies: Do They Fit Out of Sample? *Journal of International Economics* 14, 3-24.

Minford, Patrick (1992). *Rational Expectations Macroeconomics: An Introductory Handbook.* Oxford: Blackwell.

Mussa, Michael (1976). The exchange rate, the balance of payments, and monetary policy under a regime of controlled floating. *Scandinavian Journal of Economics* 78, 229-48.

Obstfeld, Maurice und Kenneth Rogoff (1983). Speculative Hyperinflations in Macroeconomic Models: Can We Rule Them Out? *Journal of Political Economy* 91, 675-687.

Kapitel 7
Währungssubstitution und Wechselkurs

Die moderne Wechselkurstheorie geht davon aus, dass der Wechselkurs nicht in erster Linie durch die aus Güterströmen resultierende Nachfrage nach Fremdwährung bestimmt wird, sondern durch die Aufteilung von Vermögen auf verschiedene Anlageformen. Vermögensportefeuilles entstehen aus einem zweistufigen Entscheidungsprozess, den man sich anhand von Abb. 7.1 verdeutlichen kann. In einem ersten Schritt ist zu bestimmen, welcher Vermögensanteil in liquider Form gehalten wird, also als Kasse, und welcher Anteil in Form zinstragender Anlagen mit eingeschränkter Liquidität. Die Geldnachfragefunktion beschreibt diese Entscheidung, indem sie die relevanten Bestimmungsgrössen aufführt und Hypothesen über die Reaktion der gewünschten Kassenhaltung auf Veränderungen dieser Bestimmungsgrössen formuliert.

In einem zweiten Schritt muss festgelegt werden, welcher Kassen- und Bondanteil in inländischer und welcher in ausländischer Währung gehalten werden soll. Nach dieser Entscheidung ist das Ausgangsvermögen auf die vier Felder der in Abb. 7.1 dargestellten Matrix aufgeteilt. *Wie* eine gegebene Anlageform aufgeteilt wird, hängt vor allem vom Grad der Substituierbarkeit

	Aufteilung der Vermögenskomponenten	
	inländische Währung	ausländische Währung
Aufteilung des Vermögens Geld		
Bonds		

Abbildung 7.1 Stilisierte Darstellung der Portfolioaufteilung in einer offenen Wirtschaft.

der inländischen gegen die ausländische Variante ab. In dieser Frage hatten wir bisher zwei extreme und für Geld und Bonds unterschiedliche Annahmen getroffen.

In- und ausländische *Bonds* hatten wir im Regelfall als *vollkommene Substitute* betrachtet. Bei ausgeglichenen Renditen sind risikoneutrale Anleger zwischen den beiden Feldern der unteren Zeile indifferent, also mit jeder Aufteilung einverstanden. Die effektive Aufteilung wird nun durch die Finanzierungsbedürfnisse der Importe und Exporte bestimmt. Diese bisher fast durchgehend getroffene Annahme der vollkommenen Substituierbarkeit in- und ausländischer Bonds werden wir in Kapitel 8 aufgeben.

Inländisches *Geld* wurde in allen bisher diskutierten Modellen immer *nur von Inländern gehalten*. Das oben rechts liegende Matrixfeld war somit stets leer. Dahinter steht die implizite Annahme, dass inländisches Geld nicht durch ausländisches Geld substituiert werden kann. Dies scheint im Widerspruch zur gleichzeitigen Verwendung der Annahme vollkommener Substituierbarkeit bei Bonds zu stehen. Der Widerspruch löst sich jedoch auf, wenn man bedenkt, dass Bonds und Geld zu sehr unterschiedlichen Zwecken gehalten werden. Während es bei *Bonds* in erster Linie um das Erzielen einer möglichst hohen *Rendite* geht, soll *Geld* neben der Erfüllung seiner Wertaufbewahrungsfunktion vor allem als *Zahlungsmittel* dienen. Inwiefern ausländisches Geld diesem Zweck im Inland dienen kann, hängt davon ab, wie nahe es dem Ideal des Gutes mit der höchsten Liquidität kommt, als das Geld ja definiert werden kann.

Nun kann man sich eine Reihe von Situationen vorstellen, in denen ausländisches Geld in seiner Liquidität dem inländischen selbst in entwickelten Volkswirtschaften nahe kommt.

- In Grenzregionen wird häufig ein nennenswerter Teil der Güternachfrage jenseits der Grenze ausgeübt. Da für diesen Teil der Nachfrage ausländisches Geld liquider ist als inländisches, wird Kasse teilweise in Fremdwährung gehalten.
- Touristen halten ihre Kasse regelmässig in Form eines gemischten Währungskorbs.
- International tätige Unternehmen halten ebenfalls zunehmend einen Teil ihres Giralgeldes in Fremdwährungen.

Wie bedeutend die aus den beschriebenen Situationen resultierende *Währungssubstitution*[1] quantitativ ist, hängt wohl stark von der Kleinheit und der Offenheit einer Wirtschaft ab.[2] Daneben scheint die Währungssubstitution

---

[1] Der Begriff *Währungssubstitution* (currency substitution) wurde erst in den 80er Jahren eingeführt [Girton und Roper (1981)], obwohl einschlägige Modelle schon ab Mitte der 70er Jahre vorgestellt wurden. Bekannt wurden insbesondere die Modelle von Kouri (1976) und Calvo und Rodriguez (1977). Mit einer Variante des zuletzt genannten Modells werden wir uns weiter unten beschäftigen. Eine neuere Übersicht findet sich in Giovannini und Turtelboom (1994).

[2] Der Nutzen einer ausländischen Währung bezüglich ihrer Transaktionsfunktion wird u.U. auch vom Zeitraum und Ausmass der bisherigen Nutzung beeinflusst. Je länger und

insbesondere in Phasen mit ausgeprägter inländischer Inflation zuzunehmen, bzw. in Situationen, in denen das Vertrauen in die Wertstabilität des inländischen Geldes gesunken ist. Denn selbst wenn ausländisches Geld bezüglich seiner Tauschmittelfunktion ein nur unvollkommenes Substitut für inländisches Geld darstellt, kann das durch eine mögliche Überlegenheit als Wertaufbewahrungsmittel (über)kompensiert werden. Es überrascht deshalb nicht, dass man gerade im Verlauf von ausgeprägten Hyperinflationen ein hohes Mass an Währungssubstitution feststellt.

Moderne Beispiele für Währungssubstitution findet man vor allem unter den Entwicklungs- und Schwellenländern. Besonders Länder in Lateinamerika hatten in der Vergangenheit immer wieder Mühe, das inländische Geldmengenwachstum einzudämmen. Das hatte zur Folge, dass der US Dollar zeitweise starke Verwendung als parallele Währung fand. Auch in anderen Schwellenländern lässt sich ein beachtliches Ausmass an Währungssubstitution feststellen. In einer neueren Studie für die 1990er Jahre schätzt Selcuk (2003) den Anteil ausländischen Geldes auf 53% in der Türkei, 50% in Polen, 42% in der Tschechischen Republik und 39% in Israel.

In diesem Zusammenhang muss zwischen 'Dollarisierung' und 'Währungssubstitution' unterschieden werden. Mit Dollarisierung wird im Allgemeinen die offizielle Übernahme einer ausländischen Währung durch die inländischen Geldbehörden bezeichnet, bei der das inländische Geld verschwindet, wie z.B. in Ecuador seit 2000.[3] Die in diesem Kapitel analysierte Substitution ausländischer für inländische Währung bezieht sich hingegen auf die freiwillige Entscheidung der individuellen Haushalte in einer Wirtschaft, einen Teil ihrer Kassenhaltung in Fremdwährung zu tätigen.

7.1 Währungssubstitution im monetären Wechselkursmodell

Halten Inländer aus den oben aufgeführten Gründen nur einen Teil der von ihnen gewünschten Liquidität in inländischer Währung, lässt sich die Geldnachfrage neu schreiben als

$$\frac{M}{P} = \Omega \cdot L(Y, i) \tag{7.1}$$

bzw., um die schon in den früheren Kapiteln verwendete funktionale Form zu wählen,

---

je mehr sie bereits für Transaktionen genutzt wurde, desto geringer sind die Transaktionskosten einer weiteren Nutzung. Dieser Aspekt wird in Uribe (1997) analysiert, aber in den Modellvarianten dieses Kapitels nicht explizit berücksichtigt.

[3] Der Begriff 'Dollarisierung' entstand deshalb, da in vielen Fällen der US Dollar als Landeswährung eingeführt wurde. Er wird aber ebenso auf Fälle angewendet, in denen es sich um andere ausländische Währungen handelt (z.B. Euro oder Pfund).

$$\frac{M}{P} = \Omega \cdot Y^\phi \exp(-\lambda i). \qquad 0 < \Omega \le 1 \tag{7.1'}$$

Der Parameter Ω gibt den Anteil der inländischen Währung wieder, den Inländer in ihrer Kasse zu halten wünschen. Ist $\Omega = 1$, befinden wir uns in einer Welt ohne Währungssubstitution. Logarithmieren wir (7.1') und verbinden das Resultat mit dem Rest des in Kapitel 6 präsentierten monetären Wechselkursmodells, erhalten wir das in Tabelle 7.1 aufgeführte Modell.[4] Einsetzen

Tabelle 7.1 Monetäres Wechselkursmodell mit Währungssubstitution (1).

Gütermarkt

$p = e$	Gütermarktgleichgewicht	(7.2)

Geldmarkt

$m - p = \phi y - \lambda i + \omega$	Geldmarktgleichgewicht	(7.3)

Internationaler Kapitalmarkt

$i = E(\dot{e})$	Kapitalmarktgleichgewicht	(7.4)

Anmerkungen: Kleinbuchstaben bezeichnen den natürlichen Logarithmus der betreffenden Variablen. Ein Punkt über einer Variablen bezeichnet deren Änderung in der Zeit. Griechische Buchstaben geben positive Modellparameter wieder. $E(.)$ ist der Erwartungsoperator. Die Bedeutung der verwendeten Symbole ist wie folgt:

p = inländisches Preisniveau	i = inländischer Zinssatz
e = Wechselkurs	ω = Anteil der inländischen Währung an
m = inländische Geldmenge (exogen)	der Realkassennachfrage (Logarithmus)
y = aggregiertes Angebot an Inlandsgütern (exogen)	$\dot{e}$ = Änderungsrate des Wechselkurses

von (7.4) und (7.2) in (7.3) und Auflösen nach e ergibt als Wechselkursgleichung

$$e = m - \phi y + \lambda E(\dot{e}) - \omega. \tag{7.5}$$

Eine Präferenzverschiebung hin zur inländischen Währung ($\Delta\omega > 0$) bewirkt somit eine Aufwertung. Dieses nicht sehr aufregende Ergebnis lässt sich ausbauen, indem wir die Bildung der Abwertungserwartungen spezifizieren und vor allem, indem wir der Tatsache Rechnung tragen, dass ω kein exogener Parameter ist, sondern insbesondere von der Wechselkurserwartung abhängt. Dies führt zum erweiterten Modell in Tabelle 7.2.

Gleichung (7.3a) postuliert nun, dass ω mit steigenden Abwertungserwartungen und mit steigender Varianz (Unsicherheit) dieser Erwartungen immer kleiner wird. Gleichung 7.6 sagt, dass die Abwertungserwartungen immer dem

---

[4] Wobei $\ln \Omega = \omega$.

Tabelle 7.2 Monetäres Wechselkursmodell mit Währungssubstitution (2).

Gütermarkt

$p = e$	Gütermarktgleichgewicht	(7.2)

Geldmarkt

$m - p = \phi y - \lambda i + \omega$	Geldmarktgleichgewicht	(7.3)
$\omega = -\alpha E(\dot{e}) - \beta var[E(\dot{e})]$	Währungspräferenz	(7.3a)

Internationaler Kapitalmarkt

$i = E(\dot{e})$	Kapitalmarktgleichgewicht	(7.4)
$E(\dot{e}) = E(\dot{m})$	Abwertungserwartung	(7.6)

Anmerkungen: Kleinbuchstaben bezeichnen den natürlichen Logarithmus der betreffenden Variablen. Ein Punkt über einer Variablen bezeichnet deren Änderung in der Zeit. Griechische Buchstaben geben positive Modellparameter wieder. $E(.)$ ist der Erwartungsoperator. *var* bezeichnet die Varianz der in eckigen Klammern wiedergegebenen Grösse. Die Bedeutung der verwendeten Symbole ist wie folgt:

p = inländisches Preisniveau	ω = Anteil der inländischen Währung an
e = Wechselkurs	der Realkassennachfrage (Logarith-
m= inländische Geldmenge (exogen)	mus)
y = aggregiertes Angebot an inländ. Gü-	$\dot{e}$ = Änderungsrate des Wechselkurses
tern (exogen)	$\dot{m}$= Änderungsrate der Geldmenge
i = inländischer Zinssatz	

erwarteten Geldmengenwachstum entsprechen. Setzen wir nun in die sich aus (7.2), (7.3) und (7.4) ergebende Wechselkursgleichung 7.5 die Gleichungen 7.3a und 7.6 ein, so erhalten wir

$$e = m - \phi y + (\alpha + \lambda)E(\dot{m}) + \beta var[E(\dot{m})]. \tag{7.5'}$$

Gleichung 7.5′ enthält wieder die inzwischen vertrauten Resultate und ergänzt diese:

- Bei einer unerwarteten und einmaligen Geldmengenerhöhung, wenn also *vor* und *nach* der Geldmengenerhöhung $E(\dot{m}) = 0$ gilt, steigen Geldmenge, Wechselkurs und Preisniveau um den gleichen Prozentsatz. Es gelten permanent Quantitätstheorie und Kaufkraftparitätenhypothese.
- Beim unerwarteten Übergang der Geldpolitik auf einen inflationäreren Pfad steigen Wechselkurs und Preisniveau stärker als die Geldmenge. Wie ausgeprägt dieser Vergrösserungseffekt ist, hängt von der Zins(semi)elastizität der Geldnachfrage λ ab und davon, wie stark $E(\dot{m})$ nach einer unerwarteten Erhöhung der Geldmenge steigt.
- Dieser Vergrösserungseffekt wird noch verstärkt, wenn Inländer bei aufkommenden Inflations- und Abwertungserwartungen ausländisches Geld für inländisches Geld substituieren. Formal bedeutet diese Annahme ja,

dass ω endogen ist und dass $\alpha > 0$ ist. Je grösser α ist, desto mehr ver-
lagert sich bei beginnender Abwertung die Geldnachfrage weg von der inländischen Währung und desto stärker fällt letzten Endes die Abwertung
aus.

• Der Vergrösserungseffekt wird noch weiter verstärkt, wenn die Varianz
der Geldmengenzuwachsraten mit steigenden Geldmengenzuwachsraten
zunimmt.

Da das Gütermarktgleichgewicht $p = e$ gemäss Gleichung 7.2 permanent gilt, wird es auch durch die bei Währungssubstitution verstärkten
Wechselkurs- und Preisreaktionen nicht gestört. Insofern bleibt Währungssubstitution im monetären Wechselkursmodell ein monetäres Phänomen ohne
realwirtschaftliche Konsequenzen.

Dies gilt aber nicht generell. Tritt Währungssubstitution bei trägen Güterpreisen auf, verändert sich nicht nur die Volatilität des nominalen Wechselkurses, sondern auch die des realen Wechselkurses.

Frage 7.1

Untersuchen Sie am Beispiel des vereinfachten Dornbusch-Modells
aus Kapitel 4, ob Währungssubstitution das bei trägen Güterpreisen auftretende kurzfristige Überschiessen des Wechselkurses
verstärkt oder abschwächt.

7.2 Währungssubstitution bei vermögensabhängiger Geld- und Güternachfrage

Die bisherige Diskussion dieses Kapitels und der früheren Kapitel vernachlässigt den in der modernen Konsum- und Geldtheorie betonten Aspekt,
dass sich die Konsum- und Geldnachfrage weniger am laufenden Einkommen als am *permanenten* Einkommen orientiert. Als Näherungsgrösse für
letzteres lässt sich das Vermögen heranziehen. Sind aber Güter- und Geld-
marktgleichgewichte auch vom Vermögen abhängig, können Modelllösungen
kaum langfristigen Charakter haben, in denen *Leistungsbilanzungleichgewichte* bestehen, die ja eine kontinuierliche Vermögenszunahme oder -abnahme
implizieren. Das in Tabelle 7.3 wiedergegebene, auf Calvo und Rodriguez
(1977) sowie Frenkel und Rodriguez (1982) zurückgehende Modell versucht
nun, den Zusammenhang zwischen Vermögensentwicklung und Wechselkurs
bei substituierbaren Währungen abzubilden.

Tabelle 7.3 Währungssubstitution bei vermögensabhängiger Geld- und Güternachfrage.

Gütermarkt

Handelbare Güter

$Y^H = Y^H(E/P^N)$	$Y^H_{E/P^N} > 0$	inländisches Angebot	(7.7)
$C^T = C^T(E/P^N, W)$	$C^T_{E/P^N} < 0, C^T_W > 0$	inländische Nachfrage	(7.8)
$\dot{M}^* = Y^T - C^T$		Handelsbilanz	(7.9)

Nicht handelbare Güter

$Y^N = Y^N(E/P^N)$	$Y^N_{E/P^N} < 0$	inländisches Angebot	(7.10)
$C^N = C^N(E/P^N, W)$	$C^N_{E/P^N} > 0, C^N_W > 0$	inländische Nachfrage	(7.11)
$Y^N = C^N$		Gleichgewichtsbedingung	(7.12)

Geldmarkt

$W = M' + M^*$		Vermögensdefinition	(7.13)
$\dfrac{M'}{M^*} = L(\dot{e})$	$L_{\dot{e}} < 0$	Vermögensaufteilung	(7.14)
$M' \equiv \dfrac{M}{E}$		Definition	(7.14a)

Anmerkungen: Kleinbuchstaben bezeichnen den natürlichen Logarithmus der betreffenden Variablen. Ein Punkt über einer Variablen bezeichnet deren Änderung in der Zeit.
Die Bedeutung der verwendeten Symbole ist wie folgt:

Y^T = Produktion handelbarer Güter (im Inland)
C^T = Nachfrage nach handelbaren Gütern (im Inland)
E = Wechselkurs
P^N = Preis für nicht handelbare Güter
M^* = von Inländern gehaltenes ausländisches Geld
Y^N = Angebot an nicht handelbaren Gütern
C^N = Nachfrage nach nicht handelbaren Gütern
W = inländisches Vermögen (in ausländischer Währung)
$\dot{e}$ = Änderungsrate des Wechselkurses
M = inländische Geldmenge
M' = inländische Geldmenge (in ausländischer Währung)

7.2.1 Der Geldmarkt

Es bietet sich an, bei der Vorstellung des Modells mit dem monetären Sektor zu beginnen, der sich hier allerdings auf den *Geldmarkt* beschränkt. Da
es weder inländische noch ausländische Bonds gibt, müssen Inländer ihr ge-
samtes Vermögen W entweder in ausländischem Geld M^* halten oder in
inländischem Geld M. Da M und M^* in unterschiedlichen Währungen ausgedrückt sind, können sie so nicht addiert werden. Vorher müssen wir eine Entscheidung treffen, in welcher Währung das inländische Vermögen ausgedrückt
werden soll, und dann M oder M^* umrechnen. Wir folgen hier Frenkel und

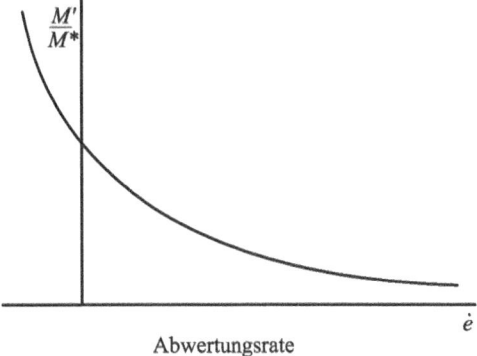

Abbildung 7.2 Vermögensaufteilung und Wechselkursentwicklung.

Rodriguez (1982) und messen W in ausländischer Währung. Dies lässt sich dadurch rechtfertigen, dass ausländisches Geld nach den Annahmen dieses Kapitels ein Substitut für inländisches Geld ist, und vereinfacht die Analyse dadurch, dass das ausländische Preisniveau wegen der unterstellten Kleinheit der inländischen Wirtschaft als gegeben und konstant angesehen werden darf. W ist dann ein realer Anspruch auf international gehandelte Güter.

Das in ausländischer Währung ausgedrückte Vermögen berechnet sich damit nach Gleichung 7.13, wobei $M' \equiv M/E$. Da in- und ausländisches Geld *unvollkommene* Substitute sind, wollen die Inländer bei gegebenem Datenkranz eine ganz bestimmte *Aufteilung* ihres Geldvermögens. Nach (7.14) ist diese gewünschte Vermögensaufteilung abhängig von der erwarteten Abwertung bzw., da wir wieder vollkommene Voraussicht unterstellen wollen, von der tatsächlichen Abwertung. Je stärker sich die inländische Währung abwertet, desto kleiner wird der gewünschte Anteil inländischer Kasse am Gesamtvermögen (siehe Abb. 7.2), da sich die Qualität inländischen Geldes als Wertaufbewahrungsmittel verschlechtert.

Passt sich die Vermögensaufteilung ohne Verzögerung an veränderte Abwertungsraten an, gilt der in Abb. 7.2 eingezeichnete Zusammenhang in jedem Zeitpunkt. Somit lassen sich einfach die Achsen vertauschen und wir können die inverse Beziehung zwischen $\dot{e}$ und M'/M^* auch schreiben als

$$\dot{e} = l(M'/M^*) \qquad l_{M'/M^*} < 0. \tag{7.14'}$$

7.2.2 Der inländische Markt für nicht handelbare Güter

Wenden wir uns als nächstes dem inländischen *Markt für nicht handelbare Güter* zu. Bei gegebener Faktorausstattung und Produktionstechnologie wird das *Angebot* an nicht handelbaren Gütern – das ja im Inland hergestellt werden muss – durch den relativen Preis P^T/P^N bestimmt.[5] P^T und P^N sind die Preise für handelbare bzw. für nicht handelbare Güter in inländischer Währung. Da die Güterarbitrage dafür sorgt, dass handelbare Güter im Inland gleich viel kosten wie im Ausland, gilt $P^T = EP^{T*}$. Normiert man nun den im Ausland geltenden Preis für handelbare Güter, P^{T*}, auf den Wert 1, so gilt $P^T = E$. Der in inländischer Währung zu bezahlende Preis für handelbare Güter entspricht dann genau dem Wechselkurs. Damit lässt sich der relative Preis zwischen handelbaren und nicht handelbaren Gütern, wie dies auch in (7.10) geschehen ist, als E/P^N schreiben. Steigt nun P^N relativ zu E ($= P^T$), werden mehr nicht handelbare Güter produziert.

Auch die *Nachfrage* nach nicht handelbaren Gütern reagiert auf den relativen Preis, allerdings mit umgekehrten Vorzeichen. Werden nicht handelbare Güter vergleichsweise teurer, schränkt man deren Konsum ein (Gleichung 7.11). Im Gegensatz zum Angebot reagiert die Nachfrage allerdings im Sinne der *Permanent Income Hypothese* auch auf Vermögensänderungen. Wäre letzteres nicht der Fall, könnte es ja nur *einen* relativen Preis geben, bei dem sich Angebot an und Nachfrage nach nicht handelbaren Gütern genau entsprechen. Steigt der relative Preis E/P^N von diesem markträumenden Preis aus an, sinkt Y^N und C^N steigt; d.h. der Nachfrageüberhang wird immer grösser.

Bei vermögensabhängiger Güternachfrage kann dieser Nachfrageüberhang nun durch einen die Nachfrage dämpfenden Vermögensrückgang kompensiert werden. Diese intuitiv eingängige *Gleichgewichtsbedingung* für den inländischen Markt für nicht handelbare Güter erhält man formal durch Einsetzen von (7.10) und (7.11) in (7.12). Die sich ergebene Gleichung

$$Y^N(E/P^N) = C^N(E/P^N, W) \tag{7.15}$$

impliziert, da die Bedingungen des Implizite-Funktionen-Theorems erfüllt sind, eine Funktion

$$E/P^N = f(W). \tag{7.16}$$

Unter Nutzung der Implizite-Funktionen-Regel ergibt sich

$$\frac{d(E/P^N)}{dW} = -\frac{-C_W^N}{Y_{E/P^N}^N - C_{E/P^N}^N} < 0. \tag{7.17}$$

---

[5] Der relative Preis P^T/P^N wird in Kapitel 9 ausführlich besprochen. Dort wird beispielsweise gezeigt, dass der reale Wechselkurs $R = EP^*/P$ eng mit P^T/P^N verknüpft ist. Aus diesem Grund wird P^T/P^N dort auch als alternative Definition des realen Wechselkurses verwendet.

7.2.3 Der Markt für handelbare Güter

Die Gleichungen 7.7 und 7.8 formulieren das Angebot an und die Nachfrage nach handelbaren Gütern im Inland analog zu den Gleichungen 7.10 und 7.11. Natürlich haben die Ableitungen nach dem relativen Preis E/P^N nun die umgekehrten Vorzeichen. Ein wichtiger Unterschied zum Markt für nicht handelbare Güter besteht darin, dass dieser internationale Markt im Gleichgewicht nicht im *Inland* geräumt sein muss. Übersteigt die inländische Produktion handelbarer Güter die inländische Nachfrage, kann die Differenz zum Weltmarktpreis $P^T = E$ im Ausland abgesetzt werden. Bei inländischem Nachfrageüberhang kann die Differenz durch Importe ausgeglichen werden.

Die Handelsbilanz (7.9) beschreibt die monetären Konsequenzen dieser Güterströme. Da

- Inländer weder Forderungen halten noch Verbindlichkeiten eingehen und
- Ausländer kein inländisches Geld halten,

müssen Handelsbilanzungleichgewichte in ausländischer Kasse finanziert werden. Sie verändern somit direkt den von Inländern gehaltenen Bestand an ausländischem Geld. Einen anderen Weg, ausländisches Geld zu erwerben, gibt es nicht.

7.2.4 Gleichgewichte: Grafische Darstellung

Einen ersten Einstieg in die Modellzusammenhänge erhält man über eine Diskussion der *statischen* Modellgleichgewichte. Der Diskussion liegt das Vier-Quadranten-Schema in Abb. 7.3 zugrunde.

Im nordwestlichen Quadranten ist zunächst der Gütermarkt mit seinen beiden Sektoren dargestellt. NG ist die Gleichgewichtsbedingung für nicht-handelbare Güter auf dem inländischen Markt (Gleichung 7.16), die gemäss (7.17) eine negative Steigung aufweist. Da wir flexible Preise unterstellen, befindet sich die Wirtschaft *immer* auf NG.

TG bezeichnet eine analoge Gleichgewichtsbedingung für handelbare Güter, die allerdings kurzfristig nicht bindet. Wir erhalten diese Bedingung, indem wir (7.7) und (7.8) in (7.9) einsetzen und $\dot{M}^* = 0$ verlangen, also eine ausgeglichene Handelsbilanz.[6] Da die Bedingungen des Implizite-Funktionen-Theorems erfüllt sind, impliziert die sich ergebende Gleichung wieder eine Funktion

$$E/P^N = g(W), \tag{7.18}$$

deren Steigung nun allerdings positiv ist:

---

[6] Während (7.9) ja bewusst Handelsbilanzungleichgewichte zulässt, können wir davon ausgehen, dass diese auf längere Sicht durch entsprechende Marktreaktionen eliminiert werden.

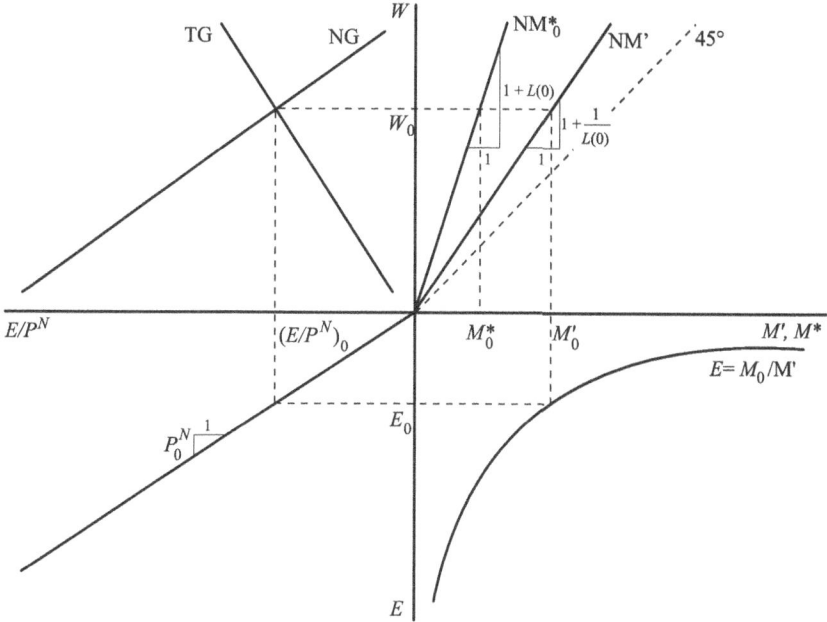

Abbildung 7.3 Statisches Gleichgewicht im Währungssubstitutionsmodell mit vermögensabhängiger Geld- und Güternachfrage.

$$\frac{d(E/P^N)}{dW} = -\frac{-C_W^T}{Y_{E/P^N}^T - C_{E/P^N}^T} > 0. \tag{7.19}$$

Der Schnittpunkt zwischen NG und TG bestimmt nun den einen relativen Preis $(E/P^N)_0$ und den einen Vermögenswert W_0, für den beide Sektoren des Gütermarkts simultan im Gleichgewicht sind.

Der nordöstliche Quadrant zeigt, wieviel ausländische Kasse und wieviel inländische Kasse (in ausländischer Währung) Inländer im statischen Gleichgewicht (d.h., bei $\dot{e} = 0$) halten. Setzen wir in (7.14) $\dot{e} = 0$ ein, lösen zunächst nach M' auf und setzen das Resultat in (7.13) ein, ergibt sich

$$W = [1 + L(0)]M^*. \tag{7.20}$$

Gleichung 7.20 beschreibt die Nachfrage der Inländer nach ausländischer Kasse in Abhängigkeit vom Vermögen und von der Abwertungsrate, die in 7.20 gleich Null gesetzt ist. Diese Nachfrage (bzw. dieser Anteil) ist in Abb. 7.3 als Gerade NM_0^* eingezeichnet. Ihr Schnittpunkt mit der Horizontalen bei W_0 bestimmt M_0. Analog können wir aus (7.13) und (7.14)

$$W = [1 + \frac{1}{L(0)}]M' \tag{7.21}$$

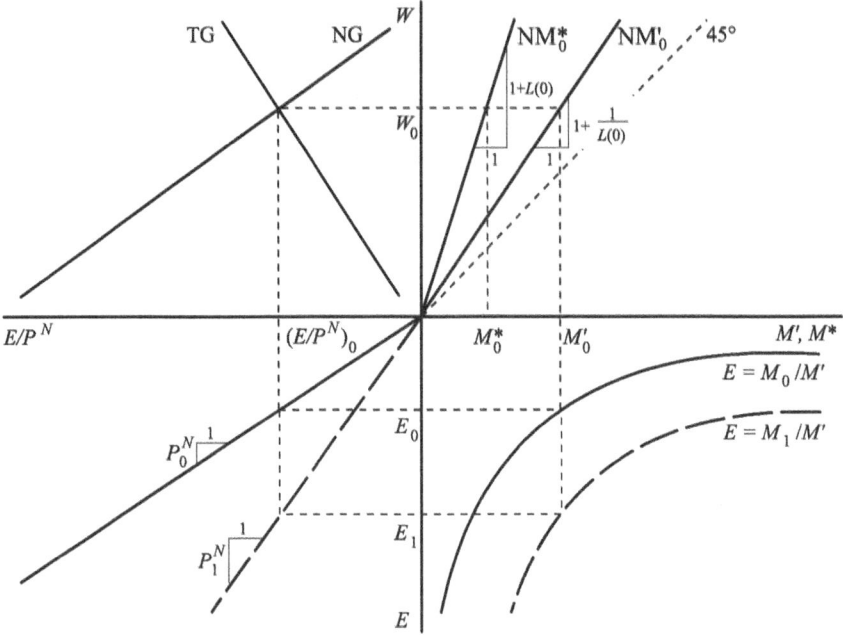

Abbildung 7.4 Komparative Statik im Währungssubstitutionsmodell mit vermögensabhängiger Geld- und Güternachfrage.

berechnen, die Nachfrage nach inländischer Kasse (in ausländischer Währung), die in Abb. 7.3 als NM'_0 eingezeichnet ist, und mit ihrer Hilfe M'_0 bestimmen.

Im südöstlichen Quadranten wird die Definition $M = E \cdot M'$ verwendet, um den Wechselkurs E_0 zu bestimmen, bei dem eine vorgegebene inländische Geldmenge M_0 genau den im Gleichgewicht gewünschten Wert M'_0 in ausländischer Währung hat. Die eingezeichnete Hyperbel repräsentiert

$$E = \frac{M_0}{M'}. \tag{7.22}$$

Im südwestlichen Quadranten wird schliesslich der Preis für nichthandelbare Güter bestimmt, welcher bei gegebenem nominalen Wechselkurs E_0 zum für die Markträumung notwendigen relativen Preis $(E/P^N)_0 = E_0/P_0^N$ führt.

Anhand Abb. 7.4 untersuchen wir nun die komparativ-statischen Effekte einer Veränderung der inländischen Geldmenge. Erhöht sie sich einmalig und unerwartet von M_0 auf M_1, berührt das den Gütermarkt nicht. Nach wie vor erfordert ein simultanes Gleichgewicht beider Sektoren einen relativen Preis von $(E/P^N)_0$ und ein Vermögen von W_0. Da auch nach einer einmaligen Geldmengenerhöhung im neuen langfristigen Gleichgewicht $\dot{e} = 0$ gilt, werden die gleichen Bestände an ausländischer Kasse und an inländischer

Kasse (in ausländischer Währung) gehalten. Dieser Fremdwährungswert an inländischer Kasse, M_0', muss nun aber bei von M_0 auf M_1 gestiegener inländischer Geldmenge gehalten werden. Dies ist offensichtlich (wegen $M' = M/E$) nur durch eine Abwertung möglich. Technisch wird dieses Resultat dadurch erreicht, dass eine Geldmengenerhöhung die Hyperbel im südöstlichen Quadranten nach unten verschiebt. M' bleibt nun nur dann bei M_0' konstant, wenn der Wechselkurs *proportional* zur Erhöhung der Geldmenge von E_0 auf E_1 steigt. Um den relativen Preis wie gefordert bei $(E/P^N)_0$ konstant zu halten, muss nun auch der Preis für nicht handelbare Güter proportional zum Wechselkurs (der ja der Preis für handelbare Güter ist) steigen, so dass schliesslich $(E/P^N)_0 = E_1/P_1^N$ ist.

Als *Zwischenergebnis* lässt sich festhalten, dass unser Währungssubstitutionsmodell mit nicht handelbaren Gütern sehr konventionelle komparativstatische Eigenschaften besitzt, da die Quantitätstheorie genauso gilt wie die Kaufkraftparitätenhypothese.

Untersuchen wir nun als nächstes sich verändernde *inflationäre Gleichgewichte* und deren Stabilität. Ausgangspunkt ist wieder ein statisches Gleichgewicht mit konstanter Geldmenge. Nun beginnt die Notenbank das Geldangebot mit einer konstanten positiven Rate wachsen zu lassen.

7.2.4.1 Verbale Diskussion

Das neue, inflationäre *Gleichgewicht* kann man durch folgende schrittweise Überlegungen charakterisieren (vgl. auch Abb. 7.5):

1. Auch bei inflationärem Geldmengenwachstum beträgt das inländische Vermögen im Gleichgewicht W_0. Wäre das neue Gleichgewichtsvermögen höher, z.B. W_1, befände sich die Wirtschaft in A_1 statt in A_0, da ja der Preis für nicht handelbare Güter völlig flexibel und dieser Markt immer geräumt ist. In A_1 ist die Handelsbilanz defizitär. Die von Inländern gehaltenen Bestände an ausländischem Geld müssen deshalb *abnehmen*. Diese Überlegung gilt für jedes $W > W_0$ und, mit umgekehrtem Vorzeichen, für jedes $W < W_0$. Nur für $W = W_0$ ist die Zahlungsbilanz ausgeglichen und $\dot{M}^* = 0$.

Unterstellen wir nun, dass bei endlichem Geldmengenwachstum auch $\dot{e}$ im Gleichgewicht einen endlichen Wert annimmt.[7] Damit hat die Nachfragekurve nach ausländischem Geld eine feste Position (z.B. NM_1^*), und das Gleichgewicht muss sich auf dieser Kurve befinden. Befinden wir uns nun rechts oberhalb von B_1 auf NM_1^*, so gilt ja $W > W_0$ und M^* sinke wegen der defizitären Handelsbilanz. Dies ist aber *auf* NM_1^* nur möglich, wenn wir uns nach links unten bewegen, wenn also das Vermögen gleichzeitig sinkt. Durch analoge Überlegungen lässt sich ableiten, dass wir uns von jedem Punkt un-

---

[7] Theoretisch ist auch der Fall denkbar, dass $\dot{e}$ nach einer Änderung der Geldmengenwachstumsrate nicht mehr gegen einen endlichen Wert konvergiert. Diesen Fall sparen wir uns für die unten folgende formale Analyse auf, da er verbal nicht sauber behandelt werden kann.

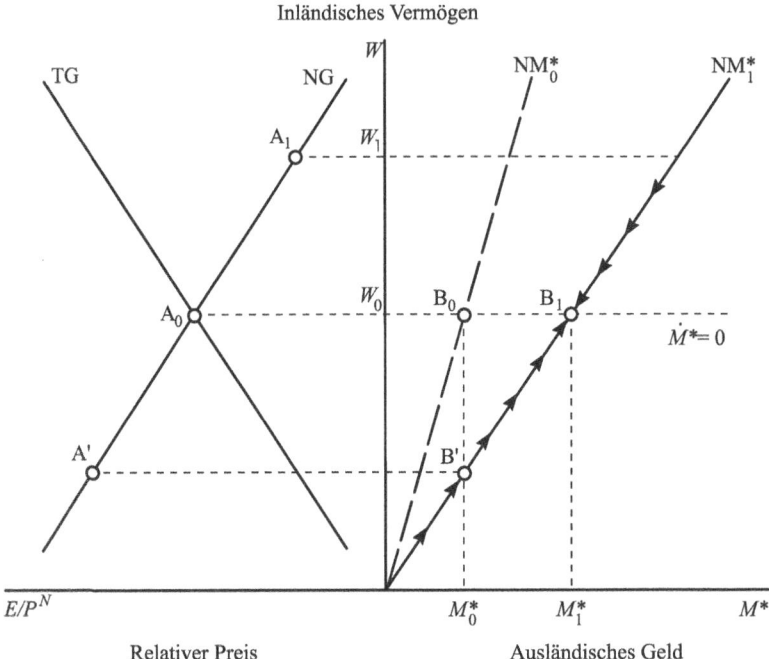

Abbildung 7.5 Konsequenzen einer Änderung des Geldmengenexpansionspfads im Währungssubstitutionsmodell mit vermögensabhängiger Geld- und Güternachfrage.

terhalb von B_1 auf NM_1^* nach rechts oben bewegen. Wenn somit einmal eine sich nicht mehr weiter verändernde Abwertungsrate erreicht ist, konvergiert das Vermögen zum die Handelsbilanz ausgleichenden Wert W_0.

2. Sind im "inflationären" Gleichgewichtspunkt B_1 aber das Vermögen W und die ausländische Kasse M^* konstant, so ist wegen $W = M^* + M'$ natürlich auch M' konstant. Dies wiederum bedeutet, dass sich wegen $M' \equiv M/E$ der Wechselkurs mit der gleichen Rate abwerten muss, mit der die inländische Geldmenge steigt (d.h. $\dot{e} = \dot{m}$). Da auf NM_0^* $\dot{e} = 0$ galt und jetzt $\dot{e} = \dot{m} > 0$ gilt, muss die neue Nachfragegerade nach ausländischer Kasse flacher sein als die alte. Dies hatten wir bei der Darstellung in Abb. 7.5 bereits vorweggenommen.

3. Das Gütermarktgleichgewicht liegt unverändert bei A_0, bei unverändertem und natürlich konstantem relativen Preis. Dies bedeutet aber, dass der Preis für nicht handelbare Güter gleich schnell steigt wie der Wechselkurs und damit auch gleich schnell wie die Geldmenge ($\dot{e} = \dot{p}^N = \dot{m}$).

4. *Im Gleichgewicht* B_1 gilt $\dot{e} = \dot{m}$. Da in B_1 aber bei unverändertem Vermögen *mehr* ausländisches Geld als in B_0 gehalten wird, muss in B_1 auch *weniger* inländisches Geld als in B_0 gehalten werden. Aus $M_0/E_0 > M_1/E_1$ wird damit aber ersichtlich, dass der Wechselkurs beim Übergang von B_0 nach

B_1 stärker gestiegen ist als die Geldmenge. Dies entspricht dem in Kapitel 6 vorgestellten *Vergrösserungseffekt*. Die Ursache für die beobachtete "Überreaktion" des Wechselkurses ist wieder, dass bei Inflation der reale Bestand an inländischer Kasse reduziert wird; in Kapitel 6 (implizit) zugunsten zinstragender Aktiva oder von Sachwerten, hier zugunsten ausländischer Kasse.

7.2.5 Dynamik: Grafische Darstellung

Versuchen wir nun als nächstes, die Bewegung von B_0 nach B_1 in Abb. 7.5 grafisch-verbal zu beschreiben. Wenn B_1 der neue Gleichgewichtspunkt ist, halten die Akteure beim Einsetzen der neuen, expansiven Geldpolitik in B_0 zu wenig ausländisches Geld und (real) zu viel inländisches Geld. Wie der Markt darauf reagiert, kann man sich durch folgende Überlegungen vergegenwärtigen:

Ausländer halten kein inländisches Geld. Der verstärkte inländische Bedarf an M^* kann nicht durch direkten Tausch M gegen M^* gedeckt werden. Ausländisches Geld kann nur durch Handelsbilanzüberschüsse akkumuliert werden. Dies braucht aber Zeit und ist kurzfristig nicht möglich. Jeder Inländer, der zuviel inländisches und zuwenig ausländisches Geld besitzt, kann damit nur von anderen Inländern ausländisches Geld gegen inländisches Geld erwerben. Da dies alle Inländer wollen, ergibt sich zunächst eine Überschussnachfrage nach M^* bzw. ein Überschussangebot an M. Der Preis, zu dem inländisches Geld gegen ausländisches Geld getauscht wird, der Wechselkurs, beginnt zu steigen. Mit steigendem Wechselkurs geht aber das inländische Vermögen und die Nachfrage nach ausländischem Geld zurück. Wir können uns vorstellen, dass die Wechselkursbewegung zum Stillstand kommt, wenn in B' ein temporäres Gleichgewicht erreicht ist.

B' kann deshalb kein langfristiges Gleichgewicht sein, weil der Gütermarkt nun in A' ist. Hier ist die Handelsbilanz überschüssig und das Inland beginnt ausländisches Geld zu akkumulieren. Dies führt zu einer langsamen Entwicklung, im monetären Sektor entlang NM_1^* von B' nach B_1, auf dem Gütermarkt von A' nach A_0, bis die Wirtschaft in B_1 wieder im langfristigen Gleichgewicht ist.

7.2.6 Formale Analyse des Modells

Das Ziel dieses Abschnitts ist es, die oben angebotene verbale Beschreibung der Modelldynamik im M^*-W-Diagramm formal herzuleiten und zu präzisieren. Hierbei werden wir uns wieder der Methode der qualitativen Analyse dynamischer Systeme mittels Phasendiagrammen bedienen.

In einem ersten Schritt sind die *Demarkationslinien* abzuleiten, also die grafische Darstellung aller Punkte, in denen sich W respektive M^* nicht mehr ändert.

Die Bedingungen für eine konstante ausländische Kasse hatten wir oben, gestützt auf eine grafische Darstellung des Gütermarkts, bereits verbal abgeleitet. Die formale Bedingung erhalten wir, indem wir eine ausgeglichene Handelsbilanz verlangen,

$$\dot{M}^* = 0 = Y^T - C^T, \tag{7.9'}$$

unter Einhaltung der Nebenbedingung, dass gleichzeitig der Markt für nicht handelbare Güter geräumt sein muss, also

$$E/P^N = f(W). \tag{7.16}$$

Setzen wir

$$Y^T = Y^T(E/P^N) \tag{7.7}$$

und

$$C^T = C^T(E/P^N, W) \tag{7.8}$$

in (7.9') ein und ersetzen den relativen Preis E/P^N durch die Gleichgewichtsbedingung (7.16), erhalten wir die gesuchte erste Demarkationslinie:

$$\dot{M}^* = 0 = Y^T[f(W)] - C^T[f(W), W] \equiv h(W). \tag{7.23}$$

Da $\dot{M}^*$ nur vom Vermögen abhängt, kann es auch nur für einen ganz bestimmten Vermögenswert den Wert Null annehmen. Die gesuchte Demarkationslinie $\dot{M}^* = 0$ ist damit eine horizontale Gerade (siehe Abb. 7.6). Aus

$$\frac{d\dot{M}}{dW} = Y_f^T f_W - C_f^T f_W - C_W^T < 0 \tag{7.24}$$

ergibt sich, dass M^* oberhalb der Demarkationslinie sinkt und unterhalb steigt. Dies wird durch nach links bzw. nach rechts zeigende horizontale Pfeile angezeigt.

Die Identifizierung der zweiten Demarkationslinie $\dot{W} = 0$ ist komplizierter. Gehen wir zunächst von der Vermögensdefinition

$$W = M' + M^* \tag{7.13}$$

aus und leiten diese nach der Zeit ab, so ergibt sich

$$\dot{W} = \dot{M}' + \dot{M}^*, \tag{7.25}$$

bzw., wenn wir (7.23) für $\dot{M}^*$ einsetzen,

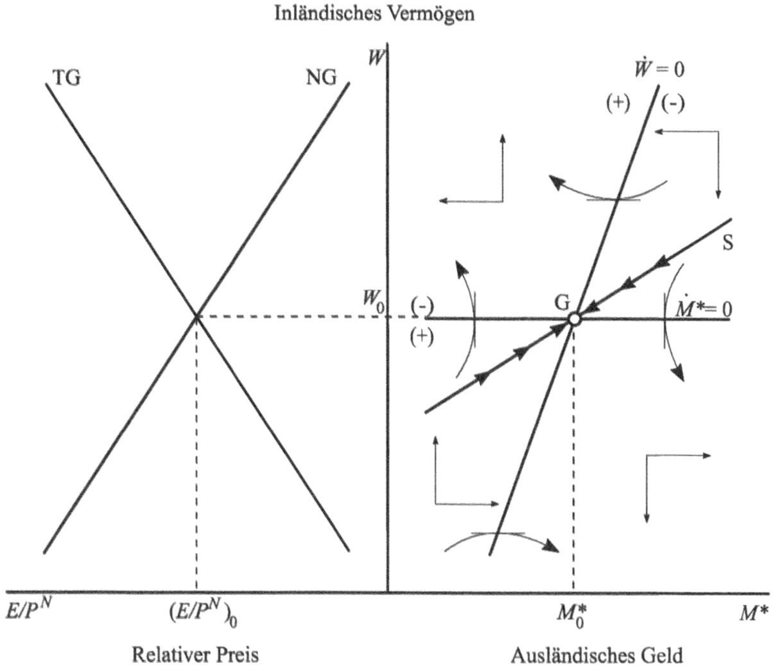

Abbildung 7.6 Phasendiagramm zum Währungssubstitutionsmodell mit vermögensabhängiger Geld- und Güternachfrage.

$$\dot{W} = \dot{M}' + h(W). \tag{7.26}$$

$\dot{M}'$ lässt sich wegen $M' = M/E$ schreiben als[8]

$$\dot{M}' = M'(\dot{m} - \dot{e}). \tag{7.27}$$

Einsetzen von

$$\dot{e} = l(M'/M^*) \tag{7.14'}$$

in (7.27) und anschliessendes Eliminieren von M' unter Verwendung von (7.13) ergibt

---

[8] Ableiten von $M' = M/E$ nach der Zeit ergibt

$dM'/dt = (1/E)dM/dt - (M/E^2)dE/dt.$

Division der linken Seite durch M' und der rechten Seite durch M/E ergibt nach Kürzungen

$(dM'/dt)/M' = (dM/dt)/M - (dE/dt)/E.$

Nach Multiplikation mit M' ergibt sich hieraus Gleichung 7.27.

$$\dot{M}' = (W - M^*) \left[\dot{m} - l \left(\frac{W - M^*}{M^*} \right) \right]. \tag{7.28}$$

Durch Einsetzen von (7.28) in (7.26) erhalten wir schliesslich

$$\dot{W} = (W - M^*) \left[\dot{m} - l \left(\frac{W - M^*}{M^*} \right) \right] + h(W), \tag{7.29}$$

eine Differentialgleichung mit den beiden endogenen Variablen W und M^*, die ja auch an den Achsen der rechten Teilgrafik in Abb. 7.6 stehen.

Die Demarkationslinie $\dot{W} = 0$ erhalten wir, allerdings in impliziter Form, indem wir in (7.29) $\dot{W} = 0$ setzen:

$$\dot{W} = (W - M^*) \left[\dot{m} - l \left(\frac{W - M^*}{M^*} \right) \right] + h(W) = 0 = G(W, M^*). \tag{7.30}$$

Die Steigung der $\dot{W} = 0$-Kurve ergibt sich unter Anwendung der Implizite-Funktionen-Regel als[9]

$$\frac{d\dot{W}}{dM^*} = -\frac{G_{M^*}}{G_W} = \frac{\dot{m} + (W - M^*)l_{M^*} - l(W/M^* - 1)}{\dot{m} - (W - M^*)l_W - l(W/M^* - 1) + h'(W)} \tag{7.31}$$

und ist offensichtlich im Vorzeichen *unbestimmt*.

Was oberhalb und unterhalb der $\dot{W} = 0$-Kurve passiert, ergibt sich aus der Ableitung von (7.30) nach W

$$\frac{d\dot{W}}{dW} = \dot{m} - (W - M^*)l_W - l(W/M^* - 1) + h'(W). \tag{7.32}$$

Auch das Vorzeichen dieser Ableitung ist unbestimmt, so dass wir eine Fall-unterscheidung vornehmen müssen. Wir beschränken uns hier auf die Diskussion des Falls $d\dot{W}/dW > 0$, da dieser einfacher ist und sich die qualitativen Modelleigenschaften für den Fall $d\dot{W}/dW < 0$ nicht verändern.[10]

Zunächst ist festzuhalten, dass (7.32) mit dem Nenner von (7.31) identisch ist. Mit $d\dot{W}/dW > 0$ unterstellen wir somit gleichzeitig, dass der Nenner von (7.31) positiv ist. Die Differenz zwischen dem Zähler und dem Nenner in (7.31) beträgt nach Streichung der in beiden Ausdrücken vorkommenden Terme

$$(W - M^*)l_{M^*} + (W - M^*)l_W - h'(W).$$

Es gilt $W - M^* > 0$, $l_{M^*} > 0$, $l_W < 0$ und $h'(W) < 0$. Deshalb ist $l_{M^*} + l_W > 0$ eine hinreichende Bedingung dafür, dass der Zähler in (7.31) immer grösser ist als der Nenner. Berechnet man diese partiellen Ableitungen unter Anwendung

---

[9] l_{M^*} und l_W sind die partiellen Ableitungen von $l(.)$ nach M^* und W.
[10] Die Diskussion des Falls $d\dot{W}/dW < 0$ befindet sich am Ende des Kapitels als Lösung von Frage 7.2.

der Kettenregel aus $l(W/M^* - 1)$ ergibt sich in der Tat[11]

$$l_{M^*} + l_W = -l'W/M^{*2} + l'/M^* = \frac{l'}{M^*}(1 - \frac{W}{M^*}) > 0$$

Wenn somit der Nenner in (7.31) positiv ist, was wir mit der Annahme $d\dot{W}/dW > 0$ unterstellen, ist auch der Zähler positiv und somit die Steigung der $\dot{W} = 0$-Kurve positiv. $\dot{W} = 0$ in Abb. 7.6 zeigt diesen Fall. Die vertikalen Richtungspfeile zeigen die aus der Annahme $d\dot{W}/dW > 0$ resultierende Veränderungsrichtung des inländischen Vermögens in den durch die Demarkationslinien abgegrenzten vier Sektoren. Es zeigt sich, dass das Modell die für Modelle mit vollkommener Voraussicht typische Sattelpfadstabilität besitzt. Nur ein Weg, der Sattelpfad S, führt ins Gleichgewicht G. Von jedem nicht auf S liegenden Punkt aus würde sich das Modell weiter und weiter von G wegbewegen. Diese Tendenzen sind durch vier geschwungene Pfeile charakterisiert.

Frage 7.2

Bitte analysieren Sie die Dynamik des hier zugrundegelegten Währungssubstitutionsmodells mittels eines Phasendiagramms für den Fall $d\dot{W}/dW < 0$.

Die Anpassung an ein neues Gleichgewicht lässt sich am Beispiel des Übergangs zu einer expansiveren Geldpolitik beschreiben. Beschleunigt die Notenbank das Geldmengenwachstum, erhöht sich also $\dot{m}$, tangiert das nur eine der beiden Demarkationslinien, die $\dot{W} = 0$-Kurve. Die $\dot{M}^* = 0$-Kurve bleibt dagegen in ihrer alten Position. Aus (7.30) erhalten wir für die $\dot{W} = 0$-Kurve mit Hilfe der Implizite-Funktionen-Regel

$$\frac{dW}{d\dot{m}} = -\frac{G_{\dot{m}}}{G_W} = \frac{-(W - M^*)}{\dot{m} - (W - M^*)l_W - l(W/M^* - 1) + h'(W)}$$

Für den hier unterstellten Fall $d\dot{W}/dW = G_W > 0$ ist $dW/d\dot{m} < 0$. Das bedeutet, dass sich, die $\dot{W} = 0$-Kurve nach unten verschiebt. Damit verschiebt sich der das Gleichgewicht markierende Schnittpunkt dieser beiden Demarkationslinien nach rechts, von G nach G_1 (siehe Abb. 7.7).

Wenn man unterstellt, dass die Akteure von den unendlich vielen Entwicklungspfaden, die prinzipiell mit vollkommener Voraussicht kompatibel sind, sich an dem einen orientieren, der wieder ins langfristige Gleichgewicht führt, dann bewegt sich die Wirtschaft aufgrund eines Wechselkurssprungs kurzfristig von G nach G' und konvergiert dann entlang S nach G_1.

---

[11] l' ist die Ableitung von $l(.)$ nach dem gesamten in Klammern stehenden Ausdruck. Gemäss Kettenregel ist dieser jeweils mit der inneren Ableitung nach der sich ändernden Variablen zu multiplizieren.

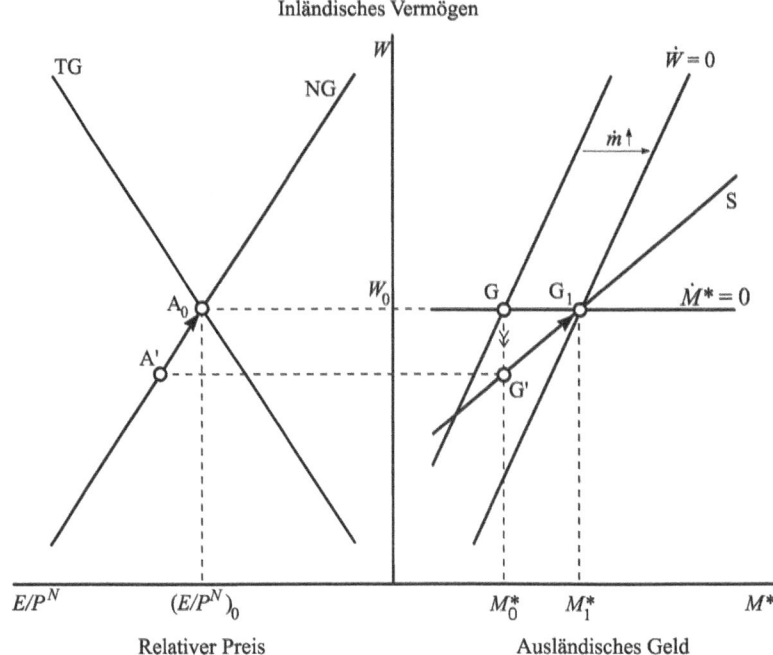

Abbildung 7.7 Konsequenzen einer Erhöhung der Geldmengenwachstumsrate im Währungssubstitutionsmodell mit vermögensabhängiger Geld- und Güternachfrage.

7.3 Hinweise zur Beantwortung der gestellten Fragen

Frage 7.1

Wir gehen von der vereinfachten Version des Dornbusch-Modells aus Kapitel 4 aus. Um die sich aus der Währungssubstitution ergebenden Konsequenzen für die kurzfristige Wechselkursreaktion untersuchen zu können, ersetzen wir die Geldnachfragegleichung durch (7.3) und (7.3a) aus diesem Kapitel. Setzen wir zur Vereinfachung $\beta = 0$, lautet die Gleichgewichtsbedingung für den monetären Sektor

$$m - p = \phi y - \lambda\theta(\bar{e} - e) - \alpha\theta(\bar{e} - e).$$

Dies lässt sich zur Wechselkursgleichung

$$e = \frac{m - p - \phi y}{\theta(\alpha + \lambda)} + \bar{e}$$

umformen, aus der sich bei kurzfristig rigiden Preisen als Wechselkursreaktion auf eine einmalige unerwartete Geldmengenerhöhung

$$\frac{de}{dm} = 1 + \frac{1}{\theta(\alpha + \lambda)}$$

ergibt. Hiernach *dämpft* Währungssubstitution in diesem Szenario das Überschiessen und damit die Volatilität des Wechselkurses. Die Ursache hierfür
liegt darin, dass im Dornbusch-Modell der Wechselkurs ja überschiessen muss,
damit Aufwertungserwartungen entstehen, die es dem Zinssatz erlauben, unter den ausländischen Zins zu fallen und somit die inländische Geldnachfrage
auf das erhöhte reale Geldangebot anheben. Bei Währungssubstitution führen aber Aufwertungserwartungen auch zu einem Ansteigen der inländischen
Geldnachfrage. Der vom Zinssatz zu leistende Beitrag wird damit geringer.
Weil der Zinssatz aber weniger stark fällt, muss der Wechselkurs auch nicht
so stark überschiessen.

Frage 7.2

Ausgangspunkt ist hier wieder Gleichung 7.31, die lautet

$$\frac{d\dot{W}}{dM^*} = -\frac{G_{M^*}}{G_W} = \frac{\dot{m} + (W - M^*)l_{M^*} - l(W/M^* - 1)}{\dot{m} - (W - M^*)l_W - l(W/M^* - 1) + h'(W)}. \tag{7.31}$$

Im Text wurde gezeigt, dass $-G_{M^*} > G_W$ und damit für $d\dot{W}/dW = G_W >$
0 auch $dW/dM^* > 0$ gilt. Verkleinert man $d\dot{W}/dW$ nun kontinuierlich, so
ergibt sich über eine vertikale $\dot{W} = 0$-Kurve eine negativ geneigte $\dot{W} = 0$-
Kurve für $d\dot{W}/dW < 0$.

Abbildung 7.8 zeigt, dass sich auch für diesen Fall dieselbe Art von Sattelpfadstabilität ergibt, wie für den Fall $d\dot{W}/dW > 0$.

Wie ebenfalls im Text gezeigt wurde, hängt die Richtung, in die eine Erhöhung der Geldmengenwachstumsrate die $\dot{W} = 0$-Kurve verschiebt, also

$$\frac{dW}{d\dot{m}} = -\frac{G_{\dot{m}}}{G_W} = \frac{-(W - M^*)}{\dot{m} - (W - M^*)l_W - l(W/M^* - 1) + h'(W)},$$

vom Vorzeichen von G_W ab. Für $d\dot{W}/dW = G_W < 0$ folgt somit $dW/d\dot{m} > 0$.
Damit ergibt sich die gleiche Verschiebung des Gleichgewichtspunkts auf der
$\dot{M}^* = 0$-Kurve nach rechts wie im behandelten Fall $d\dot{W}/dW > 0$.

Literatur

Calvo, Guillermo und Carlos A. Rodriguez (1977). A Model of Exchange Rate Determination under Currency Substitution and Rational Expectations. *Journal of Political
Economy* 85, 261-278.

Frenkel, Jacob A. und Carlos A. Rodriguez (1982). Exchange Rate Dynamics and the
Overshooting Hypothesis. *IMF Staff Papers* 29, 1-30.

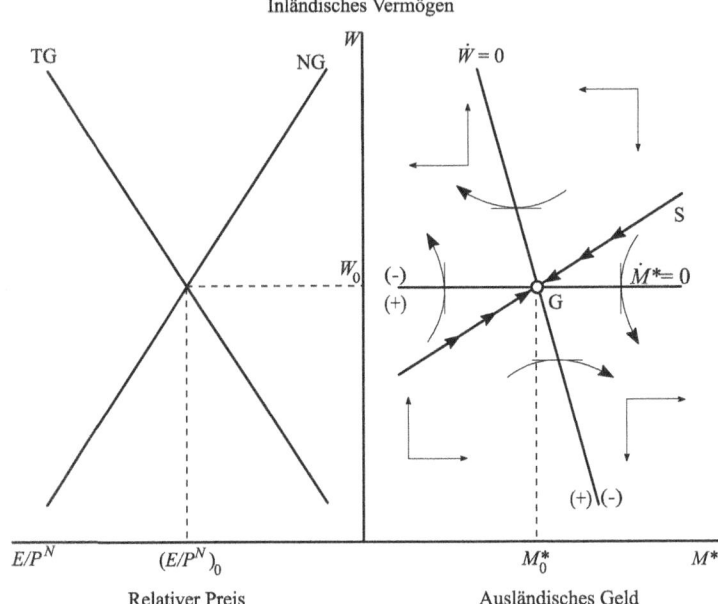

Abbildung 7.8 Grafische Darstellung zur Beantwortung der Frage 7.2.

Giovannini, Alberto und Bart Turtelboom (1994). Currency Substitution. In: Frederick van der Ploeg (ed.), *The Handbook of International Macroeconomics*. Oxford: Blackwell, 390-436.

Girton, L. und D. Roper (1981). Theory and Implications of Currency Substitution. *Journal of Money, Credit and Banking* 13, 12-30.

Kouri, Penti J. K. (1976). The Exchange Rate and the Balance of Payments in the Short Run and in the Long Run: A Monetary Approach. *Scandinavian Journal of Economics* 78, 280-304.

Selcuk, Faruk (2003). Currency Substitution: New Evidence from Emerging Economies. *Economics Letters* 78, 219-224.

Uribe, Martin (1997). Hysteresis in a Simple Model of Currency Substitution. *Journal of Monetary Economics* 40, 185-202.

Kapitel 8
Der Vermögensbestandsansatz

Bei der Einführung zu Kapitel 7 hatten wir uns einer stilisierten Darstellung der Vermögensaufteilung in einer offenen Wirtschaft bedient. Abbildung 8.1 wiederholt diese Darstellung, nun allerdings mit dem Ziel, die speziellen Annahmen der Vermögensbestandsansätze zur Wechselkursbestimmung herauszustellen.

Die Vermögensbestandsansätze geben die im Kapitel 7 benutzte Annahme wieder auf, dass ausländisches Geld ein Substitut für inländisches Geld sein kann. Damit wird die gesamte gewünschte Kasse in inländischem Geld gehalten. In- und ausländische zinstragende Aktiva sind unvollkommene Substitute, vor allem weil sie sich im Risiko unterscheiden. Risikoaverse Individuen maximieren ihren Nutzen, indem sie ein gemischtes Portefeuille an risikolosen inländischen Bonds und riskanten ausländischen Bonds halten. Notwendige Bedingung für die Aufnahme ausländischer Bonds ist allerdings, dass diese eine höhere Rendite als inländische erwarten lassen.

Im folgenden werden wir die Nachfrage nach Geld, inländischen Bonds und ausländischen Bonds explizit modellieren. Uns werden dann vor allem

	Aufteilung der Vermögenskomponenten	
	inländische Währung	ausländische Währung
Geld	M	–
Bonds	B	F

(Aufteilung des Vermögens)

Abbildung 8.1 Stilisierte Darstellung der Portfolioaufteilung in einer offenen Wirtschaft mit unvollkommener Substituierbarkeit und ohne Währungssubstitution.

die Wechselkurswirkungen interessieren, die sich aus den Restriktionen ergeben, dass jeder einzelne Markt permanent im Gleichgewicht sein muss und dass die Summe der in den drei Anlageformen nachgefragten Mengen dem gesamten Vermögen in der Volkswirtschaft entsprechen muss. In einem ersten Schritt wird ein *kurzfristiges Modell* betrachtet, in dem das Vermögen als exogen gegebene Konstante angesehen wird. In einer zweiten, *längerfristig angelegten Modellvariante* lassen wir dann zu, dass Wechselkursänderungen zu Leistungsbilanzungleichgewichten führen. Diese müssen Rückwirkungen auf den Wechselkurs erzeugen, da Leistungsbilanzdefizite ja durch Vermögensabflüsse finanziert werden müssen und Leistungsbilanzüberschüsse eine Vermögensakkumulation bedeuten.

8.1 Der Vermögensbestandsansatz in der kurzen Frist

Der kurzfristige Vermögensbestandsansatz zur Erklärung des Wechselkurses besteht aus den in Tabelle 8.1 aufgeführten Gleichungen für den monetären Sektor einer offenen Volkswirtschaft[1]. Gleichung 8.1 ist die für die inländi-

Tabelle 8.1 Kurzfristiger Vermögensbestandsansatz.

$W = M + B + EF$	Vermögensrestriktion	(8.1)
$M = m[i, i^* + E(\dot{e}), W]$ $\quad m_i < 0; m_{i^*+E(\dot{e})} < 0; m_W > 0$	Geldmarktgleichgewicht	(8.2)
$B = b[i, i^* + E(\dot{e}), W]$ $\quad b_i > 0; b_{i^*+E(\dot{e})} < 0; b_W > 0$	Gleichgewicht auf dem Markt für inländische Bonds	(8.3)
$EF = f[i, i^* + E(\dot{e}), W]$ $\quad f_i < 0; f_{i^*+E(\dot{e})} > 0; f_W > 0$	Gleichgewicht auf dem Markt für ausländische Bonds	(8.4)

Anmerkungen: Die Bedeutung der verwendeten Symbole ist wie folgt:

W = inländisches Vermögen in inländischer Währung	F = Angebot an ausländischen Bonds (in ausländischer Währung) im Inland
M = inländisches Geldangebot	
B = Angebot an inländischen Bonds	i = inländischer Nominalzins
E = Wechselkurs	i^* = ausländischer Nominalzins
$E(\dot{e})$ = erwartete Abwertungsrate	

sche Wirtschaft geltende Vermögensrestriktion. Aufgrund von (8.1) könnte man meinen, dass *kurzfristig*, d.h. bei gegebenem Vermögen, inländische Investoren durch Abgabe von inländischen Bonds (B) oder von Geld (M) mehr

---

[1] Das hier vorgestellte Modell geht auf Branson (1977) zurück.

ausländische Bonds (F) erwerben können. Unterstellen wir aber, dass Ausländer nicht bereit sind, inländische Bonds oder inländisches Geld zu halten, ist die beschriebene Vermögenssubstitution im Aggregat nicht wirklich möglich. *Langfristig* können allerdings ausländische Bonds über Leistungsbilanzüberschüsse akkumuliert werden.

Gleichung 8.2 postuliert, dass die Geldnachfrage vermögensabhängig ist und abnimmt, wenn die erwartete Rendite für eine der beiden zinstragenden Anlageformen steigt. Für inländische Bonds entspricht diese erwartete Rendite genau dem Zinssatz i, für ausländische Bonds der Summe aus Zinssatz i^* und erwarteter Abwertungsrate $E(\dot{e})$.

Nach Gleichung 8.3 nimmt die Nachfrage nach inländischen Bonds natürlich ebenfalls mit steigendem Vermögen zu. Steigt ihre Rendite i, steigt auch die Nachfrage. Steigt die erwartete Rendite der konkurrierenden ausländischen Bonds, geht die Nachfrage nach inländischen Bonds zurück.

Da in- und ausländische Bonds von den Investoren als Substitute betrachtet werden, beschreibt Gleichung 8.4 die Nachfrage nach ausländischen Wertpapieren reziprok zur in (8.3) beschriebenen Nachfrage nach inländischen. Etwas stören mag hier die Annahme, dass die auf dem inländischen Markt angebotene Menge an ausländischen Wertpapieren kurzfristig unveränderlich ist. Sie folgt allerdings zwingend aus der Annahme, dass Ausländer nicht daran interessiert sind, inländisches Geld oder inländische Bonds zu halten.

Zu beachten ist, dass das Angebot an ausländischen Bonds auf dem inländischen Markt nur mengenmässig bzw. in ausländischer Währung fixiert ist. Der Wert dieses Angebots in inländischer Währung, dem ja die inländische Nachfrage entsprechen muss, erhöht sich dagegen bei einer Abwertung. Damit steigt bei einer Abwertung natürlich auch das inländische Vermögen, da die gehaltenen ausländischen Zinstitel an Wert gewinnen.

8.1.1 Grafische Darstellung des Modells

Die Gleichgewichtsbedingungen für die drei Märkte unseres kurzfristigen Vermögensbestandsansatzes lassen sich in einem Diagramm in der E/i-Ebene darstellen. Hierbei gehen wir wieder von der Vorstellung einer kleinen offenen Volkswirtschaft aus und betrachten den Weltmarktzins i^* als gegeben. Weiter unterstellen wir zur Vereinfachung der Argumentation stationäre Wechselkurserwartungen $[E(\dot{e}) = 0]$, um uns auf die für den Vermögensbestandsansatz typischen Zusammenhänge konzentrieren zu können.

In Abb. 8.2 sind die Zins-Wechselkurs-Kombinationen, welche den Geldmarkt im Gleichgewicht halten, durch eine Kurve mit positiver Steigung dargestellt. Dies lässt sich ohne Rechenaufwand wie folgt begründen: Nehmen wir zunächst an, in A seien alle Märkte, also auch der Geldmarkt, im Gleichgewicht. Bewegen wir uns nun aufgrund eines Zinsanstiegs nach rechts in den Punkt B, entsteht ein Überschussangebot an realer Kasse, da die gestiegenen

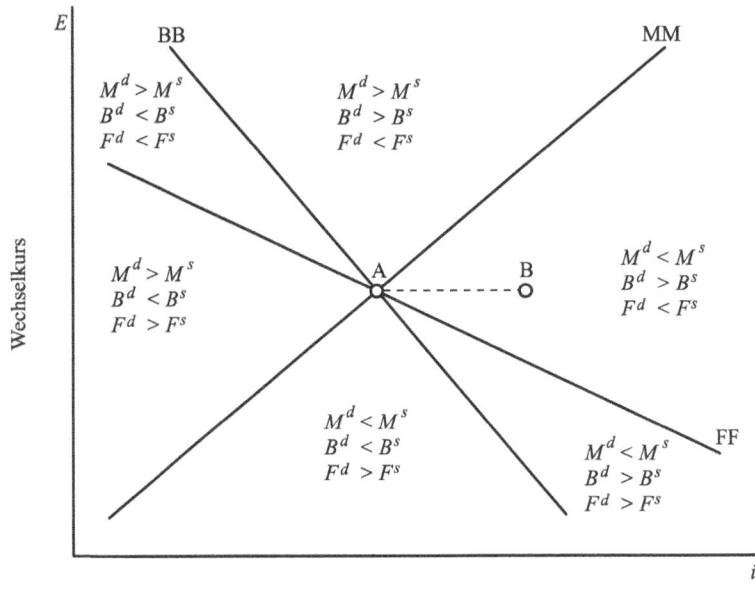

Abbildung 8.2 Gleichgewichtskurven für den Geldmarkt (MM) und die Wertpapiermärkte (BB und FF) sowie Übersicht über die Art der Ungleichgewichte abseits der Gleichgewichtskurven.

Opportunitätskosten der Kassenhaltung die Geldnachfrage drücken. Zusätzliche Geldnachfrage könnte sich in dieser Situation allenfalls aufgrund einer Vermögenszunahme ergeben. Letzteres wiederum ergibt sich bei einer Abwertung der inländischen Währung, also einer Erhöhung des Wechselkurses. Somit kann der Geldmarkt nur im Gleichgewicht bleiben, wenn ein Zinsanstieg von einem Wechselkursanstieg begleitet wird.

Aufgrund analoger Überlegungen lässt sich ableiten, dass die Gleichgewichtskurve für den inländischen Wertpapiermarkt BB eine negative Steigung aufweisen muss. Bewegen wir uns von A nach B, erzeugt dies einen Nachfrageüberhang nach inländischen Bonds. Um dem entgegenzuwirken, muss das Vermögen und der Wechselkurs sinken.

Die Überlegungen bezüglich der FF-Kurve, der Gleichgewichtskurve für den inländischen Markt für ausländische Bonds, sind etwas komplizierter. Hier könnte man versucht sein, analog zur Diskussion der MM-Kurve zu argumentieren. Bewegen wir uns von A nach B, entsteht ein Nachfragedefizit, da ja ein Teil der Nachfrage zum Substitut inländische Bonds hin umgelenkt wird, dessen Zins gestiegen ist. Im Gegensatz zu unseren Überlegungen für den Geldmarkt darf es nun aber keine Abwertung geben. Diese würde zwar auch hier aufgrund der implizierten Vermögenserhöhung die Nachfrage nach ausländischen Bonds ankurbeln. Gleichzeitig würde sie aber auch das in inländischer Währung ausgedrückte *Angebot* an ausländischen Bonds im Inland erhöhen.

Tabelle 8.2 erläutert dies mit einem Zahlenbeispiel. Das inländische Vermögen W betrage in Periode 1 100 Milliarden €. Davon werden 90 in inländischen Assets (M und B) gehalten, 10 in ausländischen Bonds (F). Nehmen

Tabelle 8.2 Vermögensaufteilung und Wechselkurs.

	Vermögen (in Mrd. €)						
Periode	W	$M+B$	$E \cdot F$ (ist)	E (€/\$)	F (in \$)	$E \cdot F$ (gewünscht)	F (gewünscht)
1	100	90	10	0.8	12.5	10	12.5
2	105	90	15	1.2	12.5	10.5	8.75

wir an, die Nachfrage nach den verschiedenen Aktiva sei homogen in W, d.h., die Investoren wünschen ceteris paribus eine konstante Aufteilung des Vermögens auf die drei Anlageformen. In unserem Beispiel sollen 10 Prozent des Vermögens in ausländischen Wertpapieren gehalten werden. Bei einem Wechselkurs von 0.8 € pro US-Dollar werden also im Gleichgewicht in Periode 1 ausländische Bonds im Wert von 12.5 Mrd. \$ gehalten.

Steigt nun der Wechselkurs von 0.8 auf 1.2 € pro US-Dollar, erhöht sich der €-Wert der gehaltenen ausländischen Bonds, somit bei gegebenem M und B auch das Vermögen und damit die in € ausgedrückte Nachfrage nach EF von 10 auf 10.5. In \$ ausgedrückt *sinkt* das gewünschte Volumen an ausländischen Bonds aber von 12.5 auf 8.75. Wegen des kurzfristig konstanten Angebots an F auf dem inländischen Markt im Wert von 12.5 Mrd. \$ kommt es somit als Folge einer €-Abwertung zu einem Überschussangebot an ausländischen Wertpapiertiteln auf dem inländischen Markt.

Kehren wir mit diesem Ergebnis zur grafischen Darstellung der FF-Kurve in Abb. 8.2 zurück. Das bei der Bewegung von A nach B entstandene Nachfragedefizit nach ausländischen Bonds kann nur durch eine *Aufwertung* beseitigt werden. Somit muss auch die FF-Kurve, wie die BB-Kurve, eine negative Steigung aufweisen. Welche der beiden Kurven steiler ist, hängt davon ab, wie stark Zins- und Wechselkursänderungen die Nachfrage auf den beiden Märkten beeinflussen. Es ist plausibel, anzunehmen, dass eine Zinsänderung die Nachfrage nach inländischen Bonds stärker beeinflusst als diejenige nach ausländischen Bonds. Umgekehrt dürfte sich eine Wechselkursänderung stärker auf die Nachfrage nach ausländischen Bonds auswirken als auf die Nachfrage nach inländischen. Wenn dies gilt, ist die FF-Kurve flacher als die BB-Kurve.[2]

---

[2] In Abschnitt 8.1.3 wird gezeigt, dass im hier verwendeten Modell die FF-Kurve in jedem Fall flacher ist als die BB-Kurve.

Frage 8.1

Bitte zeigen Sie, dass eine im Vergleich zur BB-Kurve flachere Steigung der FF-Kurve eine Voraussetzung für dynamische Stabilität des kurzfristigen Vermögensbestandsansatzes ist. Gehen Sie bei Ihrer Argumentation davon aus, dass Ungleichgewichte auf dem inländischen Wertpapiermarkt zu Zinsänderungen führen und Ungleichgewichte auf dem Markt für ausländische Bonds zu Wechselkursänderungen.

Eine wichtige Eigenschaft unserer grafischen Modelldarstellung besteht nun darin, dass sich in dem Punkt alle drei Gleichgewichtskurven schneiden, wo sich zwei der Gleichgewichtskurven schneiden. Dies ergibt sich aus der Vermögensrestriktion. Wünschen die Wirtschaftssubjekte zwei Komponenten ihres Vermögens genau im angebotenen Volumen zu halten, z.B. Geld und inländische Bonds, dann muss auch die gewünschte Nachfrage nach der dritten Anlageform, also nach ausländischen Bonds, dem bei gegebenem Wechselkurs vorliegenden Angebot entsprechen. Dies hat die angenehme Konsequenz, dass wir bei der Analyse der komparativ-statischen Effekte von Parameteränderungen immer nur zwei Gleichgewichtskurven im Auge behalten müssen. Es bietet sich an, immer die Gleichgewichtskurve mit heranzuziehen, welche vom betrachteten Schock überhaupt nicht tangiert wird.

8.1.2 Grafische Analyse der komparativ-statischen Eigenschaften

Wir beginnen mit der Untersuchung der Frage, wie eine Ausdehnung des betreffenden Angebots die Gleichgewichtskurve in jedem Markt verschiebt. Hierbei können wir auf die in Abb. 8.2 in den verschiedenen Sektoren eingetragenen Relationen zwischen dem mit dem Superskript s gekennzeichneten Angebot und der mit dem Superskript d gekennzeichneten Nachfrage zurückgreifen. Berücksichtigen wir zunächst, dass links oberhalb der MM-Kurve ein Nachfrageüberschuss nach inländischem Geld herrscht. Dann ist auch klar, dass ein Gleichgewicht in diesem Bereich nur entstehen kann, wenn das Geldangebot erhöht wird. Steigt also die inländische Geldmenge, verschiebt sich die Geldmarktgleichgewichtsgerade MM nach links oben (siehe Abb. 8.3).

Aufgrund analoger Überlegungen lässt sich ableiten, dass eine Ausdehnung des inländischen Wertpapierangebots die BB-Kurve nach rechts oben verschiebt und dass eine Erhöhung des Angebots an ausländischen Bonds auf den inländischen Markt die FF-Kurve nach links unten bewegt.

Wenden wir uns nun der Analyse der (kurzfristigen) komparativ-statischen Effekte einer Ausdehnung des inländischen Geldangebots zu. Wie Abb. 8.4 zeigt, lässt die Information, dass die Geldmenge gestiegen ist und sich deshalb

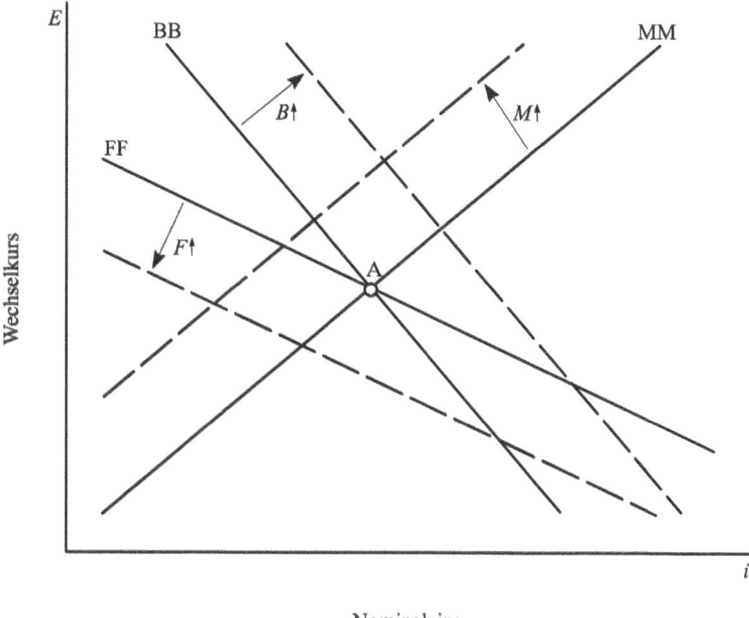

Abbildung 8.3 Auswirkungen von Angebotserhöhungen auf den Vermögensmärkten auf die Marktgleichgewichtskurven.

die MM-Kurve nach links verschoben hat, nach wie vor offen, ob sich die Wirtschaft nun von A nach B bewegt oder von A nach C. Für eine eindeutige Antwort muss man wissen, auf welchem Weg die Notenbank die Geldmenge ausgedehnt hat. Im Falle einer *Geldschöpfung durch Offenmarktoperationen* kauft die Notenbank inländische Bonds für inländisches Geld. Dabei erhöht sich nicht nur das Geldangebot, sondern es sinkt parallel auch das Angebot an inländischen Bonds. Gleichzeitig mit der Verschiebung der MM-Kurve nach oben verschiebt sich deshalb auch die BB-Kurve nach unten. Da das Angebot an ausländischen Bonds unverändert ist, bleibt die FF-Kurve in ihrer alten Position. Die neue BB-Kurve B'B' muss M'M' somit *auf der FF-Kurve* schneiden, also in B.

Die Geldmengenerhöhung führt somit zu einer nominalen Abwertung und einem niedrigeren Nominalzins. Intuitiv lässt sich beides wie folgt erklären. Damit der Geldmarkt weiterhin im Gleichgewicht bleibt, muss nach der Erhöhung der Geldmenge auch die Geldnachfrage steigen. Im Markt für inländische Bonds passiert genau das Gegenteil, d.h. zum geringeren Angebot braucht es eine geringere Nachfrage. Der Rückgang des Nominalzinses bewirkt beides: Die Nachfrage nach Geld steigt, die Nachfrage nach inländischen Bonds sinkt. Der niedriger Zins bedeutet aber auch, dass die Nachfrage nach ausländischen Bonds angestiegen ist. Dieser Effekt wird durch den

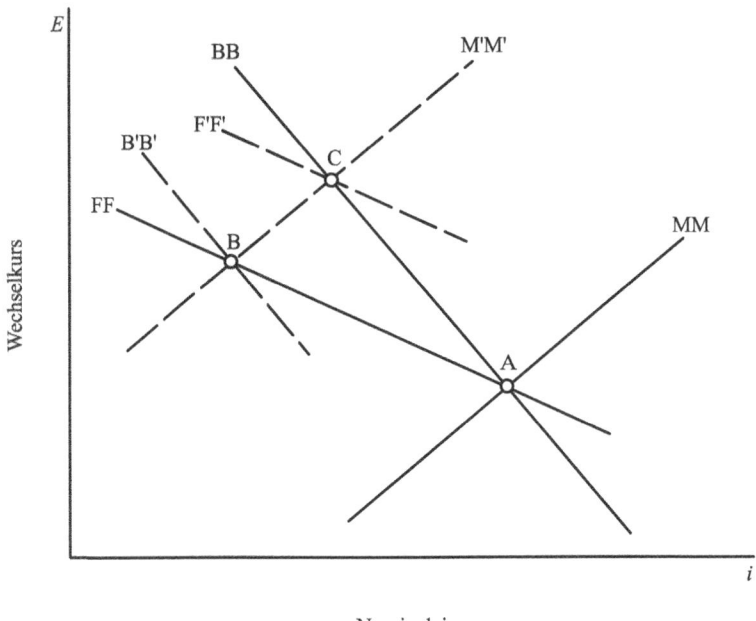

Abbildung 8.4 Zins- und Wechselkursreaktionen auf eine Ausdehnung des Geldangebots.

höheren Wechselkurs ausgeglichen, da ein höherer Wechselkurs ja das in inländischer Währung gemessene Angebot an ausländischen Vermögenswerten,
EF, erhöht. Im Punkt C in Abb. 8.4 sind alle drei Märkte somit weiterhin
im Gleichgewicht.

Bei *Geldschöpfung durch Devisenmarktinterventionen* kauft die Notenbank ausländische Wertpapiere für inländisches Geld und lässt damit die
BB-Gleichgewichtskurve unverändert. Da sich parallel zur Geldmengenausdehnung das Angebot an ausländischen Bonds reduziert, verschieben sich
MM- und FF-Kurve nach oben und schneiden sich nach der Geldmengenausdehnung auf BB in C. Das Resultat der Geldmengenerhöhung ist wiederum
ein Anstieg des nominalen Wechselkurses und ein Sinken des Nominalzinses.
Im Vergleich zur Geldschöpfung mittels Offenmarktoperationen fällt lediglich auf, dass nun der Wechselkurs stärker, der Nominalzins dafür weniger
reagiert.

Eine wichtige Implikation des Vermögensbestandsansatzes ist, dass der
Wechselkurs nicht nur vom Gesamtvolumen der Geldmenge abhängt, sondern
auch von der *Zusammensetzung* der Geldmenge in der Notenbankbilanz. Eine
Ausdehnung der Geldmenge über Devisenmarktinterventionen (den Ankauf
ausländischer Bonds) führt zu einer stärkeren Abwertung als eine Ausdehnung mittels Offenmarktpolitik (den Ankauf inländischer Bonds). Dies verschafft der Notenbank einen Spielraum, den sie dann nicht hat, wenn in-

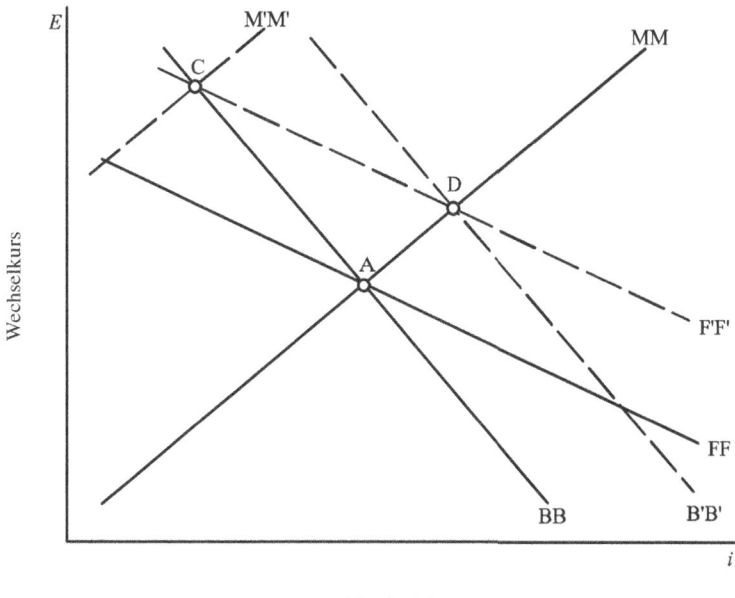

Abbildung 8.5 Zins- und Wechselkurswirkungen sterilisierter Devisenmarktinterventionen.

und ausländische Bonds vollkommene Substitute sind, wie in den monetären Modellen.

Im Rahmen des Vermögensbestandsansatzes kann die Notenbank bei Bedarf den Wechselkurs durch *sterilisierte*, d.h. geldmengenneutrale, *Devisenmarktinterventionen* ohne direkte Inflationsgefahr manipulieren (siehe Abb. 8.5). Möchte sie z.B. eine Abwertung erreichen, kann sie ausländische Bonds gegen Geld aufkaufen, womit sich die FF-Kurve nach rechts oben verschiebt. Um die in den Markt gepumpte zusätzliche Liquidität abzuschöpfen (zu sterilisieren), verkauft die Notenbank nun so lange inländische Bonds aus ihren eigenen Beständen gegen Geld, bis die Geldmenge wieder auf dem gleichen Stand ist wie vor der Devisenmarktintervention. Dies verschiebt die BB-Kurve nach rechts oben. Da die Lage der MM-Kurve nach der ursprünglichen Verschiebung nach M′M′ und der erfolgten Rückverschiebung nun netto unverändert ist, schneiden sich FF- und BB-Kurve auf der ursprünglichen MM-Kurve in D bei einem höheren Wechselkurs und einem höheren Zinssatz.[3]

Auch bei der Analyse der Wirkungen einer expansiven Fiskalpolitik auf Wechselkurs und Zinssatz muss man eine Fallunterscheidung treffen. Diesmal

---

[3] Zu den Auswirkungen sterilisierter Devisenmarktinterventionen siehe auch Sarno und Taylor (2001) und Frenkel et al. (2003).

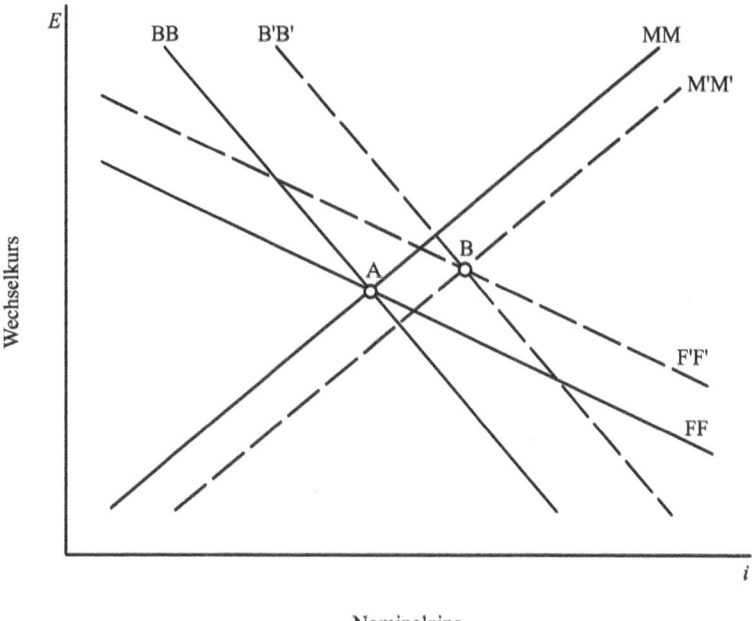

Nominalzins

Abbildung 8.6 Zins- und Wechselkurswirkungen expansiver Fiskalpolitik, die über die Ausgabe von inländischen Bonds finanziert wird.

müssen wir zwischen den beiden sich grundsätzlich anbietenden Möglichkeiten unterscheiden, ein Staatsdefizit zu finanzieren.

Bei einer *Finanzierung des Staatsdefizits mittels Kreditaufnahme am inländischen Kapitalmarkt* erhöhen sich der Bestand an inländischen Wertpapieren und das inländische Vermögen im gleichen Ausmass.[4] Damit ergäbe sich in A (siehe Abb. 8.6) ein Angebotsüberschuss an inländischen Bonds, aber überschüssige Nachfrage nach Geld und ausländischen Bonds. Damit die Investoren das überschüssige Angebot an inländischen Bonds zusätzlich nachfragen, müssen die Zinssätze steigen. Die BB-Kurve verschiebt sich nach rechts. Um die überschüssige Nachfrage nach ausländischen Bonds zu dämpfen, muss

---

[4] Die Behauptung, dass staatliche Kreditaufnahme von der Wirtschaft als Vermögenszuwachs verbucht wird, ist nicht unumstritten. Ihr widerspricht insbesondere das *Äquivalenztheorem* von Ricardo und Barro (1974). Hiernach wissen rationale Akteure, dass der Staat Kredite, die er als Folge von Steuersenkungen heute aufnehmen muss, zu finanzieren bzw. zurückzuzahlen hat. Dies muss aber durch Steuererhöhungen in der Zukunft geschehen, deren Gegenwartswert der heutigen Steuersenkung entspricht. Das permanente Einkommen und damit das Vermögen der inländischen Wirtschaft hat sich damit nicht verändert. Tobin und Buiter (1978) argumentieren allerdings, dass Staatsanleihen solange dem Nettovermögen zugerechnet werden, wie die Wirtschaftssubjekte die künftige Steuerlast auch nur geringfügig ignorieren. Die empirische Evidenz zum Ricardo-Barro-Äquivalenztheorem ist sehr gemischt [siehe Aschauer (1985)].

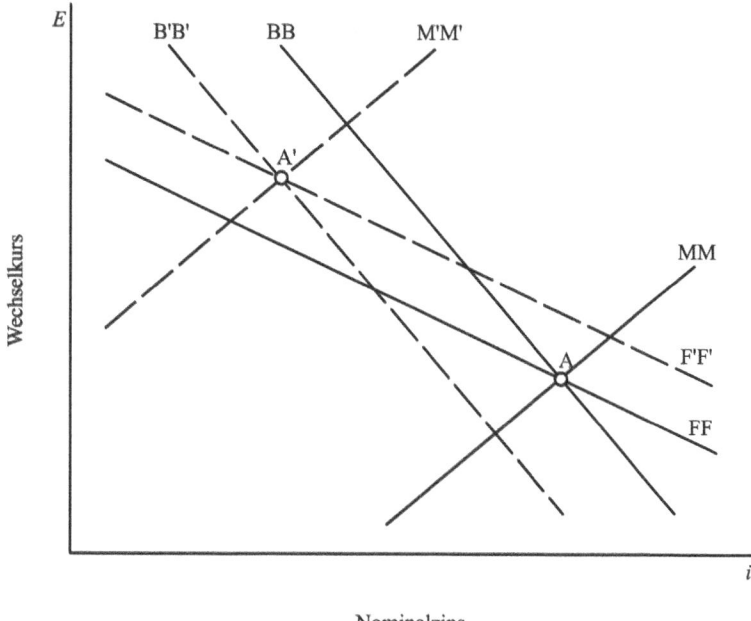

Abbildung 8.7 Zins- und Wechselkurswirkungen expansiver Fiskalpolitik, die über Geld-schöpfung finanziert wird.

ebenfalls der Zinssatz für inländische Bonds steigen. Somit verschiebt sich die FF-Kurve ebenfalls nach rechts. Dasselbe gilt schliesslich auch für die Geldmarktgleichgewichtskurve MM, da auch die überschüssige Geldnachfrage nur über attraktivere Wertpapieranlagen – sprich: höhere Zinssätze – zurückgedrängt werden kann. Ohne weitere Informationen können wir in dieser Situation nur sagen, dass der neue kurzfristige Gleichgewichtspunkt rechts von A liegt. Eine am inländischen Kapitalmarkt finanzierte fiskalpolitische Stimulierung führt somit auf jeden Fall zu höheren Zinssätzen, kann aber die inländische Währung auf- oder abwerten.

Eindeutige Effekte ergeben sich bei einer *Finanzierung des Staatsdefizits über eine Ausdehnung der Geldmenge* (Abb. 8.7). In diesem Fall steigen M und W im Ausmass des Defizits. Da sich weder das Angebot an inländischen noch das Angebot an ausländischen Bonds erhöht hat, muss nun in A aufgrund des jetzt höheren Vermögens auf allen Vermögensmärkten eine Überschussnachfrage herrschen. Auf dem inländischen Wertpapiermarkt kann diese bei gegebenem Wechselkurs nur dadurch abgebaut werden, dass der Zinssatz sinkt und sich also die BB-Kurve nach links unten verschiebt. Ein Ausgleich zwischen Angebot und Nachfrage auf dem Markt für ausländische Wertpapiere kann dagegen ceteris paribus nur dann erreicht werden, wenn der inländische Zinssatz steigt, wenn sich also die FF-Kurve nach rechts

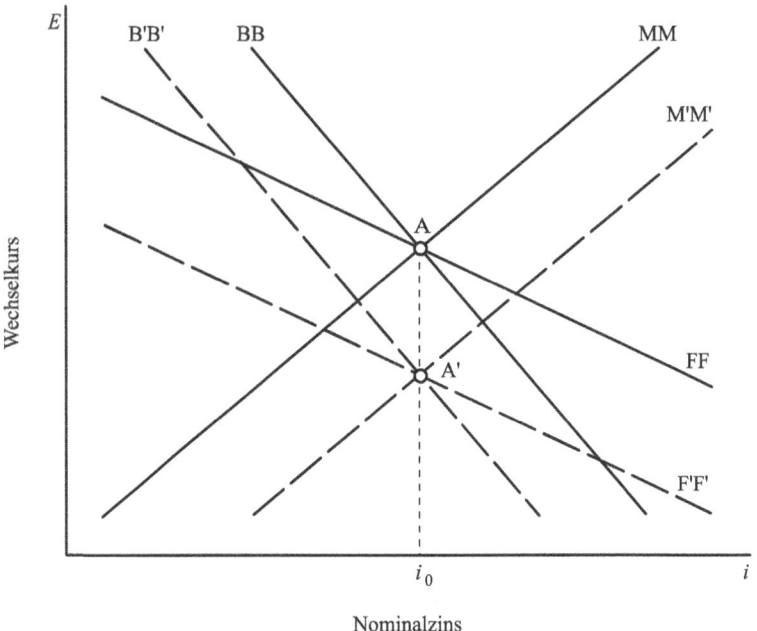

Abbildung 8.8 Zins- und Wechselkurswirkungen eines Leistungsbilanzüberschusses.

verschiebt. Ein gleichzeitiges Gleichgewicht auf beiden Märkten (und damit auch auf dem Geldmarkt!) ist in A' erreicht, bei einem höheren Wechselkurs und einem tieferen Zinssatz.

Die bisher verwendete Annahme eines konstanten Angebots an ausländischen Bonds auf dem inländischen Markt ist natürlich nur gerechtfertigt, wenn im untersuchten Zeitraum die Leistungsbilanz ausgeglichen ist. Besteht dagegen ein *Leistungsbilanzüberschuss*, erhöht sich im gleichen Ausmass der inländische Bestand an ausländischen Bonds (in ausländischer Währung) und (bei zunächst unverändertem Wechselkurs) das inländische Vermögen. Im Ausgangspunkt A (vgl. Abb. 8.8) besteht deshalb ein Überschussangebot an ausländischen Bonds sowie eine ungedeckte Nachfrage nach inländischen Bonds und inländischer Kasse. Eine Zinsbewegung allein kann offenbar die beiden zuletzt genannten Märkte nicht ausgleichen, da der Zinssatz bei gegebenem Wechselkurs steigen müsste, um den Geldmarkt auszugleichen, und sinken, um den inländischen Wertpapiermarkt auszugleichen. Da beides nicht gleichzeitig möglich ist und in A ein Überschussangebot an ausländischen Bonds und eine unbefriedigte Nachfrage nach inländischen Vermögenswerten vorliegt, beginnt der Wechselkurs zu sinken. Damit verlieren die von Inländern gehaltenen ausländischen Bonds an Wert. Das Vermögen und damit die Nachfrage nach allen Vermögenskategorien geht zurück. Weil die Nachfrage nach ausländischen Bonds langsamer zurückgeht als das Angebot, verringert die Aufwertung das Ungleichgewicht auf allen drei Märkten.

Um ein neues allgemeines Gleichgewicht herzustellen, muss der Wechselkurs bis in den Schnittpunkt der neuen BB-Kurve mit der neuen MM-Kurve fallen. Wäre dieser Schnittpunkt bei einem Zinssatz, der über dem in A gültigen Zinssatz i_0 liegt, so müsste das Vermögen jetzt im Vergleich zu A höher sein, um den Geldmarkt auszugleichen. Es müsste aber tiefer sein, um den inländischen Wertpapiermarkt auszugleichen. Da diese beiden Gleichgewichte nicht miteinander kompatibel sind, müssen sich $B'B'$ und $M'M'$ beim alten Zinssatz schneiden. Beim gegenüber A unveränderten Zinssatz i_0 ist aber ein Marktgleichgewicht nur möglich, wenn auch das Vermögen unverändert ist. Dies ist der Fall, wenn die Aufwertung die über den Leistungsbilanzüberschuss erwirtschaftete Erhöhung von F gerade neutralisiert, so dass EF konstant bleibt. Ein Leistungsbilanzungleichgewicht lässt also den Zinssatz und das inländische Vermögen unverändert, führt aber zu Wechselkursreaktionen, die im Normalfall (d.h. bei Gültigkeit der Marshall-Lerner-Bedingung; siehe Kapitel 1) zu einem Abbau des Ungleichgewichts führen. Tabelle 8.3 fasst die in den obenstehenden Abschnitten abgeleiteten komparativ-statischen Effekte zusammen.

Tabelle 8.3 Zins-, Wechselkurs- und Vermögenswirkungen diverser Schocks im kurzfristigen Vermögensbestandsansatz.

	Zinssatz	Wechselkurs	Vermögen
Expansive Gelpolitik			
Offenmarktkäufe	sinkt	steigt	steigt
Devisenmarktinterventionen	sinkt	steigt	steigt
Devisenmarktinterventionen			
sterilisiert	steigt	steigt	steigt
Expansive Fiskalpolitik			
kreditfinanziert	steigt	steigt/sinkt	steigt
geldfinanziert	sinkt	steigt	steigt
Leistungsbilanzüberschuss			
exogen	unverändert	sinkt	unverändert

8.1.3 Formale Analyse des Modells

Die Gleichungen 8.2, 8.3 und 8.4 definieren die Gleichgewichte auf den drei betrachteten Märkten. Die Steigung der jeweiligen Marktgleichgewichtskurve erhalten wir wieder unter Anwendung der Implizite-Funktionen-Regel. Zunächst schreiben wir die Gleichgewichtsbedingungen um, wobei wir die Vermögensdefinition (8.1) verwenden:

$$m[i, i^* + E(\dot{e}), M + B + EF] - M \equiv$$
$$\Phi[i, i^* + E(\dot{e}), M + B + EF, M] = 0 \quad (8.2')$$

$$b[i, i^* + E(\dot{e}), M + B + EF] - B \equiv$$
$$\Psi[i, i^* + E(\dot{e}), M + B + EF, B] = 0 \quad (8.3')$$

$$f[i, i^* + E(\dot{e}), M + B + EF] - EF \equiv$$
$$\Omega[i, i^* + E(\dot{e}), M + B + EF, EF] = 0. \quad (8.4')$$

Da $\Phi_E = m_W F$ annahmegemäss positiv ist, beschreibt (8.2') den Wechselkurs als implizite Funktion des Zinssatzes i. Die *Steigung der MM-Kurve* ergibt sich damit unter Anwendung der Implizite-Funktionen-Regel als

$$\frac{dE}{di} = \frac{-\Phi_i}{\Phi_E} = \frac{-m_i}{m_W F} > 0. \tag{8.5}$$

Entsprechend lässt sich die *Steigung der BB-Kurve* aus (8.3') berechnen:

$$\frac{dE}{di} = \frac{-\Psi_i}{\Psi_E} = \frac{-b_i}{b_W F} < 0. \tag{8.6}$$

Die *Steigung der FF-Kurve* ist ebenfalls negativ und ergibt sich aus (8.4'):

$$\frac{dE}{di} = \frac{-\Omega_i}{\Omega_E} = \frac{f_i}{(1 - f_W)F} < 0. \tag{8.7}$$

Oben wurde behauptet, und in der Antwort zu Frage 8.1 wird gezeigt, dass das betrachtete Modell nur dann dynamisch stabil ist, wenn die FF-Kurve flacher ist als die BB-Kurve. Um (8.6) und (8.7) vergleichen zu können, müssen wir zunächst die Beziehungen zwischen b_i und f_i sowie zwischen b_W und f_W herausarbeiten.

Setzen wir hierzu zunächst (8.2)-(8.4) in (8.1) ein:

$$W = m[i, i^* + E(\dot{e}), W] + b[i, i^* + E(\dot{e}), W] + f[i, i^* + E(\dot{e}), W]. \tag{8.8}$$

Gleichung 8.8 sagt aus, dass die Summe der nachgefragten Vermögenskomponenten genau dem tatsächlichen Vermögen entspricht. Leiten wir beide Seiten von (8.8) nach W ab, ergibt sich

$$\frac{dW}{dW} = m_W + b_W + f_W = 1, \tag{8.9}$$

d.h. bei einer Erhöhung des Vermögens ist die Summe der Anteile der drei Vermögenskomponenten gleich eins. Gleichung (8.9) lässt sich umschreiben als $1 - f_W = m_W + b_W$, woraus sich wegen $m_W > 0$

$$1 - f_W > b_W \tag{8.10}$$

ergibt. Aus (8.10) folgt nun, dass der Nenner in (8.7) grösser ist als der Nenner in (8.6).

Differenzieren wir als nächstes (8.8) nach dem Zinssatz, erhalten wir

$$m_i + b_i + f_i = 0. \tag{8.11}$$

Über $-b_i = m_i + f_i$ ergibt sich dann wegen $m_i < 0$

$$-b_i < f_i < 0. \tag{8.12}$$

(8.10) und (8.12) sind *hinreichende Bedingungen* dafür, dass

$$\frac{-b_i}{b_W F} < \frac{f_i}{(1 - f_W)F}.$$

Somit gilt unter den getroffenen Annahmen, dass die BB-Kurve steiler ist als die FF-Kurve. Wir können also davon ausgehen, dass das untersuchte Modell dynamisch stabil ist.

Bereits bei der grafischen Analyse des Modells wurde betont, dass das vorliegende Modell eigentlich überbestimmt ist, da es Gleichgewichtswerte von drei endogenen Variablen (i, W und E) mit Hilfe von vier Gleichungen bestimmt. Da nach dem Walrasschen Gesetz bei vorliegender Budgetrestriktion im allgemeinen Gleichgewicht nur auf $n-1$ von n Märkten unabhängig disponiert werden kann, ist eine der Marktgleichgewichtsbedingungen überflüssig. Sie ergibt sich aus den Gleichgewichtsbedingungen für die beiden anderen Märkte und der Vermögensrestriktion.

Welcher der drei Märkte ausgeklammert wird, spielt keine Rolle. Im folgenden werden nur die Märkte für in- und ausländische Bonds explizit berücksichtigt. Die Modelldarstellung reduziert sich dann auf die folgenden drei Gleichungen:

$$b(i, W) = B, \tag{8.13}$$

$$f(i, W) = EF, \tag{8.14}$$

$$W - b(i, W) - f(i, W) = M. \tag{8.15}$$

Gleichung 8.15 beschreibt das Geldmarktgleichgewicht, welches sich bei Einhaltung der Vermögensrestriktion aufgrund der beiden anderen Marktgleichgewichte (8.13) und (8.14) ergibt. Um die bei der folgenden komparativ-statischen Analyse notwendigen algebraischen Operationen möglichst einfach zu halten, wird die Rendite ausländischer Bonds $[i^* + E(\dot{e})]$ konstant gehalten und hier zur Abkürzung der Schreibweise gleich Null gesetzt.

Die komparativ-statischen Effekte diverser Politikmassnahmen lassen sich am einfachsten ableiten, wenn wir die Gleichungen 8.13-8.15 zunächst vollständig differenzieren. Hierbei ergibt sich folgendes Gleichungssystem:

$$b_i di + b_W dW = dB \tag{8.13'}$$

$$f_i di + f_W dW - F dE = E dF \tag{8.14'}$$

$$-(b_i + f_i)di + (1 - b_W - f_W)dW = dM \tag{8.15'}$$

Dieses Gleichungssystem lässt sich auch in der allgemeinen Matrixform $Ax = d$ ausdrücken, wobei A die Koeffizientenmatrix ist, welche sich hier aus den entsprechenden partiellen Ableitung ergibt, x der Vektor der Änderungen der endogenen Variablen und d der Vektor der Änderungen der exogenen Grössen. Das Gleichungssystem lautet dann

$$\begin{bmatrix} b_i & b_W & 0 \\ f_i & f_W & -F \\ -b_i - f_i & 1 - b_W - f_W & 0 \end{bmatrix} \begin{bmatrix} di \\ dW \\ dE \end{bmatrix} = \begin{bmatrix} dB \\ EdF \\ dM \end{bmatrix}. \tag{8.16}$$

Da uns interessiert, wie der Zinssatz, das Vermögen und der Wechselkurs auf vorgegebene exogene Änderungen reagieren, müssen wir (8.16) nach x, dem Vektor der endogenen Änderungen, auflösen. Gesucht ist also[5]

$$x = A^{-1}d = \frac{1}{|A|}adj\,A \cdot d,$$

wobei A^{-1} die invertierte Koeffizientenmatrix ist. A^{-1} erhält man, indem man die adjungierte Matrix von A berechnet und durch die Determinante von A teilt. Verwenden wir zur Vereinfachung der Schreibweise $m_W = 1 - b_W - f_W$ (aus Gleichung 8.11) und $m_i = -b_i - f_i$ (aus Gleichung 8.9), lautet für unser Gleichungssystem der Lösungsvektor

$$\begin{bmatrix} di \\ dW \\ dE \end{bmatrix} = \frac{1}{|A|} \begin{bmatrix} m_W F & 0 & -b_W F \\ -m_i F & 0 & b_i F \\ m_W f_i - m_i f_W & b_W m_i - b_i m_W & b_i f_W - b_W f_i \end{bmatrix} \begin{bmatrix} dB \\ EdF \\ dM \end{bmatrix}$$

$$\tag{8.17}$$

wobei $|A| = F(b_i m_W - b_W m_i)$. Gleichung 8.17 gibt die Reaktion jeder einzelnen endogenen Variable auf Veränderungen einzelner oder mehrerer exogenen Grössen an. Wollte man beispielsweise die kurzfristigen Auswirkungen eines Schuldenerlasses gegenüber Ländern der Dritten Welt untersuchen, müsste man im Vektor der Änderungen der exogenen Grössen $dB = dM = 0$ setzen und lediglich für dF einen angemessenen negativen Wert einsetzen. Analy-

---

[5] Siehe Chiang (1984), Kapitel 5, 6, 7 und insbesondere 8.

sieren wir nun aber die Politikmassnahmen bzw. Schocks, die oben bereits grafisch untersucht wurden.

8.1.3.1 Geldschöpfung durch Offenmarktkäufe

Bei einer Geldschöpfung durch Offenmarktkäufe sinkt das Angebot an inländischen Bonds im gleichen Mass, wie das Geldangebot steigt. Der Bestand an ausländischen Bonds verändert sich nicht. Damit ist der transponierte Vektor der exogenen Änderungen $d^T = (-dM, 0, dM)$.

Multipliziert man nun die invertierte Koeffizientenmatrix A^{-1} mit d, ergeben sich die folgenden Zins-, Vermögens- und Wechselkursreaktionen:

$$\frac{di}{dM} = \frac{-F(m_W + b_W)}{|A|} < 0 \tag{8.18}$$

$$\frac{dW}{dM} = \frac{F(m_i + b_i)}{|A|} > 0 \tag{8.19}$$

$$\frac{dE}{dM} = \frac{-f_i(m_W + b_W) + f_W(m_i + b_i)}{|A|} > 0. \tag{8.20}$$

Die analytisch abgeleiteten Effekte entsprechen im Vorzeichen den bei der grafischen Analyse abgeleiteten Effekten. Zu berücksichtigen ist bei der Ableitung der Vorzeichen $|A| = F(b_i m_W - b_W m_i) > 0$ und $b_i > -m_i$ (aus Gleichung 8.11).

8.1.3.2 Geldschöpfung durch Devisenmarktinterventionen

Wird die Geldmenge durch den Ankauf ausländischer Forderungstitel ausgedehnt, sinkt das Angebot an ausländischen Bonds im gleichen Mass, in dem die inländische Geldmenge steigt. Der Bestand an inländischen Bonds bleibt unverändert. Damit ergibt sich $d^T = (0, -dM, dM)$ und wir erhalten die Resultate

$$\frac{di}{dM} = \frac{-Fb_W}{|A|} < 0 \tag{8.21}$$

$$\frac{dW}{dM} = \frac{Fb_i}{|A|} > 0 \tag{8.22}$$

$$\frac{dE}{dM} = \frac{b_i(m_W + f_W) - b_W(m_i + f_i)}{|A|} > 0. \tag{8.23}$$

Geldschöpfung über Devisenmarktinterventionen wirkt sich im Vorzeichen gleich auf die endogenen Variablen aus, wie Geldschöpfung über Offenmarktkäufe. Allerdings ergibt sich jetzt ein stärkerer Wechselkurs- und ein schwächerer Zinseffekt.

8.1.3.3 Sterilisierte Devisenmarktinterventionen

Bei sterilisierten Devisenmarktinterventionen zur Abwertung der inländischen Währung wird der aus dem Ankauf von Fremdwährungsaktiva resultierende Geldmengenzuwachs dadurch neutralisiert, dass die Notenbank im gleichen Ausmass aus ihren Beständen inländische Bonds verkauft. Der Vektor der Veränderungen der exogenen Grössen ist dann $d^T = (dB, -dB, 0)$. Multiplikation der invertierten Koeffizientenmatrix mit d ergibt

$$\frac{di}{dB} = \frac{Fm_W}{|A|} > 0 \tag{8.24}$$

$$\frac{dW}{dB} = \frac{-Fm_i}{|A|} > 0 \tag{8.25}$$

$$\frac{dE}{dB} = \frac{m_W(b_i + f_i) - m_i(b_W + f_W)}{|A|} > 0. \tag{8.26}$$

Weil in- und ausländische Bonds keine vollkommenen Substitute sind, beeinflusst eine Substitution zwischen ihnen das Preisgefüge, also den Zinssatz und den Wechselkurs.[6] Die Abwertung bewirkt ausserdem einen positiven Vermögenseffekt.

Wenden wir uns als nächstes der Analyse fiskalpolitischer Massnahmen zu, die entweder über den inländischen Wertpapiermarkt oder über die Notenpresse finanziert werden können.

8.1.3.4 Expansive Fiskalpolitik (Kreditfinanzierung)

Wird ein defizitärer Staatshaushalt durch die Ausgabe von inländischen Wertpapieren finanziert, ändert sich im monetären Bereich nur das Angebot an inländischen Bonds. Somit ist $d^T = (dB, 0, 0)$ und wir erhalten als Multiplikatoren

$$\frac{di}{dB} = \frac{Fm_W}{|A|} > 0 \tag{8.27}$$

$$\frac{dW}{dB} = \frac{-Fm_i}{|A|} > 0 \tag{8.28}$$

$$\frac{dE}{dB} = \frac{m_W f_i - m_i f_W}{|A|}. \tag{8.29}$$

---

[6] Es kommt eindeutig zu einer Abwertung, da gemäss (8.12) $0 < b_i + f_i$.

Die Zins- und Vermögenswirkungen sind genau die gleichen wie bei sterilisierten Devisenmarktinterventionen. Allerdings resultiert jetzt eine andere Zusammensetzung des Vermögens, da es diesmal nicht durch eine Wertsteigerung der ausländischen Bonds erhöht wurde, sondern durch die Ausgabe zusätzlicher inländischer Bonds. Die Wechselkursreaktion ist im Vorzeichen unbestimmt.

8.1.3.5 Expansive Fiskalpolitik (Geldfinanzierung)

Bei der Finanzierung eines defizitären Staatshaushalts über die Notenpresse ändert sich im monetären Bereich nur die Geldmenge: $d^T = (0, 0, dM)$. Die hier zu berechnenden Multiplikatoren lauten dann

$$\frac{di}{dM} = \frac{-Fb_W}{|A|} < 0 \tag{8.30}$$

$$\frac{dW}{dM} = \frac{Fb_i}{|A|} > 0 \tag{8.31}$$

$$\frac{dE}{dM} = \frac{b_i f_W - b_W f_i}{|A|} > 0. \tag{8.32}$$

Die Erhöhung der Geldmenge führt zu einem sinkenden Zinssatz, einer Zunahme des Vermögens und einer Abwertung der inländischen Währung.

8.1.3.6 Leistungsbilanzüberschuss

Eine überschüssige Leistungsbilanz lässt sowohl die Geldmenge als auch den Bestand an inländischen Wertpapieren unverändert. Allerdings erhöht sich der sich in inländischer Hand befindende Bestand an ausländischen Wertpapieren. Wir gehen also von $d^T = (0, EdF, 0)$ aus und berechnen die folgenden Multiplikatoren:

$$\frac{di}{EdF} = 0 \tag{8.33}$$

$$\frac{dW}{EdF} = 0 \tag{8.34}$$

$$\frac{dE}{EdF} = \frac{b_W m_i - b_i m_W}{|A|} < 0. \tag{8.35}$$

Zinssätze und Vermögen reagieren kurzfristig nicht auf Leistungsbilanzüberschüsse. Der Wechselkurs sinkt. Um wieviel er sinkt wird deutlich, wenn man die dritte Gleichung mit dF erweitert und $|A|$ ausschreibt:

$$\frac{dE}{E} = \frac{-dF(b_i m_W - b_W m_i)}{F(b_i m_W - b_W m_i)} = \frac{-dF}{F}. \tag{8.36}$$

Der Wechselkurs sinkt also genau um den gleichen Prozentsatz, um den der Leistungsbilanzüberschuss den in ausländischer Währung ausgedrückten Vermögensbestand an ausländischen Forderungen erhöht. Der in inländischer Währung ausgedrückte Wert dieser Forderungen, EF, bleibt damit unverändert. Dies folgt natürlich auch aus $dW/EdF = 0$.

Nun macht gerade die komparativ-statische Analyse eines Leistungsbilanzüberschusses deutlich, dass die hier verwendete kurzfristige Perspektive interessante mittel- und langfristige Effekte ausklammert. So entstehen Leistungsbilanzungleichgewichte meist nicht unmotiviert, sondern z.B. nach einer Veränderung der relativen Preise. Wenn wir nun feststellen, dass Leistungsbilanzungleichgewichte den Wechselkurs und damit die relativen Preise verändern, so muss dies wieder Rückwirkungen auf die Leistungsbilanz haben. Daraus entsteht eine dynamische Interaktion, die interessant genug ist, um im Rahmen eines längerfristig angelegten Modells untersucht zu werden.

8.2 Der Vermögensbestandsansatz in der mittleren und langen Frist

Will man die Entwicklung des Angebots ausländischer Bonds auf dem inländischen Markt endogenisieren, muss man die Determinanten der Leistungsbilanz und damit den Gütermarkt modellieren. Dies versucht das in Tabelle 8.4 zusammengefasste Modell.[7]

Der monetäre Sektor entspricht dem oben vorgestellten kurzfristigen Vermögensbestandsansatz. Allerdings wird in der Darstellung der Vermögensmärkte (8.37)-(8.39) die erwartete Rendite ausländischer Wertpapiere unterdrückt.

Gleichung 8.40 definiert das Gleichgewicht auf dem Gütermarkt, auf welchem Vollbeschäftigung herrscht. Die hier gewählte Formulierung unterstellt, dass dieses Gleichgewicht permanent gilt, weil die Güterpreise völlig flexibel sind. (8.41) beschreibt den Konsum als Funktion des realen Vermögens. Gemäss (8.42) steigen die Nettoexporte, wenn der reale Wechselkurs steigt. Damit wird die Gültigkeit der Marshall-Lerner-Bedingung unterstellt und auch die Möglichkeit eines kurzfristig perversen Effekts gemäss J-Kurven-Hypothese ausgeschlossen.

Gleichung 8.43 hält fest, dass die Zahlungsbilanz im engeren Sinn, d.h. ohne Devisenbilanz, bei flexiblen Wechselkursen definitionsgemäss immer ausgeglichen ist. Damit müssen sich die hier in ausländischer Währung ausge-

---

[7] Das hier diskutierte längerfristige Modell ist sehr einfach gehalten. Modelle mit ähnlicher Schwerpunktsetzung aber meist auch grösserer Komplexität finden sich in Allen und Kenen (1978), Genberg und Kierzkowski (1979) und Dornbusch und Fischer (1980).

Tabelle 8.4 Mittel- und langfristiger Vermögensbestandsansatz.

Monetärer Sektor

$W = M + B + EF$	Vermögensrestriktion	(8.1)
$M = m(i, W)$ $m_i < 0; m_W > 0$	Geldmarkt	(8.37)
$B = b(i, W)$ $b_i > 0; b_W > 0$	Markt für inländische Bonds	(8.38)
$EF = f(i, W)$ $f_i < 0; f_W > 0$	Markt für ausländische Bonds	(8.39)

Gütermarkt

$Y = C + I + NX$	Gütermarktgleichgewicht	(8.40)
$C = C(W/P)$ $C' > 0$	Konsumfunktion	(8.41)
$NX = NX(E/P)$ $NX' > 0$	Nettoexportfunktion	(8.42)

Zahlungsbilanz

$ZB = 0 = P \cdot NX/E + i^* F - TR - \dot{F}$	Zahlungsbilanz	(8.43)

Anmerkungen: Die verwendeten Symbole haben die folgende Bedeutung:

$W =$ inländisches Vermögen	I	$=$ Investitionen
$M =$ Geldmenge	$NX =$	Nettoexporte (real, in inländischen
$B =$ Bestand an inländischen Bonds		Gütern)
$E =$ Wechselkurs	P	$=$ Preisniveau
$F =$ Bestand an ausländischen Bonds	$TR =$	Laufende Übertragungen ans Aus-
i $=$ inländischer Nominalzins		land (in ausländischer Währung)
$i^* =$ ausländischer Nominalzins	$ZB =$	Zahlungsbilanz (in ausländischer
$Y =$ Vollbeschäftigungseinkommen		Währung)
$C =$ Konsum		

drückten Salden der Handelsbilanz ($P \cdot NX/E$), der Faktoreinkommen ($i^* F$), der laufenden Übertragungen (TR) und der Kapitalbilanz ($\dot{F}$) zu Null aufaddieren.[8] In einem stationären Gleichgewicht, also bei gegebener Geldmenge und Staatsverschuldung, muss auch der von Inländern gehaltene Bestand an ausländischen Wertpapieren konstant sein. Im langfristigen Gleichgewicht gilt also $\dot{F} = 0$ und damit, wegen (8.43), $P \cdot NX/E = TR - i^* F$. Der Saldo der Handelsbilanz muss also dem negativen Saldo der Faktoreinkommen und laufenden Übertragungen entsprechen. *In anderen Worten*: Die Leistungsbilanz muss ausgeglichen sein.

8.2.1 Grafisch-verbale Analyse des Modells

Das eben präsentierte Modell erlaubt es nun, die sich über die Leistungsbilanz und damit über die Kapitalbilanz ergebenden mittelfristigen Rückwirkungen auf die Vermögensmärkte zu untersuchen, die sich nach bestimmten Politik-

---

[8] Wir ignorieren hier die Vermögensübertragungen, die neben der Leistungs-, Kapital- und Devisenbilanz eine eigene Kategorie in der Zahlungsbilanz darstellt (siehe Kapitel 1).

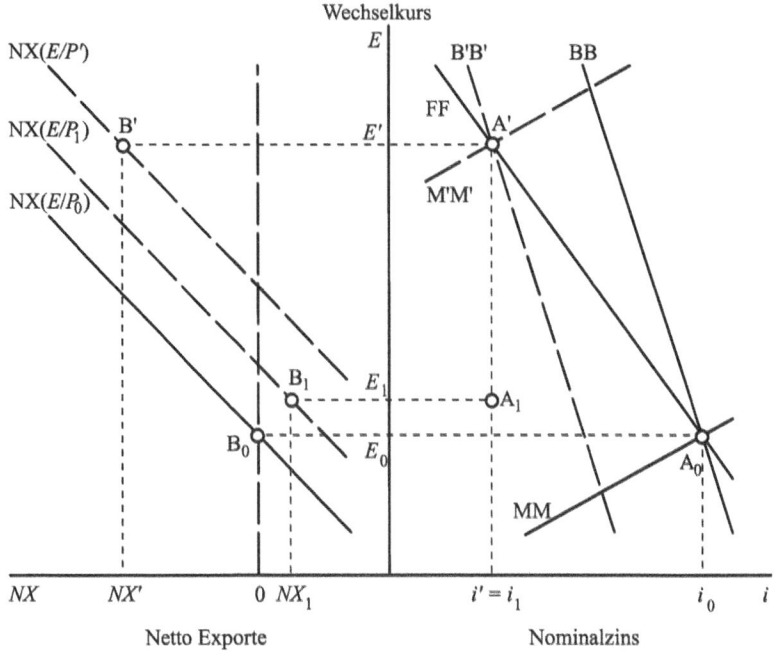

Abbildung 8.9 Kurz-, mittel- und langfristige Konsequenzen einer Geldmengenerhöhung über Offenmarktkäufe im Vermögensbestandsansatz.

massnahmen oder exogenen Störungen ergeben. Wir beschränken uns hier darauf, die längerfristigen Implikationen des Vermögensbestandsansatzes am Beispiel einer *Geldmengenausdehnung durch Offenmarktkäufe* herauszuarbeiten.

Abbildung 8.9 stellt die hier wichtigen Modellzusammenhänge grafisch dar. Der rechte Quadrant enthält die bekannten Gleichgewichtskurven für die Vermögensmärkte. Der linke Quadrant bildet die Nettoexporte $NX(E/P)$ in Abhängigkeit vom nominalen Wechselkurs E ab. Die unterste NX-Kurve ist für ein konstantes Preisniveau P_0 eingezeichnet. Steigt das inländische Preisniveau, verschiebt sich die NX-Kurve nach oben; für einen gegebenen nominalen Wechselkurs E sinkt der reale Wechselkurs E/P entsprechend und die Handelsbilanz verschlechtert sich.

Die betrachtete Wirtschaft befindet sich ursprünglich in einem durch die Punkte A_0 und B_0 charakterisierten Gleichgewicht, in dem die Handelsbilanz ausgeglichen ist. Dies impliziert, dass auch die Summe der Faktoreinkommen und laufenden Übertragungen ausgeglichen ist, da sich i^*F und TR genau entsprechen. Das Vermögen W ist konstant, da $\dot{F}$ im langfristigen Gleichgewicht gleich Null ist.

Nun erhöhe die Notenbank die Geldmenge dadurch, dass sie inländische Wertpapiere aufkauft. Die kurzfristige Reaktion hierauf wurde bereits oben (siehe Abb. 8.4) grafisch und analytisch untersucht. Das Überschussangebot an Geld und das verringerte Bondsangebot bewirken ein Sinken des Zinssatzes. Dies stimuliert die Nachfrage nach ausländischen Bonds und damit ein Ansteigen des Wechselkurses, bis die Vermögensmärkte im neuen kurzfristigen Gleichgewicht A' zur Ruhe kommen.

Beim Wechselkurs E' würde sich bei unverändertem Preisniveau (i) aufgrund des gestiegenen realen Wechselkurses eine überschüssige Handelsbilanz ergeben und wäre (ii) die Konsumnachfrage wegen des nun höheren Vermögens W' (aufgrund des Anstiegs von EF) über dem Ausgangsniveau in A_0. Auf dem Gütermarkt gäbe es somit eine Überschussnachfrage.

Unterstellen wir nun völlig flexible Preise, die den Gütermarkt permanent im Gleichgewicht halten. Da ohne Preisbewegung eine Überschussnachfrage herrschen würde, müssen flexible Preise sofort steigen: Dies wertet die inländische Währung real auf [im Vergleich zur hypothetischen Situation (E', P_0)] und reduziert damit den Handelsbilanzüberschuss. Es verringert aber auch das reale Vermögen und damit die Konsumnachfrage. Damit muss es ein neues, *höheres Preisniveau* geben, bei dem der inländische Gütermarkt geräumt ist.

Somit können wir als *Zwischenergebnis* festhalten, dass eine Geldmengenerhöhung über Wertpapierkäufe bei flexiblen Preisen kurzfristig den Zinssatz senkt, aber Wechselkurs, Nominalvermögen und Preisniveau erhöht. Die Zins-, Wechselkurs- und (nominale) Vermögensreaktion wird kurzfristig nur auf den Vermögensmärkten bestimmt. Interessant ist nun, wie sich der reale Wechselkurs E/P verändert, da sowohl E als auch P gestiegen ist. Betrachten wir zuerst zwei Grenzfälle:

(a) Es resultiert ein neues Preisniveau P'_a, bei dem der reale Wechselkurs unverändert bleibt, also $E'/P'_a = E_0/P_0$. In diesem Fall wäre die Handelsbilanz ausgeglichen ($NX' = NX_0 = 0$), aber das reale Vermögen

$$\frac{W'}{P'_a} = \frac{M' + B'}{P'_a} + \frac{E'F}{P'_a}$$

gesunken.[9] Damit wäre die Konsumnachfrage und folglich auch die Gesamtnachfrage kleiner als in A_0. Es gäbe ein Überschussangebot auf dem Gütermarkt ($Y^s > Y^d$). Die Wirtschaft wäre nicht im Gleichgewicht.

(b) Das Preisniveau steigt nur so stark (d.h. $P'_b < P'_a$), dass das reale Vermögen unverändert bleibt: $W'/P'_b = W_0/P_0$. In diesem Fall steigt der reale Wechselkurs auf $E'/P'_b > E_0/P_0$. Jetzt wäre zwar die Konsumnachfrage unverändert ($C' = C_0$), aber die Handelsbilanz wäre überschüssig ($NX' > NX_0 = 0$). Diesmal würde auf dem gesamten Gütermarkt eine Überschussnachfrage herrschen und die Wirtschaft wäre wieder nicht im Gleichgewicht.

---

[9] Der zweite Term auf der rechten Seite hat sich nicht verändert, d.h. $E'F/P'_a = E_0F/P_0$, aber der erste Term auf der rechten Seite ist kleiner als zuvor ist, da $M' + B' = M_0 + B_0$ und $P'_a > P_0$.

Das Preisniveau P', das zu einem kurzfristigen Gleichgewicht führt, muss also zwischen P'_a und P'_b liegen. Es lässt sich dadurch definieren, dass mit P' der reale Wechselkurs auf einen Wert E'/P' steigt, der den Gütermarkt gerade räumt ($Y^d = Y^s$). Damit ist im neuen (temporären) Gleichgewicht $E_0/P_0 = E'/P'_a < E'/P' < E'/P'_b$. Somit bewirkt die unterstellte Geldmengenausdehnung kurzfristig eine *reale Abwertung* und damit eine überschüssige Handelsbilanz und einen reduzierten Konsum. Die Handelsbilanz befindet sich in Abb. 8.9 in B'. Dieser Punkt liegt auf einer höheren NX-Kurve, da das Preisniveau in der Zwischenzeit gestiegen ist.

B' kann nun aber kein langfristiges Gleichgewicht sein. In diesem muss ja die Leistungsbilanz ausgeglichen sein und somit $\Delta F = 0$ gelten:

$$\Delta F = \frac{P}{E} NX(E/P) + i^* F - TR = 0.$$

Da nach wie vor $i^* F - TR = 0$ gilt und NX wegen des gestiegenen realen Wechselkurses positiv ist, akkumuliert das Inland ausländische Wertpapiere ($\dot{F} > 0$). Wie oben gezeigt wurde (vgl. Abb. 8.8), bewirkt dies auf den Vermögensmärkten einen bei konstantem Zinssatz sinkenden Wechselkurs. Wir bewegen uns also von A' senkrecht nach unten. Wie weit, das ergibt sich daraus, dass im neuen langfristigen Gleichgewicht $\dot{F} = 0$, aber während des gesamten Anpassungsprozesses $F > 0$ gilt. Somit sind die Faktoreinkommen gestiegen, $i^* F_1 > i^* F_0$. Damit die Zahlungsbilanz (bei einem gegebenen TR) im neuen Gleichgewicht ausgeglichen ist, muss die *Handelsbilanz* im neuen Gleichgewicht B_1 *defizitär* sein. Dies kann sie aber nur, wenn der reale Wechselkurs gesunken und tiefer als im Ausgangszeitpunkt ist ($E_1/P_1 < E_0/P_0$). Folglich sinkt der nominale Wechselkurs bei der Bewegung vom temporären Gleichgewicht A' bzw. B' zum neuen langfristigen Gleichgewicht stärker als das Preisniveau.

Eine Erhöhung der inländischen Geldmenge hat damit folgende Konsequenzen:

- Kurzfristig ergibt sich eine reale Abwertung, langfristig eine reale Aufwertung. Damit können nominale Schocks auch langfristig realwirtschaftliche Konsequenzen haben.
- Der Wechselkurs überschiesst seinen neuen Gleichgewichtswert. Ursache hierfür sind *nicht* träge Preise, sondern die Tatsache, dass Vermögensveränderungen über Handelsbilanzungleichgewichte Zeit brauchen.
- Langfristig ist die Handelsbilanz defizitär. Dies ermöglicht den Inländern einen permanent höheren Konsum, den sie aus ihrem gestiegenen Realvermögen finanzieren.

8.2.2 Formale Analyse der Gleichgewichte des Modells

Während die dynamische Analyse des Modells sehr aufwendig ist, lassen sich die kurz- und langfristigen komparativ-statischen Eigenschaften bezüglich des realen Wechselkurses mit vergleichsweise einfachen Mitteln herleiten. Dass monetäre Eingriffe den realen Wechselkurs sogar auf lange Sicht verändern können, gehört ja zu den interessanten und charakteristischen Eigenschaften des Vermögensbestandsansatzes der Wechselkurserklärung.

Untersuchen wir zunächst die Veränderung des *realen* Wechselkurses zwischen dem alten Gleichgewicht in A_0 und dem neuen temporären Gleichgewicht in A'. Da der Gütermarkt angesichts völlig flexibler Preise immer geräumt ist, lässt sich der reale Wechselkurseffekt der unterstellten Geldmengenerhöhung via Offenmarktkäufe direkt aus der Gleichgewichtsbedingung für den Gütermarkt berechnen. Das vollständige Differential dieser Gleichgewichtsbedingung (8.40) lautet unter Berücksichtigung der restlichen relevanten Strukturgleichungen des Modells

$$dY = C_w P^{-1} dB + C_w P^{-1} dM + C_w P^{-1} E dF + C_w P^{-1} F dE \qquad (8.44)$$
$$-C_w W P^{-2} dP - NX_R E P^{-2} dP + NX_R P^{-1} dE.$$

Wir verwenden hierbei die Abkürzungen $w \equiv W/P$ und $R \equiv E/P$. Berücksichtigt man $dY = 0$, da das Einkommen konstant ist, $dF = 0$, da sich der Bestand an ausländischen Bonds zwischen A_0 und A' nicht verändert, sowie $dM = -dB$, und nach Multiplikation mit P, so vereinfacht sich (8.44) zu

$$0 = (C_w F + NX_R) dE - (C_w W P^{-1} + NX_R E P^{-1}) dP.$$

Hieraus ergibt sich über

$$\frac{dE}{dP} = \frac{C_w W P^{-1} + NX_R E P^{-1}}{C_w F + NX_R} \qquad (8.45)$$

nach Multiplikation mit P/E

$$\frac{dE/E}{dP/P} = \frac{C_w W E^{-1} + NX_R}{C_w F + NX_R} > 1. \qquad (8.46)$$

Diese Relation folgt daraus, dass alle Terme positiv sind und $W > EF$, bzw. $WE^{-1} > F$. Gleichung 8.46 sagt aus, dass der reale Wechselkurs von A_0 nach A' steigt, da der uns bereits bekannte Anstieg des Wechselkurses prozentual über dem des Preisniveaus liegt. Dass auch das Preisniveau steigt, sieht man nach der Umformung von (8.45) zu

$$dP = \frac{P(C_w F + NX_R)}{C_w W + NX_R E} dE.$$

Somit haben wir folgende Ergebnisse formal hergeleitet:

$$E' > E_0$$

$$P' > P_0$$

$$E'/P' > E_0/P_0.$$

Dies impliziert wegen der Nettoexportfunktion und der Zahlungsbilanzidentität

$$NX' > NX_0$$

$$(\dot{F})' > (\dot{F})_0 = 0.$$

Vergleichen wir als nächstes die Punkte A' und A_1. Dass sich die Wirtschaft tatsächlich zu einem Punkt wie A_1 bewegt, bei dem $E_1 < E'$ gilt, ergibt sich aus $(\dot{F})' > 0$ und daraus, dass ein steigender Bestand an ausländischen Forderungen den Wechselkurs bei konstantem Zins nach unten treibt. Die begleitende Bewegung des Preisniveaus ergibt sich wieder aus der Gütermarktgleichgewichtsbedingung, die ja permanent erfüllt ist. Wir gehen wieder vom vollständigen Differential (8.44) aus und setzen diesmal $dY = dM = dB = 0$. Weiter machen wir uns die oben bei der Analyse der Konsequenzen eines Leistungsbilanzüberschusses gewonnene Einsicht zunutze, dass ein Anstieg von F das Produkt EF konstant lässt (siehe Teilkapitel 8.1.3). Dies impliziert in (8.44) $C_w P^{-1} E dF + C_w P^{-1} F dE = 0$.[10] Damit reduziert sich Gleichung 8.44 zu

$$0 = P^{-1} NX_R dE - (C_w W P^{-2} + NX_R E P^{-2}) dP.$$

Nach Umformen und Multiplikation mit P^2 ergibt sich hieraus

$$\frac{dE}{dP} = \frac{C_w W + NX_R E}{P NX_R} > 0. \tag{8.47}$$

Der Wechselkurs und das Preisniveau bewegen sich also immer in die gleiche Richtung. Somit fällt bei der Bewegung der Wirtschaft von A' nach A_1 auch das Preisniveau wieder. Wie sich der reale Wechselkurs entwickelt, ergibt sich nach Multiplikation von (8.47) mit P und Division durch E:

$$\frac{dE/E}{dP/P} = \frac{C_w W E^{-1} + NX_R}{NX_R} > 1.$$

Der Wechselkurs sinkt also prozentual stärker als das Preisniveau. Somit sinkt also auch der reale Wechselkurs, und wir können die ermittelten formalen Ergebnisse wieder zusammenfassen:

---

[10] Dieser Ausdruck lässt sich zusammenfassen zu $C_w P^{-1}(EdF + FdE) = 0$. Beidseitige Division durch EF ergibt $C_w P^{-1}(dF/F + dE/E) = 0$, da oben $dE/E = -dF/F$ hergeleitet wurde.

$$E_1 < E'$$

$$P_1 < P'$$

$$E_1/P_1 < E_0/P_0 < E'/P'$$

$$F_1 > F_0$$

$$NX_1 < NX_0 < NX'.$$

Die komparativ-statische Analyse, die formale Charakterisierung der kurz- und langfristigen Gleichgewichte ist eine Sache. Eine andere und mindestens ebenso wichtige Frage ist die nach der Stabilität: Bewegt sich die Modellwirtschaft überhaupt zum neuen langfristigen Gleichgewicht, oder entfernt sie sich immer weiter von diesem?

8.2.3 Ist das Modell stabil?

Wir gehen bei der Analyse der dynamischen Eigenschaften des Modells von einer veränderten grafischen Darstellung aus (Abb. 8.10). Im linken Quadranten wird jetzt entlang der horizontalen Achse das Preisniveau gemessen. Dargestellt sind diejenigen E/P-Kombinationen, welche ceteris paribus den Gütermarkt im Gleichgewicht lassen ($\dot{P} = 0$-Kurve) und welche die Zahlungsbilanz ausgleichen ($\dot{F} = 0$-Kurve).

Die Steigung der $\dot{P} = 0$-Kurve (der Gütermarktgleichgewichtskurve) hatten wir bereits oben als Gleichung 8.45 berechnet. Die Kurve ist offensichtlich nicht linear, wird aber der Einfachheit halber hier als eine Gerade dargestellt. Wichtig ist hier Gleichung 8.46, die besagt, dass der Wechselkurs entlang der $\dot{P} = 0$-Kurve eine Preiselastizität besitzt, die grösser als Eins ist.

Die Steigung der $\dot{F} = 0$-Kurve ergibt sich aus der Zahlungsbilanzidentität (8.43) mit $\dot{F} = 0$. Das vollständige Differential[11] dieser Gleichung, nachdem sie durch Multiplikation mit E in inländische Währung umgerechnet wurde,

$$dPNX + NX_R dE - NX_R E P^{-1} dP + i^* F dE + i^* E dF = 0, \qquad (8.48)$$

lässt sich unter Verwendung von $dF = 0$ auflösen nach

$$\frac{dE}{dP} = \frac{NX_R E P^{-1} - NX(E/P)}{i^* F + NX_R}.$$

Durch Multiplikation mit P/E ergibt sich hieraus die Elastizität

$$\frac{dE/E}{dP/P} = \frac{NX_R - P E^{-1} NX(E/P)}{i^* F + NX_R} = 1,$$

---

[11] Hierbei setzen wir $di^* = 0$ und $T = 0$. Die Annahme $T = 0$ impliziert, dass im Gleichgewicht entweder $F = 0$ ist, oder dass die Handelsbilanz unausgeglichen ist.

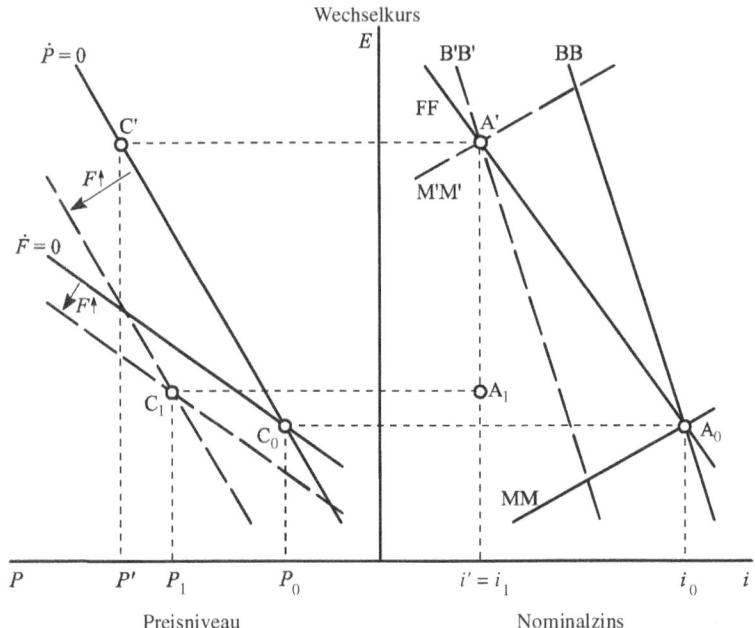

Abbildung 8.10 Zins-, Wechselkurs- und Preiswirkungen einer Geldmengenerhöhung über Offenmarktkäufe im Vermögensbestandsansatz.

da auf der $\dot{F} = 0$-Kurve $i^*F = -PE^{-1}NX(E/P)$ gilt. Die Preiselastizität des Wechselkurses auf der $\dot{F} = 0$-Kurve ist also konstant beim Wert Eins und ist somit *kleiner* als die Preiselastizität des Wechselkurses auf der $\dot{P} = 0$-Kurve. Auch die $\dot{F} = 0$-Kurve ist zur Vereinfachung als Gerade dargestellt.

Da der Gütermarkt immer geräumt ist, springt unser aus dem langfristigen Gleichgewicht gebrachtes Modell in der P/E-Ebene von C_0 in den Punkt C', in dem die Handelsbilanz überschüssig ist und F zu steigen beginnt. Da beide Gleichgewichtskurven für ein konstantes F gezeichnet wurden, stellt sich nun die Frage, in welche Richtung ein steigendes F die Kurven verschiebt.

Die Verschiebung der $\dot{P} = 0$-Kurve ergibt sich wieder aus dem vollständigen Differential (8.44), indem wir $dY = dB = dM = dP = 0$ setzen:

$$\frac{dE}{dF} = \frac{-C_w E}{C_w F + NX_R} < 0.$$

Als Verschiebung der $\dot{F} = 0$-Kurve berechnen wir aus dem vollständigen Differential der Zahlungsbilanzidentität unter Verwendung von $dP = dF = di^* = 0$

$$\frac{dE}{dF} = \frac{-i^* E}{i^* F + NX_R} < 0.$$

Eine Zunahme des Bestands an ausländischen Bonds verschiebt also *beide* Gleichgewichtskurven nach unten. Da der Wechselkurs in C' zu hoch ist, um die Zahlungsbilanz schliesslich auszugleichen, ist noch offen, ob der mit steigendem F fallende Wechselkurs schnell genug fällt, um die sich mit steigendem F nach unten verschiebende $\dot{F} = 0$-Kurve jemals einzuholen. Es stellt sich also die Frage nach der dynamischen Stabilität des Modells.

Wie schnell der Wechselkurs bei vorliegendem Leistungsbilanzüberschuss *tatsächlich* fällt, hatten wir bereits in Teilkapitel 8.1.3 untersucht. Aus dem kurzfristigen Vermögensbestandsansatz ergab sich

$$\frac{dE/E}{dF/F} = -1.$$

Eine Zunahme der Auslandsforderungen um ein Prozent führt also zu einer Aufwertung um ein Prozent.

Das Modell ist stabil, wenn der momentane Gleichgewichtswechselkurs $\bar{E}$ nach einer Zunahme der Auslandsforderungen um ein Prozent um weniger als ein Prozent sinkt. Der Wechselkurs nähert sich also nur dann seinem Gleichgewicht, wenn

$$\frac{d\bar{E}/E}{dF/F} > -1$$

gilt. $\bar{E}$ ist der durch den Schnittpunkt der $\dot{P} = 0$-Kurve und der $\dot{F} = 0$-Kurve bestimmte Wechselkurs.

Aus dem vollständigen Differential (8.44) der $\dot{P} = 0$-Kurve (Gleichung 8.40) ergibt sich unter Verwendung von $dY = dM = dB = 0$

$$dP = \frac{C_w F + NX_R}{C_w W P^{-1} + NX_R E P^{-1}} dE + \frac{C_w E}{C_w W P^{-1} + NX_R E P^{-1}} dF. \quad (8.49)$$

Aus dem vollständigen Differential (8.48) der $\dot{F} = 0$-Kurve (Gleichung 8.43) folgt

$$dE = \frac{NX_R E P^{-1} - NX}{NX_R + i^* F} dP - \frac{i^* E}{NX_R + i^* F} dF. \quad (8.50)$$

Durch Einsetzen von (8.49) in (8.50) unter Verwendung von $i^* F = -PE^{-1} NX$ erhalten wir schliesslich nach der Zusammenfassung geeigneter Terme als Reaktion des Gleichgewichtswechselkurses auf eine Zunahme der Auslandsforderungen

$$\frac{d\bar{E}/\bar{E}}{dF/F} = -\frac{ZC_w F + PE^{-1} NX}{ZC_w F + PE^{-1} NX + ZNX_R - NX_R}, \quad (8.51)$$

wobei $Z \equiv (NX_R E P^{-1} - NX)/(NX_R E P^{-1} + C_w W P^{-1})$. Beschränken wir uns hier auf den für unser grafisches Beispiel relevanten Fall $NX > 0$, ist die

Stabilitätsbedingung $(d\bar{E}/\bar{E})/(dF/F) < -1$ offensichtlich nur dann erfüllt, wenn $(Z-1)NX_R > 0$. Hieraus folgt $Z > 1$, was wiederum voraussetzt

$$-NX > C_w W P^{-1}. \tag{8.52}$$

Aus (8.52) wird deutlich, dass Stabilität in unserem einfachen Modell keineswegs selbstverständlich ist. Insbesondere sinkt $\bar{E}$ solange schneller als E – und solange findet eine Annäherung des Wechselkurses an sein Gleichgewicht nicht statt – wie die Handelsbilanz überschüssig ist.

8.3 Hinweise zur Beantwortung der gestellten Frage

Frage 8.1

Wenn der inländische Wertpapiermarkt den Zinssatz und der Markt für ausländische Bonds den Wechselkurs bestimmt, können wir die BB-Kurve als $di/dt = 0$-Kurve und die FF-Kurve als $\dot{e} = 0$-Kurve ansehen. Die Abbildungen 8.11 und 8.12 zeigen den kurzfristigen Vermögensbestandsansatz für den Fall unterschiedlicher relativer Steigung von BB- und FF-Kurve. Die an den Kurven angebrachten Vorzeichen weisen auf die Zins-, respektive Wechselkurstendenzen oberhalb und unterhalb der entsprechenden Kurve hin. Konstruiert man aus diesen qualitativen Informationen ein Phasendiagramm, so zeigt sich, dass das Modell nur dann stabil ist, wenn die FF-Kurve flacher ist als die BB-Kurve.

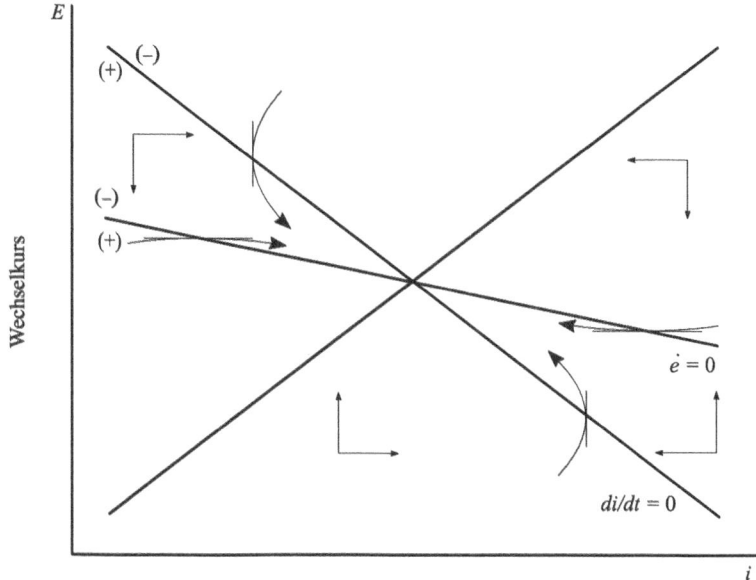

Abbildung 8.11 Grafische Darstellung (1) zur Beantwortung der Frage 8.1.

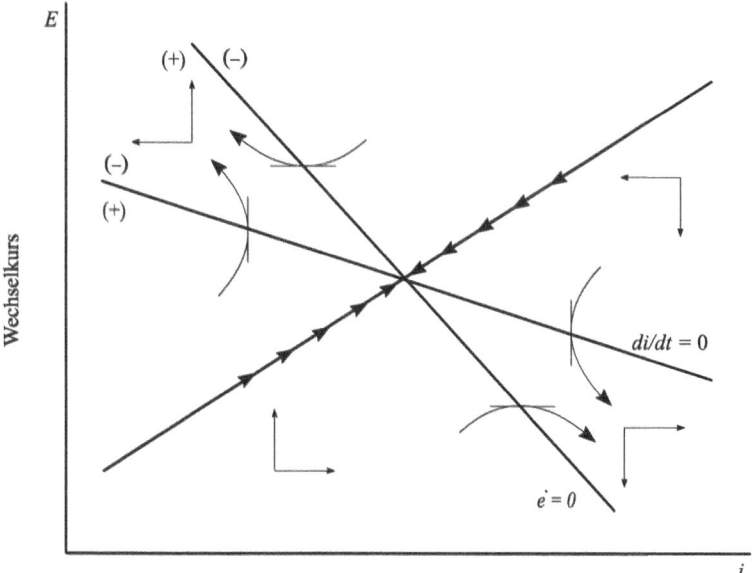

Abbildung 8.12 Grafische Darstellung (2) zur Beantwortung der Frage 8.1.

Literatur

Allen, P. R. und P. B. Kenen (1980). *Asset Markets, Exchange Rates and Economic Integration*. Cambridge: Cambridge University Press.

Aschauer, David A. (1985). Fiscal Policy and Aggregate Demand. *American Economic Review* 75, 117-127

Barro, Robert (1974). Are Government Bonds Net Wealth? *Journal of Political Economy* 82,1095-1117.

Branson, William H. (1977). Asset Markets and Relative Prices in Exchange Rate Determination. *Socialwissenschaftliche Annalen* 1, 67-80.

Chiang, Alpha C. (1984). *Fundamental Methods of Mathematical Economics*. Singapore: McGraw-Hill, 3. Auflage.

Dornbusch, Rüdiger und Stanley Fischer (1980). Exchange Rates and the Current Account. *American Economic Review* 70, 960-71.

Genberg, Hans und Hendrik Kierzkowski (1979). Impact and Long Run Effects of Economic Disturbances in a Dynamic Model of Exchange Rate Determination. *Weltwirtschaftliches Archiv* 115, 605-27.

Frenkel, Michael, Georg Stadtmann und Christian Pierdzioch (2003). Wechselkurswirkungen sterilisierter Devisenmarktinterventionen. *WiSt* März, 136-141.

Hau, Harald und Helene Rey (2008). Global Portfolio Rebalancing Under the Microscope. *CEPR Discussion Paper*, No. 6901.

Kouri, Pentti (1983). Balance of Payments and the Foreign Exchange Market: A Dynamic Partial Equilibrium Model, in: Bhandari, J. und B. Putnam (eds.), *Economic Interdependence and Flexible Exchange Rates*, 116-156, Cambridge: MIT Press.

Sarno, Lucio and Mark P. Taylor (2001). Official Intervention in the Foreign Exchange Market: Is it Effective and, if so, How Does it Work? *Journal of Economic Literature* 39, 839-868.

Tobin, James und Willem H. Buiter (1978). Debt Neutrality: A Brief Review of Evidence. In: G. Fürstenberg (ed.). *Social Security versus Private Saving in Postindustrial Societies*. American Council of Life Insurance, 1-27.

Kapitel 9
Der reale Wechselkurs in der langen Frist

In den monetär orientieren Wechselkursmodellen dieses Lehrbuchs stellt die Kaufkraftparität eine langfristige Gleichgewichtsbedingung für den realen Wechselkurs dar. Die empirische Evidenz für die Gültigkeit der Kaufkraftparität ist jedoch nicht sehr überzeugend. Nicht nur sind die Abweichungen von der Kaufkraftparität gross, sie sind auch dauerhaft. Diese Beobachtungen wurden von K. Rogoff (1996) als 'purchasing power parity puzzle' bezeichnet. Das Dornbusch-Modell liefert über die träge Anpassung der Güterpreise eine Erklärung dafür, warum es überhaupt zu Abweichungen von der Kaufkraftparität kommen kann. Wie lange diese Abweichungen andauern, hängt dann vom Ausmass der Preisträgheit ab. Im Extremfall konstanter Preise, der im Rahmen des Mundell-Fleming-Modells diskutiert wurde, sind Veränderungen des realen Wechselkurses permanent.

Angesichts des in anderen Aspekten eher enttäuschenden Erklärungspotentials monetärer Wechselkursmodelle in der empirischen Forschung [Frankel und Rose (1995)] liegt der Versuch nahe, reale Störungen stärker in den Mittelpunkt zu stellen. Dies kann man im Prinzip in jedem der in den Kapiteln 4-8 vorgestellten Modelle tun. Um jedoch die Frage beantworten zu können, ob man bei sorgfältiger Einbeziehung realwirtschaftlicher Zusammenhänge überhaupt noch die Annahme träger Preise braucht, um das stilisierte Verhalten flexibler Wechselkurse erklären zu können, setzt man sinnvollerweise bei Modellen mit flexiblen Preisen an, bzw. erklärt die Preisträgheit innerhalb des Modells anstelle sie exogen vorzugeben.

In diesem Kapitel werden verschiedene Erklärungen dafür geliefert, warum der reale Wechselkurs in der langen Frist nicht unbedingt konstant sein muss. Teilkapitel 9.1 setzt sich mit den der *Kaufkraftparität* zugrundeliegenden Annahmen auseinander. Dabei wird insbesondere auf die Rolle unvollständigen Wettbewerbs auf internationalen Märkten und die Rolle nicht handelbarer Güter eingegangen. In Teilkapitel 9.2 werden *Gleichgewichtswechselkursmo-*

delle vorgestellt. Teilkapitel 9.3 analysiert langfristige Gleichgewichtsbedingungen im Rahmen der *intertemporalen Analyse der Leistungsbilanz*.[1]

9.1 Kaufkraftparität und Law-of-One-Price

Die Kaufkraftparität (PPP) beruht auf der Annahme, dass bei freiem und kostenlosem Handel Preisunterschiede sofort durch Arbitragehandel eliminiert werden. Dies setzt natürlich voraus, dass es sich um identische Güter handelt. Wenn sich die Preise identischer Güter international nicht unterschieden, gilt das Gesetz der Unterschiedslosigkeit der Preise – im Englischen als '*law of one price*' (*LOOP*) bezeichnet –

$$P_i = EP_i^*, \tag{9.1}$$

wobei P_i den Preis des Gutes i im Inland darstellt und P_i^* den Preis des gleichen Gutes im Ausland, der durch Multiplikation mit dem Wechselkurs E in inländische Währungseinheiten konvertiert wird. Ist das Gut beispielsweise im Inland teurer ($P_i > EP_i^*$), entsteht die Möglichkeit, Arbitragegewinne zu machen, indem Unternehmer vergleichsweise billige Einheiten des Guts i im Ausland kaufen, um sie im Inland gewinnbringend weiterzuverkaufen. Alternativ werden die inländischen Konsumenten das Gut i direkt im Ausland kaufen. In beiden Fällen werden sich die Preise angleichen, da die inländischen Anbieter wegen der gesunkenen Nachfrage ihre Preise reduzieren und die ausländischen Anbieter wegen der höheren Nachfrage ihre Preise anheben werden. Alternativ ist es möglich, wenn die Importmenge entsprechend gross ist, dass die erhöhte Nachfrage nach Devisen zu einer Abwertung der inländischen Währung führt und somit der Wechselkurs steigt. Diese Prozesse werden nur dann enden, wenn (9.1) wieder eingetreten ist.

9.1.1 Erklärungen für Abweichungen von der Kaufkraftparität

Diese Vorstellung des Anpassungsprozesses ist natürlich extrem vereinfacht. Es gibt eine Vielzahl von Gründen, warum man aufgrund der soeben angeführten Überlegungen nicht einfach auf die Gültigkeit der Kaufkraftparität schliessen kann. Diese werden in grossem Detail in Froot und Rogoff (1995) und Rogoff (1996) diskutiert; eine interessante Zusammenstellung der

---

[1] Einige der in diesem Kapitel präsentierten theoretischen Überlegungen sind Bestandteil der Modelle der *Neuen Makroökonomik offener Volkswirtschaften* ('new open economy macroeconomics'). Eine Präsentation dieser formal sehr anspruchsvollen Modellgruppe würde jedoch den Rahmen dieses Lehrbuchs sprengen. Interessierte Leser und Leserinnen seien auf den für diese Modelle zum Standard gewordenen Text von Obstfeld und Rogoff (1996) oder die Übersicht von Lane (2001) verwiesen.

Einwände gegen das LOOP anhand des Beispiels der Big-Mac-Preise findet sich in Pakko und Pollard (1996). Hier nur eine kurze Zusammenfassung der Haupteinwände gegen das 'law of one price':

- *Handelsbarrieren.* Der internationale Handel ist trotz zunehmender Liberalisierung in vielen Fällen weiterhin eingeschränkt, z.B. durch Zölle oder Mengenbeschränkungen. Auch in Fällen, wo dies nicht auf Endgüter zutrifft, können die Zulieferer davon betroffen sein.
- *Transportkosten.* Internationaler Güteraustausch ist nicht kostenlos und teilweise werden beträchtliche Distanzen zurückgelegt. Transportkosten treiben einen natürlichen Keil zwischen die Preise im In- und Ausland, so dass der relative Preis im Inland von dem im Ausland innerhalb einer gewissen Spanne abweichen kann, ohne dass es zu Arbitrageaktivitäten kommt.
- *Handelskosten.* Neben den reinen Transportkosten entstehen durch Handel auch andere Kosten, die vielfältige und von Produkt zu Produkt variierende Formen annehmen können. Viele Firmen sichern sich beispielsweise durch Terminkontrakte bezüglich der Wechselkursrisiken in ihren Hauptexportmärkten ab. Andere Firmen müssen intensives Marketing im Exportland betreiben, um den Absatz ihres Produkts im Hinblick auf die dortige Konkurrenz zu fördern. Dies erhöht die Kosten, ebenso wie die Notwendigkeit, importierte Produkte den inländischen und inländische Produkte den ausländischen Marktgewohnheiten anzupassen, sei es nur durch die Übersetzung einer Gebrauchsanweisung oder die Produktbeschriftung in einer anderen Sprache. Diese und viele andere Aktivitäten, die bei einem Kauf bzw. Verkauf im Inland nicht anfallen würden, erhöhen die mögliche Preisspanne zwischen In- und Ausland.

Ein substantielles Problem, das vor allem auch empirische Studien zur Kaufkraftparität beeinträchtigt, liegt in der Aggregierung von Güterpreisen in landesweite Indizes. Selbst wenn das LOOP trotz der soeben genannten Einwände gelten sollte, entstehen in der Verallgemeinerung des LOOP – das sich auf ein einzelnes Gut bezieht – zur Kaufkraftparität für Güteraggregate zusätzliche Schwierigkeiten:

- *Nicht handelbare Güter.* Nicht alle Güter können gehandelt werden. Das klassische Beispiel eines nicht handelbaren Gutes ist ein Haarschnitt. Zu den nicht oder weniger handelbaren Gütern zählen auch viele andere Güter und Dienstleistungen, z.B. im medizinischen oder häuslichen Bereich. Selbst bei relativ einfachen und standardisierten Dienstleistungen wie einer chemischen Reinigung ist ein internationaler Handel nur schwer vorstellbar. Auch wenn eine Trennung in handelbare und nicht handelbare Güter/Dienstleistungen nicht immer strikt vollzogen werden kann, so enthalten die Preisindizes verschiedener Länder immer auch nicht handelbare Güter und sind dadurch nicht strikt vergleichbar.[2]

---

[2] Nicht handelbare Güter waren bereits Bestandteil der Modelle in Kapitel 5.7 und 7.

- *Unterschiedliche Gewichtungen.* In der Zusammenstellung aggregierter Preisindizes werden die Preise einzelner Güter und Dienstleistungen gemäss ihrer Bedeutung im Gesamtgüterkorb gewichtet. Unterscheidungen in den nationalen Güterkörben sind eine weitere Ursache dafür, dass die Kaufkraftparität empirisch nur wenig Unterstützung findet.
- *Unvollständiger Wettbewerb.* Wenn aufgrund der bisher angeführten Überlegungen die vollkommen freie und kostenlose Güterarbitrage nicht existiert, dann herrscht ein gewisses Ausmass an internationaler Marktsegmentierung. In diesem Fall können Firmen, die über Marktmacht verfügen, internationale Preisdiskriminierung betreiben. Dies betrifft vorwiegend die Hersteller differenzierter Güter, d.h. Güter, die sich durch ihre intrinsischen oder von Markenperzeption in den Augen der Kunden hervorgerufenen Eigenschaften voneinander unterscheiden. Ein wichtiges Beispiel hierfür ist der internationale Automobilmarkt [Lutz (2000)]. Bei internationaler Preisdiskriminierung – auch als *pricing-to-markets* bezeichnet[3] – können Wechselkursveränderungen (sowie unterschiedliche Steuersätze und Kostenstrukturen) permanente Abweichungen vom LOOP und somit von der Kaufkraftparität herbeiführen.

Zwei dieser Aspekte – *nicht handelbare Güter* und *pricing-to-markets* – werden in den jetzt folgenden Abschnitten genauer analysiert.

9.1.2 Pricing-to-Markets (PTM)

Die Analyse der internationalen Preisdiskriminierung bedient sich vorwiegend eines mikroökonomischen Instrumentariums, da es um das Preissetzungsverhalten international tätiger Firmen auf segmentierten nationalen Märkten geht. Aufgegeben wird somit die Vorstellung eines Weltmarktpreises, der unabhängig von den wirtschaftlichen Bedingungen des Inlands exogen vorgegeben ist. In diesem Abschnitt wird ein einfaches Modell vorgestellt, basierend auf Gross und Schmitt (1996), um zu zeigen, dass sich bei unvollständigem Wettbewerb eine Wechselkursänderung nicht vollständig auf den inländischen Preis eines Produkts auswirken muss.[4]

9.1.2.1 Ein einfaches Modell (siehe Tabelle 9.1)

Wir gehen von einem inländischen Markt mit unvollständigem Wettbewerb aus, der von n verschiedenen ausländischen Firmen beliefert wird. Es gibt keine inländischen Produzenten und somit besteht der Markt nur aus Im-

---

[3] Der Begriff wurde von Krugman (1987) eingeführt.
[4] Siehe auch Dornbusch (1987), Venables (1990) und Goldberg und Knetter (1997).

Tabelle 9.1 Ein einfaches lineares Pricing-to-Markets Modell.

$\Pi_i = P_i Q_i (P_i, P_j) - E_i T C_i \left[Q_i (P_i, P_j) \right]$	Gewinnfunktion der ausländischen Firma i	(9.2)
$Q_i (P_i, P_j) = \beta_0 - \beta_1 P_i + \beta_2 P_j$	Nachfrage nach Produkt i im Inland	(9.3)

Anmerkungen: Die Bedeutung der verwendeten Symbole ist wie folgt:

Π_i = Gewinne der Firma i
P_i = Preis des Produkts der Firma i
Q_i = Quantität (= Importe) des Produkts i
P_j = Preisindex der im Wettbewerb mit Firma i stehenden Produkte j
E_i = Wechselkurs (inländische Währungseinheiten pro Einheit der Währung des Landes, in dem Firma i produziert)
TC_i = Produktionskosten der Firma i (in ausländischer Währung)

porten. Jede ausländische Firma produziert eine Variante des Guts – die verschiedenen Varianten sind unvollkommene Substitute.

Wir betrachten nun eine einzelne ausländische Firma i, die eine Menge Q_i auf dem inländischen Markt zu einem Preis P_i (in inländischer Währung) verkauft. Die Kostenfunktion der Firma besteht nur aus variablen Kosten TC_i, die positiv von der Produktionsmenge abhängen, $dTC_i/dQ_i = MC_i > 0$. Kosten entstehen nur im Ursprungsland und müssen somit mit dem nominalen Wechselkurs E_i multipliziert werden, um sie in inländische Währungseinheiten umzurechnen. Zur Vereinfachung wird von konstanten Grenzkosten MC_i ausgegangen.

Auch die Nachfrageseite wird stark vereinfacht modelliert. Gleichung 9.3 ist eine lineare Nachfragefunktion mit zwei Bestimmungsvariablen: Wieviel die Firma im Inland von ihrem Produkt verkaufen kann, hängt vom eigenen Preis P_i und dem Preis der Wettbewerber P_j ($i \neq j$) ab.

Die Firma i maximiert ihre Gewinnfunktion (9.2), indem sie ihren Preis optimal wählt. Die Bedingung erster Ordnung für ein Optimum ist

$$\frac{\partial \Pi_i}{\partial P_i} = Q_i + (P_i - E_i MC_i) \left[\frac{\partial Q_i}{\partial P_i} + \frac{\partial Q_i}{\partial P_j} \frac{\partial P_j}{\partial P_i} \right] = 0. \tag{9.4}$$

Unter Verwendung der linearen Nachfragefunktion wird daraus nach einigen Umformungen

$$P_i = \frac{\beta_0}{\varphi} + \frac{\beta_2}{\varphi} P_j + \frac{[\beta_1 - \beta_2 (\partial P_j/\partial P_i)]}{\varphi} E_i MC_i, \tag{9.5}$$

wobei $\varphi = [2\beta_1 - \beta_2 (\partial P_j/\partial P_i)]$.

Uns interessiert nun die Reaktion des inländischen Preises auf eine Wechselkursveränderung. Im Normalfall wird davon ausgegangen, dass die Wech-

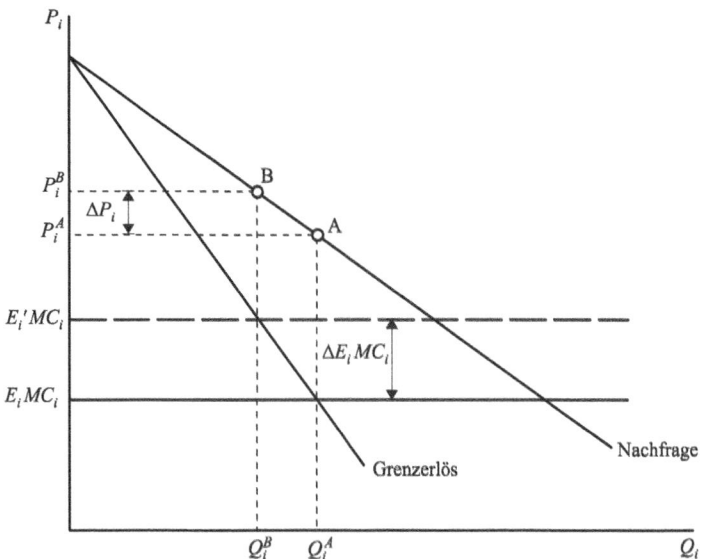

Abbildung 9.1 Reaktion des Preises auf eine Wechselkursveränderung bei Pricing-to-Markets.

selkursüberwälzung ('exchange rate pass-through') 100% beträgt. Eine Abwertung von zehn Prozent müsste dementsprechend die in inländischer Währung gemessenen Preise von Importen um ebenfalls zehn Prozent erhöhen. Bei unvollständigem Wettbewerb ist dies nicht unbedingt der Fall.[5]

In unserem Modellbeispiel lässt sich die Wechselkursreaktion berechnen, indem man (9.5) nach E_i ableitet:

$$\frac{\partial P_i}{\partial E_i} = \frac{[\beta_1 - \beta_2 \, (\partial P_j / \partial P_i)]}{\varphi} MC_i. \tag{9.6}$$

Die Elastizität des Preises bezüglich der Wechselkursveränderung beträgt

$$\frac{\partial P_i}{\partial E_i} \frac{E_i}{P_i} = \frac{[\beta_1 - \beta_2 \, (\partial P_j / \partial P_i)]}{\varphi} \frac{E_i MC_i}{P_i} < 1, \tag{9.7}$$

da $[\beta_1 - \beta_2 \, (\partial P_j / \partial P_i)] < \varphi$ und der Preis einer gewinnmaximierenden Firma immer mindestens so gross wie die Grenzkosten ist, d.h. $P_i \geq E_i MC_i$.

Die Preisreaktion lässt sich auch grafisch anhand von Abb. 9.1 analysieren. Die Abwertung verschiebt die Grenzkostenkurve nach oben. Da die Nachfragekurve bei unvollständigem Wettbewerb nicht vollkommen elastisch ist, reagiert der Preis weniger stark als die (in inländischer Währung gemesse-

---

[5] Das Ausmass der Wechselkursüberwälzung hängt in erster Linie von der Reaktion der Nachfrageelastizität auf Preisänderungen ab. Siehe Goldberg und Knetter (1997).

nen) Grenzkosten der Firma. Die Firma wälzt die Wechselkursveränderung nicht 100% über, da die Nachfrageelastizität bei einem höheren Preis steigt. Anstelle dessen nimmt die Firma einen Rückgang ihrer Gewinnmarge von $(P_i^A - E_i MC_i)$ auf $(P_i^B - E_i' MC_i)$ in Kauf. In Verbindung mit der geringeren Verkaufsmenge reduziert sich der Gesamtgewinn der Firma nicht nur in inländischen Währungseinheiten, sondern aufgrund der Abwertung erst recht, wenn er in ausländischer Währung gemessen wird.

9.1.2.2 Implikationen für die Marshall-Lerner-Bedingung

In Kapitel 1 wurde gezeigt, dass eine Abwertung zu einer Verbesserung der Leistungsbilanz führt, wenn die Marshall-Lerner-Bedingung gilt.[6] Dabei wurde jedoch implizit angenommen, dass die Abwertung die Preise der Import- und Exportgüter in inländischer Währung gemessen proportional erhöhen würde. Die veränderten relativen Preise sind ja Grundvoraussetzung dafür, dass es überhaupt zu einer Mengenanpassung kommt.

Wenn im Importsektor PTM Verhalten auftritt, werden sich die Preise der Importgüter im Inland nicht im gleichen Mass erhöhen wie der Wechselkurs. Unter diesen Umständen muss die Bedingung für eine positive Reaktion der Leistungsbilanz modifiziert werden. Der nominale Wert der Nettoexporte (in inländischen Währungseinheiten) (siehe Gleichung 1.15 auf S. 16) ist

$$NX = P(E) \cdot X(R, Y^*) - P^*(E) \cdot E \cdot Q(R, Y), \tag{9.8}$$

wobei wir hier das PTM Verhalten als Abhängigkeit des Importpreises in ausländischer Währung und des Exportpreises in inländischer Währung vom nominalen Wechselkurs eingebaut haben. Mit PTM Verhalten gilt $\partial P^*/\partial E < 0$ und $\partial P/\partial E > 0$, d.h. der Preis in der Währung des Ursprungslands wird negativ vom Wechselkurs beeinflusst. Wenn das britische Pfund z.B. an Wert gegenüber dem € verliert, senken deutsche Autohersteller partiell ihre €-Preise, um keine zu grossen Nachfrageverluste zu erleiden. In diesem Fall wird die Aufwertung des € nicht vollständig auf die Pfund-Preise in Grossbritannien übertragen. Der höhere Pfund-€-Wechselkurs ist somit mit niedrigeren €-Preisen verbunden, wie das in (9.8) durch das PTM-Verhalten zugrunde gelegt wird.

Wenn wir die Reaktion des realen Wechselkurses auf Veränderungen des nominalen Wechselkurses miteinbeziehen, indem wir explizit dessen Bestimmungsgleichung $R = EP^*(E)/P(E)$ berücksichtigen, dann ist die Reaktion der Nettoexporte auf eine Abwertung in (9.8) jetzt

$$\frac{\partial NX}{\partial E} = P^* Q \left[\varepsilon_E^P + \varepsilon_R^X \varepsilon_E^R - \varepsilon_E^{P^*} - \varepsilon_R^Q \varepsilon_E^R - 1 \right].$$

---

[6] Ceteris paribus, d.h. für gegebene Faktoreinkommen und laufende Übertragungen.

Die Elastizitäten sind:

$$\varepsilon_E^P = \frac{\partial P}{\partial E}\frac{E}{P}, \varepsilon_R^X = \frac{\partial X}{\partial R}\frac{R}{X}, \varepsilon_E^R = \frac{\partial R}{\partial E}\frac{E}{R}, \varepsilon_R^Q = \frac{\partial Q}{\partial R}\frac{R}{Q}.$$

Die modifizierte Marshall-Lerner-Bedingung lautet folglich

$$\varepsilon_E^P + \varepsilon_R^X \varepsilon_E^R - \varepsilon_E^{P^*} - \varepsilon_R^Q \varepsilon_E^R > 1. \tag{9.9}$$

Dies reduziert sich zur Standardversion der Marshall-Lerner-Bedingung, wenn $\varepsilon_E^P = \varepsilon_E^{P^*} = 0$ und $\varepsilon_E^R = 1$ gesetzt werden. Ob die modifizierte Bedingung (9.9) eher gilt als die konventionelle Bedingung ist a priori nicht klar, denn einerseits sind $\varepsilon_E^P > 0$ und $\varepsilon_E^{P^*} < 0$, andererseits ist $\varepsilon_E^R = 1 + \varepsilon_E^{P^*} - \varepsilon_E^P \leq 1$.[7] Es lässt sich jedoch zeigen, dass

$$\underbrace{\varepsilon_E^P + \varepsilon_R^X \varepsilon_E^R - \varepsilon_E^{P^*} - \varepsilon_R^Q \varepsilon_E^R - 1}_{\text{modifizierte Marshall-Lerner-Bedingung}} \quad < \quad \underbrace{\varepsilon_R^X - \varepsilon_R^Q - 1}_{\text{Marshall-Lerner-Bedingung}}$$

wenn $\varepsilon_R^X - \varepsilon_R^Q - 1 > 0$, d.h. wenn die ursprüngliche Marshall-Lerner-Bedingung gelten würde.[8] Dies bedeutet, dass ein PTM-Verhalten es grundsätzlich unwahrscheinlicher macht, dass eine Abwertung zu einer Verbesserung der Leistungsbilanz führt.

9.1.3 Die Rolle nicht handelbarer Güter

Eine weitere Erklärung für Abweichungen von der Kaufkraftparität sind nicht handelbare Güter. Bereits in Teilkapitel 5.7 wurde eine Variante des Dornbusch-Modells vorgestellt, in der zwischen handelbaren und nicht handelbaren Gütern unterschieden wurde.

9.1.3.1 Eine alternative Definition des realen Wechselkurses

Aufgrund der Unterscheidung in zwei Gütergruppen wird das Preisniveau im Inland zu

---

[7] Die Elastizität $\varepsilon_E^R = 1 + \varepsilon_E^{P^*} - \varepsilon_E^P \leq 1$ ergibt sich aus der Ableitung dR/dE für $R = [EP^*(E)]/P(E)$.

[8] Dies folgt aus

$$\left(\varepsilon_E^P + \varepsilon_R^X \varepsilon_E^R - \varepsilon_E^{P^*} - \varepsilon_R^Q \varepsilon_E^R - 1\right) - \left(\varepsilon_R^X - \varepsilon_R^Q - 1\right)$$

$$= \varepsilon_E^P + \varepsilon_R^X\left(1 + \varepsilon_E^{P^*} - \varepsilon_E^P\right) - \varepsilon_E^{P^*} - \varepsilon_R^Q\left(1 + \varepsilon_E^{P^*} - \varepsilon_E^P\right) - \varepsilon_R^X + \varepsilon_R^Q$$

$$= \varepsilon_E^P(1 - \varepsilon_R^X + \varepsilon_R^Q) - \varepsilon_E^{P^*}(1 - \varepsilon_R^X + \varepsilon_R^Q),$$

was nur dann positiv ist, wenn $1 > \varepsilon_R^X + \varepsilon_R^Q$.

$$p = \alpha p^T + (1 - \alpha)p^N$$

und das im Ausland zu

$$p^* = \beta p^{T*} + (1 - \beta)p^{N*},$$

wobei p^T und p^{T*} die Preise handelbarer Güter, p^N und p^{N*} die Preise nicht handelbarer Güter im In- und Ausland darstellen (alle in Logarithmen). Die jeweiligen Gewichtungen im Gesamtgüterkorb sind durch α, $1 - \alpha$, β, und $1 - \beta$ gegeben.

Wir können die Preisniveaus in die Definition des realen Wechselkurses

$$r = \ln R = e + p^* - p$$

einsetzen, und nach einigen Umformungen folgt daraus

$$r = (e + p^{T*} - p^T) + (1 - \alpha)(p^T - p^N) - (1 - \beta)(p^{T*} - p^{N*}). \qquad (9.10)$$

Der reale Wechselkurs setzt sich somit aus drei Komponenten zusammen, dem realen Wechselkurs handelbarer Güter $(e + p^{T*} - p^T)$ und dem relativen Preis handelbarer und nicht handelbarer Güter im In- und Ausland. Das relative Preisverhältnis $p^T - p^N$ kann man als 'internen' realen Wechselkurs bezeichnen.

Wenn wir nun erstens die Annahme treffen, dass die Kaufkraftparität bzw. das LOOP zumindest für handelbare Güter gilt,

$$p^T = e + p^{T*}, \qquad (9.11)$$

und zweitens, dass es sich beim Inland um eine kleine offene Volkswirtschaft handelt (aus deren Sicht die Preise im Ausland bzw. auf dem Weltmarkt exogen gegeben sind) und wir für das Ausland zur Vereinfachung $p^{T*} = p^{N*}$ annehmen, dann reduziert sich (9.10) zu

$$r = (1 - \alpha)(p^T - p^N). \qquad (9.12)$$

Dies zeigt, dass der relative Preis handelbarer und nicht handelbarer Güter $p^T - p^N$ im Inland nun alleine den realen Wechselkurs bestimmt.

Die alternative Definition des realen Wechselkurses als relativer Preis handelbarer und nicht handelbarer Güter eröffnet uns eine leicht veränderte Sicht auf die Rolle relativer Preise in der Bestimmung der Handelsbilanz und letztlich auch der Zahlungsbilanz. Der reale Wechselkurses $R = EP^*/P$ kann auch als Wettbewerbsfähigkeit ('competitiveness') bezeichnet werden. Wenn R steigt, erhöhen sich die Preise ausländischer Güter relativ zu denen im Inland (in gleicher Währung gemessen). Dies führt dazu, dass weniger ausländische und mehr inländische Güter konsumiert werden. Wenn die reale Abwertung durch eine nominale Abwertung verursacht wird (was Preisträgheit voraussetzt), dann kommt es bei Gültigkeit der in Kapitel 1 dargestellten konventionellen Marshall-Lerner-Bedingung zu einer Verbesserung der Leistungsbilanz. Diese Veränderung der relativen Preise im In- und Ausland ist jedoch nur möglich, wenn die Kaufkraftparitätenhypothese nicht permanent gilt.

Wenn aber die Kaufkraftparität gemäss (9.11) zumindest für die handelbaren Güter ihre Gültigkeit behält, kann eine nominale Abwertung keine Wettbewerbsverbesserung im handelbaren Sektor herbeiführen. Anstelle dessen wird der reale Wechselkurs jetzt durch eine Veränderung des relativen Preises der handelbaren und nicht handelbaren Güter verändert. Steigt $p^T - p^N$, bedeutet dies eine reale Abwertung. Für die Produzenten im Inland erhöht diese Abwertung den Anreiz, mehr handelbare Güter und weniger nicht handelbare Güter zu produzieren. Inländische Konsumenten hingegen werden verstärkt nicht handelbare Güter nachfragen, da diese relativ zu den handelbaren Gütern billiger geworden sind. Ein erhöhtes Angebot an handelbaren Gütern – Exportgüter und importkonkurrierende Güter – und eine gleichzeitig gesunkene Nachfrage nach handelbaren Gütern führt zu einer Erhöhung der Nettoexporte des Inlands.

Beachtenswert ist, dass eine reale Abwertung gemäss der alternativen Definition des realen Wechselkurses $(p^T - p^N)$ immer auch eine reale Abwertung nach der Standarddefinition darstellt (r steigt).[9] Der wichtige Unterschied zwischen den beiden Betrachtungsweisen liegt darin, dass eine reale Abwertung gemäss alternativer Definition nur durch eine Veränderung der inländischen Preise (p^T steigt, p^N sinkt oder beides) verursacht, nicht aber durch eine Veränderung des nominalen Wechselkurses herbeigeführt werden kann (solange die Kaufkraftparität für handelbare Güter gilt). Bei der Standardbetrachtung im Sinne der Marshall-Lerner-Bedingung hingegen, wie sie beispielsweise dem Mundell-Fleming- und dem Dornbusch-Modell (Kapitel 2-5) zugrundeliegt, sind wir von trägen bzw. festen Preisen und einer Veränderung des nominalen Wechselkurses als Ursache der realen Abwertung ausgegangen.

9.1.3.2 Der Balassa-Samuelson-Effekt

Ein wichtiger stilisierter Fakt über reale Wechselkurs ist, dass das Preisniveau in ärmeren Ländern tendenziell niedriger als in den reicheren Ländern ist, d.h. der reale Wechselkurs armer Länder ist tendenziell grösser als Eins. Abbildung 9.2 verdeutlicht dies anhand des Zusammenhangs zwischen Preisniveau und Pro-Kopf Einkommen in einem Querschnitt von 131 Ländern. Eine Erklärung für diese Beobachtung bietet die sogenannte *Balassa-Samuelson-Hypothese*.[10]

---

[9] Umgekehrt gilt dies jedoch nicht, da beispielsweise eine Veränderung von $p^{T*} - p^{N*}$ im Ausland den realen Wechselkurs verändern kann, ohne dass sich das Verhältnis $p^T - p^N$ im Inland geändert hat.

[10] Siehe Balassa (1964) und Samuelson (1964).

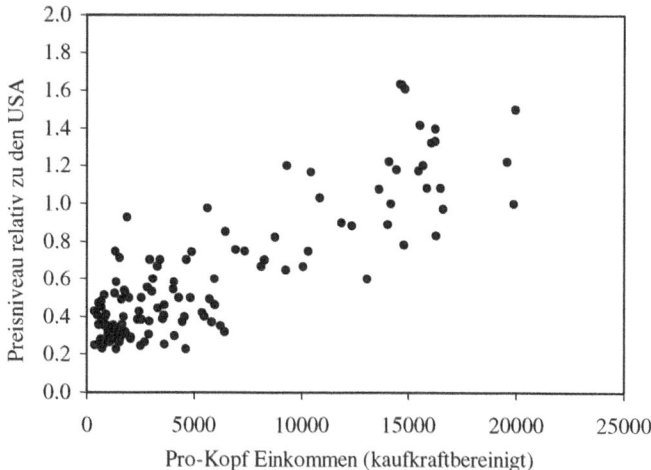

Abbildung 9.2 Preisniveau relativ zu den USA und Pro-Kopf Einkommen, 1990. Quelle: World Development Indicators 2001.

Zur Veranschaulichung der Balassa-Samuelson-Erklärung können wir die Gütermarktstruktur aus Kapitel 5.7 übernehmen. Wir gehen davon aus, dass der Reallohn in beiden Sektoren der durchschnittlichen Arbeitsproduktivität entspricht[11] (alle Variablen sind logarithmiert)

$$w^T - p^T = a^T, w^N - p^N = a^N. \tag{9.13}$$

Wenn wir jetzt annehmen, dass der Arbeitsmarkt kompetitiv ist und die Arbeitskräfte homogen sind, herrscht im Arbeitsmarktgleichgewicht der gleiche Nominallohn in beiden Sektoren, $w = w^T = w^N$. Wäre $w^T \neq w^N$, würden sofort alle Arbeiter versuchen, in den Sektor mit den höheren Löhnen zu wechseln. Ein Gleichgewicht ist somit also nur bei $w^T = w^N$ möglich.

Unter dieser Annahme lässt sich aus (9.13) das relative Preisverhältnis in den beiden Sektoren bestimmen:

$$p^T - p^N = a^N - a^T. \tag{9.14}$$

Je höher die Produktivität im handelbaren Gütersektor, bzw. je geringer die Produktivität im nicht handelbaren Sektor, desto kleiner fällt das relative Preisverhältnis in (9.14) aus.

Die Balassa-Samuelson-Hypothese beruht nun auf den folgenden fünf Annahmen bzw. Überlegungen:

---

[11] Diese Lohnsetzung folgt aus dem Optimierungskalkül der typischen in einem kompetitiven Markt operierenden Firma unter der Annahme einer konstanten Grenzproduktivität der Arbeit.

1. In der Produktion nicht handelbarer Güter – man denke wieder an das Beispiel eines Haarschnitts – werden keine fortgeschrittenen Technologien benötigt und somit gibt es keine grossen Produktivitätsunterschiede zwischen armen und reichen Ländern.

2. In der Produktion handelbarer Güter, z.b. Automobile oder Computer, werden hingegen fortgeschrittene Technologien benötigt, über die das reichere Land in einem höheren Ausmass verfügt. Aus diesem Grund ist der interne reale Wechselkurs (9.14) in armen Ländern höher als in reichen Ländern: $p_{arm}^T - p_{arm}^N > p_{reich}^T - p_{reich}^N$.

3. Wenn wir davon ausgehen, dass der Preis handelbarer Güter auf einem integrierten Weltmarkt bestimmt wird, gilt für diese Güter das 'law of one price', d.h. $p_{arm}^T = p_{reich}^T$.

4. Aus den Punkten 2 und 3 folgt, dass die Preise nicht handelbarer Güter in armen Ländern niedriger sind als in reichen Ländern: $p_{arm}^N < p_{reich}^N$.

5. Bei gleichen Preisen handelbarer Güter aber tieferen Preisen nicht handelbarer Güter muss auch das aggregierte Preisniveau in armen Ländern niedriger sein.

Der Balassa-Samuelson-Effekt kann auch erklären, warum sich der reale Aussenwert der Währung eines Landes mit starkem Produktivitätswachstum im handelbaren Sektor langfristig aufwertet, wie das beispielsweise für Japan seit Ende des zweiten Weltkriegs zu beobachten war. Ebenso wird vermutet, dass die zukünftigen Beitrittsländer der EU aufgrund des höheren Produktivitätswachstums im Zuge des durch den Beitritt ausgelösten Konvergenzprozesses eine reale Aufwertung erleben werden.

9.2 Der Wechselkurs im allgemeinen Gleichgewicht

Die grundlegende Idee des in diesem Abschnitt präsentierten Ansatzes ist sehr einfach: Änderungen des Güterangebots (z.B. aufgrund von Produktivitätsschocks) und der Güternachfrage (z.B. aufgrund von Präferenzverschiebungen) oder jede erwartete Änderung der künftigen Wirtschaftsentwicklung wirken sich auf heutige realwirtschaftliche Grössen aus, z.B. den Konsum, die Investitionen oder die Leistungsbilanz. Damit ändern sich aber auch die relativen Preise im Gleichgewicht. Änderungen des realen Wechselkurses, der ja auch ein relativer Preis ist, können dann durchaus eine natürliche und sogar notwendige Reaktion auf sich verändernde Konsum-, Spar- und Investitionspläne sein.

Sobald man diese Überlegungen in ein intertemporales Optimierungsszenario einbaut, werden die Modelle formal schnell kompliziert. Dies wird sich weiter unten zeigen. Die Grundidee und die unterschiedliche Schwerpunktsetzung, die aus mikroökonomischen Prinzipien entwickelte Gleichgewichtswechselkursmodelle im Vergleich mit traditionellen monetären Modellen aufweisen, lässt sich jedoch auch anhand eines einfachen statischen Modells herausarbeiten. Die folgende einführende Diskussion lehnt sich an Stockman (1987) an.[12]

9.2.1 Ein statisches Modell

Das Modell besteht aus einem monetären Sektor und dem Gütermarkt (siehe Tabelle 9.2). Im Inland wird nur das Gut Y produziert, im Ausland nur das Gut Y^*. Beide Güter werden ohne Transaktionskosten und sonstige Beschränkungen gehandelt. Die reale Geldnachfrage im Inland ist eine Funktion des inländischen Volkseinkommens, gemessen in Y. Die reale Geldnachfrage im Ausland ist eine Funktion des ausländischen Volkseinkommens, gemessen in Y^*.

(9.17) und (9.18) sind Produktionsfunktionen, welche die Abhängigkeit der produzierten Mengen von der Faktorausstattung und der verwendeten Technologie beschreiben. (9.19) ist die Nutzenfunktion eines repräsentativen Individuums. Unterstellen wir zur Vereinfachung der Darstellung, alle Individuen (im In- und Ausland) hätten die gleiche Nutzenfunktion und das gleiche Einkommen.[13] Da dann jedes Individuum den gleichen Teil der hergestellten Menge konsumieren kann, lässt sich das Nutzenniveau eines jeden Individuums als Funktion der gesamtwirtschaftlichen Produktionsmengen pro Kopf, y^* und y, formulieren. Die Indifferenzkurven I_0, I_1 und I_2 in Abb. 9.3 zeigen jeweils Güterbündel, welche zu einem konstanten Nutzenniveau führen.

Die Konsummöglichkeiten jedes Individuums werden durch dessen Budget beschränkt. Bei einem Budget pro Kopf von b, einem Inlandspreis von P_A, einem Auslandspreis von P_A^* und einem bei E_A liegenden Wechselkurs lassen sich die Wahlmöglichkeiten unseres repräsentativen Individuums durch die flache Budgetgerade darstellen. Bei mikroökonomischer Betrachtung sind für das einzelne Individuum die Preise und der Wechselkurs bei seiner Entscheidung gegeben. Es maximiert in diesem Fall seinen Nutzen durch Konsum der Gütermengen y_A und y_A^*. Dies bringt das Individuum in A auf die höchste erreichbare Indifferenzkurve. Verändert sich die Budgetrestriktion durch Preis- und Einkommensveränderungen in die gestrichelte Position, passt das Individuum die Zusammensetzung des konsumierten Güterkorbs an und maximiert seinen Nutzen in B.

Im vorliegenden Fall ist nun eine andere Betrachtungsweise angebracht. Da die in Abb. 9.3 dargestellte Situation für alle Individuen in gleicher Weise gilt, können wir bei Aggregation auf die gesamtwirtschaftliche Ebene nicht mehr unterstellen, die Preise seien exogen und die Mengen passten sich an.

---

[12] Eine kurze Einführung findet sich auch in Krugman und Obstfeld (2003, Kapitel 15).

[13] Wie bereits erwähnt, vereinfacht dies die Darstellung. Identische Ergebnisse lassen sich ableiten, wenn wir nur verlangen, dass die Nutzenfunktionen *homothetisch* sind. Dann möchten, bei gegebenen Preisen, alle Nachfrager die Güter Y^* und Y im gleichen Verhältnis konsumieren.

Tabelle 9.2 Wechselkurs und allgemeines Gleichgewicht: Statisches Modell.

Monetärer Sektor

$$\frac{M}{P} = Y^{\phi}$$ Geldnachfrage im Inland   (9.15)

$$\frac{M^*}{P^*} = Y^{*\phi}$$ Geldnachfrage im Ausland   (9.16)

Gütermarkt

$Y = f(A, K, L)$ Produktionsfunktion für Gut Y (9.17)
$\quad f' > 0; f'' < 0$

$Y^* = g(A^*, K^*, L^*)$ Produktionsfunktion für Gut Y^* (9.18)
$\quad g' > 0; g'' < 0$

$U = U(y, y^*)$ Nutzenfunktion für   (9.19)
$\quad U_y, U_{y^*} > 0; U_{yy}, U_{y^*y^*} < 0$ repräsentatives Individuum

$$\frac{U_{y^*}}{U_y} = R$$ relativer Preis   (9.20)

$$R = \frac{EP^*}{P}$$ realer Wechselkurs   (9.21)

Anmerkungen: Alle mit einem * gekennzeichneten Variablen beziehen sich auf das Ausland. Die Bedeutung der verwendeten Symbole ist wie folgt:

M = Geldangebot	A	= Produktionstechnologie
P = Preisniveau	K	= Kapitalstock
Y = Menge des im Inland hergestellten	L	= Arbeitsmenge
Gutes	U_y	= Grenznutzen des Gutes Y
y = Menge des Inlandsguts pro Kopf	U_{y^*}	= Grenznutzen des Gutes Y^*
der "Weltbevölkerung"	R	= realer Wechselkurs
Y^* = Menge des im Ausland hergestell-	E	= nominaler Wechselkurs
ten Gutes		
y^* = Menge des Auslandsguts pro Kopf		
der "Weltbevölkerung"		

Umgekehrt müssen wir jetzt davon ausgehen, dass aufgrund der Produktionsfunktionen (9.17) und (9.18) die pro Kopf angebotenen (und konsumierbaren) Mengen vorgegeben sind und sich die Preise anpassen. Gilt z.B. der relative Preis $R_A = (E_A P_A^*)/P_A$, während aufgrund der Faktorausstattung und der zur Verfügung stehenden Technologie pro Kopf die Gütermengen y_B^* und y_B hergestellt werden, besteht gesamtwirtschaftlich eine Überschussnachfrage nach Y^* im Ausmass $Y_A^* - Y_B^*$ und ein Überschussangebot an Y im Ausmass $Y_B - Y_A$. Damit beginnt sich das Gut Y^* im Vergleich zum Gut Y zu verteuern. Der relative Preis (der reale Wechselkurs) steigt solange, bis er der (negativen) Steigung der gestrichelt eingezeichneten Budgetgerade entspricht. Nun entsprechen die nachgefragten Gütermengen genau den angebotenen und unsere Wirtschaft ist im Gleichgewicht.

Führen die verwendeten Produktionstechniken und Faktorausstattungen pro Kopf zu den Angebotsmengen y_A^* und y_A, so wird das reale Austausch-

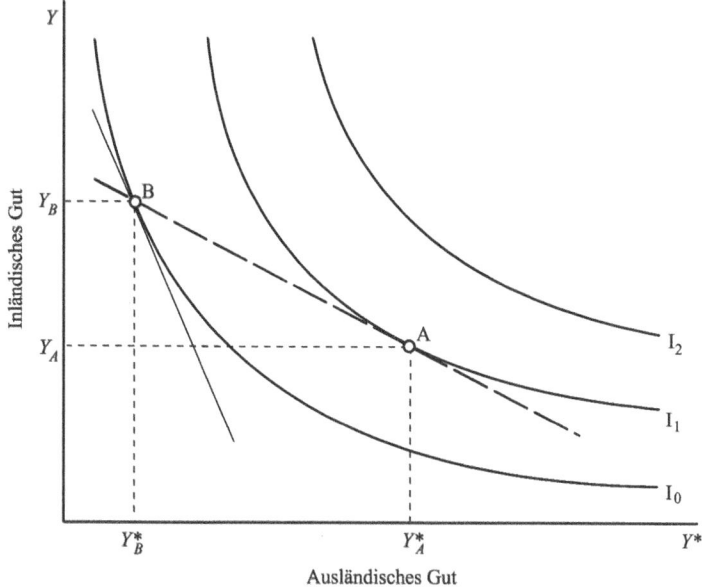

Abbildung 9.3 Nutzenmaximierung eines Individuums bei beschränktem Budget.

verhältnis, also unser realer Wechselkurs, durch den Betrag der Steigung der Indifferenzkurve I_1 im Punkt A bestimmt. Gleichung 9.20 hält diese Gleichheit von realem Wechselkurs und (negativer) Grenzrate der Substitution fest. Die letzte Modellgleichung schliesslich definiert den realen Wechselkurs in nominalen Preisen.

Durch Auflösen von (9.15) und (9.16) nach den Preisniveaus und Einsetzen in (9.21) erhalten wir als Wechselkursgleichung

$$E = \frac{MY^{*\phi}}{M^*Y^\phi}R. \tag{9.22}$$

Bei Gültigkeit der Kaufkraftparitätenhypothese $R = 1$ (mit der impliziten Annahme, dass im Inland der gleiche Güterkorb konsumiert wird wie im Ausland) ergibt sich die gleiche Wechselkursgleichung wie im monetären Modell.[14] Neu ist nun, dass nicht mehr permanente (und auch nicht langfristige) Gültigkeit der absoluten Kaufkraftparität unterstellt wird. Der reale Wechselkurs, hier zu verstehen als das reale Austauschverhältnis zwischen dem im Inland hergestellten Gut Y und dem im Ausland hergestellten Gut

---

[14] Setzen wir $R = 1$ und logarithmieren beide Seiten von (9.22), so ergibt sich

$$e = m - m^* - \phi(\ln Y - \ln Y^*).$$

Dies entspricht (6.6'') in Kapitel 6 unter Vernachlässigung des Zinseinflusses.

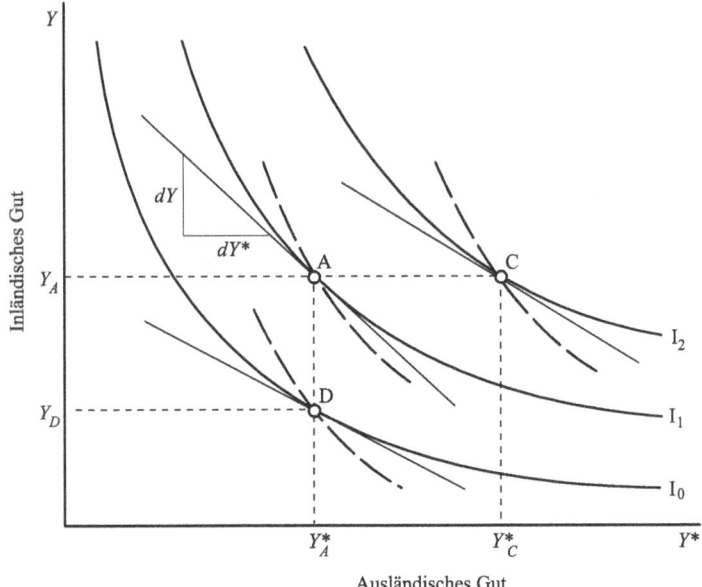

Abbildung 9.4 Der reale Wechselkurs als makroökonomischer Reflex der Präferenzen und des Güterangebots.

Y^*, ist nun eine endogene Variable. Abbildung 9.4 illustriert, wie dieser relative Preis einerseits von der Entwicklung des Angebots und andererseits von Veränderungen der Präferenzen der Nachfrager beeinflusst wird:[15]

Sinkt das Angebot im Inland von Y_A auf Y_D, so sinkt der reale Wechselkurs auf den durch die flachere Steigung der Indifferenzkurve in D bestimmten Wert.[16] Das Gleiche würde eine Angebotserhöhung im Ausland von Y_A^* auf Y_C^* bewirken.

Eine Veränderung der Präferenzen ist gleichbedeutend mit einer veränderten Nutzenfunktion und somit einer Veränderung der Indifferenzkurven. Eine verstärkte Wertschätzung des Gutes Y^* beispielsweise bewirkt steilere Indifferenzkurven und damit für jede Angebotskonstellation in Abb. 9.4 einen höheren, durch die Steigungen der steileren gestrichelten Indifferenzkurven in den Punkten A, C und D gemessenen realen Wechselkurs.

Setzen wir (9.19) in (9.21) ein, erhalten wir für den Wechselkurs im allgemeinen Gleichgewicht

$$E = \frac{MY^{*\phi}U_{y*}}{M^*Y^{\phi}U_y}. \tag{9.23}$$

---

[15] Indifferenzkurven und Restriktionen beziehen sich jetzt auf die *Aggregate* Y und Y^*. Dies ist zulässig, da wir ja annehmen, dass alle Individuen identische Nutzenfunktionen und Einkommen haben.

[16] Wir unterstellen hierbei abnehmenden Grenznutzen.

Die sich aus dieser Gleichung ergebende neue Einsicht ist, dass jeder reale Schock, welcher die Grenzrate der Substitution zwischen den nachgefragten Gütern im Gleichgewicht verändert, den nominalen Wechselkurs *und* den realen Wechselkurs beeinflusst. Anders als bei monetären Wechselkursmodellen *verursachen* damit nominale Wechselkursänderungen nicht reale Wechselkursänderungen. Vielmehr sind beide, nominale und reale Wechselkursänderungen, Teil notwendiger Anpassungen des Gleichgewichts an realwirtschaftliche Grunddaten wie Produktionstechniken, Präferenzen und Faktorausstattungen. Dies hat weitreichende währungspolitische Implikationen, da einem konstanten realen Wechselkurs kein besonderes normatives Gewicht mehr zukommt. Weder eine hohe Wechselkursvolatilität noch massive Veränderungen des realen Wechselkurses sind "schlecht" oder "gut". Da sie nur das endogene Entstehen neuer Gleichgewichte abbilden, müssen sie auch nicht durch währungspolitische Eingriffe bekämpft werden.

Frage 9.1

Beim oben unterstellten Einkommen pro Kopf von b operiert unser repräsentatives Individuum unter der Restriktion

$$b = Py + EP^*y^*.$$

Diese Budgetgerade besitzt den Ordinatenabschnitt b/P. Sowohl b als auch P sind offensichtlich von den Präferenzen des Individuums unabhängig. Somit verändert sich auch der Ordinatenabschnitt bei einer Veränderung der Präferenzen – also z.B. einem Steilerwerden der Indifferenzkurve durch A – nicht. Wie ist es dann möglich, dass sich der reale Wechselkurs so verändert, dass die Budgetgerade bei unverändertem Output in A tangential zur neuen steileren Indifferenzkurve ist?

Die Wirkungen realer Angebots- und Nachfrageschocks auf den Wechselkurs lassen sich anhand von zwei Beispielen herausarbeiten:

9.2.1.1 Technischer Fortschritt im Inland

Steigt die Produktivität im Inland, führt dies zu einer Erhöhung der vom Gut Y angebotenen Menge. Damit steigt der reale Wechselkurs, der Preis von Y^* in Y, und gemäss Gleichung 9.22 steigt auch der nominale Wechselkurs E. Bei identischen Haushalten im In- und Ausland steigt damit auch die Exportmenge des Gutes Y. Obwohl nun auch hier die vertraute positive Korrelation zwischen nominalem Wechselkurs, realem Wechselkurs und Exportvolumen vorliegt, ist die Wirkungskette eine ganz andere als in monetären Wechsel-kursmodellen. Eine Unterbewertung und damit über eine Verbesserung der Wettbewerbsposition des Inlands steigende Exporte werden nicht durch die Abwertung *verursacht*. Vielmehr macht die Produktivitätssteigerung eine Än-derung der relativen Preise (des realen Wechselkurses) unumgänglich und zwingt auch den nominalen Wechselkurs zur Anpassung.

Die gegenüber monetären Modellen völlig veränderten Politikimplikatio-nen sind offensichtlich: Da der reale Wechselkurs, der hier identisch ist mit den Terms of Trade, nur durch Präferenzen, Produktionstechnik und ande-re realwirtschaftliche Faktoren bestimmt wird, sind alle im monetären Be-reich angesiedelten Massnahmen zur Verbesserung der *Wettbewerbsposition* eines Landes fehlgeleitet. Devisenmarktinterventionen beispielsweise, die den nominalen Wechselkurs verändern, können trotz der zu beobachtenden sta-tistischen Korrelation zwischen nominalem und realem Wechselkurs (die ja auf reale Veränderungen zurückzuführen ist), den realen Wechselkurs nicht beeinflussen.

Frage 9.2

Welche Auswirkungen ergeben sich im Gleichgewichtswechselkurs-modell wenn auf die Einfuhr des Gutes Y^* im Inland ein Zoll erhoben wird?

9.2.1.2 Veränderung der Präferenzen

Verändert sich der Geschmack der Konsumenten so, dass sie auf Kosten des im Inland produzierten Gutes Y verstärkt das im Ausland hergestellte Gut Y^* nachfragen, so bewirkt dies eine Abwertung. Grafisch bedeutet eine Ver-lagerung der Präferenzen von Y hin zu Y^* ein Steilerwerden der Indifferenz-kurven: Soll das Nutzenniveau eines repräsentativen Nachfragers unverändert bleiben, muss er jetzt für einen gegebenen Rückgang von Y^* mit einer grösse-ren Menge von Y kompensiert werden als vorher. Dies gilt für alle denkbaren Angebotsmengen von Y^* und Y und folglich auch, wie eingezeichnet, für die durch A, C und D bezeichneten Kombinationen.

Würden nun beispielsweise die in Abb. 9.4 durch A festgelegten Güter-mengen Y_A und Y_A^* angeboten, könnte A beim herrschenden relativen Preis, der ja die Steigung der Budgetgerade festlegt, kein Gleichgewicht mehr sein, in dem die angebotenen Mengen auch gerade nachgefragt werden. Jeder Kon-sument könnte ja sein Nutzenniveau durch Ausdehnung des Konsums von Y^* und Einschränkung des Konsums von Y erhöhen. Da dies das beschränkte Angebot nicht erlaubt, führt das entstehende Ungleichgewicht zu einer Ver-änderung des relativen Preises. Y^* wird, in Y ausgedrückt, teurer. Der reale Wechselkurs steigt.

Es wäre nun vorschnell, aus der beobachteten Abwertung eine Verbesserung der Wettbewerbsfähigkeit des Inlands herauszulesen. Zwar ist das inländische Gut in der Tat vergleichsweise billiger geworden, aber dem entspricht auch exakt eine gesunkene Zahlungsbereitschaft der Nachfrager für das inländische Gut. Deswegen sind nach der Abwertung in beiden Ländern die gleichen Konsummuster und international auch die gleichen Güterströme wie vor der Abwertung zu beobachten. Wieder wäre es völlig falsch, der beobachteten nominalen und realen Abwertung mit geld- oder währungspolitischen Massnahmen gegensteuern zu wollen, um so die Wettbewerbsfähigkeit wieder herzustellen. Derartige Eingriffe wären weder erfolgversprechend noch notwendig, da die beobachteten Wechselkursänderungen schlicht gleichgewichtige Reaktionen auf Nachfrageverschiebungen darstellen.

Frage 9.3

Nach Gleichung 9.23 wird der Gleichgewichtswechselkurs durch

$$E = \frac{MY^{*\phi}U_{y^*}}{M^*Y^\phi U_y}$$

bestimmt. Anstelle der im Text verwendeten allgemeinen Funktion (Gleichung 9.19) laute die Nutzenfunktion nun

$$U = Y^{*\alpha}Y^{1-\alpha}$$

Wie reagieren in diesem Fall der nominale und der reale Wechselkurs auf einen Angebotsschock (Y steigt) und eine Präferenzveränderung (α wird grösser)? [Hinweis: Suchen sie konkret nach den Ableitungen $d\ln E/d\ln Y$, $d\ln R/d\ln Y$, $d\ln E/d\alpha$ und $d\ln R/d\alpha$.]

9.2.2 Ein intertemporales Modell

Das im letzten Abschnitt verwendete Modell illustriert zwar die Grundidee einer mikroökonomisch fundierten Wechselkurstheorie, es hat aber noch zwei Schwächen:

1. Das Kalkül der nutzenmaximierenden Haushalte ist kurzsichtig. Sie realisieren nicht, dass ihr heutiges Konsumverhalten (und damit ihr Sparverhalten) die sich in Zukunft ergebenden Konsummöglichkeiten beeinflusst. Sie denken also nicht intertemporal und geben das Einkommen jeder Periode auch in dieser Periode aus. Die aktuelle Forschung versucht der intertemporalen Perspektive durch eine die Zukunft einbeziehende Nutzenfunktion

des Individuums und eine dynamische Budgetrestriktion, die Vermögens-
bildung und -verzehr zulässt, zu berücksichtigen.

2. Die Geldnachfrage der Haushalte wird nach wie vor in Form einer ad-hoc-
   Gleichung postuliert, anstatt auch sie als Resultat der Nutzenmaximierung
   der Haushalte endogen zu bestimmen. Diese gewünschte Mikrofundierung
   der Geldhaltung ist in der Tat ein kniffliges und bis heute nicht zufrie-
   denstellend gelöstes Problem. Die Ursache liegt darin, dass es in einem
   friktionslosen Gleichgewichtsmodell nicht rational ist, Geld zu halten. Die
   Haushalte könnten ja ihr erzieltes und in Inlandsgütern ausbezahltes Einkommen jederzeit verzögerungs- und kostenlos in Geld und dieses wieder
   in die gewünschten Konsumgüter umtauschen. Die Wirtschaft funktioniert
   damit aber genau wie eine reine Realtauschwirtschaft. Geld wird nicht gehalten, weil es als Tauschmittel überflüssig und als Wertaufbewahrungsmittel zinstragenden Anlageformen unterlegen ist.

Die neuere Forschung bedient sich typischerweise einer von zwei Hilfskon-
struktionen, um dieses Problem zu umgehen:

1. Geld wird direkt als Argument in die Nutzenfunktion eingefügt. In Gleichung 9.19 würde dann neben y^* und y auch die gehaltene Realkasse stehen. Dies wird in der Regel als Verkürzung der Vorstellung verstanden,
   dass neben dem Konsum auch Freizeit Nutzen stiftet. Da Geld in einem
   realistischen Rahmen mit Friktionen die Abwicklung von Transaktionen
   beschleunigt, schafft es mehr Freizeit und stiftet damit Nutzen.
2. Eine alternative Begründung der Kassenhaltung in Gleichgewichtsmodel-
   len ist über die Verwendung einer "Cash-in-advance"-Restriktion [Clower
   (1967)] möglich. Zur Erfassung der Wirkungen von – auch hier natürlich
   einfach unterstellten – Friktionen wird hier unterstellt, dass Käufe in der
   laufenden Periode nicht mit in der gleichen Periode (also parallel) erwor-
   nem Geld getätigt werden können. Stattdessen müssen diese Mittel bereits
   am Ende der vorhergehenden Periode bereitgestellt werden.

Wir untersuchen nun ein intertemporales Modell, in dem die Kassenhaltung durch eine Cash-in-advance-Restriktion begründet wird.[17]
Gleichung 9.24 in Tabelle 9.3 beschreibt die Nutzenfunktion, die das repräsentative Individuum maximiert. Der Gesamtnutzen V ist die Summe der
heute und in der Zukunft erwarteten Periodennutzen, wobei künftige Nut-
zenströme abdiskontiert werden ($0 < \beta < 1$). Der Periodennutzen reflektiert
die konsumierten Mengen des im Inland und des im Ausland produzierten
Guts. Wir unterstellen hier ein deterministisches Szenario mit vollkommener
Voraussicht. Sonst würden die Haushalte nicht eine Nutzenfunktion mit den
tatsächlichen künftigen Konsumwerten maximieren, sondern mit den *erwarteten* Werten.

---

[17] Das Modell lehnt sich an die Darstellung in Obstfeld und Stockman (1985) an und hat
seine Wurzeln in Stockman (1980) und Lucas (1982).

Tabelle 9.3 Wechselkurs und allgemeines Gleichgewicht: Intertemporales Modell.

$V = \sum_{t=0}^{\infty} \beta^t U(C_t, C_t^*)$	Nutzenfunktion	(9.24)
$0 = P_t Y_t + i_{t-1} B_{t-1} + i_{t-1}^* E_t F_{t-1} - P_t C_t$ $\quad - E_t P_t^* C_t^* - (B_t - B_{t-1}) - E_t(F_t - F_{t-1})$ $\quad - (M_t - M_{t-1}) - E(M_t^* - M_{t-1}^*)$	Budgetrestriktion	(9.25)
$M_{t-1} \geq P_t C_t$	Cash-in-advance	(9.26)
$E_t M_{t-1}^* \geq E_t P_t^* C_t^*$	Restriktionen	(9.27)

Anmerkungen: Die Bedeutung der verwendeten Symbole ist wie folgt:

C_t = inländischer Konsum des inländischen Gutes in Periode t

C_t^* = inländischer Konsum des ausländischen Gutes

Y_t = (exogener) Output des inländischen Gutes

P_t = Preis des inländischen Gutes

P_t^* = Preis des ausländischen Gutes

M_{t-1}= von Inländern gehaltener Bestand an inländischem Geld am Ende von Periode $t-1$

E_t = nominaler Wechselkurs

M_{t-1}^*= von Inländern gehaltener Bestand an ausländischem Geld am Ende von Periode $t-1$

i_{t-1} = Zinssatz auf inländische Bonds in Periode $t-1$

i_{t-1}^* = Zinssatz auf ausländische Bonds in Periode $t-1$

B_{t-1} = von Inländern gehaltener Bestand an inländischen Bonds am Ende von Periode $t-1$

F_{t-1} = von Inländern gehaltener Bestand an ausländischen Bonds am Ende von Periode $t-1$

Die Produktionsseite wird verkümmert abgebildet. Das in jeder Periode erzielte Einkommen Y ist exogen. Exogen sind auch die angebotenen Geldmengen und Bonds.

Gleichung 9.25 ist die intertemporale Budgetrestriktion. Die erste Zeile umfasst das Periodeneinkommen, bestehend aus dem Arbeitseinkommen PY und den aus den gehaltenen in- und ausländischen Bonds erzielten Zinserträgen. Die zweite Zeile enthält die Verwendungsmöglichkeiten: Das Einkommen dient entweder der Finanzierung des Konsums des in- und ausländischen Gutes oder dem Aufbau einer der drei Vermögenspositionen.

Die Gleichungen 9.26 und 9.27 stellen die oben diskutierten Cash-in-advance Restriktionen dar.

Als Ausgangpunkt für die analytische Behandlung des Modells bilden wir zunächst die Lagrangefunktion:

$$L = \sum_{t=0}^{\infty} \beta^t U(C_t, C_t^*) + \sum_{t=0}^{\infty} \Phi_t [P_t Y_t + M_{t-1} + E_t M_{t-1}^* \tag{9.28}$$

$$+ (1 + i_{t-1}) B_{t-1} + (1 + i_{t-1}^*) E_t F_{t-1} - P_t C_t - E_t P_t^* C_t^*$$

$$- B_t - E_t F_t - M_t - E_t M_t^*]$$

$$+ \sum_{t=0}^{\infty} \Omega_t (M_{t-1} - P_t C_t) + \sum_{t=0}^{\infty} \Pi_t (E_t M_{t-1}^* - E_t P_t^* C_t^*).$$

Als Optimalbedingungen erster Ordnung erhalten wir

$$\frac{\partial L}{\partial C_t} = U_1 - \Phi_t P_t - \Omega_t P_t = 0, \tag{9.29}$$

$$\frac{\partial L}{\partial C_t^*} = U_2 - \Phi_t E_t P_t^* - \Pi_t E_t P_t^* = 0, \tag{9.30}$$

$$\frac{\partial L}{\partial M_t} = -\Phi_t + \Phi_{t+1} + \Omega_{t+1} = 0, \tag{9.31}$$

$$\frac{\partial L}{\partial M_t^*} = -E_t \Phi_t + E_{t+1}(\Phi_{t+1} + \Pi_{t+1}) = 0, \tag{9.32}$$

$$\frac{\partial L}{\partial B_t} = -\Phi_t + (1 + i_t)\Phi_{t+1} = 0, \tag{9.33}$$

$$\frac{\partial L}{\partial F_t} = -\Phi_t E_t + (1 + i_t^*)E_{t+1}\Phi_{t+1} = 0. \tag{9.34}$$

Die Kuhn-Tucker-Bedingungen[18] für die beiden Cash-in-advance-Restriktionen lauten

$$M_{t-1} - P_t C_t \geq 0, \ \Omega \geq 0 \text{ und } \Omega(M_{t-1} - P_t C_t) = 0, \tag{9.35}$$

$$E_t M_{t-1}^* - E_t P_t^* C_t^* \geq 0, \ \Pi \geq 0 \text{ und } \Pi(E_t M_{t-1}^* - E_t P_t^* C_t^*) = 0. \tag{9.36}$$

Dass die Cash-in-advance-Restriktionen im vorliegenden Falle vollkommener Voraussicht in der Tat *binden*, ergibt sich formal daraus, dass sonst die Lagrangemultiplikatoren Ω und Π Null sein müssten. Dann müsste aber beispielsweise aus Gleichung 9.31, wegen $\Omega = 0$, $\Phi_t = \Phi_{t+1}$ folgen. Nun behauptet aber Gleichung 9.33 bereits $\Phi_t = (1 + i_t)\Phi_{t+1}$. Beides könnte aber bei positivem Zinssatz nur dann gleichzeitig der Fall sein, wenn die Lagrangemultiplikatoren gleich Null wären. Da sie den Schattenpreis respektive den Grenznutzen des Vermögens darstellen, ist dies aber ausgeschlossen.

Eine verbale ökonomische Erklärung dafür, dass in den beiden Restriktionen (9.26) und (9.27) das Gleichheitszeichen gelten muss, ergibt sich daraus, dass sonst ja die Haushalte mehr unverzinsliche Kasse halten würden als sie zur Realisierung ihres keinerlei Unsicherheit unterliegenden Konsumplans

---

[18] Siehe Chiang (1984), S. 722 ff.

(wir unterstellen ja hier vollkommene Voraussicht) brauchen werden. Dies könnte natürlich nicht nutzenmaximierend sein.

Nun gelten natürlich zu den Gleichungen 9.24-9.27 auch entsprechende Präferenzen und Restriktionen für die Haushalte des Auslands. Da auch dort mit gleicher Argumentation in den Cash-in-advance-Restriktionen die Gleichheitszeichen gelten müssen, gilt für die von In- und Ausländern zusammen gehaltenen Mengen an inländischem Geld $\bar{M}$ und an ausländischem Geld $\bar{M}^*$

$$\bar{M}_t = P_{t+1}Y_{t+1}, \tag{9.37}$$

$$\bar{M}_t^* = P_{t+1}^* Y_{t+1}^*. \tag{9.38}$$

Durch Auflösen von Gleichung 9.29 nach Φ, Einsetzen des Resultats in (9.30), anschliessendem Eliminieren der in- und ausländischen Preisniveaus durch Einsetzen von (9.37) und (9.38) (nach Auflösung nach den beiden Preisniveaus) und Auflösen nach dem Wechselkurs erhalten wir schliesslich

$$E_t = \frac{\bar{M}_t}{\bar{M}_t^*} \cdot \frac{Y_{t+1}^*}{Y_{t+1}} \cdot \frac{U_2(C_{t+1}, C_{t+1}^*)}{U_1(C_{t+1}, C_{t+1}^*)}. \tag{9.39}$$

Interessanterweise erhalten wir, abgesehen von einigen Indexverschiebungen um eine Periode, praktisch die gleiche Wechselkursgleichung wie in der oben diskutierten statischen Variante des Modells.

Die im Vergleich mit der Wechselkursgleichung des statischen Modells (Gleichung 9.23) nun neu hinzugekommene Abhängigkeit des heutigen Wechselkurses vom korrekt vorhergesehenen morgigen Einkommen und den daraus resultierenden Konsumplänen entsteht allerdings nicht durch die intertemporale Spezifizierung der Nutzenfunktion. Ursache ist vielmehr die Cash-in-advance-Restriktion, welche die Haushalte zwingt, bereits heute Geld für die morgen zu tätigenden Käufe bereitzustellen und damit bereits heute den Preis dieser Währungen, den Wechselkurs, zu beeinflussen.

9.3 Intertemporale Analyse der Leistungsbilanz

In diesem Teilkapitel wird die mikrofundierte Analyse internationaler makroökonomischer Zusammenhänge fortgesetzt, um die im vorhergehenden Teilkapitel vernachlässigte Entwicklung der Leistungsbilanz genauer zu untersuchen. Im Einführungskapitel dieses Lehrbuchs wurde bereits auf die wesentlichen makroökonomischen Zusammenhänge hingewiesen (siehe Teilkapitel 1.1 und 1.2), z.B. dass die Zahlungsbilanz immer ausgeglichen sein muss. Wenn wir vom Restposten (d.h. den statistischen Fehlern, die in den tatsächlichen Zahlungsbilanzstatistiken unweigerlich auftauchen) abstrahieren und den Saldo der Vermögensübertragungen ignorieren (bzw. $V\ddot{U} = 0$ setzen), dann muss die Summe der Leistungs- und Kapitalbilanz immer gleich Null sein:

$$LB + KB = 0. \tag{9.40}$$

Die Kapitalbilanz entspricht der (negativen) Veränderung des Nettoauslandsvermögens,

$$-KB = F - F_{-1}, \tag{9.41}$$

wobei alle Variablen in ausländischer Währung gemessen werden. Im Teilkapitel zuvor wurde F_{-1} als der Bestand am Ende der vorhergehenden Periode gehaltenen ausländischen Bonds bezeichnet. Dies entspricht dem Bestand an ausländischen Bonds zu Beginn der laufenden Periode. Wenn wir von anderen Vermögensformen absehen, dann ist F das Auslandsvermögen des Inlands (d.h. die Summe der Nettoforderungen an das Ausland) gegen Ende der laufenden Periode. Die Differenz $F - F_{-1}$ stellt somit die Veränderung des Nettoauslandsvermögens in der laufenden Periode dar.

In Teilkapitel 1.1 wurde ebenfalls gezeigt, dass die Leistungsbilanz der Differenz zwischen Volkseinkommen und Absorption ($AB \equiv C + G + I$) entspricht:

$$LB = Y - (C + G + I).$$

Ein Leistungsbilanzüberschuss bedeutet, dass die inländische Absorption geringer ist als das Volkseinkommen. Umgekehrt ist ein Leistungsbilanzdefizit gleichbedeutend mit einer inländischen Absorption, die das nationale Einkommen übersteigt. In diesem Fall sinkt das Auslandsvermögen bzw. die Auslandsschulden steigen. Daraus ergibt sich ein Zusammenhang zwischen Einkommen, Ausgaben (Absorption) und Auslandsvermögen (bzw. Auslandsverschuldung):

$$Y - (C + G + I) = F - F_{-1}. \tag{9.42}$$

Aus (9.42) ist ersichtlich, dass bei einem Überschuss des Einkommens über die Ausgaben ($Y > C + G + I$) das inländische Vermögen im Ausland bzw. die Nettoforderungen an das Ausland ansteigen. Im entgegengesetzten Fall ($Y < C + G + I$) sinkt das Vermögen im Ausland.

Somit wird die Entwicklung des Auslandsvermögens einer Nation im Prinzip genauso bestimmt wie das Vermögen eines individuellen Haushalts. Angelegt werden kann in verschiedensten Formen: Direktinvestition, Kauf von Aktien oder Staatsanleihen, Guthaben bei Banken oder einfach in Form von Währung, d.h. Kassenhaltung. All diese Formen des Sparens können sowohl im Inland als auch im Ausland erfolgen. Wie schon zuvor erwähnt wurde, gehen wir der Einfachheit halber davon aus, dass Sparen im Ausland nur in Form ausländischer Bonds möglich ist.

Welche Faktoren bestimmen nun das 'Sparverhalten' einer Nation? Ein weiterer wichtiger Zusammenhang, der in Teilkapitel 1.1 hergeleitet wurde, besagt, dass die Leistungsbilanz der Summe aus i) der Differenz zwischen Ersparnissen und Investitionen und ii) dem Haushaltsüberschuss der Regierung entspricht:

$$LB = (S - I) + (T - G). \tag{9.43}$$

Sowohl die Ersparnisse als auch die Investitionen beruhen auf intertemporalen Entscheidungen, bei denen die Zukunft bzw. Erwartungen über die Zukunft eine entscheidende Rolle spielen.

Der *intertemporale Ansatz zur Leistungsbilanzanalyse* greift genau die zwei letztgenannten Aspekte auf: 1) Ungleichgewichte der Leistungs- und Kapitalbilanz können ähnlich wie Sparentscheidungen individueller Haushalte analysiert werden. 2) Die zugrundeliegenden Entscheidungen sind intertemporaler Natur. Im Folgenden wird eine einfache Einführung in dieses Thema geboten.[19] Dies erlaubt u.a. eine explizite Darstellung der Wohlfahrtseffekte intertemporalen Handels (siehe Kapitel 1).

9.3.1 Ein einfaches Zwei-Perioden-Modell

Wir gehen von einer kleinen offenen Volkswirtschaft aus, in der es keinen Staatssektor gibt.[20] Der Konsumentscheid wird von einem repräsentativen Individuum bzw. Haushalt gefällt, dessen Zeithorizont sich über zwei Perioden erstreckt. Die erste Periode lässt sich als 'heute' (bzw. 'Gegenwart') und die zweite Periode als 'morgen' (bzw. 'Zukunft') interpretieren. Es gibt keine Unsicherheit, d.h. der repräsentative Haushalt besitzt vollkommene Voraussicht. Das Einkommen des Haushalts in den beiden Perioden (Y_1, Y_2) ist exogen vorgegeben. Sparen ist nur im Ausland möglich und erzielt einen Zins i^*; somit gibt es auch keine Investitionen im Inland. Dies ist zwar eine Vereinfachung, erlaubt aber eine klare Fokussierung auf die hier zu untersuchende Veränderung des Auslandsvermögens. Die Modellgleichungen sind in Tabelle 9.4 zusammengefasst.

Das Auslandsvermögen zu Beginn der ersten Periode sei gleich Null, d.h. es wird kein Vermögen aus Periode 0 übernommen $(F_0 = 0)$. Da sich der Zeithorizont nur über zwei Perioden erstreckt, wäre es aus Sicht des Inlands nicht rational, die zweite Periode mit einem positiven Auslandsvermögen $(F_2 > 0)$ zu beenden. Ebenso wird das Ausland nicht bereit sein, eine Nettoauslandsverschuldung des Inlands $(F_2 < 0)$ am Ende der zweiten Periode zuzulassen.

---

[19] Einführungen in den intertemporalen Ansatz zur Zahlungsbilanzanalyse finden sich in Burda und Wyplosz (2005), Gandolfo (2002) und Rübel (2002). Für ein vertieftes Studium des intertemporalen Ansatzes bieten sich insbesondere die ersten zwei Kapitel in Obstfeld und Rogoff (1996) an.

[20] Alternativ kann diese Vereinfachung so interpretiert werden, dass der Konsum sowohl eine private als auch eine staatliche Komponente hat, uns aber hier nur das Aggregat und nicht die Aufteilung zwischen Privatsektor und Staat interessiert.

Tabelle 9.4 Intertemporale Analyse der Leistungsbilanz: Zwei-Perioden-Modell.

$V = U(C_1) + \beta U(C_2)$	Nutzenfunktion	(9.44)
$LB_1 + KB_1 =$ $\quad Y_1 + i^* F_0 - C_1 - F_1 + F_0 = 0$	Zahlungsbilanzgleichgewicht in Periode 1	(9.45)
$LB_2 + KB_2 =$ $\quad Y_2 + i^* F_1 - C_2 - F_2 + F_1 = 0$	Zahlungsbilanzgleichgewicht in Periode 2	(9.46)
$C_1 + \dfrac{C_2}{1 + i^*} = Y_1 + \dfrac{Y_2}{1 + i^*}$	Intertemporale Budgetrestriktion	(9.47)
$\dfrac{U'(C_1)}{\beta U'(C_2)} = 1 + i^*$	Intertemporales Gleichgewicht	(9.48)
$F_0 = F_2 = 0$	Annahmen	(9.49)

Anmerkungen: Die Bedeutung der verwendeten Symbole ist wie folgt:

V = Lebensnutzen (abdiskontierte Summe der Periodennutzen)
U = Periodennutzen
C_t = Konsum in Periode t $(t = 1, 2)$
Y_t = exogenes Einkommen (Output) in Periode t $(t = 1, 2)$
LB_t = Leistungsbilanz in Periode t $(t = 1, 2)$
KB_t= Kapitalbilanz in Periode t $(t = 1, 2)$
i^* = ausländischer Zinssatz (exogen, konstant)
F_t = Nettoauslandsvermögen am Ende der Periode t $(t = 0, 1, 2)$

Somit muss auch $F_2 = 0$ sein. Diese Annahmen sind in (9.49) zusammengefasst.

Gemäss Gleichung 9.45 bedeutet dies für Periode 1, dass

$$Y_1 - C_1 = F_1 \tag{9.50}$$

und entsprechend für Periode 2 (aus Gleichung 9.46):

$$Y_2 + i^* F_1 - C_2 = F_2 - F_1 = -F_1 \tag{9.51}$$

Durch Einsetzen von (9.50) in (9.51) kann F_1 eliminiert werden und nach Division durch $1 + i^*$ und Umarrangieren erhalten wir (9.47).

Gleichung 9.47 ist die *intertemporale Budgetrestriktion* des Inlands. Sie besagt, dass die abdiskontierte Summe des heutigen und zukünftigen Konsums genau der abdiskontierten Summe des heutigen und zukünftigen Einkommens entsprechen muss. Alternativ kann diese Budgetrestriktion auch als Funktion der Leistungsbilanzen dargestellt werden:

$$Y_1 - C_1 + \frac{Y_2 - C_2}{1 + i^*} = LB_1 + \frac{LB_2}{1 + i^*} = 0. \tag{9.52}$$

Somit ist die intertemporale Budgetrestriktion des Inlands gleichbedeutend mit der Bedingung, dass die abdiskontierte Summe der Leistungsbilanzen gleich Null sein muss.

In Abb. 9.5 ist die intertemporale Budgetrestriktion in Form der Budgetgeraden

$$C_2 = Y_2 + (1 + i^*)(Y_1 - C_1) \tag{9.53}$$

mit der Steigung $-(1 + i^*)$ dargestellt. Der maximale Konsum in Periode 1 (für $C_2 = 0$) beträgt $C_1 = Y_1 + Y_2/(1 + i^*)$. In Periode 2 kann maximal $Y_2 + (1 + i^*)Y_1$ konsumiert werden (für $C_1 = 0$). Diese Werte entsprechen den Achsenabschnitten.

Punkt A ist der *Ausstattungspunkt*, bei dem der Konsum genau $C_1^A = Y_1$ und $C_2^A = Y_2$ entspricht. Dies würde auch dem *Autarkiegleichgewicht* entsprechen, wenn es keine Möglichkeit eines intertemporalen Handels mit dem Ausland gäbe. Ohne Tauschmöglichkeiten mit dem Ausland könnte der repräsentative Haushalt somit maximal das durch die Indifferenzkurve I_0 beschriebene Nutzenniveau erreichen.

Internationaler Kapitalverkehr ermöglicht Leistungsbilanzungleichgewichte, die mit Ersparnissen bzw. Verschuldung im Ausland verbunden sind. Dadurch kann der optimale Konsumpunkt B erreicht werden. Zur Bestimmung des Gleichgewichtspunktes B wird die Nutzenfunktion (9.44) verwendet, in der die Präferenzen des repräsentativen Haushalts bezüglich Konsum in Periode 1 und 2 zum Ausdruck kommen. Der Gegenwartswert des Lebensnutzens ('lifetime utility') ist nun durch V gegeben, wobei der Parameter β, der zwischen Null und Eins liegt, wie zuvor der subjektiven Diskontrate des Haushalts entspricht. Je geringer β, desto 'ungeduldiger' ist der repräsentative Haushalt. Die Perioden-Nutzenfunktion $U(C)$ hat die typischen Eigenschaften eines positiven ($U' > 0$) aber abnehmenden Grenznutzens ($U'' < 0$).

Der repräsentative Haushalt maximiert seinen Nutzen unter der Nebenbedingung, dass die intertemporale Budgetrestriktion eingehalten werden muss. Auflösen von (9.47) nach C_2 und Einsetzen in (9.44) ergibt

$$V = U(C_1) + \beta U \left[Y_2 + (1 + i^*)(Y_1 - C_1) \right]. \tag{9.54}$$

Die Bedingung 1. Ordnung für ein Maximum resultiert aus der Ableitung von (9.54) nach C_1

$$\frac{\partial V}{\partial C_1} = U'(C_1) - \beta(1 + i^*)U'(C_2) = 0. \tag{9.55}$$

Daraus folgt die intertemporale Euler-Gleichung

$$U'(C_1) = (1 + i^*)\beta U'(C_2), \tag{9.56}$$

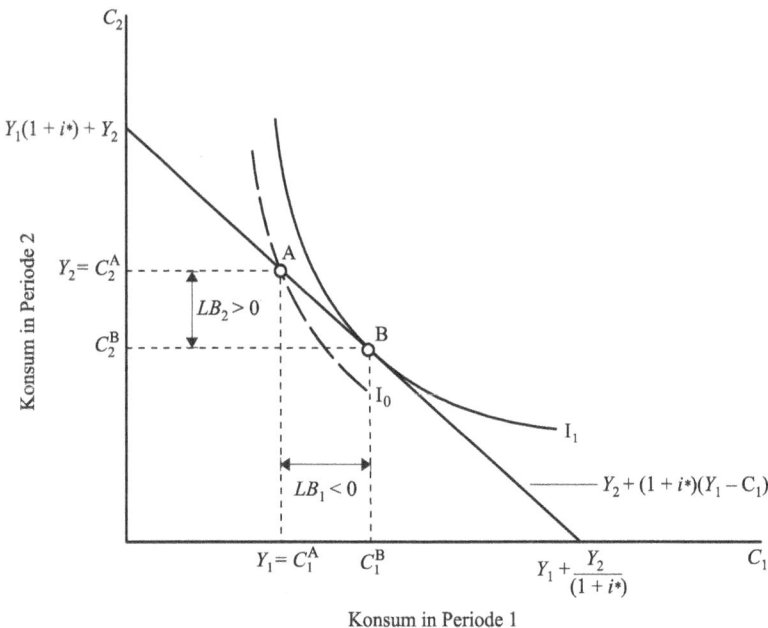

Abbildung 9.5 Intertemporales Gleichgewicht im Zwei-Perioden-Modell (Leistungsbilanzdefizit in Periode 1).

die sich zur Gleichgewichtsbedingung (9.48) umformen lässt. Grafisch wird sie durch den Tangentialpunkt B von Indifferenzkurve I_1 und intertemporaler Budgetgeraden dargestellt. Laut (9.48) wird der relative Konsum 'heute' und 'morgen' so gewählt, dass die Grenzrate der Substitution genau dem Gegenwert des Sparens im Ausland entspricht. Je höher der Zins im Ausland, desto attraktiver ist es, Konsum in die Zukunft zu verlegen. Folglich sinkt C_1 relativ zu C_2 und damit steigt $U'(C_1)/\beta U'(C_2)$.

In Abb. 9.5 kommt es aufgrund des gerade beschriebenen Optimierungskalküls des repräsentativen Haushalts in Periode 1 zu einem *Leistungsbilanzdefizit*. Dies ist vorteilhaft, da so der inländische Lebensnutzen V verglichen mit dem Autarkiegleichgewicht A höher ist, auch wenn in Periode 2 der Konsum dafür unter dem Einkommen liegt. Eine derartige Erhöhung der Wohlfahrt durch intertemporalen Handel entsteht natürlich genauso, wenn in Periode 1 aus der intertemporalen Nutzenmaximierung ein *Leistungsbilanzüberschuss* resultiert, wie dies in Abb. 9.6 dargestellt wird. Wiederum ist erkennbar, dass der Nutzen im Autarkiepunkt A auf I_0 geringer ausfällt als in B mit I_1. Die Wohlfahrt würde sich nur dann nicht erhöhen, wenn aus dem Nutzenkalkül (9.48) zufälligerweise genau der Punkt A resultieren würde. Dies ist jedoch nur ein Grenzfall, der nicht vom allgemeinen Resultat ablenken soll.

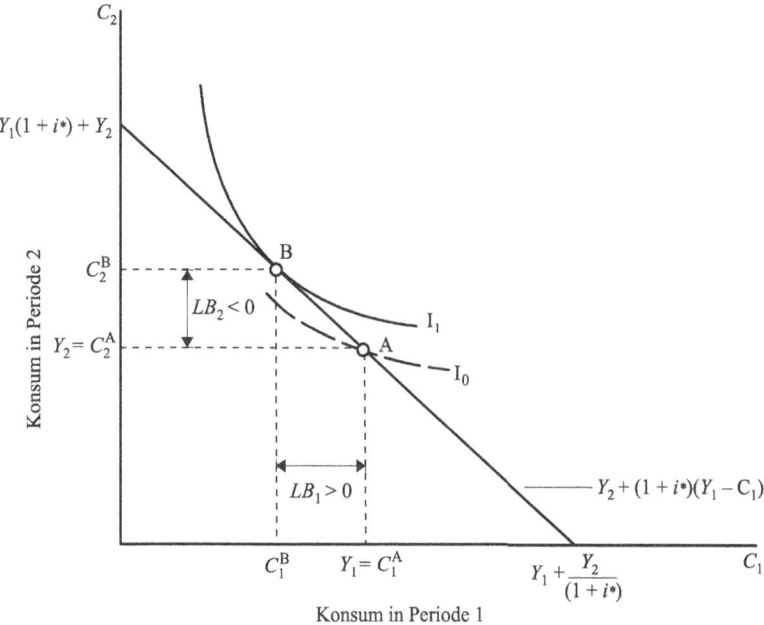

Abbildung 9.6 Intertemporales Gleichgewicht im Zwei-Perioden-Modell (Leistungsbilanzüberschuss in Periode 1).

9.3.1.1 Logarithmische Nutzenfunktion

Noch präzisere Aussagen lassen sich machen, wenn man von einer expliziten Nutzenfunktion ausgeht. Zur Illustration sei jetzt die in intertemporalen Modellen häufig verwendete logarithmische Perioden-Nutzenfunktion

$$U(C) = \ln C$$

unterstellt. Der Lebensnutzen ist somit durch

$$V = \ln C_1 + \beta \ln C_2 \tag{9.57}$$

gegeben. Unter Verwendung von $U' = 1/C$ lässt sich die intertemporale Euler-Gleichung jetzt als

$$C_2 = (1 + i^*)\beta C_1 \tag{9.58}$$

schreiben.

Der Konsum in der zweiten Periode ist grösser als in der ersten, wenn $(1 + i^*)\beta > 1$, und kleiner, wenn $(1 + i^*)\beta < 1$. Da $\beta \equiv 1/(1 + \rho)$ und ρ die Zeitpräferenzrate darstellt, bedeutet diese Bedingung, dass der Konsum dann über den Zeitverlauf ansteigt, d.h. $C_2/C_1 > 1$, wenn der Zins über der

Zeitpräferenzrate liegt ($i^* > \rho$). Der Konsum sinkt hingegen im Zeitablauf ($C_2/C_1 < 1$), wenn $i^* < \rho$. Nur wenn der Zins genau der Zeitpräferenzrate entspricht ($i^* = \rho$), bleibt der Konsum konstant, d.h. $C_2 = C_1$.

Wir können (9.58) in die intertemporale Budgetrestriktion (9.47) für C_2 einsetzen und erhalten jetzt eine explizite Lösung für C_1,

$$C_1 = \frac{1}{1+\beta} \left(Y_1 + \frac{Y_2}{1+i^*} \right) = Y_P. \tag{9.59}$$

Der Term Y_p entspricht dem permanenten Einkommen des Inlands (aus Sicht der ersten Periode). Ebenso lässt sich die explizite Lösung für C_2 finden, indem man (9.59) in (9.58) einsetzt:

$$C_2 = \frac{\beta}{1+\beta} \left[(1+i^*) Y_1 + Y_2 \right] = (1+i^*) \beta Y_p. \tag{9.60}$$

9.3.1.2 Bestimmungsfaktoren der Leistungsbilanz

Uns interessiert jetzt die Leistungsbilanz in Periode 1 ('heute'). Diese erhält man, indem vom Einkommen Y_1 die Lösung für den Konsum in Periode 1 (9.59) subtrahiert wird:

$$LB_1 = Y_1 - C_1 = \frac{1}{1+\beta} \left(\beta Y_1 - \frac{Y_2}{1+i^*} \right). \tag{9.61}$$

Somit lassen sich für alle exogenen Bestimmungsfaktoren die Vorzeichen der partiellen Effekte bestimmen:

$$\frac{\partial LB_1}{\partial Y_1}, \frac{\partial LB_1}{\partial i^*}, \frac{\partial LB_1}{\partial \beta} > 0,$$

$$\frac{\partial LB_1}{\partial Y_2} < 0.$$

Ceteris paribus erhöht sich LB_1, wenn das Einkommen in Periode 1, der ausländische Zins oder der subjektive Diskontfaktor steigen. Auf der anderen Seite sinkt sie, wenn das Einkommen in Periode 2 ansteigt. Die Einkommenseffekte lassen sich durch den Unterschied zwischen einer transitorischen und permanenten Einkommenszunahme erklären. Wenn nur Y_1 steigt, nimmt der Konsum in Periode 1 proportional nicht so stark zu, da aufgrund des Konsumglättungsmotivs ein Teil des zusätzlichen Einkommens gespart wird. Dies führt zu einer Verbesserung der Leistungsbilanz. Steigt hingegen nur Y_2, wird ein Teil des nun dauerhaft erhöhten permanenten Einkommens Y_p schon in Periode 1 konsumiert, was bei konstantem Y_1 zu einer Verschlechterung der Leistungsbilanz führt.

Die Auswirkungen einer Veränderung von β oder i^* sind ebenfalls relativ einfach nachzuvollziehen. Ein Anstieg des Weltzinssatzes macht Sparen lohnenswerter, da ein höherer Ertrag erzielt werden kann. Da sich dadurch der Konsum in Periode 1 für ein gegebenes Einkommen reduziert, verbessert sich die Leistungsbilanz. Ein höheres β ist gleichbedeutend mit einer geringeren Zeitpräferenzrate, d.h. der repräsentative Haushalt ist weniger 'ungeduldig' und verschiebt einen Teil seines Konsums in die Zukunft. Auch diese Veränderung führt zu einer Verbesserung der Leistungsbilanz.

9.3.1.3 Ergänzende Bemerkungen

Natürlich lassen sich die in diesem Teilkapitel diskutierten grundsätzlichen Überlegungen in vielerlei Hinsicht erweitern. Anstelle eines Zwei-Perioden-Modells kann beispielsweise ein unendlicher Zeithorizont gewählt werden, wobei dann allerdings auf eine grafische Darstellung verzichtet werden muss. Ebenso lässt sich das Einkommen durch Entscheidungen über Faktoreinsatz und Kapitalakkumulation endogen bestimmen oder die Analyse um einen Staatssektor ergänzen.[21]

9.3.2 Die Rolle des Wechselkurses

Es mag etwas überraschend erscheinen, dass im Abschnitt zuvor ein theoretischer Ansatz diskutiert wurde, in dem weder der nominale noch der reale Wechselkurs eine Rolle zu spielen scheinen. Und tatsächlich ist ein wichtiges Resultat der intertemporalen Analyse der Leistungsbilanz, dass ein Leistungsbilanzungleichgewicht – Defizit oder Überschuss – nicht auf eine Über- oder Unterbewertung des Wechselkurses bzw. der inländischen Währung zurückzuführen ist. Dies ist eine wichtige Gemeinsamkeit mit dem in Teilkapitel 9.2 vorgestellten Modell zur Bestimmung des Wechselkurses im allgemeinen Gleichgewicht.

Um den nominalen Wechselkurs in das Modell dieses Teilkapitels einzufügen, könnten wir natürlich ebenso wie in Teilkapitel 9.2 einen monetären Sektor hinzufügen. Der dadurch erzielte Erkenntnisgewinn wäre aber nur gering, da die Modellresultate bezüglich des nominalen Wechselkurses identisch mit denen des monetären Wechselkursmodells wären. Von grösserem Interesse ist der reale Wechselkurs. Da wir in der intertemporalen Analyse der Leistungsbilanz nicht zwischen in- und ausländischen Gütern unterscheiden, hilft uns der konventionell definierte reale Wechselkurs $R = EP^*/P$ nicht weiter. Stattdessen werden wir die alternative Form verwenden, die den realen Wechselkurs als relativen Preis handelbarer und nicht handelbarer Güter definiert, den sogenannten 'internen' realen Wechselkurs, $R^{int} = P^T/P^N$.

---

[21] Diese und andere Aspekte werden in Obstfeld und Rogoff (1996) im Detail analysiert.

9.3.2.1 Modell[22]

Wir verwenden wiederum ein Zwei-Perioden Modell mit logarithmischer Perioden-Nutzenfunktion, das in Tabelle 9.5 zusammengefasst ist. Über beide Perioden aggregiert ergibt sich die Lebens-Nutzenfunktion (9.62). Ferner wird in (9.63) und (9.64) davon ausgegangen, dass das exogene Einkommen sich jetzt aus handelbaren und nicht handelbaren Gütern zusammensetzt. Wie in Abschnitt 9.1.3 entspricht α dem Anteil handelbarer Güter am Gesamtkonsum, $(1 - \alpha)$ dem Anteil der nicht handelbaren Güter. Da das Modell jetzt zwei Gütersektoren beinhaltet, müssen auch die jeweiligen Preise berücksichtigt werden, durch die sich dann der uns interessierende relative Preis P^T/P^N bestimmt.

Tabelle 9.5 Intertemporale Analyse der Leistungsbilanz: Zwei-Perioden-Modell mit handelbaren und nicht handelbaren Gütern.

$V = \alpha \ln C_1^T + (1 - \alpha) \ln C_1^N$ $\quad + \beta \left[\alpha \ln C_2^T + (1 - \alpha) \ln C_2^N \right]$	Nutzenfunktion	(9.62)
$Y_1 = Y_1^T + Y_1^N$	Ausstattung in Periode 1	(9.63)
$Y_2 = Y_2^T + Y_2^N$	Ausstattung in Periode 2	(9.64)
$LB_1 + KB_1 =$ $\quad P_1^T \left(Y_1^T - C_1^T \right) + i^* F_0 - (F_1 - F_0) = 0$	Zahlungsbilanzgleichgewicht in Periode 1	(9.65)
$LB_2 + KB_2 =$ $\quad P_2^T \left(Y_2^T - C_2^T \right) + i^* F_1 - (F_2 - F_1) = 0$	Zahlungsbilanzgleichgewicht in Periode 2	(9.66)
$P_1^T C_1^T + \dfrac{P_2^T C_2^T}{1 + i^*} = P_1^T Y_1^T + \dfrac{P_2^T Y_2^T}{1 + i^*}$	Intertemporale Budgetrestriktion	(9.67)
$P_1^N C_1^N = P_1^N Y_1^N$ $P_2^N C_2^N = P_2^N Y_2^N$	Gleichgewichtsbedingungen im nicht handelbaren Gütersektor	(9.68) (9.69)
$F_0 = F_2 = 0$	Annahmen	(9.49)

Anmerkungen: Die Bedeutung der verwendeten Symbole ist wie folgt:

$V \quad = $ Lebensnutzen (abdiskontierte Summe der Periodennutzen)
$C_t^T \quad = $ Konsum handelbarer Güter in Periode t $(t = 1, 2)$
$C_t^N \quad = $ Konsum nicht handelbarer Güter in Periode t $(t = 1, 2)$
$Y_t^T \quad = $ exogenes handelbares Einkommen (Output) in Periode t $(t = 1, 2)$
$Y_t^N \quad = $ exogenes nicht handelbares Einkommen (Output) in Periode t $(t = 1, 2)$
$LB_t = $ Leistungsbilanz in Periode t $(t = 1, 2)$
$KB_t = $ Kapitalbilanz in Periode t $(t = 1, 2)$
$i^* \quad = $ ausländischer Zinssatz (exogen, konstant)
$F_t \quad = $ Nettoauslandsvermögen am Ende der Periode t $(t = 0, 1, 2)$
$P_t^T \quad = $ Preis handelbarer Güter in Periode t $(t = 1, 2)$
$P_t^N \quad = $ Preis nicht handelbarer Güter in Periode t $(t = 1, 2)$

---

[22] Siehe auch Gandolfo (2002), Kapitel 18.

Intertemporale Substitution ist auch in dieser Modellvariante möglich, aber nur für die handelbaren Güter. Die intertemporale Budgetrestriktion (9.67), die sich aus den Zahlungsbilanzgleichgewichten (9.65) und (9.66) berechnen lässt, bezieht sich deshalb nur auf die handelbaren Güter.

Im nicht handelbaren Sektor muss das Einkommen, d.h. die Menge an zur Verfügung stehenden Gütern, in jeder Periode vollständig konsumiert werden. Es gelten daher zusätzlich die beiden Restriktionen (9.68) und (9.69). Die drei Restriktionen (9.67), (9.68) und (9.69) lassen sich zusammenfassen als

$$
\begin{aligned}
0 = {} & P_1^T \left(Y_1^T - C_1^T \right) + \frac{P_2^T \left(Y_2^T - C_2^T \right)}{1 + i^*} \\
& + P_1^N \left(Y_1^N - C_1^N \right) + \frac{P_2^N \left(Y_2^N - C_2^N \right)}{1 + i^*}.
\end{aligned}
\tag{9.70}
$$

Die Lagrangefunktion des repräsentativen Haushalts lautet

$$
\begin{aligned}
L = {} & \alpha \ln C_1^T + (1 - \alpha) \ln C_1^N + \beta \left[\alpha \ln C_2^T + (1 - \alpha) \ln C_2^N \right] \\
& + \Phi \left[P_1^T \left(Y_1^T - C_1^T \right) + (1 + i^*)^{-1} P_2^T \left(Y_2^T - C_2^T \right) \right. \\
& \left. + P_1^N \left(Y_1^N - C_1^N \right) + (1 + i^*)^{-1} P_2^N \left(Y_2^N - C_2^N \right) \right].
\end{aligned}
\tag{9.71}
$$

Ableiten von (9.71) nach C_1^T, C_2^T, C_1^N und C_2^N führt zu den folgenden vier Bedingungen erster Ordnung:

$$
\frac{\partial L}{\partial C_1^T} = 0 \Leftrightarrow C_1^T = \frac{\alpha}{\Phi P_1^T},
\tag{9.72}
$$

$$
\frac{\partial L}{\partial C_2^T} = 0 \Leftrightarrow C_2^T = \frac{\beta \alpha \left(1 + i^* \right)}{\Phi P_2^T},
\tag{9.73}
$$

$$
\frac{\partial L}{\partial C_1^N} = 0 \Leftrightarrow C_1^N = \frac{(1 - \alpha)}{\Phi P_1^N},
\tag{9.74}
$$

$$
\frac{\partial L}{\partial C_2^N} = 0 \Leftrightarrow C_2^N = \frac{\beta \left(1 - \alpha \right) \left(1 + i^* \right)}{\Phi P_2^N}.
\tag{9.75}
$$

Die fünfte Bedingung erster Ordnung ist die aggregierte Restriktion (9.70).

Die intertemporale Euler-Gleichung für handelbare Güter ergibt sich aus (9.72) und (9.73),

$$
C_2^T = \frac{P_1^T}{P_2^T} \beta \left(1 + i^* \right) C_1^T,
\tag{9.76}
$$

und bestimmt den trade-off zwischen Konsum (handelbarer Güter) heute und morgen. Im Vergleich zum vorhergehenden Abschnitt (siehe Gleichung 9.58) sind für die Entwicklung des Konsums handelbarer Güter nicht nur der ausländische Zinssatz und die subjektive Diskontrate entscheidend, sondern auch der relative Preis in der ersten und zweiten Periode. Ceteris paribus wird in der zweiten Periode mehr (weniger) konsumiert, je höher (niedriger) der relative Preis in der ersten Periode.

Einsetzen von (9.76) in (9.67) ergibt den optimalen Konsum handelbarer Güter in Periode 1 als Funktion der exogenen Variablen und Parameter

$$C_1^T = \frac{1}{1+\beta} \left(Y_1^T + \frac{P_2^T}{P_1^T} \frac{Y_2^T}{1+i^*} \right) = Y_p^T. \qquad (9.77)$$

Dieser Ausdruck ist mit Gleichung (9.59) im Modell des vorhergehenden Abschnitts vergleichbar, mit dem Unterschied, dass sich alle Grössen jetzt nur auf die handelbaren Güter beziehen. Das permanente Einkommen Y_p^T basiert dementsprechend auf dem handelbaren Gütereinkommen. Auf die gleiche Weise lässt sich auch der optimale Konsum handelbarer Güter in Periode 2 herleiten:

$$C_2^T = \frac{\beta}{1+\beta} \left[\frac{(1+i^*) P_1^T Y_1^T + P_2^T Y_2^T}{P_2^T} \right] = \frac{\beta (1+i^*) P_1^T}{P_2^T} Y_p^T. \qquad (9.78)$$

Der Konsum nicht handelbarer Güter (C_1^N, C_2^N) wird exogen gemäss (9.68) und (9.69) bestimmt. Da diese Güter nicht handelbar sind, kann es auch keine intertemporale Substitution geben. Aus (9.74) und (9.75) lässt sich der relative Preis nicht handelbarer Güter in Periode 1 und 2 als

$$\frac{P_2^N}{P_1^N} = \beta \frac{C_1^N}{C_2^N} = \beta \frac{Y_1^N}{Y_2^N} \qquad (9.79)$$

bestimmen. Je grösser die Ausstattung in Periode 1, desto niedriger muss der relative Preis nicht handelbarer Güter in Periode 1 sein. Umgekehrt bedeutet eine grosse Ausstattung mit nicht handelbaren Gütern in Periode 2, dass der Preis in der zweiten Periode relativ niedrig sein muss. Es handelt sich hier also um die klassischen Preisreaktionen auf Veränderungen des relativen Angebots.

9.3.2.2 Bestimmungsfaktoren der Leistungsbilanz

Die Leistungsbilanz in Periode 1 erhält man, indem von Y_1^T der in (9.77) gegebene optimale Konsum abgezogen wird:

$$LB_1 = Y_1^T - C_1^T = \frac{1}{1+\beta} \left(\beta Y_1^T - \frac{P_2^T}{P_1^T} \frac{Y_2^T}{1+i^*} \right). \qquad (9.80)$$

Die Einflüsse der verschiedenen Faktoren haben die folgenden Vorzeichen:

$$\frac{\partial LB_1}{\partial Y_1^T}, \frac{\partial LB_1}{\partial i^*}, \frac{\partial LB_1}{\partial \beta} > 0,$$

$$\frac{\partial LB_1}{\partial Y_2^T}, \frac{\partial LB_1}{\partial \left(P_2^T/P_1^T\right)} < 0.$$

Die Auswirkungen der verschiedenen Faktoren sind ähnlich wie im Modell des vorhergehenden Abschnitts. Ceteris paribus erhöht sich LB_1, wenn das Einkommen in Periode 1, der Zins oder der Diskontfaktor steigen. Auf der anderen Seite sinkt LB_1, wenn das Einkommen in Periode 2 ansteigt. Diese Effekte lassen sich wie zuvor mit intertemporaler Substitution bzw. den Auswirkungen transitorischer Einkommensschwankungen erklären. Zusätzlich gibt es in dieser Modellvariante auch noch einen relativen Preiseffekt. Steigt der Preis handelbarer Güter in Periode 2 relativ zu Periode 1, verschiebt der repräsentative Haushalt einen Teil seines Konsums in die erste Periode. Dadurch verschlechtert sich die Leistungsbilanz.

9.3.2.3 Der reale Wechselkurs

Der relative Preis handelbarer und nicht handelbarer Güter ($R^{int} = P^T/P^N$) lässt sich aus (9.72) und (9.74) berechnen:

$$\frac{P_1^T}{P_1^N} = \frac{\alpha}{(1-\alpha)} \frac{C_1^N}{C_1^T} \tag{9.81}$$

Einsetzen von (9.68) und (9.77) in (9.81) ergibt die Bestimmungsgleichung des internen realen Wechselkurses in der ersten Periode[23]

$$R_1^{int} = \frac{P_1^T}{P_1^N} = \frac{\alpha}{(1-\alpha)} \frac{Y_1^N}{Y_p^T} \tag{9.82}$$

$$= \frac{\alpha(1+\beta)(1+i^*)}{(1-\alpha)} \frac{Y_1^N}{(1+i^*)Y_1^T + (P_2^T/P_1^T)Y_2^T}.$$

Betrachten wir nun die partiellen Effekte der verschiedenen Einflussfaktoren. Für die partiellen Ableitungen gelten die folgenden Vorzeichen:

$$\frac{\partial R_1^{int}}{\partial Y_1^N}, \frac{\partial R_1^{int}}{\partial i^*}, \frac{\partial R_1^{int}}{\partial \beta} > 0,$$

$$\frac{\partial R_1^{int}}{\partial Y_1^T}, \frac{\partial R_1^{int}}{\partial Y_2^T}, \frac{\partial R_1^{int}}{\partial \left(P_2^T/P_1^T\right)} < 0.$$

---

[23] Aus (9.73), (9.75) und (9.77) lässt sich ebenso der interne reale Wechselkurs für Periode 2 herleiten:

$$\frac{P_2^T}{P_2^N} = \frac{\alpha}{(1-\alpha)} \frac{C_2^N}{C_2^T} = \frac{\alpha}{(1-\alpha)\beta} \frac{P_2^T}{P_1^T} \frac{Y_2^N}{Y_p^T}.$$

Es kommt zu einer realen Abwertung (R_1^{int} steigt), wenn Y_1^N, der ausländische Zins oder der Diskontfaktor steigen.[24] Zu einer realen Aufwertung führen Anstiege des handelbaren Einkommens in Periode 1 und/oder 2 und ein höherer Preis handelbarer Güter in Periode 2 relativ zu Periode 1.

Bis auf $\partial R_1^{int}/\partial Y_1^T$ gehen diese Effekte in die gleiche Richtung wie bei der Leistungsbilanz (9.80). Daraus folgt, dass die Reaktionen von Leistungsbilanz und realem Wechselkurs positiv korreliert sind – bis auf den Fall, dass sich Y_1^T verändert hat – d.h. genau so, wie man es auch gemäss Marshall-Lerner-Bedingung erwarten würde. Dies ist aber nicht auf einen direkt kausalen Zusammenhang zurückzuführen, sondern darauf, dass Leistungsbilanz und realer Wechselkurs durch tiefere strukturelle Einflüsse auf eine ähnliche Art beeinflusst werden. Diese Überlegung lässt sich anhand der folgenden kurzen Schilderung der Auswirkungen der einzelnen Einflussfaktoren präzisieren.

Die Leistungsbilanz und der reale Wechselkurs bewegen sich in die gleiche Richtung in den folgenden vier Fällen:

1. Steigt der *Weltzinssatz* (i^*), wird mehr Konsum in die Zukunft verlegt. Ein geringerer Konsum heute verbessert die Leistungsbilanz in Periode 1. Gleichzeitig steigt der reale Wechselkurs, weil in Periode 1 der Konsum handelbarer Güter relativ zum exogen festgelegten Konsum nicht handelbarer Güter gesunken ist.

2. Die prinzipiell gleiche Überlegung gilt auch für die *Diskontrate*, da ein höheres β ebenso wie ein höherer Zins zu einer Konsumverlagerung in die Zukunft führt.

3. Ein Anstieg des handelbaren Einkommens in der zweiten Periode (Y_2^T) reduziert den realen Wechselkurs. Intertemporale Substitution erlaubt es dem repräsentativen Haushalt, schon in der ersten Periode den Konsum handelbarer Güter zu erhöhen. Für ein gegebenes nicht handelbares Einkommen in Periode 1 kommt es auch zu einem Anstieg des relativen Konsums handelbarer Güter, was einen Rückgang des relativen Preises dieser Güter induziert. Gleichzeitig verschlechtert sich die Leistungsbilanz. Wiederum bewegen sich Leistungsbilanz und realer Wechselkurs in die gleiche Richtung.

4. Steigt der Preis handelbarer Güter in Periode 2 relativ zu Periode 1 (P_2^T/P_1^T) verschlechtert sich die Leistungsbilanz, da jetzt ein Teil des Konsums handelbarer Güter vorgezogen wird. Der Anstieg des relativen Konsums handelbarer und nicht handelbarer Güter (C_1^T/C_1^N) führt zu einer Veränderung der relativen Preise. Auch hier bewegen sich Leistungsbilanz und realer Wechselkurs in die gleiche Richtung.

Nicht in die gleiche Richtung bewegen sich Leistungsbilanz und realer Wechselkurs in zwei Fällen:

---

[24] Auch ein Anstieg des Anteils handelbarer Güter im Güterkorb (α) würde den realen Wechselkurs erhöhen, da aufgrund dieser Präferenzveränderung nun ein niedrigerer Preis nicht handelbarer Güter notwendig ist, um dort für $C_1^N = Y_1^N$ zu sorgen.

1. Bei einer grösseren Ausstattung mit nicht handelbaren Gütern (Y_1^N) steigt der reale Wechselkurs. Der Grund dafür liegt in der Gleichgewichtsbedingung (9.68), nach welcher der Konsum genau der Ausstattung an nicht handelbaren Gütern entsprechen muss. Je grösser Y_1^N relativ zum permanenten Einkommensäquivalent an handelbaren Gütern, desto günstiger müssen die nicht handelbaren Güter sein, d.h. desto höher das relative Preisverhältnis P_1^T/P_1^N, damit die Nachfrage nach nicht handelbaren Gütern auch entsprechend gross ist. Gemäss (9.80) hat eine Veränderung von Y_1^N aber keinen Einfluss auf die Leistungsbilanz. Hier findet also keine gemeinsame Veränderung der Leistungsbilanz und des realen Wechselkurses statt.

2. Steigt Y_1^T, verbessert sich zwar die Leistungsbilanz, der reale Wechselkurs jedoch sinkt. Die reale Aufwertung rührt daher, dass der Anstieg des Konsums handelbarer Güter relativ zum Konsum nicht handelbarer Güter in der ersten Periode das relative Preisverhältnis reduziert. Dies ist wiederum eine typische Preisreaktion auf die Veränderung des relativen Angebots handelbarer und nicht handelbarer Güter in der ersten Periode, ohne die es eine Überschussnachfrage nach nicht handelbaren Gütern geben würde. In diesem Fall bewegen sich realer Wechselkurs und Leistungsbilanz folglich in entgegengesetzte Richtungen.

9.3.2.4 Fazit

Das aus diesen Überlegungen folgende Fazit ähnelt den Schlussfolgerungen aus dem realen Wechselkursmodell in Teilkapitel 9.2. Aus der Beobachtung einer realen Aufwertung kann beispielsweise nicht auf eine reduzierte Wettbewerbsfähigkeit des Inlands geschlossen werden, auch wenn gleichzeitig eine Verschlechterung der Leistungsbilanz stattgefunden hat. Es wäre somit falsch, einer solchen Entwicklung mit geld- oder währungspolitischen Massnahmen gegensteuern zu wollen, um so die Wettbewerbsfähigkeit wieder herzustellen. Derartige Eingriffe wären weder erfolgversprechend noch notwendig, da die beobachteten Veränderungen des realen Wechselkurses und der Leistungsbilanz die gleichgewichtigen und somit optimalen Reaktionen auf Veränderungen des Einkommens bzw. der intertemporalen Substitutionsmöglichkeiten darstellen.

9.4 Hinweise zur Beantwortung der gestellten Fragen

Frage 9.1

Bei der Beantwortung dieser Frage muss man von der mikroökonomischen zur makroökonomischen Betrachtungsweise übergehen.

Die für alle Inländer (mit dem Subskript I gekennzeichnet) zusammenge-
nommene Budgetrestriktion lautet

$$PY = PY_I^d + EPY_I^{*d} \rightarrow Y_I^d = Y - (EP^*/P)Y_I^{*d},$$

diejenige für alle Ausländer (mit dem Subskript A gekennzeichnet)

$$P^*Y^* = P^*Y_A^{*d} + PE^{-1}Y_A^d \rightarrow Y_A^d = (EP^*/P)Y^* - (EP^*/P)Y_A^{*d}.$$

Das Superskript d kennzeichnet die jeweils nachgefragten Mengen.

Die für die "Welt" geltende Restriktion erhalten wir, indem wir die für In-
und Ausland isoliert geltenden Beschränkungen addieren:

$$Y_I^d + Y_A^d = Y + (EP^*/P)Y^* - (EP^*/P)(Y_I^{*d} + Y_A^{*d}).$$

Diese Restriktion besitzt nun keinen exogenen, von monetären Grössen unabhängigen Ordinatenabschnitt mehr und wird sich bei auftretenden Ungleichgewichten durch Veränderung ihrer Steigung *und* ihres Ordinatenabschnitts
so anpassen, dass sich realer Wechselkurs und makroökonomische Grenzrate
der Substitution wieder entsprechen.

Frage 9.2

Eine Zollerhebung verändert weder die Präferenzen, noch die produzierten
Gütermengen. Deshalb bleibt der relative Preis unverändert. Nun muss der
relative Preis allerdings auch die Zollgebühren enthalten: $R = ZEP^*/P$. Da
R, P und P^* durch die Einführung des Zolls nicht verändert werden, muss der
nominale Wechselkurs den neu erhobenen Zollaufschlag gerade kompensieren
(bei Freihandel gilt $Z = 1$) und sich somit aufwerten.

Frage 9.3

Zunächst berechnen wir die Grenznutzen der beiden Güter aus der Cobb-
Douglas-Nutzenfunktion:

$$\frac{\partial U}{\partial y^*} = U_{y^*} = \alpha \frac{y^{1-\alpha}}{y^{*1-\alpha}} \tag{9.83}$$

$$\frac{\partial U}{\partial y} = U_y = (1-\alpha)\frac{y^{*\alpha}}{y^\alpha} \tag{9.84}$$

Konkret erhalten wir nun nach Einsetzen von (9.83) und (9.84) in (9.20) für
den realen Wechselkurs (unter Berücksichtigung von $Y^* = ny^*$ und $Y = ny$
, wobei $n =$Weltbevölkerung)

$$R = \frac{\alpha}{1 - \alpha}\frac{Y}{Y^*} \tag{9.85}$$

und nach Einsetzen von (9.83) und (9.84) in (9.23) für den nominalen Wechselkurs

$$E = \frac{MY^{*\phi}}{M^*Y^\phi}\frac{\alpha}{1 - \alpha}\frac{Y}{Y^*}. \tag{9.86}$$

Um die in der Frage gewünschten prozentualen Reaktionen oder Elastizitäten zu erhalten, logarithmieren wir (9.85) und (9.86). Dies ergibt

$$\ln R = \ln \alpha + \ln Y - \ln(1 - \alpha) - \ln Y^* \tag{9.87}$$

und

$$e = m + \phi \ln Y^* - m^* - \phi \ln Y + \ln \alpha + \ln Y - \ln(1 - \alpha) - \ln Y^*. \tag{9.88}$$

Durch Ableiten nach α und $\ln y$ erhalten wir die gesuchten Zusammenhänge

$$\frac{d\ln R}{d\ln Y} = 1, \frac{d\ln R}{d\alpha} = \frac{1}{\alpha(1 - \alpha)}, \frac{de}{d\ln Y} = 1 - \phi, \frac{de}{d\alpha} = \frac{1}{\alpha(1 - \alpha)}.$$

Literatur

Balassa, Bela (1964). The Purchasing Power Parity Doctrine: A Reappraisal. *Journal of Political Economy* 72, 584-596.

Burda, Michael und Charles Wyplosz (2005). *Macroeconomics: A European Text*. Oxford: Oxford University Press, 4. Auflage.

Chiang, Alpha C. (1984). *Fundamental Methods of Mathematical Economics*. Singapore: McGraw-Hill, 3. Auflage.

Clower, Robert (1967). A Reconsideration of the Microeconomic Foundations of Monetary Theory. *Western Economic Journal* 6, 1-8.

Da Silva, Sergio (2002). Classroom Guide to the Equilibrium Exchange Rate Model. *Economic Issues* 7, 1-10.

Dornbusch, Rüdiger (1987). Exchange Rates and Prices. *American Economic Review* 77, 93-106.

Frankel, Jeffrey und Andrew Rose (1995). Empirical Research on Nominal Exchange Rates, in: Grossman, G. und K. Rogoff (eds.), *Handbook of International Economics*, Vol. III, Ch. 33, Amsterdam: North-Holland.

Froot, Kenneth und Kenneth Rogoff (1995). Perspectives on PPP and Long-Run Real Exchange Rates, in: Grossman, G. und K. Rogoff (eds.), *Handbook of International Economics*, Vol. III, Ch. 32, Amsterdam: North-Holland.

Gandolfo, Giancarlo (2002). *International Finance and Open-Economy Macroeconomics*. Berlin: Springer.

Goldberg, Pinelopi und Michael Knetter (1997). Goods Prices and Exchange Rates: What Have We Learned? *Journal of Economic Literature* 35, 1243-1272.

Gross, Dominique und Nicolas Schmitt (1996). Exchange Rate Pass-Through and Rivalry in the Swiss Automobile Market. *Weltwirtschaftliches Archiv* 132, 278-303.

Imbs, Jean, Haroon Mumtaz, Morten Ravn und Hélène Rey (2005). PPP Strikes Back: Aggregation and the Real Exchange Rate. *The Quarterly Journal of Economics* 120, 1-43.

Krugman, Paul (1987). Pricing-to-Market when the Exchange Rate Changes. In: S. Arndt und J. Richardson (eds.). *Real-Financial Linkages among Open Economies.* Cambridge, MA: MIT Press.

Krugman, Paul und Maurice Obstfeld (2008). *International Economics: Theory and Policy.* Boston: Addison-Wesley, 8. Auflage.

Kugler, Peter und Carlos Lenz (1993). Multivariate Cointegration Analysis and the Long-Run Validity of PPP. *Review of Economics and Statistics* 75, 180-184.

Landmann, Oliver (1990). Zur Mikroökonomischen Fundierung von Lohn- und Preisrigiditäten, in: M. Haller und H. Hauser (Hrsg.). *Ergänzungen.* Bern: Verlag Paul Haupt.

Lane, Philip (2001). The New Open Economy Macroeconomics: A Survey. *Journal of International Economics* 54, 235-266.

Lucas, Robert (1982). Interest Rates and Currency Prices in a Two-Country World. *Journal of Monetary Economics* 10, 335-360.

Lutz, Matthias (2000). EU Commission versus Volkswagen: New Evidence on Price Differentiation in the European Car Market. *The Review of Industrial Organization* 17, 313-323.

Obstfeld, Maurice und Kenneth Rogoff (1995). The Intertemporal Approach to the Current Account, in: Grossman, G. und K. Rogoff (eds.), *Handbook of International Economics*, Vol. III, Ch. 34, Amsterdam: North-Holland.

Obstfeld, Maurice und Kenneth Rogoff (1996). *Foundations of International Macroeconomics.* Cambridge, MA: MIT Press.

Obstfeld, Maurice und Alan C. Stockman (1985). Exchange Rate Dynamics, in: Jones, R.W. und P.B. Kenen (eds.), *Handbook of International Economics*, Vol. II, Ch. 18, Amsterdam: North-Holland.

Pakko, Michael und Patricia Pollard (1996). For Here or To Go? Purchasing Power Parity and the Big Mac. *Federal Reserve Bank of St. Louis Review*, January/February, 3-21.

Rogoff, Kenneth (1996). The Purchasing Power Parity Puzzle. *Journal of Economic Literature* 34, 647-668.

Rübel, Gerhard (2002). *Grundlagen der Monetären Aussenwirtschaft.* München: R. Oldenbourg Verlag.

Samuelson, Paul (1964). Theoretical Notes on Trade Problems. *Review of Economics and Statistics* 46, 145-154.

Stockman, Alan C. (1980). A Theory of Exchange Rate Determination. *Journal of Political Economy* 88, no. 41, 673-698.

Stockman, Alan C. (1987). The Equilibrium Approach to Exchange Rates. *Federal Reserve Bank of Richmond Economic Review*, March/April, 12-30.

Venables, Anthony (1990). Microeconomic Implications of Exchange Rate Variations. *Oxford Review of Economic Policy* 6, 18-27.

Kapitel 10
Feste Wechselkurse, Devisenmarktinterventionen und Wechselkurszielzonen

Das in den Kapiteln 4-8 unterstellte Regime vollkommen flexibler Wechselkurse charakterisiert im Kern das internationale Währungssystem, wie es sich nach Aufgabe des Fixkurssystems von Bretton Woods Anfang der 1970er Jahre darstellt. Prominente Beispiele, die durch dieses Regime charakterisiert werden, sind die Wechselkurse zwischen den drei grossen Währungsblöcken, Euro, US Dollar und Yen. Aber von dieser grundsätzlichen Freigabe der Wechselkurse gibt es bedeutende Abweichungen. Zum Beispiel fixieren viele kleinere Länder den Preis ihrer Währungen gegenüber einer aus Sicht des Landes wichtigen Weltwährung – meist gegenüber dem US Dollar, aber auch gegenüber dem Euro, und zuvor gegenüber der D-Mark und dem französischen Franc.

Nach Angaben des Internationalen Währungsfonds (IWF) wählten 2002 nicht weniger als 41 von 186 erfassten Ländern einen festen Wechselkurs, verglichen mit 40 Ländern mit einem vollkommen flexiblen Wechselkurs. Nicht alle Länder lassen sich jedoch einer dieser beiden Kategorien zuordnen. Abbildung 10.1 stellt deshalb, in Anlehnung an Corden (2002, S. 62), eine mögliche Klassifizierung von Wechselkursregimen dar.

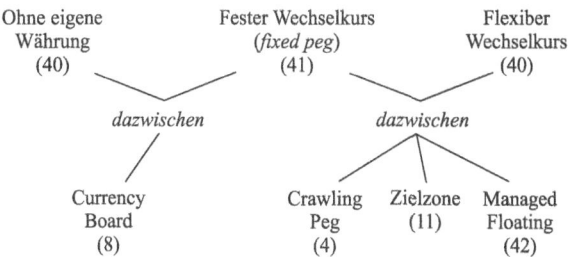

Abbildung 10.1 Wechselkursregime: Klassifizierung in Anlehnung an Corden (2002) und Zuordnung gemäss Internationaler Währungsfonds (2002).

Es lassen sich drei Hauptkategorien unterscheiden. Links finden sich als Extremfall Länder *ohne eigene Währung*, die sich entweder zu einer Währungsunion (z.B. der Europäischen Währungsunion[1]) zusammengeschlossen oder für eine Dollarisierung entschieden haben (z.B. Ecuador). Länder, deren Währungssystem in diese Kategorie fällt, sind nicht in der Lage, ihren Wechselkurs zu verändern. Die zweite Hauptkategorie ist der *Feste Wechselkurs* (vom IWF als "fixed peg", von Corden [2002] als "fixed but adjustable regime" bezeichnet), bei dem der Wechselkurs zwar fixiert ist, aber im Prinzip verändert werden *kann*. Die dritte Hauptkategorie, ein vollkommen *Flexibler Wechselkurs*, vom IWF als "independent floating" bezeichnet, haben wir ja bereits kennengelernt.

Eine Reihe von Währungssystemen fallen zwischen diese drei Hauptkategorien. Diese sind in Abb. 10.1 unterhalb der drei Hauptkategorien eingezeichnet. Hierzu zählt zum Beispiel das *Currency Board*, bei dem die gesamte inländische Geldmenge durch Devisenreserven gedeckt ist und das im Ausmass der Permanenz des Wechselkurses sehr nahe an den Systemen ohne eigene Währung liegt. Auf der anderen Seite findet man *Managed Floating*. Hier geht es um einen im Prinzip flexiblen Wechselkurs, der jedoch von Zeit zu Zeit durch Interventionen der Notenbanken beeinflusst wird. Eine weitere Mischform ist die *Zielzone*, die sich vom Managed Floating dadurch unterscheidet, dass der Wechselkurs bestimmte Bandgrenzen weder über- noch unterschreiten soll (wichtigstes Beispiel hierfür ist der Europäische Wechselkursmechanismus). Das letzte in Abb. 10.1 explizit aufgeführte Währungssystem ist der *Crawling Peg*. Hier wird der Wechselkurs mit Vorankündigung in regelmässigen Abständen verändert.[2]

Neben den verschiedenen Haupt- und Mischkategorien ist in 10.1 (in Klammern) auch angegeben, wie viele Länder sich gemäss IWF (2002) dort jeweils zuordnen lassen. Vollkommen flexible Wechselkurse stellen zwar einen wichtigen Referenzfall, in Wirklichkeit aber nicht das dominierende internationale Währungssystem dar. Selbst wenn man Managed Floating den flexiblen Wechselkursregimen hinzurechnet, hatten 2002 mehr als die Hälfte (104 versus 82) aller vom IWF klassifizierten Länder einen mehr oder weniger stark fixierten Wechselkurs.

---

[1] Die Europäische Währungsunion ist das Endresultat eines längeren Prozesses der Währungs- und geldpolitischen Integration. Ein erster entscheidender Schritt in diese Richtung wurde von einigen Mitgliedern bereits 1979 durch die Gründung des Europäischen Währungssystems (EWS) gemacht. Das EWS unterschied sich von einem reinen Festkurssystem dadurch, dass zum einen periodische Paritätsanpassungen möglich waren. Zwischen Lira und Mark passierte das zwischen 1979 und 1992 im Schnitt alle 16 Monate. Zum anderen liess das EWS auch immer Schwankungen innerhalb gewisser Grenzen zu. Waren diese früher mit ±2.25% relativ eng, wurden sie im Verlaufe der EWS-Krise 1993 für die meisten Währungen auf komfortable ±15% ausgedehnt.

[2] Natürlich lassen sich Währungsregime noch feiner aufgliedern. Corden (2002) unterscheidet bei den Crawling Pegs beispielsweise noch zwischen einer aktiven und passiven Variante. Der IWF, auf der anderen Seite, unterscheidet bei den Zielzonen zwischen einem Regime mit festen und sich verändernden Bandgrenzen.

Das vorliegende Kapitel befasst sich angesichts dieser Wirklichkeit mit der Makroökonomik offener Volkswirtschaften, deren Wechselkurse nicht oder nur zum Teil durch den Markt bestimmt werden. Hierbei werden wir uns zunächst mit unwiderruflich und ohne Spielraum fixierten Wechselkursen beschäftigen. Auch wenn diese in der Realität nicht die Mehrheit bilden, gibt uns diese Analyse einen nützlichen konzeptionellen Gegenpol zu den bisher unterstellten flexiblen Wechselkursen. Anschliessend werden wir uns dann mit Wechselkurszielzonen beschäftigen und bei der Untersuchung dieser Mischsysteme das erworbene Wissen über flexible und über feste Wechselkurse zusammenfügen.

10.1 Das Dornbusch-Modell unter festen Wechselkursen

Nach der ausführlichen Auseinandersetzung mit dem Dornbusch-Modell in den Kapiteln 4 und 5 dieses Buches liegt es nahe, nun die Politikmöglichkeiten und die Wirkung exogener Störungen auch bei festen Wechselkursen zu untersuchen. Das Modell wird hierbei zwar nicht seine eigentliche Stärke der explizierten Modellierung der Abwertungserwartungen ausspielen können. Aber diese eher unorthodoxe Verwendung ist ein guter und, wie sich zeigen wird, nicht einfacher Test unserer erworbenen Souveränität im Umgang mit dem Dornbusch-Modell und seinen drei Märkten. Ausgangspunkt unserer Überlegungen ist wieder die Grundversion des Dornbusch-Modells aus Kapitel 4, die in Tabelle 10.1 zusammengefasst ist.

Wir greifen auf die ausführliche 4-Quadranten-Darstellung des Modells zurück (siehe Abb. 10.2). Als erstes ist zu überlegen, wie bei festen Wechselkursen die drei Marktgleichgewichtsgeraden aussehen. Ein Blick auf die Strukturgleichungen des Modells zeigt, dass Gütermarkt und Geldmarkt nicht vom herrschenden Wechselkursregime abhängen. Neu zu berücksichtigen ist hier, dass nun der Wechselkurs eine exogene, direkt von der Politik kontrollierte Grösse ist und die Geldmenge endogen bestimmt wird. Trotzdem ist die IS-Kurve wieder eine Gerade mit Steigung Eins im 1. Quadranten oben rechts mit der Gleichung

$$p = e + \frac{g}{\delta} - \frac{(1 - \gamma)y}{\delta} \tag{10.7}$$

und die LM-Kurve ist eine Linie mit positiver Steigung im 3. Quadranten mit der Gleichung

$$i = \frac{1}{\lambda}(p - m + \phi y). \tag{10.8}$$

Wenn der Markt die Möglichkeit einer Veränderung der festgeschriebenen Wechselkursparitäten völlig ausschliesst, müssen in- und ausländischer Zins

Tabelle 10.1 Dornbusch-Modell (vereinfachte Version).

Gütermarkt

$\dot{p} = \pi(y^d - y)$	Phillipskurve	(10.1)
$y^d = \delta(e - p) + \gamma y + g$	aggregierte Nachfrage	(10.2)

Geldmarkt

$m^d = p + \phi y - \lambda i$	Geldnachfrage	(10.3)
$m^s = m^d = m$	Geldmarktgleichgewicht	(10.4)

Internationaler Kapitalmarkt

$i = i^* + E(\dot{e})$	Kapitalmarktgleichgewicht	(10.5)
$E(\dot{e}) = \theta(\bar{e} - e)$	Erwartungsbildung	(10.6)

Anmerkungen: Kleinbuchstaben bezeichnen den natürlichen Logarithmus der betreffenden Variablen (die einzige Ausnahme betrifft den Zinssatz). Ein Punkt über einer Variablen bezeichnet deren Änderung in der Zeit. Griechische Buchstaben geben positive Modellparameter wieder. Die Bedeutung der verwendeten Symbole ist wie folgt:

$\dot{p}$ = inländische Inflationsrate
y^d = aggregierte Nachfrage nach Inlandsgütern
e = Wechselkurs
p = inländisches Preisniveau
y = aggregiertes Angebot an inländischen Gütern (exogen)
g = staatliche Nachfrage

m^d = inländische Geldnachfrage
i = inländischer Zinssatz
m^s = inländisches Geldangebot (exogen)
m = inländische Geldmenge
i^* = ausländischer Zinssatz (exogen)
$\dot{e}$ = Änderungsrate des Wechselkurses
$\bar{e}$ = Gleichgewichtswechselkurs

identisch sein. Die FE-Kurve in 2. Quadranten unten rechts entspricht dann einer Horizontalen auf der Höhe des Weltzinssatzes i^*,

$$i = i^*. \tag{10.9}$$

Auf welchem Wert die Wechselkursparität fixiert ist, spielt für die Position der Kurve keine Rolle.

Die erste wichtige Frage lautet nun, wie im Zusammenspiel dieser drei Märkte ein gesamtwirtschaftliches Gleichgewicht zustandekommt. Betrachten wir zunächst die lange Frist.[3]

Zunächst definiert der Weltzinssatz und die Wechselkursparität die Situation auf dem Devisenmarkt (Punkt C). Da der Gütermarkt nur bei einem ganz bestimmten realen Wechselkurs geräumt ist, definiert der Paritätswechselkurs auch das Preisniveau im Gleichgewicht (Punkt B). Übertragen wir dieses Preisniveau in den Geldmarktquadranten, erhalten wir in Verbindung mit dem auf Weltmarktniveau fixierten Zinssatz Punkt A für die Positionie-

---

[3] Algebraisch erhält man die Gleichgewichte für die drei endogenen Variablen als $\bar{\imath} = i^*$ aus Gleichung (10.9), $\bar{p} = e + g/\delta - (1 - \gamma)y/\delta$ aus (10.7) und $\bar{m} = \bar{p} + \phi y - \lambda i^*$ aus (10.8).

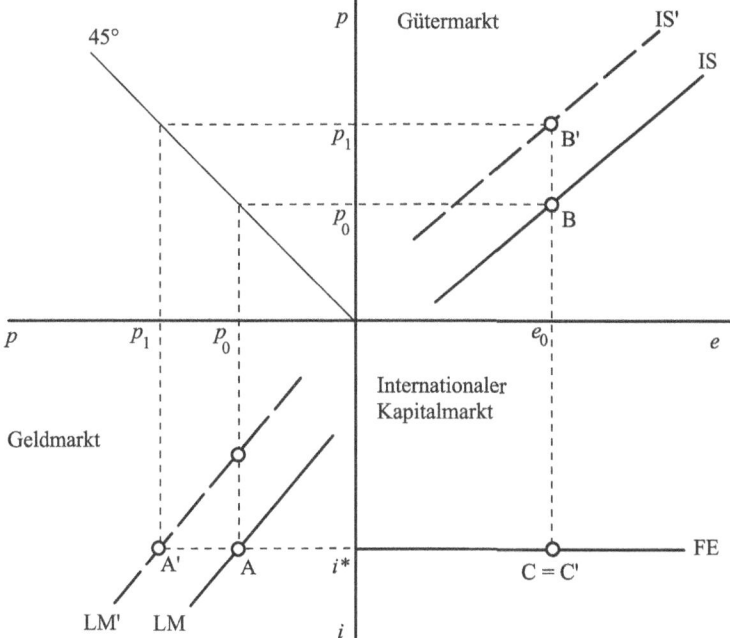

Abbildung 10.2 Auswirkungen einer Erhöhung der Staatsausgaben im Dornbusch-Modell bei festen Wechselkursen.

rung der LM-Kurve. Da die Position der LM-Kurve durch die Geldmenge bestimmt wird, ist hiermit die Geldmenge im Gleichgewicht bestimmt.

Betrachten wir als nächstes, wie sich das langfristige Gleichgewicht nach Störungen oder Politikeingriffen verändert, und vor allem, ob und gegebenenfalls wie sich die kurzfristigen Reaktionen von den langfristigen unterscheiden.[4]

10.1.1 Eine Erhöhung der Staatsausgaben

Ein fiskalpolitischer Stimulierungsversuch mittels Ausdehnung der Staatsausgaben verschiebt zunächst die IS-Kurve nach links in die gestrichelte Position. Auf der alten IS-Kurve, beim alten realen Wechselkurs, bestünde ja nach der Erhöhung der staatlichen Nachfrage eine Überschussnachfrage nach im In-

---

[4] Die in diesem Abschnitt getroffene Annahme, dass Wechselkurse glaubwürdig und permanent fixiert sind, liefert nützliche Referenzergebnisse. In der Realität sehen sich Festkurssysteme immer wieder spekulativen Attacken ausgesetzt, in deren Verlauf ein wesentlicher Teil der Devisenmarktteilnehmer mit einer Änderung der Wechselkursparität rechnet. Eine ausführliche Beschreibung der damit verbundenen Problematik findet sich in Kapitel 11.

land hergestellten Gütern. Um diese zu eliminieren, müsste das Preisniveau steigen und/oder der Wechselkurs fallen. Aufgrund der Fixierung des Wechselkurses und Trägheit des Preisniveaus entsteht nun auf dem Gütermarkt in der Impact-Periode eine nicht befriedigte Überschussnachfrage. Da dies zunächst beim alten Preisniveau p_0 geschieht, welches wir über die 45°-Linie des 4. Quadranten auf die horizontale Achse des Geldmarkts spiegeln, und auch der Zinssatz bei i^* fixiert ist, bleibt auch die LM-Kurve in der alten Position und damit die Geldmenge auf ihrem bisherigen Wert.

Natürlich bleibt die Überschussnachfrage auf dem Gütermarkt nicht ohne Folgen. Zunächst steigen die Preise, was im 1. Quadranten bei gegebenem Wechselkurs zu einer vertikalen Bewegung nach oben führt. Steigende Preise verknappen aber die reale Geldmenge. Um dies zu kompensieren muss das nominale Geldangebot steigen und den Gleichgewichtspunkt auf dem Geldmarkt bei konstantem Zinssatz von A nach A′ verschieben. Der Prozess kommt erst zur Ruhe, wenn das Preisniveau den Gütermarkt wieder räumt (Punkt B′).

10.1.2 Eine Abwertung der inländischen Währung

Betrachten wir nun eine Abwertung der inländischen Währung, bei der der Markt zunächst den alten und nach erfolgter Paritätsanpassung den neuen Wechselkurs als unveränderlich betrachtet. Abbildung 10.3 markiert das Ausgangsgleichgewicht in jedem der drei Märkte mit A, B und C. Eine Abwertung der inländischen Währung von e_0 nach e_1 bringt den Devisenmarkt im 2. Quadranten horizontal nach rechts in den neuen Gleichgewichtspunkt C′. Da die Preise träge sind, ergibt sich im Gütermarkt die gleiche Horizontalbewegung nach rechts. Der Geldmarkt verharrt während der Impact-Periode in der Ausgangssituation. Im Gütermarkt besteht in B′ ein Nachfrageüberschuss. Die ausgelösten Preissteigerungen führen den Gütermarkt bei fixiertem Wechselkurs vertikal nach oben in das neue langfristige Gleichgewicht B″. Der reale Wechselkurs ist hier ebenso unverändert gegenüber dem Ausgangspunkt B wie die reale Geldmenge (3. Quadrant) in A″ gegenüber A.

10.2 Das monetäre Modell unter festen Wechselkursen

Das monetäre Modell (siehe Kapitel 6) beruht auf zwei Schlüsselannahmen. Es wird davon ausgegangen, dass 1) die Kaufkraftparität permanent gilt und 2) das Preisniveau auch in der kurzen Frist vollkommen flexibel ist. Unter diesen Annahmen lässt sich eine Wechselkurstheorie herleiten, nach der der nominale Wechselkurs allein durch monetäre Einflussfaktoren (d.h. Geldangebot und Geldnachfrage) bestimmt wird. Dieser Abschnitt verfolgt zwei

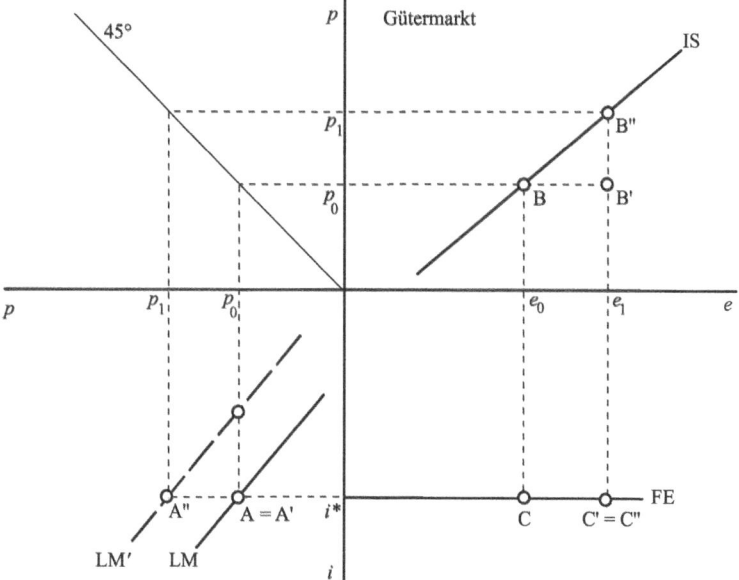

Abbildung 10.3 Auswirkungen einer Abwertung im Dornbusch-Modell bei festen Wechselkursen.

Ziele. In Teil 10.2.1 wird anhand des monetären Ansatzes die Rolle von Devisenmarktinterventionen näher untersucht. In Teil 10.2.2 geht es dann um die Auswirkungen monetärer Störungen auf die Zahlungsbilanz und die Reserven der Notenbank.

10.2.1 Devisenmarktinterventionen

Unterstellen wir zunächst das in diskreter Zeit formulierte monetäre Wechselkursmodell aus Kapitel 6. Konzentriert man sich zur Vereinfachung auf die Geldmenge als einzige exogene Variable, lautet die Wechselkursbestimmungsgleichung dieses Modells gemäss Kapitel 6 (siehe Gleichung 6.20, S. 184)

$$e_t = \frac{1}{1+\lambda} m_t + \frac{\lambda}{1+\lambda} E_t(e_{t+1}) \qquad (10.10)$$

bzw.

$$e_t = m_t + \lambda \left[E_t(e_{t+1}) - e_t \right]. \qquad (10.11)$$

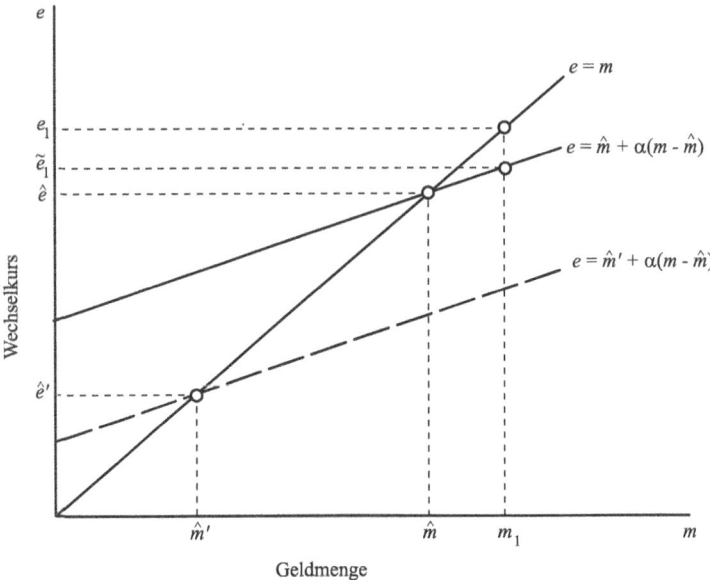

Abbildung 10.4 Wechselkursreaktionslinie im monetären Modell bei flexiblen Wechselkursen und bei systematischen Devisenmarktinterventionen der Notenbank.

Falls keine Änderung der Geldmenge in der Zukunft und somit auch keine
Abwertung in der nächsten Periode erwartet wird, vereinfacht sich Gleichung
10.11 zu

$$e_t = m_t. \qquad (10.12)$$

Diese Beziehung zwischen Geldmenge und Wechselkurs, die die Gültigkeit
der Quantitätstheorie und der Kaufkraftparität widerspiegelt, lässt sich als
Gerade mit Steigung Eins im e/m-Diagramm darstellen (Abb. 10.4). Über
diese Beziehung bestimmt natürlich auch jede ab der nächsten Periode erwartete Geldmenge den erwarteten Wechselkurs: $E_t(e_{t+1}) = E_t(m_t)$. Einsetzen
in (10.10) stellt den heutigen Wechselkurs als gewichtetes Mittel aus der heutigen und der ab morgen erwarteten Geldmenge dar:[5]

$$e_t = \frac{1}{1+\lambda} m_t + \frac{\lambda}{1+\lambda} E_t(m_{t+1}). \qquad (10.13)$$

---

[5] Diese einfache Formulierung folgt allerdings nur, wenn ab der übernächsten Periode keine
weiteren Änderungen der Geldmenge mehr erwartet werden, wenn also die für morgen
erwartete Geldmengenerhöhung als permanent betrachtet wird. Den allgemeineren Fall
anderer erwarteter Entwicklungsmuster der Geldmenge werden wir später in diesem Kapitel
aufgreifen.

Notenbanken kontrollieren nun nur die monetäre Basis $M0$. Breitere Geld-aggregate, wie man sie üblicherweise zur makroökonomischen Preis- und Wechselkursbestimmung heranzieht, sind mit der monetären Basis über den Geldangebotsmultiplikator B verbunden: $M = B \times M0$. In Logarithmen er-hält man in Periode t bei konstanter Basisgeldmenge

$$m_t = b_t + m0. \tag{10.14}$$

Unterstellt man nun, dass sich der Multiplikator durch stochastische Ein-flüsse ändert, so dass sein Logarithmus einem Random-Walk folgt, $b_t = b_{t-1} + v_t$, so ergibt sich nach Einsetzen in (10.14) $m_t = b_{t-1} + m0 + v_t$, mit v als Zufallsvariable mit Erwartungswert 0 und konstanter Varianz σ^2. Bei konstanter monetärer Basis gilt $m_{t-1} = b_{t-1} + m0$. Damit wird der gesamte Geldangebotsprozess zu einem Random-Walk:

$$m_t = m_{t-1} + v_t. \tag{10.15}$$

Da Änderungen der Geldmenge zwar möglich sind, aber von den Akteuren nicht erwartet werden (d.h. $E_{t-1}(m_t) = m_{t-1}$), wird auch bei Vorliegen des stochastischen Geldangebotsprozesses (10.15) der Wechselkurs stets durch die einfache Gleichung $e_t = m_t$ bestimmt.

Nehmen wir nun an, die Geldpolitik sei nicht wirklich passiv, wie bisher unterstellt. Vielmehr verfolge die Notenbank ein bestimmtes Wechselkursziel $\hat{e}$, bzw. das damit kompatible Geldmengenziel $\hat{m}$. Immer wenn eine unerwar-tete Änderung des Geldangebotsmultiplikators die Geldmenge vom Zielwert $\hat{m}$ entfernt, ändert die Notenbank in der nächsten Periode die monetäre Basis so, dass bei Konstanz des Multiplikators die Geldmenge $\hat{m}$ erwartet werden kann. Setzt man nun in (10.13) $E_t(m_{t+1}) = \hat{m}$, erhält man nach einigen Umformungen

$$e_t = \alpha(m_t - \hat{m}) + \hat{m}.$$

Die bei flexiblen Wechselkursen gefundene direkte Entsprechung zwischen e und m gilt nun nur noch, wenn m_t bei seinem Zielwert $\hat{m}$ ist, da dann $e_t = \hat{m}$. Weicht m_t dagegen von $\hat{m}$ ab, folgt e nur noch mit einem Fak-tor $\alpha \equiv 1/(1 + \lambda)$. Die neue Wechselkursreaktionslinie besitzt offensichtlich eine Steigung, die kleiner ist als Eins (flachere Linie in Abb. 10.4). Die Ur-sache hierfür liegt darin, dass bei einem Anstieg der Geldmenge auf m_1 der Wechselkurs nur dann auf e_1 steigen könnte, wenn ein Verharren der Geld-menge auf m_1 auch in der nächsten und den folgenden Perioden erwartet würde. Da aber eine Rückkehr der Geldmenge auf $\hat{m}$ und damit eine Aufwer-tung erwartet wird, steigt der Wechselkurs nur auf $\tilde{e}_1$. Generell signalisiert die flachere Steigung der Wechselkursbestimmungslinie, dass bei erwarteten stabilisierenden Interventionen der Wechselkurs bei gegebener Geldmengen-volatilität weniger volatil ist als unter flexiblen Wechselkursen.

Ein etwas allgemeineres Ergebnis erhält man, wenn die Möglichkeit eingeräumt wird, dass die Notenbank einen Anteil β einer ungewollt aufgetretenen
Geldmengenänderung akzeptiert und nur den Anteil $1 - \beta$ abzubauen versucht. Die erwartete Geldmenge nach einer Störung in Periode t ist dann
$E_t(e_{t+i}) = \beta(m_t - \hat{m}) + \hat{m}$ für $i > 0$. Einsetzen in (10.10) ergibt nach einigen
Umformungen

$$e_t = \hat{m} + [\alpha + (1 - \alpha)\beta](m_t - \hat{m}).$$

Je stärker nach einer ungewollten Geldmengenänderung gegengesteuert wird,
je kleiner also β ist, desto flacher ist offensichtlich die Wechselkursbestim-
mungsgerade. Für $\beta = 1$ (keine Gegensteuerung) erhalten wir das für flexible
Wechselkurse gefundene Resultat $e_t = m_t$. Für $\beta = 0$ (völlige Eliminierung
der Störung nach einer Periode) erhalten wir wieder $e_t = \hat{m} + \alpha(m_t - \hat{m})$.

Die flachere Steigung der Wechselkursreaktionslinie bei wechselkurszielori-
entierten Devisenmarktinterventionen kann man aus einer doppelten Optik
bewerten. Zum einen führen ungewollte Änderungen der Geldmenge – oder,
in einem allgemeiner formulierten Modell, ungewollte Änderungen einer anderen Fundamentalvariablen – dann zu kleineren Kursausschlägen als bei
völlig flexiblen Wechselkursen, wenn die Geldpolitik dem gegensteuert und
dies auch antizipiert wird. Zum anderen erreicht eine gewollte Änderung der
Geldmenge aber auch nur eine unterproportionale Änderung des Wechselkurses – könnte man meinen. Dies gilt aber allenfalls dann, wenn die Geldpolitik
den Markt damit überrascht und dieser an eine Revision glaubt. Sobald der
Markt erkennt, dass sich in Wahrheit auch das Geldmengenziel von $\hat{m}$ auf
$\hat{m}'$ geändert hat, sinkt auch der Wechselkurs proportional von $\hat{e}$ auf $\hat{e}'$ (Abb.
10.4). Solange der Markt an die Verfolgung dieses neuen Ziels mittels Devisenmarktinterventionen glaubt, verläuft durch diesen neuen Punkt wieder
eine Wechselkursreaktionslinie mit Steigung α.

Frage 10.1

Nehmen wir an, die Notenbank führe nach ungewollten Störungen
die Geldmenge nur schrittweise, asymptotisch wieder in Richtung
des ursprünglichen Werts. Konkret revidiere die Notenbank in jeder Periode nur den Teil $1 - \beta$ der Abweichung der Geldmenge vom
langfristigen Zielwert in der Vorperiode. Bitte berechnen Sie die
Wechselkursreaktionslinie, also die Beziehung zwischen e und m,
die sich bei diesem Interventionsverhalten der Notenbank ergibt.

Ein letzter anzumerkender Punkt betrifft die Reaktion des realen Wechselkurses. Bei völlig flexiblen Preisen bleibt letzterer ja konstant, egal wie steil
die Wechselkursreaktionslinie ist. Für die reale Wirtschaft ist die Steigung
dieser Linie damit aber auch nicht von Bedeutung. Dies ändert sich, wenn

Preise träge sind. Nun wird ja mit einer gegebenen Geldmengenausweitung die Vorstellung eines geringeren Anstiegs des Gleichgewichtswechselkurses verbunden als ohne Devisenmarktinterventionen. Darüber hinaus wird noch ein Sinken des Gleichgewichtswechselkurses in den nächsten Perioden erwartet. Damit erhalten wir ein geringeres Überschiessen und einen deutlich geringeren Wechselkursanstieg. Bei trägem Preisniveau ist somit auch die Reaktion des realen Wechselkurses auf eine Geldmengenänderung dann kleiner, wenn der Markt mit stabilisierenden Devisenmarktinterventionen rechnet, als wenn er dies nicht tut. Eine detailliertere Betrachtung dieser Frage hatten wir im übrigen bereits in Kapitel 5, Abschnitt 5.2 vorgenommen, als wir uns mit endogener Geldpolitik beschäftigten.

10.2.2 Der monetäre Ansatz zur Zahlungsbilanzanalyse

Im monetären Ansatz zur Zahlungsbilanz wird eine Verbindung zwischen Zahlungsbilanzungleichgewichten und monetären Ungleichgewichten geknüpft. Wie in Teilkapitel 1.2 gezeigt wurde, gilt für die Zahlungsbilanz

$$LB + V\ddot{U} + KB' = \Delta F^Z,$$

wobei KB' hier für die engere Definition der Kapitalbilanz ohne Devisenbilanz steht. Ist die Summe der drei anderen Teilbilanzen positiv, so steigen die Devisenreserven an. Umgekehrt sinken die Devisenreserven, wenn die anderen drei Teilbilanzen in der Summe negativ sind.

Spricht man von einem Zahlungsbilanzungleichgewicht, so ist normalerweise der Zustand

$$LB + V\ddot{U} + KB' = \Delta F^Z \neq 0$$

gemeint, d.h. die Devisenreserven der Notenbank verändern sich. Als problematisch eingestuft wird in diesem Zusammenhang insbesondere die Situation, in der ein Land einen starken Rückgang der Devisenreserven erlebt. Dies kann beispielsweise durch einen plötzlichen Rückgang der Exportnachfrage oder der ausländischen Investitionen ausgelöst werden. Wenn die Devisenreserven nicht ausreichen, kann es zu einer *Zahlungsbilanzkrise* kommen. Im Normalfall wird sich das Land dann entweder beim Ausland oder beim Internationalen Währungsfonds zusätzliche Devisenreserven ausleihen.

Im monetären Ansatz zur Zahlungsbilanz werden Ungleichgewichte dieser Art auf monetäre Ursachen zurückgeführt. Die zugrundeliegende Logik beruht auf der Definition der Geldmenge. Die Geldmenge im Umlauf M^S – wir ignorieren den Geldmultiplikator und interpretieren M^S wahlweise als M1 oder M0 – wird auf der Passivseite der Notenbankbilanz durch Devisenreserven F^Z und inländische Wertpapiere B^Z gedeckt,

$$M^S = B^Z + F^Z,$$ (10.16)

wobei das Z angibt, dass es sich hier um Bestände der 'Zentralbank' handelt, und wir von einem festen Wechselkurs ausgehen (welcher der Einfachheit halber gleich Eins gesetzt ist). Im Geldmarktgleichgewicht gilt

$$M^S = M^D.$$ (10.17)

Wenn wir (10.16) in Veränderungen schreiben (d.h. $\Delta M = dM/dt$) und (10.17) einsetzen, ergibt sich für die Veränderung der Devisenreserven der Notenbank

$$\Delta F^Z = \Delta M^D - \Delta B^Z.$$ (10.18)

Gleichung (10.18) zeigt, dass es immer dann zu einem Zahlungsbilanzungleichgewicht und somit bei festen Wechselkursen zu einer Veränderung der Währungsreserven kommt, wenn die Veränderung der inländischen Komponente der Geldmenge nicht der Veränderung der Geldnachfrage entspricht. Insbesondere ist ein Verlust von Währungsreserven somit auf einen zu hohen Anstieg der inländisch gedeckten Geldmenge relativ zur Geldnachfrage zurückzuführen. Wenn dies wiederholt geschieht, muss der feste Wechselkurs unter Umständen aufgegeben werden. Dieser Fall wird in Teilkapitel 11.1 ausführlich analysiert.

10.3 Der Vermögensbestandsansatz unter festen Wechselkursen

Auch der Vermögensbestandsansatz kann unter der Annahme fester Wechselkurse analysiert werden.[6] Da das formale Modell ausführlich in Kapitel 8 besprochen wurde, beschränken wir uns hier auf eine grafische Analyse.

Das Portfoliogleichgewicht ist durch

$$\begin{aligned} W &= M + B + EF \\ &= m[i, i^* + E(\dot{e}), W] + b[i, i^* + E(\dot{e}), W] + f[i, i^* + E(\dot{e}), W] \end{aligned}$$ (10.19)

gegeben (siehe Gleichung 8.8, S. 240). Die Gleichgewichtskurven für die einzelnen Teilmärkte sind in Abb. 10.5 dargestellt. Im Vergleich zu Abb. 8.2 (siehe S. 230) enthält die Darstellung hier eine zusätzliche horizontale Linie, deren Position durch den festen Wechselkurs $\bar{E}$ fixiert ist. Bei Abweichungen vom gemeinsamen Gleichgewicht A ist die Notenbank gezwungen, durch entsprechende Käufe bzw. Verkäufe von Devisen – in diesem Fall in Form ausländischer Bonds – einzugreifen. Im Vergleich zur Analyse bei flexiblen

---

[6] Siehe auch Reither (2002).

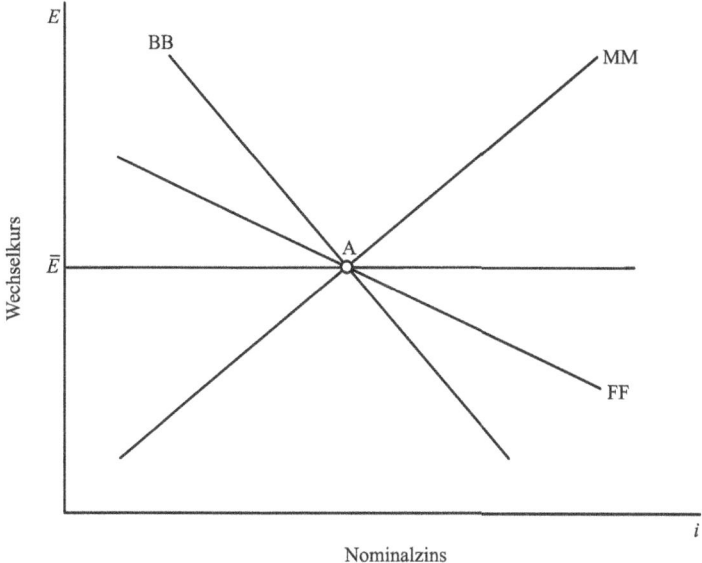

Abbildung 10.5 Gleichgewichtskurven für den Geldmarkt (MM) und die Wertpapiermärkte (BB und FF) sowie für den festen Wechselkurs $\bar{E}$.

Wechselkursen sind somit die Devisenreserven die dritte endogene Variable
(neben dem Inlandszins und dem Vermögen).

In- und ausländische Bonds können sowohl vom Privatsektor als auch von
der Notenbank gehalten werden. Dabei gelten die folgenden Mengenbeschränkungen:

$$B = \bar{B} - B^Z, EF = E\bar{F} - EF^Z.$$

Welche Menge an in- und ausländischen Bonds vom Privatsektor gehalten
werden, hängt also sowohl von den (aus unserer Sicht exogen determinierten)
verfügbaren Gesamtmengen $\bar{B}$ und $E\bar{F}$ als auch von den von der Notenbank
gehaltenen Teilmengen B^Z und EF^Z ab.[7]

Wie in (10.16) gezeigt wurde, besteht die inländische Geldmenge aus inländischer Wertpapierhaltung und Devisenreserven,

$$M = B^Z + EF^Z,$$

wobei wir jetzt den Wechselkurs explizit berücksichtigen. Bei flexiblen Wechselkursen kann die Notenbank ihre Wertpapierbestände B^Z und F^Z frei wählen (unter den Restriktionen $B^Z \leq \bar{B}$ und $F^Z \leq F$), da sie kein Wechselkursziel verfolgt. Veränderungen in ihren Wertpapierbeständen haben dann

---

[7] Das Kürzel 'Z' steht wiederum für 'Zentralbank'.

im Normalfall auch Wechselkursreaktionen zur Folge. Entsprechend war der Wechselkurs im Vermögensbestandsansatz bei flexiblen Wechselkursen in Kapitel 8 eine *endogene* Variable.

In einem festen Wechselkursregime ist der Wechselkurs festgelegt und somit *exogen* vorgegeben. Die Wechselkursbindung bedeutet, dass die Notenbank zu diesem Kurs alle vom Privatsektor gewünschten Portfolioumschichtungen zwischen inländischem Geld und ausländischen Bonds mittragen muss, indem sie entweder vom Privatsektor nicht gewünschte ausländische Bonds kauft ($\Delta F^Z > 0$) oder ihm zusätzlich gewünschte ausländische Bonds verkauft ($\Delta F^Z < 0$). Die Devisenreserven der Notenbank übernehmen jetzt die Anpassungsfunktion, die zuvor dem flexiblen Wechselkurs zukam.

Im Vergleich zum Vermögensbestandsansatz unter flexiblen Wechselkursen wird die grafische Bestimmung des Gleichgewichts einfacher, da im Diagramm nur noch der inländische Zins zu bestimmen ist. Dieser wird durch den Schnittpunkt der BB-Kurve und der $\bar{E}$-Kurve determiniert. Die inländische Geldmenge M und die ausländischen Wertpapierbestände F und somit MM-Kurve und FF-Kurve passen sich entsprechend an.

Untersucht werden sollen die Auswirkungen von Geld-, Fiskal- und Wechselkurspolitik, sowie einer Veränderung des Nettoauslandsvermögens (aufgrund eines Leistungsbilanzüberschusses) und des Weltzinssatzes.

10.3.1 Geldpolitik

10.3.1.1 Offenmarktkäufe

Die Notenbank hat bei festen Wechselkursen nur noch Kontrolle über B^Z, den inländisch gedeckten Teil der Geldmenge. Somit ist Geldpolitik nur über Offenmarktkäufe möglich, bei denen die Notenbank inländische Wertpapiere kauft bzw. verkauft. Eine Ausdehnung der Geldmenge M ist entsprechend mit einem Rückgang der privaten inländischen Bondbestände B verbunden, d.h.

$$\Delta M = \Delta B^Z = -\Delta B.$$

Die BB-Kurve verschiebt sich also auf alle Fälle nach links zu B'B', was im neuen Gleichgewicht C einen niedrigeren inländischen Zins bedeutet (siehe Abb. 10.6). Anfänglich verschiebt sich die MM-Kurve aufgrund der gestiegenen inländischen Geldmenge ebenfalls nach links zu M'M'. Bei flexiblen Wechselkursen käme es zu einer Abwertung der inländischen Währung, bis der Punkt C erreicht ist, da nur durch eine Abwertung – neben dem Zinsrückgang – die Nachfrage nach inländischem Geld ausreichend gesteigert werden würde, ohne weitere Portfolioumschichtungen hervorzurufen.

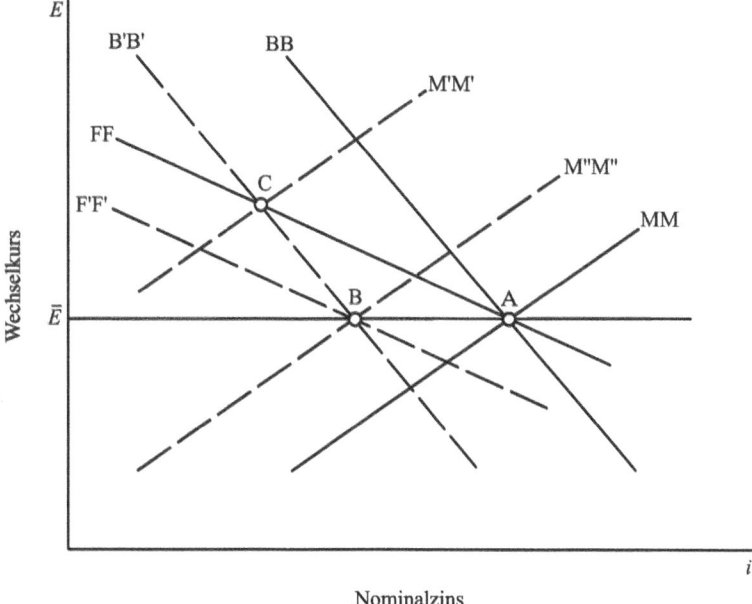

Abbildung 10.6 Auswirkungen einer expansiven Geldpolitik durch Offenmarktoperationen.

Dieser Anpassungsweg ist jetzt jedoch nicht möglich. Die inländischen Anleger halten folglich zu viel inländisches Geld und kaufen bei der Notenbank ausländische Bonds, die diese auch im gewünschten Ausmass zur Verfügung stellen muss. Der dem Privatsektor zur Verfügung stehende Bestand an ausländischen Bonds F steigt jetzt an; gleichzeitig sinkt die Geldmenge M. Entsprechend verschiebt sich die F'F'-Kurve nach links und die M'M'-Kurve wieder nach rechts, und zwar so lange, bis sie die B'B'-Kurve im neuen Gleichgewicht B schneiden.

Im Vergleich zu einem flexiblen Wechselkursregime (Punkt C) ist die Zinssenkung bei festen Wechselkursen weniger stark. Dennoch ist eine besondere Eigenschaft des Vermögensbestandsansatzes, dass es bei festen Wechselkursen (und gegebenen Abwertungserwartungen) durch Geldpolitik überhaupt zu einer Zinsänderung kommen kann. Dies ist weder im Dornbusch-Modell noch in der monetären Wechselkurstheorie bei festen Wechselkursen möglich.

Die Möglichkeit, bei festen Wechselkursen durch Geldpolitik den Zins zu beeinflussen, ist das Gegenstück zum Resultat in Kapitel 8, dass die Notenbank bei flexiblem Wechselkurs den Wechselkurs beeinflussen kann, ohne die Geldmenge zu verändern (durch sogenannte 'sterilisierte Interventionen'). Der Grund dafür ist, dass beim Vermögensbestandsansatz nicht nur die Geldmenge an sich, sondern auch die Zusammensetzung der Geldmenge eine entscheidende Rolle spielt. Je mehr inländische Bonds die Notenbank hält – d.h.

je weniger dem Privatsektor zur Verfügung stehen – desto niedriger ist der
inländische Zinssatz im Gleichgewicht. Dies gilt unabhängig von der Gesamtgeldmenge M.

Im Vermögensbestandsansatz kann die inländische Geldpolitik folglich
trotz eines festen Wechselkurses gelockert werden und damit einen realwirtschaftlichen Einfluss, z.B. auf die Investitionsnachfrage, ausüben. Dabei erhöhen sich die Devisenreserven der Notenbank.

10.3.1.2 Devisenmarktinterventionen

Erhöht die Notenbank die inländische Geldmenge, in dem sie ausländische
Bonds verkauft, verschieben sich bei flexiblen Wechselkursen FF und MM
nach oben entlang der BB-Kurve (vergleiche Abb. 8.4). Dies ist bei festen
Wechselkursen nicht möglich, ohne eine Abwertung herbeizuführen. Nur bei
einer Abwertung und dem damit verbundenen Anstieg des Inlandsvermö-
gens wären die Marktteilnehmer bereit, ihre inländische Kassenhaltung zu
erhöhen. Wie im Mundell-Fleming-Modell bleibt eine Geldmengenexpansion
durch Devisenmarktinterventionen bei festen Wechselkursen im Vermögensbestandsansatz wirkungslos, zumindest solange keine gleichzeitigen Offenmarktkäufe getätigt werden.

Genau dieser Fall wurde aber soeben im Rahmen der Offenmarktkäufe
analysiert. Deshalb gilt: Bei festen Wechselkursen ist Geldpolitik unweigerlich auch eine zumindest teilweise sterilisierte Devisenmarktintervention, da
die Ausdehnung der inländisch gedeckten Geldmenge immer mit einer Veränderung der Devisen verbunden ist.

10.3.2 Fiskalpolitik

10.3.2.1 Kreditfinanzierung

Eine expansive Fiskalpolitik, die durch Kredite finanziert wird, bedeutet
einen Anstieg des inländischen Bondangebots, der vollständig vom inländischen Privatsektor aufgenommen wird, d.h. $\Delta B = \Delta \bar{B}$. Dies erhöht das
Gesamtvermögen[8] des Privatsektors und somit die Nachfrage nach allen drei
Vermögenskomponenten. Im inländischen Bondmarkt ist der Angebotseffekt
jedoch grösser als der Nachfrageeffekt, da nur ein Anteil des zusätzlichen
Vermögens in Form inländischer Bonds gewünscht wird. Der Nettoeffekt entspricht somit einer Angebotserhöhung, was die BB-Kurve in Abb. 10.7 nach
rechts zu B'B' verschiebt. Im neuen Gleichgewicht B hat sich der inländische

---

[8] Wie bereits in Kapitel 8 erwähnt wurde, ist ein solcher Vermögenseffekt nicht unumstritten.

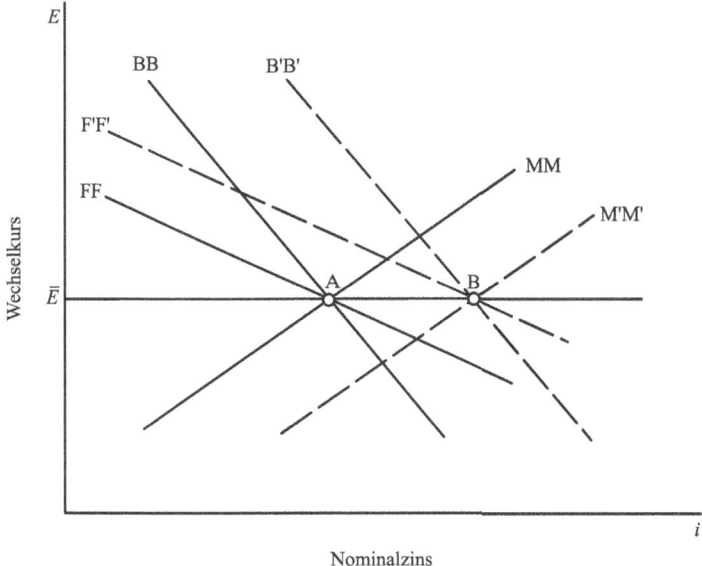

Abbildung 10.7 Auswirkungen einer expansiven Fiskalpolitik, die über die Ausgabe von inländischen Bonds finanziert wird.

Zins erhöht, da die Marktteilnehmer die zusätzlichen inländischen Bonds nur bei einer höheren Rendite in ihr Portfolio aufnehmen werden.

Die aufgrund des gestiegenen Vermögens erhöhte Nachfrage nach inländischem Geld und ausländischen Bonds verschiebt die Gleichgewichtskurven dieser Teilmärkte nach rechts zu M'M' und F'F'. In Kapitel 8 (siehe Abb. 8.6) war unklar, ob es zu einer Auf- oder Abwertung kommen würde, da dies von der relativen Stärke der Rechtsverschiebung der beiden Kurven abhing. In unserem Fall betrifft dies die Veränderung der Devisenreserven (d.h. die ausländischen Bondbestände) der Notenbank. Wirkt der Vermögenseffekt stärker auf den Geldmarkt (d.h. die MM-Kurve verschiebt sich stärker nach rechts als die FF-Kurve), kommt es zu einem Anstieg der Devisenreserven der Notenbank. Dominiert hingegen der Vermögenseffekt im ausländischen Bondmarkt (d.h. die MM-Kurve verschiebt sich weniger stark nach rechts als die FF-Kurve), verliert die Notenbank Devisenreserven. Die Veränderung der inländischen Geldmenge folgt exakt aus der jeweiligen Veränderung der Devisenreserven, da in diesem Fall B^Z unverändert bleibt und somit $\Delta M = \bar{E} \Delta F^Z$.

Die Erhöhung der Staatsausgaben mittels einer Kreditfinanzierung führt somit zu einem höheren Zins und einem Anstieg des Vermögens. Die Auswirkungen auf die Devisenbestände der Notenbank sind nicht eindeutig.

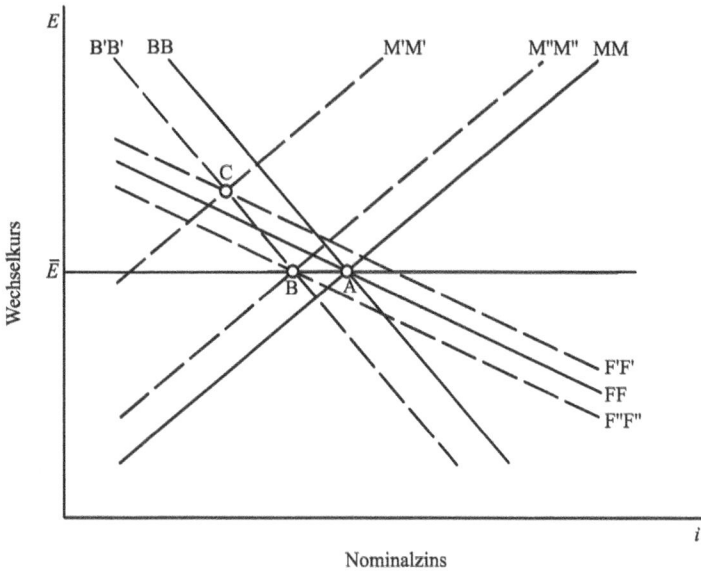

Abbildung 10.8 Auswirkungen einer expansiven Fiskalpolitik, die über Geldschöpfung finanziert wird.

10.3.2.2 Geldfinanzierung

Eine Geldfinanzierung der zusätzlichen Staatsausgaben bedeutet wiederum, dass der Gesamtbestand an inländischen Bonds ansteigt. In diesem Fall wird der zusätzliche Bondbestand jedoch einzig und allein von der Notenbank gehalten, d.h. $\Delta B^Z = \Delta \bar{B}$. Die inländische Geldmenge steigt entsprechend, was zu einem Anstieg des Vermögens führt. Im inländischen Geldmarkt bedeutet dies eine Nettoerhöhung des Angebots, was die MM-Kurve nach links zu M'M' verschiebt (siehe Abb. 10.8). In den beiden Bondmärkten erhöht sich die Nachfrage. Die BB-Kurve verschiebt sich nach links zu B'B'. Daraus ist klar, dass der inländische Zinssatz sinken muss und das neue Gleichgewicht bei B liegt. Die erhöhte Nachfrage verschiebt die FF-Kurve nach rechts zu F'F'. Die inländischen Investoren kaufen ausländische Bonds bei der Notenbank. Dadurch reduziert sich die inländische Geldmenge, während sich der ausländische Bondbestand des Privatsektors vergrössert. Dies verschiebt die M'M'-Kurve nach rechts und die F'F'-Kurve nach links, bis sie das neue Gleichgewicht mit M''M'' und F''F'' erreicht haben.

Die komparativ-statischen Effekte einer expansiven Fiskalpolitik, die monetarisiert wird, sind folglich ein niedrigerer Inlandszins, ein höheres Vermögen, sowie eine Verringerung der Devisenreserven der Notenbank.

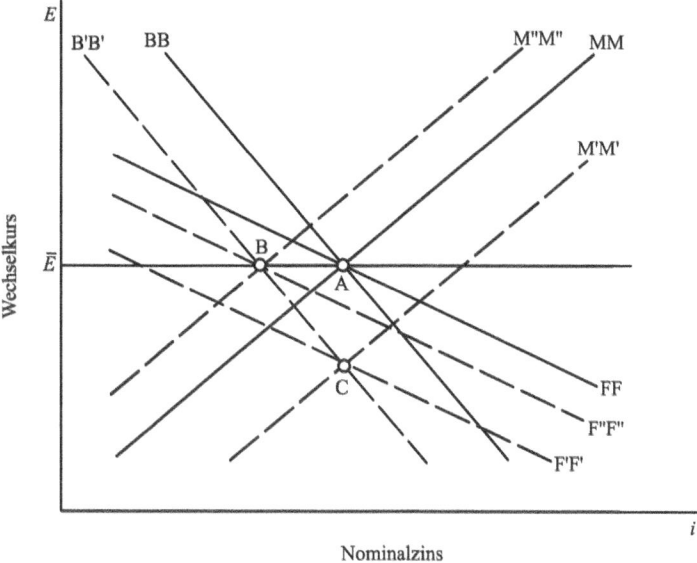

Abbildung 10.9 Auswirkungen eines Leistungsbilanzüberschusses.

10.3.3 Leistungsbilanzüberschuss

Durch einen Leistungsbilanzüberschuss steigen die Nettoforderungen an das Ausland und somit im Rahmen des Vermögensbestandsansatzes der ausländische Bondbestand. Da sich das Vermögen vergrössert, erhöht sich die Nachfrage in allen drei Teilmärkten. Im Markt für ausländische Bonds übersteigt der Angebots- jedoch den Nachfrageeffekt. Die BB-Kurve und die FF-Kurve verschieben sich nach links, die MM-Kurve nach rechts. Wie Abb. 10.9 zeigt, ist der inländische Zinssatz im neuen Gleichgewicht B gesunken.

Nach den ursprünglichen Verschiebungen zu B'B', M'M' und F'F' herrscht jedoch ein Ungleichgewicht, da der Wechselkurs sich nicht ändern kann. Die Anleger beginnen, den Überschuss an ausländischen Bonds durch Verkäufe an die Notenbank zu reduzieren. Dies verschiebt die F'F'-Kurve nach rechts und die M'M'-Kurve aufgrund des steigenden Geldangebots nach links. Dieser Prozess endet, wenn die beiden Kurven in Form von M''M'' und F''F'' die B'B'-Kurve im neuen Gleichgewicht B schneiden. Der Leistungsbilanzüberschuss hat folglich den inländischen Zins reduziert, das Vermögen, die inländische Geldmenge und die Devisenreserven der Notenbank erhöht.

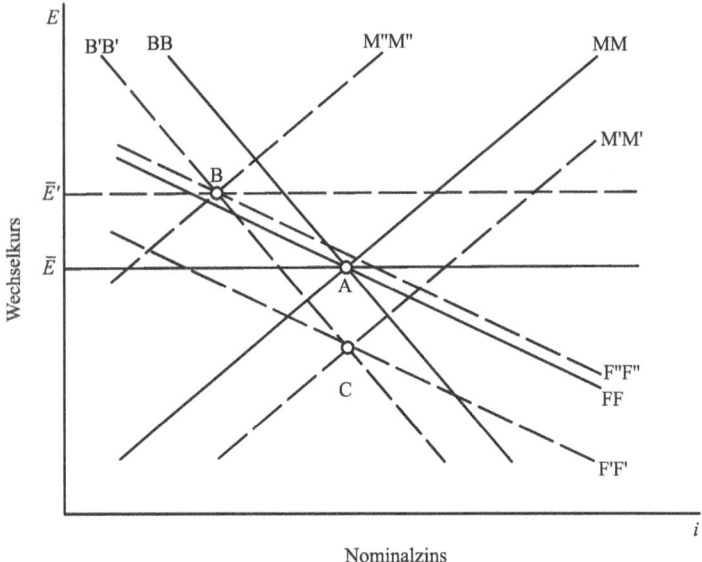

Abbildung 10.10 Auswirkungen einer Abwertung.

10.3.4 Abwertung

Eine Abwertung übt einen ähnlichen Effekt wie ein Leistungbilanzüberschuss aus, da sich auch hier der in inländischer Währung gemessene Bestand an ausländischen Bonds und damit das Vermögen der Anleger erhöht. Das Nettoüberschussangebot im Markt für ausländische Bonds verschiebt die FF-Kurve nach links zu F'F'. Die anfängliche Überschussnachfrage nach Geld und inländischen Bonds verschiebt die BB-Kurve ebenfalls nach links, zu B'B', und die MM-Kurve nach rechts zu M'M'.

Der Unterschied zum Fall eines Leistungbilanzüberschusses liegt darin, dass sich jetzt auch die $\bar{E}$-Kurve nach oben verschiebt, und zwar zu $\bar{E}'$ (siehe Abb. 10.10). Das neue Gleichgewicht in B beinhaltet neben dem höheren Wechselkurs auch einen gesunkenen Inlandszins. Der Zinseffekt ist in diesem Fall grösser als beim Leistungsbilanzüberschuss. Anfänglich herrscht wieder ein Überschussangebot an ausländischen Bonds und eine Überschussnachfrage nach Geld. Die daraus resultierenden Vermögensumschichtungen erhöhen die Geldmenge und reduzieren den Bestand an ausländischen Bonds, der von den Anlegern gehalten wird. Ein Gleichgewicht resultiert, wenn der Geldmarkt sich auf M"M" und der ausländische Bondmarkt sich auf F"F" befinden.

Im Vergleich zum Ausgangspunkt hat sich der inländische Zinssatz verringert. Das Vermögen, die inländische Geldmenge und die Devisenreserven der Notenbank sind gestiegen.

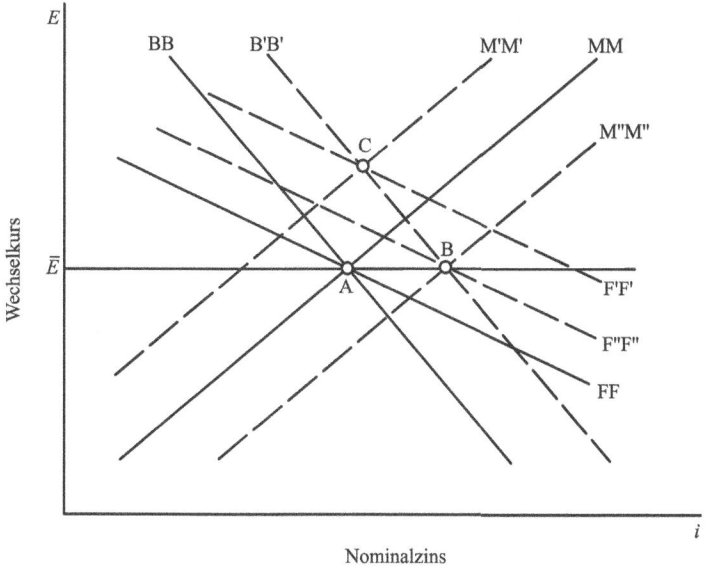

Abbildung 10.11 Auswirkungen eines Anstiegs des Weltzinssatzes.

10.3.5 Anstieg des ausländischen Zinssatzes

Ein Anstieg des ausländischen Zinssatzes i^* kann natürlich auch als eine Erhöhung der erwarteten Abwertungsrate $E(\dot{e})$ interpretiert werden. In beiden Fällen kommt es zu einer erhöhten Nachfrage nach ausländischen Bonds und einer reduzierten Nachfrage nach inländischen Bonds und inländischem Geld. Die BB-Kurve verschiebt sich nach B'B' und folglich gibt es im neuen Gleichgewicht B einen höheren Inlandszins (siehe Abb. 10.11). Die MM-Kurve und FF-Kurve verschieben sich anfänglich nach M'M' und F'F'. Bei einem festen Wechselkurs bedeutet dies eine Überschussnachfrage nach ausländischen Bonds, welche die Notenbank durch Verkauf ihrer Reserven decken muss. Es kommt zu einer weiteren Verschiebung der F'F'-Kurve zu F''F'' und der M'M'-Kurve zu M''M'', bis beide die B'B'-Kurve in B schneiden. Als Resultat lässt sich festhalten, dass sich aufgrund des Anstiegs des ausländischen Zinsniveaus auch der inländische Zinssatz erhöht hat, die Devisenreserven der Notenbank hingegen gesunken sind.

10.4 Wechselkurszielzonen

Der Schritt von der Diskussion diverser Devisenmarktinterventionsstrategien in Abschnitt 10.2.1 hin zu einem *intuitiven* Verständnis von Wechselkurssystemen mit Zielzonen ist klein. Eine sorgfältige *analytische* Durchdringung dieser Problematik ist allerdings recht anspruchsvoll.

Devisenmarktinterventionen bei flottierenden Wechselkursen und Wechselkurszielzonensystemen ist gemeinsam, dass die Notenbank durch Käufe und Verkäufe von Fremdwährung den Wechselkurs beeinflusst. Der Unterschied zwischen beiden Systemen besteht darin, dass Devisenmarktinterventionen oft erst einsetzen, wenn der Kurs von vorgegebenen Zielvorstellungen abweicht. Zielzonen dagegen verlangen Interventionen bevor ein Überschreiten des Zielwerts (d.h. der Bandgrenze) auftritt. Dies können Interventionen nur sicher stellen, wenn sie nach einem Schock unverzüglich einsetzen. Um die Modellierung verzögerungsloser Reaktionen zu ermöglichen, formuliert die Forschung Zielzonenmodelle in kontinuierlicher Zeit. Wir werden im Folgenden das Zielzonenmodell, mit dem Krugman (1991) die Diskussion eröffnete, trotzdem in diskreter Zeit betrachten und analysieren, da wir uns dabei auf gängigere mathematische Methoden beschränken können.

10.4.1 Grafisch-intuitive Analyse

Unterstellt man flexible Preise, gelten also die Strukturgleichungen des monetaristischen Wechselkursmodells, lässt sich das Zielzonenmodell von Krugman in diskreter Zeit wie in Tabelle 10.2 darstellen.

Tabelle 10.2   Wechselkurszielzonenmodell (flexible Preise).

Gütermarkt		
$p_t = e_t$	Gütermarktgleichgewicht	(10.20)
Geldmarkt		
$m_t - p_t = -\lambda i_t$	Geldnachfrage	(10.21)
$m_t = m_{t-1} + \varepsilon_t$	Geldangebot (im Band)	(10.22)
Devisenmarkt		
$i_t = E_t\left(e_{t+1}\right) - e_t$	Devisenmarktgleichgewicht	(10.23)
$\bar{e} \geq e_t \geq -\bar{e}$	Zielzone um Parität 0	(10.24)

Anmerkungen: Hier nicht weiter interessierende exogene Variablen sind mit Blick auf den Erhalt kompakter Gleichungen gleich Null gesetzt ($p^* = i^* = y = 0$). Die Bedeutung der verwendeten Symbole ist wie folgt:

p = Preisniveau	i = Zinssatz
e = Wechselkurs	ε = Zufallsvariable mit Erwartungs-
m = Geldmenge	wert 0

Die hybride Struktur des Modells offenbart sich darin, dass die Gleichungen 10.20-10.23 zunächst die bereits früher bei flexiblen Wechselkursen angetroffene Struktur des monetaristischen Modells repetieren, gemäss der innerhalb des Bandes die exogene (stochastische) Entwicklung der Geldmenge den Wechselkurs bestimmt. Nach Gleichung 10.24 kehrt sich aber an den Bandgrenzen die Kausalrichtung um. Jetzt wird der Wechselkurs jeweils in einer Richtung fixiert und beschränkt von daher die Bewegung der Geldmenge.

Aufgrund der Gültigkeit von (10.22) innerhalb des Wechselkursbandes und der Zugehörigkeit von (10.24) zum Informationsstand der Kapitalanleger stecken in der Modellformulierung von Krugman also zwei zentrale Annahmen, die später noch eine wichtige Rolle spielen werden:

1. Notenbanken intervenieren nur an den Bandgrenzen. Solange der Wechselkurs nicht an die Bandgrenzen stösst, wird nicht in den Devisenmarkt eingegriffen.

2. Die Bandgrenzen sind völlig glaubwürdig und die Parität wird als unverrückbar angesehen.

Man könnte nun meinen – und wir werden gleich sehen, dass dies falsch wäre – Wechselkursbewegungen innerhalb der Zielzone seien durch eine Gerade mit Steigung Eins ($e = m$) bestimmt. Die Bandgrenze für den Wechselkurs setze lediglich Ober- und Untergrenzen für die Geldmenge bei $\bar{m} = \bar{e}$ und $-\bar{m} = -\bar{e}$ (Abb. 10.12).

Um zu erkennen, warum sich der Wechselkurs in einer Zielzone nicht so verhält, wie eben vermutet, müssen wir uns daran erinnern, dass der Wechselkurs nur dann durch die momentanen Fundamentalvariable(n) allein – also gemäss $e = m$ – bestimmt wird, wenn keine Änderung des Wechselkurses in der Zukunft erwartet wird. Im allgemeinen Fall gilt ja stattdessen

$$e_t = m_t + \lambda \left[E_t(e_{t+1}) - e_t \right]. \tag{10.25}$$

Ob rationalerweise eine Änderung des Wechselkurses zu erwarten ist, hängt davon ab, ob eine Änderung der Geldmenge erwartet wird. Diese folgt innerhalb des Bandes einem Random-Walk. Ihre erwartete Änderung wäre somit eigentlich gleich Null. An den Bandgrenzen dominiert allerdings die Interventionsverpflichtung. Welche Auswirkungen dies auf die Wechselkursreaktionslinie hat, zeigen folgende Überlegungen:

Nehmen wir an, der in Abb. 10.12 unterstellte lineare Zusammenhang zwischen Geldmenge und Wechselkurs gelte tatsächlich. Abbildung 10.13 projiziert diese Gerade auf die Grundfläche einer dreidimensionalen Darstellung, auf den Bereich $m \geq 0$ beschränkt. Betrachten wir die drei hypothetischen Situationen A, B und C, in denen die Geldmengen $m_A = 0$, $m_B = 0.5\bar{m}$ und $m_C = \bar{m}$ dann zu den Wechselkursen $e_A = 0$, $e_B = 0.5\bar{m}$ und $e_C = \bar{m}$ führen, wenn keine Wechselkurs- respektive Geldmengenänderung in der nächsten Periode erwartet wird. Die möglichen Werte der Geldmenge bzw. des Wechselkurses in der nächsten Periode werden nun zum einen durch die zu

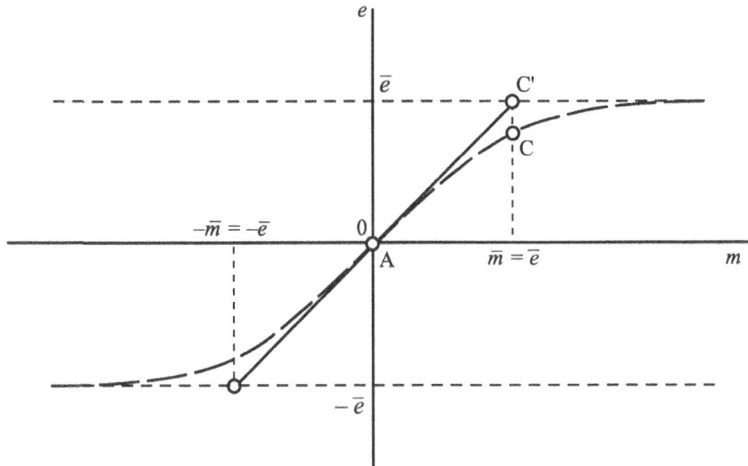

Abbildung 10.12 Hypothetische lineare Beziehung zwischen Wechselkurs und Geldmenge (wie sie sich im monetären Modell bei flexiblen Wechselkursen ergibt) und S-förmige Beziehung innerhalb einer glaubwürdigen Zielzone.

erwartenden zufälligen Veränderungen der Umlaufgeschwindigkeit und zum anderen durch die an den bindenden Bandgrenzen erzwungenen Anpassungen der monetären Basis bestimmt.

Wenn nun der Wechselkurs im Band durch die auf die Grundfläche projizierte Gerade $e = m$ bestimmt würde, könnten wir die für Periode $t + 1$ erwartete Verteilung des Wechselkurses dadurch visualisieren, dass wir über den heutigen Wechselkurs $e_t = e_A = 0$ die Verteilung der Zufallsvariable v stülpen. Der mit der grössten Wahrscheinlichkeit zu erwartende Wert ist offensichtlich $e_{t+1} = 0$. Andere, davon abweichende Werte, verteilen sich symmetrisch um den Wert 0. Zu beachten ist, dass die bei Nichtexistenz der Bandgrenzen möglichen dunkelgrau markierten Enden der Verteilung durch das Band an ihrer Ober- respektive Untergrenze zusammengedrückt werden. Die Wechselkursverteilung erhält dadurch einen (hier nicht gezeigten) Zacken an jeder Bandgrenze und ist danach abgeschnitten. Dies stört jedoch die Symmetrie der Verteilung um $e_t = 0$ nicht. Es gilt trotzdem $E_t(e_{t+1}) = e_t$ und somit auch im Band $e_A = m_A = 0$.

Nehmen wir als nächstes an, in Periode t gelte $m_t = m_B = 0.5\bar{m}$. Gemäss $e = m$ müsste der Wechselkurs im Band damit durch den Punkt B bestimmt werden. Dies würde wieder nur gelten, wenn die Marktteilnehmer rationalerweise keine Wechselkursänderung in der nächsten Periode erwarten müssten. Ob das plausibel ist, sehen wir wieder anhand der über den postulierten Ausgangspunkt gestülpten Verteilungsglocke von v. Entscheidend ist, dass der durch die obere Bandgrenze abgeschnittene (respektive zusammengepresste) Teil der Glocke viel grösser ist als der durch die untere Grenze abgeschnittene. In anderen Worten: Die Wahrscheinlichkeit, dass eine sto-

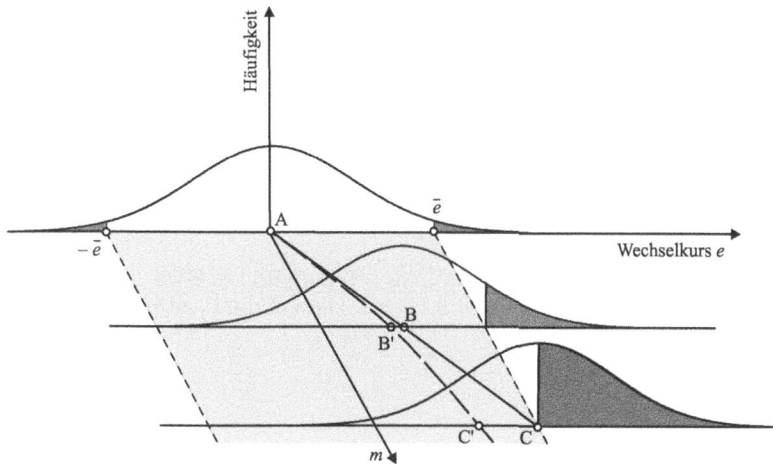

Abbildung 10.13 Der Einfluss der Verteilung der Geldangebotsstörungen auf die erwartete Kursänderung und den aktuellen Wechselkurs.

chastische Veränderung des Geldangebotsmultiplikators die Geldmenge und den Wechselkurs über die Bandobergrenze treibt und deshalb durch eine Verringerung der monetären Basis neutralisiert werden muss, ist viel grösser als die, dass an der Banduntergrenze das Umgekehrte geschieht. Das bedeutet aber, dass netto ein Sinken der Geldmenge zu erwarten ist. Dann muss der Markt aber auch einen sinkenden Wechselkurs erwarten. Damit ergibt sich aus $e_t = m_t + \lambda \left[E_t(e_{t+1}) - e_t \right]$ aber $e_t < 0.5\bar{m}$. Der Wechselkurs liegt nicht auf der $e = m$ repräsentierenden Geraden in B, sondern wird durch den Punkt B' bestimmt.

Die erwartete Aufwertung ist noch grösser, wenn die Geldmenge $m_t = m_C = \bar{m}$ gilt und der Wechselkurs bei Gültigkeit von $e = m$ eigentlich auf der oberen Bandgrenze liegen müsste. In diesem Fall wird der Wechselkurs noch weiter unter die 45°-Linie in den Punkt C' gedrückt.

Die angestellten Überlegungen gelten natürlich mit umgekehrten Vorzeichen auch im Bereich zwischen Wechselkursparität und unterer Bandgrenze. Verbindet man all diese Punkte, erhält man eine Wechselkursreaktionslinie im Band in Form eines stilisierten S (siehe Abb. 10.12). Die Kernaussage dieser S-Kurve ist, dass die Existenz einer glaubwürdigen Zielzone Wechselkursschwankungen nicht nur an den Bandgrenzen auffängt, sondern sie auch innerhalb des Bandes dämpft. Als Korrelat hierzu kann die Geldmenge auch in einem weit über die Bandbreite hinausgehenden Bereich schwanken, ohne dass der Wechselkurs an die Bandgrenzen stösst und interveniert werden muss.

10.4.2 Formale Analyse

Die Marktgleichgewichte des monetaristischen Wechselkursmodells (basierend auf den Gleichungen 10.20-10.23), implizieren, wie bereits wiederholt dargelegt wurde, die Gültigkeit von

$$e_t = m_t + \lambda \left[E \left({}_t e_{t+1} \right) - e_t \right] \qquad (10.25)$$

und zwar unabhängig davon ob der Wechselkurs fix ist, ob er flexibel ist, oder ob er durch eine Zielzone beschränkt wird. Die um die Parität Null festgelegte Zielzone lautet

$$\bar{e} \geq e_t \geq -\bar{e}. \qquad (10.24)$$

Uns interessiert nun, wie die Wechselkursreaktionslinie im e/m-Diagramm aussieht. Wir suchen also nach der reduzierten Form der Wechselkursgleichung. In Unkenntnis dieser Gleichung schreiben wir zunächst den Wechselkurs als unbekannte Funktion H von m_t und $\bar{e}$:

$$e_t = H(m_t, \bar{e}). \qquad (10.26)$$

Wenn (10.26) gilt, dann muss gemäss (10.25)

$$H(m_t, \bar{e}) = m_t + \lambda[E_t [H(m_{t+1}, \bar{e})] - H(m_t, \bar{e})] \qquad (10.27)$$

gelten. Wählen wir nun die Periodenlänge sehr kurz, sagen wir in Sekunden, und ist v, die zufällige Änderung der Geldmenge, sehr klein und $H(m_t, \bar{e})$ schliesslich eine kontinuierliche Funktion in m_t, dann können wir $H(m_{t+1}, \bar{e})$ durch eine Taylorentwicklung 2. Ordnung[9] annähern:

$$H(m_{t+1}, \bar{e}) = H(m_t + v_{t+1}, \bar{e})$$

$$\cong H(m_t, \bar{e}) + v_{t+1} H'(m_t, \bar{e}) + \frac{v_{t+1}^2}{2} H''(m_t, \bar{e}).$$

Mit dieser Approximation können wir die in eckigen Klammern enthaltene Differenz in Gleichung 10.27 wie folgt approximieren:

$$E_t [H(m_{t+1}, \bar{e})] - H(m_t, \bar{e}) \cong E_t \left[v_{t+1} H'(m_t, \bar{e}) + \frac{v_{t+1}^2}{2} H''(m_t, \bar{e}) \right].$$

$$(10.28)$$

---

[9] Nach dem Theorem von Taylor kann eine n mal kontinuierlich differenzierbare Funktion $f(x)$ lokal, um eine Stelle x_0, durch den Funktionswert $f(x_0)$ und die Werte ihrer ersten n Ableitungen approximiert werden. Für $n = 2$ gilt zum Beispiel $f(x) \simeq f(x_0) + (x_0 - x)f'(x_0) + [(x_0 - x)^2/2]f''(x_0)$. Je grösser n ist, desto genauer ist die Annäherung. Siehe Chiang (1984), S. 254-260.

Benützen wir nun die bezüglich der Verteilung von v getroffenen Annahmen $E_t\left(v_{t+1}\right) = 0$ und $E_t\left(v_{t+1}^2\right) = \sigma^2$ setzen diese in (10.28) ein und verwenden das Resultat in Gleichung 10.27, so ergibt sich für die gesuchte Funktion

$$H(m_t,\bar{e}) = m_t + \frac{\sigma^2}{2}H''(m_t,\bar{e}) \tag{10.29}$$

für $\bar{e} \geq e_t \geq -\bar{e}$ solange wir uns also innerhalb des Bandes befinden, die Notenbank somit nicht intervenieren muss und die Geldmenge wirklich einem Random-Walk folgt. Als Lösung dieser Differentialgleichung 2. Ordnung erhalten wir unter Anwendung konventioneller Lösungsrezepte [siehe Chiang (1984), S. 502 ff.]

$$H(m_t,\bar{e}) = e_t = m_t + b_1 \exp\left(\sqrt{\frac{2}{\sigma^2}}m_t\right) + b_2 \exp\left(-\sqrt{\frac{2}{\sigma^2}}m_t\right). \tag{10.30}$$

Da wir hier zur Vereinfachung die Zielzonenparität $\tilde{e} = 0$ gewählt haben und die damit kompatible Geldmenge $\tilde{m} = 0$ ist, muss $H(m_t,\bar{e})$ um diesen Referenzpunkt symmetrisch sein. Dies ist der Fall wenn $b_1 = b_2 = b$. Gleichung 10.30 vereinfacht sich dann zu

$$e_t = m_t + b\left[\exp\left(\sqrt{\frac{2}{\sigma^2}}m_t\right) + \exp\left(-\sqrt{\frac{2}{\sigma^2}}m_t\right)\right]. \tag{10.31}$$

Nun wäre $b = 0$ und somit $e_t = m_t$, wenn die Notenbank nie intervenieren müsste und die Geldmenge immer einem Random-Walk folgen würde. $b \neq 0$ verlangt somit, dass es Geldmengenniveaus m^* und $-m^*$ gibt, bei denen der Wechselkurs die Bandgrenze erreicht und die Notenbank tatsächlich intervenieren muss. Wir wollen nun als nächstes zeigen, dass sich die S-Kurve in m^* (und in $-m^*$) tangential an die Bandgrenze anschmiegt.

Halten wir zunächst fest, dass man die S-Kurve statt in einem Diagramm mit m an der Abszisse auch in einem Diagramm mit v an der Abszisse zeichnen kann. Wegen $m_t = m0 + v_t$ ist jede solche Kurve dann natürlich für eine gegebene Basisgeldmenge $m0$ gezeichnet. Eine Verringerung der Basisgeldmenge verschiebt die Kurve nach rechts, eine Erhöhung nach links. Abbildung 10.14 zeigt nun ein Segment einer hypothetischen S-Kurve welche die obere Bandgrenze bei $v^* = m^* - m0$ schneidet. Nach einer Störung $v_t = v^*$ in Periode t steige der Wechselkurs genau auf $\bar{e}$ (Punkt A). Da die rationale Erwartungen bildenden Marktteilnehmer die eingezeichnete Kurve kennen, basiert das Periodengleichgewicht A auf der Erwartung, dass z.B. eine negative Störung des Ausmasses $-\delta$ den Devisenmarkt in Periode $t + 1$ nach B bringen würde und eine gleich wahrscheinliche positive Störung δ nach C. Letztere Reaktion ist aber nicht möglich, da die Bandgrenze statt C den Punkt C' erzwingt. Damit ist aber die erwartete Aufwertung grösser als vom

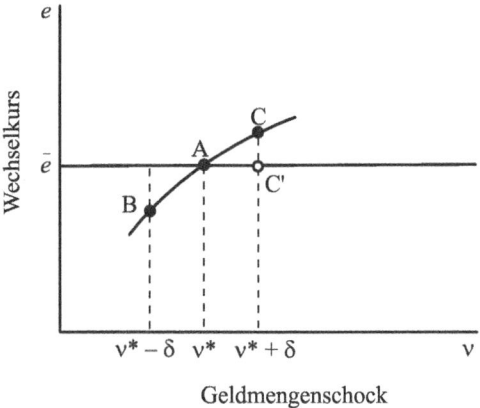

Abbildung 10.14 Hypothetisches Segment einer S-Kurve, welches die obere Grenze des Wechselkursbandes schneidet.

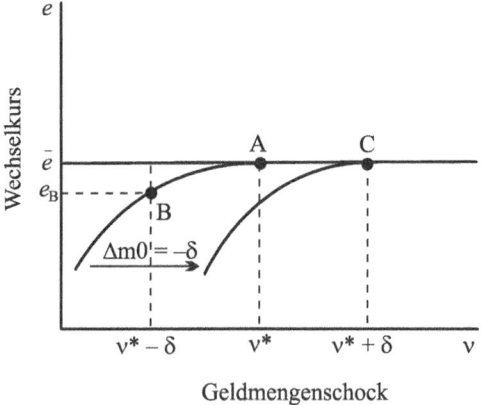

Abbildung 10.15 Mit rationalen Erwartungen kompatible Segmente der S-Kurve (für verschiedene Werte von $m0$), die sich tangential an die Bandgrenze annähern.

S-Kurvensegment signalisiert. A kann nicht auf der Bandgrenze liegen, sondern muss darunter sein.

Wenn die S-Kurve aber die Bandgrenze nicht schneiden kann, jedoch ein m^* existiert, bei dem die Interventionsverpflichtung wirklich einsetzt, dann bleibt als Alternative nur noch, dass sich die S-Kurve tangential an die Grenze der Zielzone annähert, wie dies Abb. 10.15 skizziert. Punkt A mit dem Wechselkurs $\bar{e}$ ist nach einer Störung $v_t = v^*$ dann ein rationales Periodengleichgewicht, wenn $v_{t+1} = -\delta$ und $v_{t+1} = \delta$ in der nächsten Periode zu e_B respektive $\bar{e}$ führen würden. Beim eingezeichneten tangentialen Kurvenverlauf tun sie dies auch tatsächlich, und Punkt A ist kompatibel mit rationalen, auf dem eingezeichneten Kurvenverlauf basierenden Erwartungen der Markt-teilnehmer.[10]

Das eben beschriebene und begründete tangentiale Anschmiegen der S-Kurve an die Bandgrenze – in der Literatur als *Smooth pasting* bezeichnet – führt zur formalen Bedingung $H'(m^*, \bar{e}) = H'(-m^*, \bar{e}) = 0$.Unter Verwendung der Lösung (10.31) ergibt dies

$$H(m^*, \bar{e}) = \left.\frac{de_t}{dm_t}\right|_{e_t = \bar{e}} = 0 \tag{10.32}$$

$$= 1 - b\sqrt{\frac{2}{\sigma^2}} \left[\exp\left(\sqrt{\frac{2}{\sigma^2}}m^*\right) + \exp\left(-\sqrt{\frac{2}{\sigma^2}}m^*\right) \right].$$

Wir können nun mit Hilfe dieser Gleichung die bisher unbekannte Konstante b bestimmen. Da $m^* > 0$, ergibt sich direkt $b > 0$. Um simultan mit b auch m^* bestimmen zu können, das wir ja ebenfalls noch nicht kennen, brauchen wir allerdings eine zweite Gleichung in den beiden Unbekannten b und m^*. Wir verwenden Gleichung 10.31, die ja auch an den Bandgrenzen gilt:

$$H(m^*, \bar{e}) = e^* = m^* + b\left[\exp\left(\sqrt{\frac{2}{\sigma^2}}m^*\right) + \exp\left(-\sqrt{\frac{2}{\sigma^2}}m^*\right) \right], \tag{10.33}$$

Um den Verlauf von $H(m^*, \bar{e})$ noch genauer bestimmen zu können, benötigen wir die 2. Ableitung der S-Kurve:

$$H''(m_t, \bar{e}) = \frac{d^2 e_t}{dm_t^2}$$

$$= -\frac{2b}{\sigma^2} \left[\exp\left(\sqrt{\frac{2}{\sigma^2}}m_t\right) - \exp\left(-\sqrt{\frac{2}{\sigma^2}}m_t\right) \right] \tag{10.34}$$

$$\begin{cases} > 0 \text{ für } m < 0 \\ = 0 \text{ für } m = 0 \\ < 0 \text{ für } m > 0 \end{cases}.$$

Aus den zuletzt angegebenen Relationen ergibt sich, dass $H'(m_t, \bar{e})$ das ja am unteren Interventionspunkt horizontal ist, zunächst immer steiler wird. Dies setzt sich fort bis der Wechselkurs auf seinem Paritätswert $\tilde{e} = 0$ und $m = 0$ ist $[H''(0, \bar{e}) = 0]$. Ab jetzt wird die Kurve mit steigendem m flacher und flacher, bis sie schliesslich im oberen Interventionspunkt wieder horizontal ist. Neben dieser Identifikation eines Wendepunkts bei $e = m = 0$ ist weiter von Bedeutung, dass

$$H'(0, \bar{e}) = 1 - 2b\sqrt{\frac{2}{\sigma^2}} < 1 \tag{10.35}$$

---

[10] Es ist zu beachten, dass die Störung Δv eine Änderung der Basisgeldmenge um $\Delta m0 = -\Delta v$ erzwingt, womit sich die S-Kurve um Δv nach rechts verschiebt. Dies ändert nichts daran, dass bei Auftreten der Störung Δv der Wechselkurs $\bar{e}$ resultiert.

d.h., die Steigung der S-Kurve ist auch im Zentrum des Bandes, an ihrer steils-
ten Stelle, kleiner als Eins. Somit dämpft die Existenz glaubwürdiger Grenzen
die Reaktion des Wechselkurses auf Änderungen der Geldmenge selbst unmittelbar im Zentrum der Zielzone. Aus diesem in der Literatur *Honeymoon
effect* getauften Ergebnis, und daraus, dass die Steigung der S-Kurve noch
flacher wird, wenn wir uns nach oben oder unten auf die Bandgrenzen zubewegen (Gleichung 10.34), ergibt sich schliesslich

$$m^* > e^* > -e^* > -m^*. \tag{10.36}$$

Die Fundamentalvariable kann also bei Existenz einer glaubwürdigen Zielzone in einem weiteren Bereich als der Wechselkurs schwanken (und als die
Fundamentalvariable bei flexiblen Wechselkursen schwanken könnte), ohne
dass die Notenbank zur Verteidigung der Bandgrenzen am Devisenmarkt intervenieren müsste.

10.4.3 Theorie und Wirklichkeit der Wechselkurszielzonen

Ähnlich wie die makroökonomischen Theorien flexibler Wechselkurse wurde auch das Zielzonenmodell im ständigen Vergleich zwischen Theorie und
Wirklichkeit weiterentwickelt. Entsprechen die theoretischen Implikationen
eines Modells nicht den von den Daten signalisierten Zusammenhängen, so
drängt sich die Frage auf, ob die zentralen Annahmen des Modells als zulässi-
ge Vereinfachung der Wirklichkeit für die betrachtete empirische Situation zu
akzeptieren sind. Im Falle der Europäischen Währungssystems beissen sich
zwei Grundpfeiler des Krugman-Modells mit der Wirklichkeit.

10.4.3.1 Wechselkursverteilung in der Zielzone

Eine zentrale Implikation des Krugman-Modells ist zunächst, dass die Verteilung des Wechselkurses zwischen den beiden Bandgrenzen U-förmig ist
(siehe Abb. 10.16). Werte in der Nähe der Parität kommen weit weniger häufig vor als Werte in der Nähe der Ränder. Dies liegt zum einen daran, dass
die Geldangebotswerte m^* und $-m^*$ durch die Interventionsverpflichtung er-
zwungenermassen häufiger auftreten als individuelle Werte dazwischen. Zum
anderen entfernt sich ja der Wechselkurs aufgrund des S-förmigen Kurvenver-
laufs nur langsam von den Rändern des Bandes wenn die Geldmenge unter
m^* sinkt oder über $-m^*$ steigt. Von seinem Paritätswert entfernt sich der
Wechselkurs dagegen bei gleich schneller Veränderung von m relativ rasch.
   Wie Abb. 10.17 am Beispiel des FF-DM-Kurses für den Zeitraum Januar 1988 - Juli 1993 zeigt, findet man in der Wirklichkeit regelmässig keine
U-förmige Verteilung des Wechselkurses. Im betrachteten Zeitraum befand

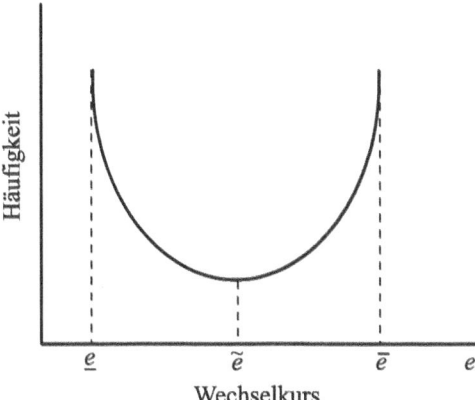

Abbildung 10.16 Theoretische Wechselkursverteilung im Band gemäss Krugman-Modell.

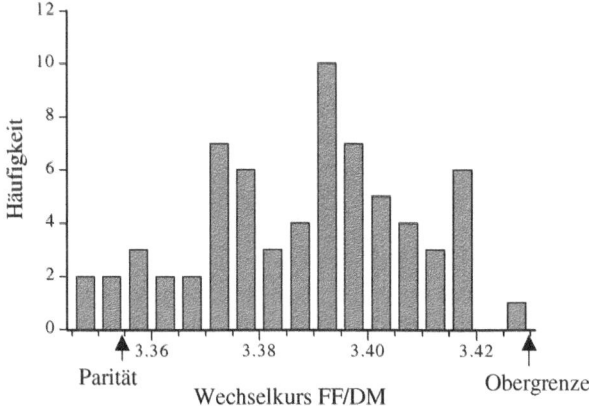

Abbildung 10.17 Verteilung des Franc/D-Mark-Kurses im EWS-Band im Zeitraum Januar 1988 bis Juli 1993. Quelle: IWF, International Financial Statistics.

sich der französische Franc nur einmal direkt an der oberen Interventionsgrenze. Anstelle eines U-förmigen Bildes konstatieren wir eine buckelförmige Verteilung um einen innerhalb des Bandes liegenden Wert. Die sich aus dem Krugman-Modell ergebende Hypothese einer U-förmigen Verteilung wird also von den Daten nicht gestützt.

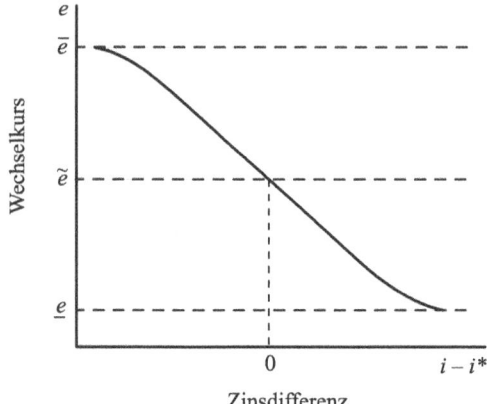

Abbildung 10.18 Theoretische Beziehung zwischen Wechselkurs und Zinsdifferenz im Krugman-Modell.

10.4.3.2 Korrelation zwischen Wechselkurs und Zinsdifferenz

Das Krugman-Modell beinhaltet auch eindeutige Aussagen zum Zusammenhang zwischen Wechselkurs und Zinsdifferenz.

Bei flexiblen Wechselkursen und einer zufälligen Geldmengenentwicklung gilt ja $e = m$. Wie wir wissen, ist auf dieser 45°-Linie im e/m-Diagramm die Abwertungserwartung gleich 0. Die S-Kurve des Zielzonenmodelles ist nun deshalb flacher als die 45°-Linie, weil für $e > 0$ Aufwertungserwartungen und für $e < 0$ Abwertungserwartungen Richtung Bandmitte bestehen. Konkret misst der vertikale Abstand zwischen 45°-Linie und S-Kurve das Produkt $\lambda E(\dot{e})$. Dieser Abstand ist also proportional zu den Aufwertungserwartungen. Da er nun mit steigendem Wechselkurs grösser wird, steigen auch die Aufwertungserwartungen. Gemäss $i^* - i = -E(\dot{e})$ reflektiert die Differenz zwischen ausländischem und inländischem Zins aber die Aufwertungserwartungen für die inländische Währung. Zwischen Wechselkurs und Zinsdifferenz gibt es deshalb im Krugman-Modell einen (nichtlinearen) negativen Zusammenhang (Abb. 10.18).

Zum Vergleich mit dem in Abb. 10.18 gezeigten negativen *theoretischen* Zusammenhang stellt Abb. 10.19 die bereits in Abb. 10.17 gezeigten FF/DM-Kurse den zugehörigen Zinsdifferenzen zwischen Frankreich und Deutschland gegenüber. Hier fällt das völlige Fehlen eines systematischen Zusammenhangs zwischen den beiden Grössen auf, welches als weitere Evidenz gegen das Krugman-Modell gewertet werden muss. Konkret ist aus den mit Ausnahme eines Datenpunkts permanent höheren Zinsen in Frankreich abzulesen, dass der Markt praktisch durchgehend mit einer weiteren Abwertung des Franc rechnete; und dies obwohl der Franc, wie schon Abb. 10.17 zeigte, fast durchgehend über seinem Paritätswert lag, also bereits 'zu schwach' war.

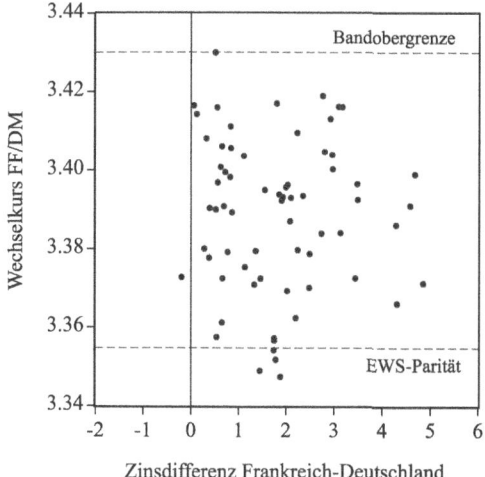

Abbildung 10.19 Streudiagramm für den FF-DM-Kurs und die französisch-deutsche Zinsdifferenz, Januar 1988 - Juli 1993. Quelle: IWF, International Financial Statistics.

10.4.3.3 Weiterentwicklungen in der Zielzonenliteratur

Theoretische Weiterentwicklungen in der Zielzonenliteratur versuchen die offensichtlichen Widersprüche zwischen den Daten und den theoretischen Hypothesen zu überwinden. Es liegt nahe, hierbei zunächst die Grundannahmen des Krugman-Modells in Frage zu stellen und gegebenenfalls durch realitätsnähere Formulierungen zu ersetzen. Zwei Annahmen des Krugman-Modells haben sich als besonders widersprüchlich im Vergleich zur Praxis des EWS entpuppt: Die Annahme, dass Interventionen erst an den Bandgrenzen einsetzen, und die Annahme, die Bandgrenzen seien aus der Sicht des Marktes völlig glaubwürdig.

Intramarginale Interventionen: Während Krugman annimmt, dass die Geldmenge innerhalb des Bandes einem Random-Walk folgt und nur an den Rändern interveniert wird, kann man auch Interventionen innerhalb des Bandes unterstellen, mit dem Ziel, den Kurs im Zentrum zu halten und einem Abdriften Richtung Bandgrenze vorzubeugen. In dieser Modellvariante werden Kurswerte an den Rändern seltener und nahe der Parität häufiger, wie wir es gemäss Abb. 10.17 auch regelmässig in der Wirklichkeit antreffen.

Unvollkommene Glaubwürdigkeit der Bandgrenzen: Wenn für den Markt nicht nur Wechselkursbewegungen innerhalb der permanent fixierten Bandgrenzen denkbar sind, sondern auch Verschiebungen des Bandes durch Änderungen der Parität oder Verbreiterungen des Bandes, dann müssen Wechselkursänderungen nicht mehr zwangsläufig Änderungen der Zinsdifferenz widerspiegeln, wie es Abb. 10.18 verlangt. Wechselkurse können sich dann auch bei un-

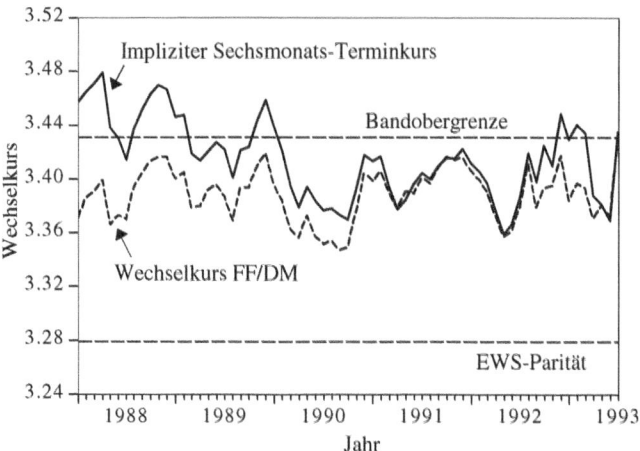

Abbildung 10.20 FF-DM-Tages- und Terminkurse Januar 1988 bis Juli 1993. Quelle: IWF, IFS.

veränderter Zinsdifferenz allein aufgrund aufkommender Paritätsänderungs-
erwartungen bewegen. Eine negative Korrelation zwischen Wechselkurs und
Zinsdifferenz ist dann nicht mehr zwingend. Die in Abb. 10.20 gezeigten impliziten (d.h. aus Zinsdifferenzen berechneten) Terminkurse für den FF-DM-
Kurs zeigen, dass der Markt gelegentlich sogar auf solch kurze Zeiträume mit
dem Herauslaufen des Wechselkurses aus dem aktuellen Band rechnet.

Zusammenfassend lässt sich zur Forschung über Wechselkurszielzonenmo-
delle folgendes festhalten: Es ist ein wichtiger Verdienst der von Krugman
(1991) eingeleiteten Diskussion über Zielzonen, gezeigt zu haben, dass Zielzonen nicht einfach im Sinne eines additiven Zusammenfügens fester und flexibler Wechselkurse funktionieren. Zielzonen erlauben, dass sich beide Wech-
selkurssysteme durchdringen. Dort wo sich der Wechselkurs frei bewegen
kann, bewegt er sich weniger durch das Hineinwirken der den Wechselkurs
fixierenden Bandgrenzen in das Band; wo die Geldpolitik auf dem Papier
ihre Autonomie verliert, wird letztere durch die Existenz des Bandes noch
erweitert. Wie bedeutend diese Aspekte in der Wirklichkeit sind, hängt letztlich wesentlich von der Glaubwürdigkeit des Zielzonenarrangements ab. Je
unglaubwürdiger die Bandgrenzen werden und je mehr bereits innerhalb des
Bandes der Paritätswert aktiv durch Interventionen verteidigt wird, desto
mehr streckt sich die vom theoretischen Modell postulierte S-Kurve und nähert sich einer Geraden an, deren Steigung kleiner ist als Eins, wie wir sie
bereits im normalen monetären Modell mit Devisenmarktinterventionen abgeleitet hatten. Im Extremfall kann hier die Zielzone jede Wirkung verlieren
und keine Spur mehr in den Daten hinterlassen.

10.5 Hinweise zur Beantwortung der gestellten Frage

Frage 10.1

Wir unterstellen, eine ungewollte Änderung der Geldmenge werde von der Notenbank nur schrittweise abgebaut. Setzen wir zur Vereinfachung $\hat{m} = 0$, wird nun nach einer Störung in Periode t für die nächste Periode die Geldmenge $E_t(m_{t+1}) = \beta m_t$, für die übernächste Periode $E_t(m_{t+2}) = \beta^2 m_t$ und generell

$$E_t(m_{t+i}) = \beta^i m_t \tag{10.37}$$

erwartet.

Erinnern wir uns nun daran (siehe Kapitel 6, S. 186) dass die allgemeine Lösung des monetären Modells, die sich bei offener künftiger Geldmengenentwicklung ergibt, lautet (wir ignorieren andere Fundamentalvariablen):

$$e_t = \frac{1}{1+\lambda} \left[m_t + \sum_{i=1}^{\infty} \left(1 - \frac{1}{1+\lambda} \right)^i E_t(m_{t+i}) \right].$$

Ersetzen wir die im letzten Term zusammengefassten Geldmengenerwartungen durch das durch (10.37) definierte Reaktionsprofil, so ergibt sich unter Verwendung der Reihenformel $\sum_{i=1}^{\infty} x^i = 1/(1-x)$

$$e_t = \frac{\alpha}{1 - (1-\alpha)\beta} m_t.$$

Je stärker nach einer ungewollten Geldmengenänderung gegengesteuert wird, desto flacher ist offensichtlich die Wechselkursbestimmungslinie. Für $\beta = 1$ (keine Gegensteuerung) erhalten wir das für flexible Wechselkurse gefundene Resultat $e_t = m_t$. Für $\beta = 0$ (völlige Eliminierung der Störung innert einer Periode) erhalten wir wieder $e_t = \alpha m_t$.

Literatur

Bertola, Giuseppe (1994). Continuous-Time Models of Exchange Rates and Intervention. In: Frederick van der Ploeg (ed.), *The Handbook of International Macroeconomics*. Oxford: Blackwell, 251-298.

Chiang, Alpha (1984). *Fundamental Methods of Mathematical Economics*. Singapore: McGraw-Hill, 3. Auflage.

Corden, W. Max (2002). *Too Sensational: On the Choice of Exchange Rate Regimes*. Cambridge, MA: The MIT Press.

Internationaler Währungsfonds (2002). *Jahresbericht 2002*, Appendix II. Washington, D.C.

Miller, Marcus und Paul Weller (1991). Exchange Rate Bands with Price Inertia. *Economic Journal* 101, 184-215.

Krugman, Paul R. (1991). Target Zones and Exchange Rate Dynamics. *Quarterly Journal of Economics* 55, 669-682.

Krugman, Paul R. (1999). Heaven is a Weak Euro. http://web.mit.edu/krugman/www/hershey.html.

Reither, Franco (2002). Portfoliogleichgewicht bei festem Wechselkurs. *WiSt*, 75-79.

Svensson, Lars E. O. (1992). An Interpretation of Recent Research on Exchange Rate Target Zones. *Journal of Economic Perspectives* 6, 119-144.

Kapitel 11
Währungskrisen

Die grossen Krisen der 1990er Jahre – EWS 1992/3, Mexiko 1994 und Asien 1997 – haben das Thema *Währungs- und Finanzmarktkrisen* zu einem wichtigen Teil der monetären Aussenwirtschaft gemacht. Die darauffolgenden Krisen in Russland, Brasilien und Argentinien haben die Bedeutung dieses Themas nur noch erhöht. Die Häufung und das Ausmass der Krisen in den letzten 20 Jahren sind auch auf ein verändertes institutionelles Umfeld zurückzuführen, da sich während des gleichen Zeitraums die Kapitalmobilität bedeutend erhöht hat.

Zwei Ursachen sind für diese Entwicklung verantwortlich. Einerseits sind in vielen Ländern die Kapitalverkehrsbeschränkungen reduziert worden, da insbesondere Entwicklungs- und Schwellenländer verstärkt versuchen, Kapital aus dem Ausland anzulocken. Andererseits haben die neuen Informations- und Kommunikationstechnologien die Transaktionskosten im internationalen Kapitalverkehr gesenkt. Dies hat die Entwicklung neuer Anlageformen gefördert und eine stärkere Internationalisierung von Portfolios ermöglicht.

Wie im vorhergehenden Kapitel gezeigt wurde, unterliegt die Geldpolitik bei hoher Kapitalmobilität starken Einschränkungen. Daraus resultiert auch das klassische Trilemma der monetären Aussenwirtschaft: Es ist nicht möglich, gleichzeitig feste Wechselkurse, freien Kapitalverkehr und eine unabhängige Geldpolitik zu wählen. Dieser Zielkonflikt wird im ersten Teil dieses Kapitels im Rahmen einer Währungskrisentheorie der *ersten Generation* genauer analysiert. Überraschend ist bei diesem Ansatz nicht, dass es bei einer inkonsistenten Geldpolitik zwangsweise zu einer Krise kommen muss, sondern der *Zeitpunkt* der Krise, nämlich schon *bevor* die Währungsreserven der Zentralbank aufgebraucht sind. Das monetäre Modell einer spekulativen Währungsattacke ist jedoch, wie am Ende des ersten Teilkapitels argumentiert wird, in verschiedener Hinsicht unbefriedigend. Im Rest des Kapitels werden daher einige neuere Entwicklungen präsentiert.

Im zweiten Teilkapitel wird ein Beispiel eines *Modells der zweiten Generation* zur Erklärung von Währungskrisen präsentiert. In diesen Modellen wird die Wechselkurspolitik der Regierung explizit in die Überlegungen integriert.

Daraus resultiert unter bestimmten Bedingungen eine Situation mit *multiplen Gleichgewichten*, in denen es von den Erwartungen der Marktteilnehmer abhängt, ob es zu einer Krise kommt oder nicht. Das Modell zeigt somit, dass es aufgrund 'sich selbst erfüllender Erwartungen' zu Währungskrisen kommen kann. Diese Art von Modell scheint besonders als Erklärung für die EWS Krisen relevant. Ausserdem wird in Teil 11.2 gezeigt, dass es multiple Gleichgewichte auch aufgrund einer mangelnden Koordination zwischen den Marktteilnehmern geben kann.

Die Asienkrise[1] hat eine weitere Generation von Erklärungsansätzen ins Leben gerufen, die sogenannten *Modelle der dritten Generation*, wobei es sich hier aber um eine eher heterogene Gruppe handelt. Zu ihr zählen beispielsweise neuere Ansätze, die versuchen, das Phänomen der Ansteckung zu erklären.[2] Der dritten Generation zugerechnet werden vor allem aber auch Modelle, in denen die Krise weder durch monetäre Ungleichgewichte noch durch endogene Regierungspolitik verursacht werden, sondern durch Marktunvollkommenheiten im inländischen Finanzsektor. Teil 11.3 dieses Kapitels präsentiert ein Modell, in dem Währungskrisen durch Imperfektionen im inländischen Kreditmarkt ausgelöst werden. Diese Darstellung stellt eine formale Ergänzung zu den bereits in Teilkapitel 3.3 getroffenen Überlegungen dar.

11.1 Inkompatible Geldpolitik in einem Modell der ersten Generation

Das in diesem Teilkapitel präsentierte Modell geht auf Krugman (1979) und Flood und Garber (1984) zurück und untersucht, wie eine mit dem festen Wechselkurs inkonsistente Geld- bzw. Fiskalpolitik zum Zusammenbruch des festen Wechselkurssystems führt.

11.1.1 Modellstruktur

Die Annahmen des Modells sind in Tabelle 11.1 zusammengefasst. Ausgangspunkt ist das monetäre Wechselkursmodell (siehe Kapitel 6). Aus dem Geldmarktgleichgewicht (11.1), der Zinsparität (11.2) und der Kaufkraftparität (11.3) lässt sich die Bestimmungsgleichung des Wechselkurses herleiten (vgl. Gleichung 6.6', S. 171):

---

[1] Detaillierte Übersichten zum Ablauf und den möglichen Ursachen der Asienkrise finden sich in Furman und Stiglitz (1998), Radelet und Sachs (1998) und Agenor et al. (1999).

[2] Masson (1998) bietet eine nützliche Klassifizierung verschiedener Übertragungsmechanismen.

Tabelle 11.1 Monetäres Modell zur Erklärung von Währungskrisen.

$m_t = p_t + \phi y - \lambda i_t$	Geldmarktgleichgewicht	(11.1)
$i_t = i^* + E(\dot{e}_{t+1})$	Kapitalmarktgleichgewicht	(11.2)
$e_t = p_t - p^*$	Kaufkraftparität	(11.3)
$e_t = \bar{e}$	Fester Wechselkurs	(11.4)
$M_t = F_t^Z + B_t^Z$	Inländische Geldmenge	(11.5)
$\dfrac{\dot{B}_{t+1}^Z}{B_t^Z} = \mu$	Wachstumsrate der Neuverschuldung	(11.6)

Anmerkungen: Kleinbuchstaben bezeichnen den natürlichen Logarithmus der betreffenden Variablen (die einzige Ausnahme betrifft den Zinssatz). Ein Punkt über einer Variablen bezeichnet deren Änderung in der Zeit. $E(.)$ ist der Erwartungsoperator. Griechische Buchstaben geben positive Modellparameter wieder. Die Bedeutung der verwendeten Symbole ist wie folgt:

m= inländische Geldmenge	e = Wechselkurs
p = inländisches Preisniveau	p^* = ausländisches Preisniveau (exogen)
y = Volkseinkommen (exogen)	F^Z = Währungsreserven der Notenbank
i = inländischer Zinssatz	B^Z = von der Notenbank gehaltene inländi-
i^*= ausländischer Zinssatz (exogen)	sche Bonds

$$e_t = m_t - \phi y + \lambda i^* + \lambda E(\dot{e}_{t+1}) - p^*. \tag{11.7}$$

Die Bestimmungsfaktoren des Wechselkurses sind das inländische Volkseinkommen y, der ausländische Zins i^*, das ausländische Preisniveau p^* – diese drei Grössen werden hier zur Vereinfachung konstant gehalten – und die erwartete Abwertungsrate $E(\dot{e}_{t+1}) = E(e_{t+1}) - e_t$. Das ausländische Preisniveau und der ausländische Zinssatz werden im ausländischen Geldmarkt determiniert, sind aber aus Sicht des Inlands exogen gegeben. Die in (11.7) auftretenden Bestimmungsfaktoren des Wechselkurses (mit Ausnahme der Wechselkurserwartung) werden in der Literatur häufig als *Fundamentalvariablen* bezeichnet, da sie den langfristigen Gleichgewichtswechselkurs bestimmen.

Wir betrachten nun eine Volkswirtschaft mit einem festen Wechselkurs. Die Notenbank fixiert den Wechselkurs daher auf den Zielwert $\bar{e}$. Solange dieser Festkurs glaubwürdig ist und als permanent betrachtet wird, ist $E(\dot{e}) = 0$ und (11.7) reduziert sich zu

$$\bar{e} = m_t - \phi y + \lambda i^* - p^*. \tag{11.8}$$

Somit bestimmt (11.8) – für gegebene Werte der exogenen Variablen – die einzig mögliche Geldmenge $m_t = \bar{m}$, die mit dem festen Wechselkurs $\bar{e}$ kompatibel ist:

$$\bar{m} = \bar{e} + \phi y - \lambda i^* + p^*. \tag{11.9}$$

Die inländische Geldmenge setzt sich, wie schon in Teilkapitel 10.2.2 beschrieben, aus den Devisenreserven F_t^Z der Notenbank und den von ihr gehaltenen inländischen Wertpapieren B_t^Z zusammen. Dabei wird zur Vereinfachung wieder angenommen, dass B_t^Z nur aus inländischen Staatsanleihen (Bonds) besteht und der Geldmultiplikator gleich Eins ist.

Die inländische Notenbank hat nur einen eingeschränkten Einfluss auf die Geldpolitik, da sie von der Regierung gezwungen wird (bzw. sich gezwungen sieht), alle ihr angebotenen Staatsanleihen zu kaufen. Wenn die Haushaltsdefizite der Regierung monetarisiert werden, kann die Notenbank anfangs zwar die Gesamtgeldmenge bestimmen, nicht aber ihre Zusammensetzung. Da der Haushalt der Regierung in diesem Modell per Annahme immer defizitär ist, besteht ständig ein Finanzierungsbedarf über die Geldschöpfung der Notenbank. Gemäss Gleichung 11.6 wächst die Staatsverschuldung und entsprechend der Bondbestand der Notenbank mit der Rate μ.

Die Veränderung der Geldmenge entspricht der Summe der Veränderungen der Devisenreserven und Bonds:

$$\dot{M}_t = \dot{F}_t^Z + \dot{B}_t^Z.$$

Um den festen Wechselkurs beibehalten zu können, muss die Notenbank die Geldmenge konstant halten, d.h. $\dot{M}_t = 0$. Aufgrund der Tatsache, dass die von der Notenbank gehaltenen Bonds mit der Rate μ anwachsen, und somit $\dot{B}_t^Z = \mu B_{t-1}^Z$, kann die Geldmenge nur dann konstant bleiben, wenn

$$-\dot{F}_t^Z = \mu B_{t-1}^Z. \tag{11.10}$$

Die Notenbank verliert also ständig Devisen, da sie die nicht unter ihrer Kontrolle stehenden Bondzukäufe sterilisieren muss.

Dieser Prozess muss irgendwann ein Ende nehmen, spätestens dann, wenn die Devisenvorräte der Notenbank erschöpft sind. Dies ist natürlich eine wenig überraschende Feststellung und ist auch den Marktteilnehmern in diesem Modell bekannt, da wir von *rationalen Erwartungen* ausgehen. Der Erkenntnisgewinn des monetären Ansatzes zur Analyse von Währungskrisen besteht somit nicht darin zu zeigen, dass es aufgrund der mit einem festen Wechselkurs unvereinbaren Geldpolitik zu einer Krise kommen muss, sondern betrifft den *Zeitpunkt* der Krise.

11.1.2 Der Schattenwechselkurs

Ein wichtiger Bestandteil des monetären Modells zur Erklärung von spekulativen Attacken ist der sogenannte *Schattenwechselkurs* ('shadow exchange rate') e_t^s. Es handelt sich dabei um den Wechselkurs, der sich einstellen wür-

de, wenn es keine Interventionen seitens der Notenbank im Devisenmarkt
gäbe. Der Schattenwechselkurs wird entweder dann relevant, wenn sich die
Notenbank entschliesst, den Wechselkurs nicht länger konstant zu halten und
deshalb keine Devisenbestände mehr benötigt, oder wenn die Devisenreserven der Notenbank F^Z durch spekulative Käufe erschöpft sind. Da in beiden
Fällen die Devisenreserven der Notenbank gleich Null sind, ist die für den
Schattenwechselkurs relevante Geldmenge $M_t = B_t^Z$, bzw. in Logarithmen
$m_t = b_t^Z$.

Der aus (11.7) resultierende Schattenwechselkurs ist somit

$$e_t^s = b_t^Z - \phi y + \lambda i^* + \lambda E(\dot{e}_{t+1}^s) - p^*. \tag{11.11}$$

Um diese Gleichung nach e_t^s aufzulösen, muss noch die Erwartung bezüglich
der zukünftigen Veränderung des Schattenwechselkurses, $E(\dot{e}_{t+1}^s)$, gefunden
werden.

Als erstes ist festzuhalten, dass aufgrund der Kaufkraftparität (11.3) die
Abwertungsrate der Differenz zwischen inländischer und ausländischer Inflationsrate entsprechen muss, $\dot{e}_t^s = \dot{p}_t - \dot{p}_t^*$. Bei konstantem ausländischem
Preisniveau ist $\dot{p}_t^* = 0$ und somit $\dot{e}_t^s = \dot{p}_t$. Die inländische Inflationsrate ist
im monetären Modell aber gemäss Geldneutralität durch das Geldmengen-
wachstum gegeben, d.h. $\dot{p}_t = \dot{m}_t$. Das für den Schattenwechselkurs relevante Geldmengenwachstum ist identisch mit dem Wachstum der Bondbestän-
de der Notenbank, da keine Währungsreserven mehr gehalten werden, d.h.
$m_{t+1} - m_t = b_{t+1}^Z - b_t^Z \simeq \dot{M}_{t+1}/M_t = \dot{B}_{t+1}^Z/B_t^Z = \mu$.

Daraus folgt für die erwartete Abwertungsrate

$$E\left(\dot{e}_{t+1}^s\right) = E\left(\dot{m}_{t+1}\right) = \mu.$$

Der von der Notenbank gehaltene Bondbestand in Periode t lässt sich (in
Logarithmen) relativ zu einem anfänglichen Wert b_0^Z, ab dem die Haushaltsdefizite der Regierung zu wachsen begannen, gemäss (11.6) auch als

$$b_t^Z = b_0^Z + \mu t$$

schreiben. Eingesetzt in (11.11) ergibt dies für den Schattenwechselkurs

$$e_t^s = b_0^Z + \mu t - \phi y + \lambda i^* + \lambda \mu - p^*. \tag{11.12}$$

11.1.3 Verlauf und Zeitpunkt der Krise

Die Notenbank verteidigt die inländische Währung solange, bis ihre Devisenreserven auf Null gesunken sind. Dann wird der feste Wechselkurs aufgegeben
und durch vollkommene Wechselkursflexibilität ersetzt. Nach der Attacke gilt
also der Schattenwechselkurs. Wenn wir den Zeitpunkt des Zusammenbruchs

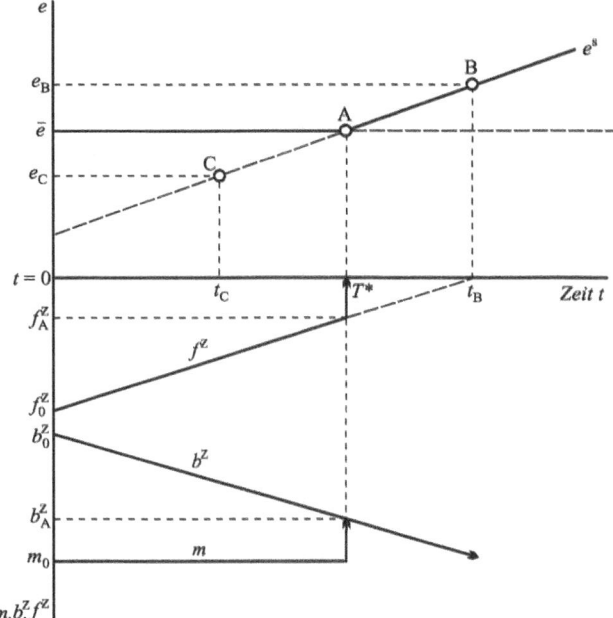

Abbildung 11.1 Darstellung des Zeitpunkts der spekulativen Attacke im monetären Modell.

des festen Wechselkurssystems als T^* bezeichnen, dann gilt für den Wechselkurs vor und nach der Krise

$$e_t = \begin{cases} \bar{e}, & t < T^* \\ e_t^s, & t \geq T^*. \end{cases}$$

Um den Krisenzeitpunkt zu bestimmen, muss festgelegt werden, was mit dem Wechselkurs nach der Attacke passiert. Anhand von Abb. 11.1 lässt sich diese Frage grafisch-intuitiv beantworten. In der oberen Teilgrafik sind der feste Wechselkurs $\bar{e}$ durch eine horizontale Linie und der Schattenwechselkurs e_t^s durch eine Gerade mit der Steigung μ im Zeitablauf dargestellt. Das untere Teildiagramm zeigt die inländische Geldmenge m und deren Bestandteile (in Logarithmen). Die Steigung der f^Z-Linie beträgt $-\mu$, die der b^Z-Linie μ.

Betrachten wir zuerst den Zeitpunkt t_B, zu dem die Devisenreserven durch den Sterilisierungsprozess (11.10) automatisch erschöpft wären. Zu diesem Zeitpunkt würde es einen Sprung des Wechselkurses von $\bar{e}$ auf e_B geben, der durch den in Kapitel 6 beschriebenen Vergrösserungseffekt verursacht wird. Ein Anleger, der erst zu diesem Zeitpunkt versucht, Devisenreserven zu kaufen, geht leer aus; er kann nicht mehr von der Aufwertung der ausländischen Währung profitieren.

Ein einzelner Spekulant, der dies voraussieht, könnte im Prinzip kurz vor t_B, z.B. zum Zeitpunkt $t_B - \epsilon$ (nicht eingezeichnet), Devisen kaufen und somit der Abwertung zuvorkommen. In einem Modell mit rationalen Akteuren werden aber alle diese Strategie anwenden, und es käme schon vor $t_B - \epsilon$ zur Attacke und somit zur Aufgabe der Wechselkursfixierung. Diese Überlegung lässt sich natürlich auch auf noch frühere Zeitpunkte anwenden und führt zur Schlussfolgerung, dass zum Zeitpunkt einer Attacke auf alle Fälle keine sprunghafte Abwertung des Wechselkurses stattfinden kann.

Könnte die Attacke zu einem relative frühen Zeitpunkt wie t_C stattfinden? Sollte die Notenbank sich zu diesem Zeitpunkt auf Grund einer Attacke gezwungen sehen, alle ihre Währungsreserven zu verkaufen und als Folge den Wechselkurs freizugeben, käme es zu einer *Aufwertung* der inländischen Währung (der Wechselkurs würde auf e_C sinken). Dies würde aber einen Verlust für all die Anleger bedeuten, die zuvor ausländische Devisen von der Notenbank gekauft haben. Folglich ist auch ein Zeitpunkt wie t_C für eine Attacke ausgeschlossen.

Das Endergebnis dieses Gedankenexperiments ist, dass es nur einen möglichen Zeitpunkt für eine rationale Attacke geben kann. Dieser ist als T^* eingezeichnet und ist der Zeitpunkt, bei dem der feste Wechselkurs genau dem Schattenwechselkurs entspricht, also in Punkt A. Wenn die spekulative Attacke zu diesem Zeitpunkt stattfindet, sinken die restlichen Devisenreserven f_A^Z sofort auf Null; die inländische Geldmenge m fällt entsprechend auf das Niveau des Bondbestands b_A^Z und wächst danach mit der Rate μ.

Da die inländische Geldmenge zum Zeitpunkt des Kollapses plötzlich gesunken ist (auch real, da das inländische Preisniveau sich aufgrund der Kaufkraftparitätsannahme nicht verändert hat), steigt der inländische Zinssatz sprunghaft an. Dies beinhaltet keine Verletzung der Zinsparität, sondern ist für ihre durchgängig bestehende Gültigkeit sogar notwendig, da es ab T^* eine positive Abwertungserwartung gibt. Wenn $E(\dot{e}_{t+1}) > 0$, muss auch $i_t > i^*$.

Das auf den ersten Blick Erstaunliche an dem aus diesen Überlegungen resultierenden Ergebnis ist, dass die spekulative Attacke auf die inländische Währung zu einem Zeitpunkt stattfindet, zu dem noch *ausreichend Devisenreserven* vorhanden wären, um den festen Wechselkurs zumindest noch für eine gewisse Zeit beizubehalten. Eine spekulative Attacke in einer Phase, in der eigentlich noch ausreichend Devisenreserven vorhanden sind, mag auf den ersten Blick irrational erscheinen. Es ist aber ganz im Gegenteil die Rationalität der Spekulanten, die zu diesem Ergebnis führt.

Die soeben formulierte Überlegung lässt sich auch formal nachvollziehen. Der Zeitpunkt $t = T^*$ der Attacke wird dadurch bestimmt, dass $\bar{e} = e_t^s$. Eingesetzt in (11.12) ergibt sich

$$\bar{e} = e^s = b_0^Z + \mu T^* - \phi y + \lambda i^* + \lambda \mu - p^*. \tag{11.13}$$

Auflösen nach T^* ergibt

$$T^* = \frac{\bar{e} - b_0^Z + \phi y - \lambda i^* + p^* - \lambda \mu}{\mu} \tag{11.14}$$

$$= \frac{\bar{m} - \ln\left(M_0 - F_0^Z\right) - \lambda \mu}{\mu},$$

wobei zur Herleitung der zweiten Zeile (11.5) und (11.9) verwendet wurden.

Aus Gleichung 11.14 lässt sich feststellen, welche Faktoren die Attacke verzögern und welche den Prozess beschleunigen. Die spekulative Attacke und das Ende des festen Wechselkursregimes kommt umso später, je

- höher der feste Wechselkurs ($\partial T^*/\partial \bar{e} > 0$);
- grösser die anfänglichen Devisenreserven ($\partial T^*/\partial F_0^Z > 0$);
- grösser das inländische Volkseinkommen ($\partial T^*/\partial y > 0$), da dies die inländische Geldnachfrage erhöht;
- niedriger der ausländische Zinssatz ($\partial T^*/\partial i^* < 0$);
- höher das ausländische Preisniveau ($\partial T^*/\partial p^* > 0$), weil dies gemäss Kaufkraftparität die inländische Geldmenge reduziert;
- langsamer das Wachstum der staatlichen Verschuldung bei der Notenbank und der damit einhergehenden Monetarisierung des Haushaltsdefizits ($\partial T^*/\partial \mu < 0$).

Frage 11.1

Zeigen Sie anhand der oberen Teilgrafik von Abbildung 11.1, wie sich i) eine exogene Erhöhung der Devisenreserven und ii) eine Reduktion der Wachstumsrate der Neuverschuldung μ auf den Zeitpunkt der Attacke auswirken.

11.1.4 Erweiterungen

In verschiedenen Arbeiten wurde die hier vorgestellte Grundversion des Krugman-Modells erweitert. Übersichten finden sich in Agenor und Flood (1994), Agenor und Montiel (2008) und Flood und Marion (1999). Dabei geht es vor allem darum, einige der weniger plausiblen Aspekte des Modells durch realitätsnähere Annahmen zu ersetzen. Die folgenden Erweiterungen/Ergänzungen seien hier kurz erwähnt:

- *Sterilisierung.* Man könnte vermuten, dass sich der sprunghafte Rückgang der Geldmenge und der damit verbundene Zinsanstieg zum Zeitpunkt der Attacke vermeiden liesse, wenn der plötzliche Rückgang der Reserven durch einen entsprechenden Anstieg von B^Z sterilisiert werden würde. Dies wäre jedoch ein Trugschluss, da die antizipierte Sterilisierung den festen Wechselkurs von vornherein unmöglich macht. Der Grund liegt darin, dass damit der Schattenwechselkurs in Abb. 11.1 nie unter dem festen Wechselkurs $\bar{e}$ liegen würde, auch nicht links von T^*, denn ein Devisenverlust würde nie einen Rückgang der Geldmenge und eine damit verbundene Aufwertung der inländischen Währung verursachen.

- *Alternative Wechselkursregime nach der Krise.* Der Krisenzeitpunkt hängt u.U. auch vom danach folgenden Währungsregime ab. Es wäre zum Beispiel möglich, dass nach der Abwertung und einer kurzen Übergangsphase erneut ein fester Wechselkurs gewählt wird.

- *Auslandsverschuldung.* Länder mit niedrigen Devisenbeständen haben normalerweise Zugang zu kurzfristigen Darlehen vom Internationalen Währungsfonds oder anderen Zentralbanken. Die Vermutung wäre, dass der Zugang zu solchen Krediten eine Währungskrise unwahrscheinlicher macht (da somit F^Z steigt). Dies muss aber nicht der Fall sein, da die Verschuldung auch Kosten in Form von Zinszahlungen beinhaltet. Wenn diese Zinszahlungen das langfristige Defizit der Regierung erhöhen und damit den Haushalt verschlechtern, könnte die Währungskrise infolgedessen sogar früher auftreten.

- *Kapitalverkehrsbeschränkungen.* Temporäre Kapitalverkehrsbeschränkungen können eine Attacke unterbinden. Werden diese jedoch von den Spekulanten antizipiert, kommt es noch früher zur Attacke, da sie ihr Kapital rechtzeitig vor Inkraft-Treten der Beschränkungen in ausländische Währung verlagern wollen.

11.1.5 Einschränkungen

Der monetäre Ansatz zur Erklärung von spekulativen Attacken und daraus resultierender Währungskrisen hat zwei Schwächen. Die erste ist theoretischer Natur und beruht auf den extrem asymmetrischen Annahmen bezüglich des Verhaltens der Spekulanten und der Regierung. Den Anlegern werden rationale Erwartungen unter vollständiger Kenntnis der Funktionsweise der Wirtschaft unterstellt. Das Regierungsverhalten hingegen ist rein statisch. Dies liesse sich eventuell dadurch erklären, dass die Regierung nicht weiss, dass die Monetarisierung ihrer Defizite zu einer mit dem festen Wechselkurs inkompatiblen Geldpolitik führt, oder dass sie aus politischen Gründen nicht anders handeln kann. Beides erscheint aber eher unrealistisch und es folgt die berechtigte Frage, ob es bei anderen Verhaltensmustern der Regierung auch zu Währungskrisen kommen kann.

Die zweite Schwäche ist empirisch. Auch wenn keine hundertprozentigen Schlussfolgerungen möglich sind, so ist die vorherrschende Meinung doch die, dass viele der Krisen der letzten beiden Jahrzehnte nicht auf monetäre Ungleichgewichte zurückzuführen sind. Dies gilt insbesondere für die EWS-Krisen, aber zumindest eingeschränkt auch für Mexiko 1994 und den asiatischen Wirtschaftsraum 1997. Auch die sogenannte *Ansteckung*, bei der

Drittländer wie z.B. Hongkong während der Asienkrise oder Brasilien als Folge der Russlandkrise 1998 attackiert wurden, kann nur eingeschränkt durch monetäre Ursachen erklärt werden.

11.2 Multiple Gleichgewichte in einem Modell der zweiten Generation

Die am Ende des vorhergehenden Abschnitts erwähnten Schwächen des monetären Ansatzes zur Erklärung von spekulativen Attacken und Währungskrisen haben zu einer Reihe von Weiterentwicklungen geführt. Die erste Gruppe neuerer Modelle wird häufig als *zweite Generation* bezeichnet. Die entscheidende Erweiterung dieser Modellgattung ist der Spielraum, der dem Verhalten der Regierung eingeräumt wird. Die Währungsreserven der Notenbank spielen dagegen keine Rolle, so wie insgesamt der monetäre Sektor und die Geldpolitik in diesen Modellen nur sehr rudimentär dargestellt werden.

In dem in diesem Abschnitt vorgestellten Modell von Obstfeld (1994) wird unterstellt, dass die Regierung ein Output- bzw. Beschäftigungsziel verfolgt und dazu unter gewissen Umständen bereit ist, den festen Wechselkurs aufzugeben. Ein wichtiges Resultat des Modells ist, dass es in bestimmten Situationen multiple Gleichgewichte geben kann. Diese werden durch eine Zirkularität verursacht, die darin besteht, dass sich die Erwartungen der Spekulanten und das Kalkül der Regierung gegenseitig beeinflussen.

Vor der Präsentation des verhältnismässig komplexen Obstfeld-Modells soll hier kurz anhand Abb. 11.2 gezeigt werden, dass es auch in einem monetär ausgerichteten Modell zu multiplen Gleichgewichten kommen kann.[3] In der rechten Teilgrafik ist das Gleichgewicht im inländischen Geldmarkt an-

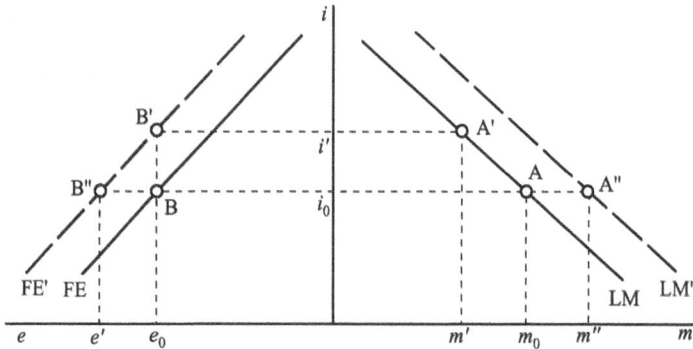

Abbildung 11.2 Multiple Gleichgewichte im monetären Modell.

---

[3] Diese Abbildung ist bereits aus Kapitel 6 bekannt (siehe Abb. 6.1 auf Seite 172).

hand der LM-Kurve und in der linken das Gleichgewicht im internationalen Kapitalmarkt in Form einer FE-Kurve dargestellt.[4] Anfänglich ist der Wechselkurs bei e_0 fixiert. Die entsprechende Geldmenge ist m_0. Der inländische Zinssatz beträgt i_0 $(= i^*)$.

Plötzlich verändern sich die Erwartungen der Spekulanten; sie erwarten eine Abwertung. Dies verschiebt die FE-Kurve nach oben zu FE'. Will die Notenbank den festen Wechselkurs beibehalten, muss sie einen Anstieg des inländischen Zinssatzes auf i' in Kauf nehmen und die Geldmenge entsprechend auf m' reduzieren. Will sie den Zinsanstieg vermeiden, kann sie dem Abwertungsdruck nachgeben und eine Abwertung auf e' zulassen. Aufgrund der Kaufkraftparität steigt nun aber auch das Preisniveau entsprechend, was die LM-Kurve nach LM' verschiebt. Entsprechend muss die Geldmenge auf m'' steigen.

In diesem Beispiel kann von multiplen Gleichgewichten gesprochen werden, da es für eine gegebene Ausgangsposition (die Punkte A und B) einzig von den Erwartungen der Spekulanten abhängt, ob wir dort bleiben oder uns in ein neues Gleichgewicht bewegen (die Punkte A''und B''). Wenn die Wirtschaftspolitik der Regierung wie in diesem Beispiel auch von den Erwartungen abhängt, sind im Prinzip unendlich viele Gleichgewichte möglich. Im nun präsentierten Obstfeld-Modell wird zusätzlich ein explizites Handlungskalkül der Regierung hinzugefügt, das wiederum die Erwartungen der Spekulanten beeinflusst.

11.2.1 Das Obstfeld-Modell mit multiplen Gleichgewichten

11.2.1.1 Struktur des Modells

Das hier dargestellte Modell wurde ursprünglich von Obstfeld (1994, 1996) formuliert und adaptiert das bekannte Barro-Gordon-Modell (1983) einer optimierenden Regierung auf eine offene Volkswirtschaft. Die Modellannahmen sind in Tabelle 11.2 zusammengefasst.

Der Output wird durch Gleichung 11.15 bestimmt und übersteigt dann den 'natürlichen' bzw. Gleichgewichtswert $\bar{y}$, wenn der Reallohn gesunken ist, d.h. wenn $\dot{w} < \dot{p}$. Zusätzlich wird der Output durch einen Angebotsschock u beeinflusst. Das Lohnsetzungsverhalten ist in Gleichung 11.16 beschrieben, nach der die nominalen Lohnzuwächse auf Basis der (in der vorhergehenden Periode geformten) Erwartungen über die Preisentwicklung festgesetzt werden.[5] Einsetzen von (11.16) in (11.15) ergibt die um die Erwartungen erweiterte ('expectations-augmented') Phillipskurve

---

[4] Das Geldmarktgleichgewicht lautet $m - p = \phi y - \lambda i$, das Kapitalmarktgleichgewicht ist durch die Zinsparität $i = i^* + E(e_{+1}) - e$ gegeben.

[5] Wir ignorieren Produktivitätsfortschritte, d.h im Gleichgewicht ist der Reallohn konstant.

Tabelle 11.2 Modell mit multiplen Gleichgewichten.

$y = \bar{y} + \alpha\,[\dot{p} - \dot{w}] - u$	Outputbestimmung	(11.15)
$\dot{w} = E\,(\dot{p})$	Lohnsetzung	(11.16)
$\dot{e} = \dot{p}$	Kaufkraftparität	(11.17)
$L = (y - y^{*})^{2} + \beta\dot{p}^{2} + C$	Verlustfunktion der Regierung	(11.18)
$C = \begin{cases} c, & \dot{e} \neq 0 \\ 0, & \dot{e} = 0 \end{cases}$	Kosten einer Wechselkursanpassung	(11.19)

Anmerkungen: Kleinbuchstaben bezeichnen den natürlichen Logarithmus der betreffenden Variablen. Ein Punkt über einer Variablen bezeichnet deren Änderung in der Zeit.
$E(.)$ ist der Erwartungsoperator. Griechische Buchstaben geben positive Modellparameter wieder. Die Bedeutung der verwendeten Symbole ist wie folgt:

$y = $ Output	$u = $ (negativer) Outputschock
$\bar{y} = $ Output im Gleichgewicht (exogen)	$y^{*} = $ Outputziel der Regierung (exogen)
$p = $ Preisniveau	$e = $ Wechselkurs
$w = $ Lohn	$C = $ Kosten einer Ab-/Aufwertung

$$y = \bar{y} + \alpha\,[\dot{p} - E\,(\dot{p})] - u. \tag{11.20}$$

Aus Barro und Gordon (1983) übernommen ist die quadratische Perioden-
Verlustfunktion (11.18) der Regierung. Der Nutzen (Verlust) der Regierung
ist umso grösser (kleiner), je näher der Output an dem von der Regierung
gewünschten Outputziel y^{*} liegt, und je niedriger die Inflation ist. Abweichungen von den Zielwerten werden quadriert, wobei der Parameter β die
Gewichtung ist, welche die Regierung der Inflationsbekämpfung beimisst. Das
Politikinstrument der Regierung ist die Geldpolitik[6], die zwar nicht explizit
dargestellt wird, aber aufgrund der Annahme der Geldneutralität $\dot{p}$ bestimmt.
    Eine wichtige Annahme des Modells ist, dass das Outputziel der Regierung
über dem 'natürlichen' Outputniveau liegt, d.h.

$$y^{*} > \bar{y}.$$

Dadurch besteht permanent der Anreiz zu einer expansiven Geldpolitik, da
die Regierung den Output gerne erhöhen würde. Da dies nur möglich ist,
wenn die Regierung den Reallohn durch eine überraschend hohe Inflationsrate
senkt, besteht das in diesen Modellen typische Problem der Zeitinkonsistenz
zwischen den Ankündigungen der Regierung und ihrer tatsächlichen Geldpolitik. Eine mögliche Erklärung dafür, dass der natürliche Output unter dem
gewünschten liegt, wäre die Präsenz einer lohnbestimmenden Gewerkschaft
und der daraus resultierenden unfreiwilligen Arbeitslosigkeit.

---

[6] Es wird nicht zwischen Regierung und Notenbank unterschieden.

Über die Kaufkraftparität (11.17) hat die Geldpolitik einen direkten Einfluss auf die Veränderung des nominalen Wechselkurses, wobei die ausländische Inflationsrate zur Vereinfachung gleich Null gesetzt ist. Anstelle der Inflationsrate lässt sich deshalb auch die Abwertungsrate in die Verlustfunktion (11.18)

$$L = (y - y^*)^2 + \beta \dot{e}^2 + C(\dot{e}) \tag{11.21}$$

und die Phillipskurve (11.20)

$$y = \bar{y} + \alpha \left[\dot{e} - E(\dot{e}) \right] - u \tag{11.22}$$

einfügen. Somit kann alternativ auch der Wechselkurs als das Politikinstrument der Regierung betrachtet werden.

Der Konflikt bzw. *trade-off* der Regierung besteht darin, dass eine expansive Geldpolitik bzw. Abwertung zwar einerseits den Output positiv beeinflusst, andererseits aber auch die inländische Inflationsrate erhöht. Dieser *trade-off* existiert sowohl bei festen als auch bei flexiblen Wechselkursen.

Bei festen Wechselkursen könnte die Regierung zusätzlich durch die Kosten C, die mit einer Ab- oder Aufwertung verbunden sind, davon abgehalten werden, den Wechselkurs zu verändern. Diese Kosten können als Glaubwürdigkeitsverlust interpretiert werden, was die Regierung einerseits direkt Wählerstimmen kostet, andererseits aber auch den potentiellen Inflationsbias (aufgrund des Problems der dynamischen Inkonsistenz) erhöht.[7]

11.2.1.2 Die optimale Wechselkursanpassung

Das Optimierungsproblem der Regierung besteht darin, ihren Verlust (11.21) unter der Nebenbedingung (11.22) durch die optimale Wahl von $\dot{e}$ zu minimieren. Wir ignorieren vorerst die Kosten der Wechselkursanpassung. Einsetzen von (11.22) in (11.21) ergibt

$$L = \left\{ \bar{y} + \alpha \left[\dot{e} - E(\dot{e}) \right] - u - y^* \right\}^2 + \beta \dot{e}^2.$$

Die Bedingung erster Ordnung bezüglich des Politikinstruments $\dot{e}$ ist

$$\frac{\partial L}{\partial \dot{e}} = 2\alpha \left\{ \bar{y} + \alpha \left[\dot{e} - E(\dot{e}) \right] - u - y^* \right\} + 2\beta \dot{e} = 0.$$

Aufgelöst nach $\dot{e}$ wird daraus

---

[7] Mark (2001, S. 264) bietet eine alternative Interpretation: Da es immer Gesellschaftsgruppen im Inland gibt, denen durch eine Wechselkursanpassung geschadet wird, werden diese als Folge Kompensationen einfordern und die Regierung zu unpopulären Umverteilungsmassnahmen zwingen.

$$\dot{e} = \frac{\alpha\left(y^* - \bar{y} + u\right) + \alpha^2 E\left(\dot{e}\right)}{\alpha^2 + \beta}. \tag{11.23}$$

Die optimale Wechselkursanpassung kann somit positiv (eine Abwertung) oder negativ (eine Aufwertung) sein. Sie ist umso höher, je grösser die Differenz zwischen Zieloutput und 'natürlichem' Output, je grösser der Schock und je höher die bereits erwartete Abwertung ist. Letzteres lässt sich dadurch erklären, dass gemäss (11.22) ja nur unerwartete Abwertungen – d.h. Abwertungen, die $E\left(\dot{e}\right)$ übersteigen – einen Effekt auf den Output haben und somit einen Nutzengewinn für die Regierung bedeuten. Aus (11.23) folgt ausserdem, dass die optimale Abwertungsrate umso geringer ausfällt, je stärker die durch β gemessene Inflationsaversion ist.

Bei *rationalen Erwartungen* gilt $E\left(\dot{e}\right) = \dot{e}$. Die erwartete Wechselkursveränderung, die sich aus (11.23) ergibt, lautet

$$E\left(\dot{e}\right) = \frac{\alpha\left(y^* - \bar{y}\right)}{\beta},$$

wobei per Annahme $E(u) = 0$. Eingefügt in (11.23) lässt sich damit die erwartete Wechselkursveränderung im Gleichgewicht bei rationalen Erwartungen als

$$\dot{e} = \frac{\alpha\left(y^* - \bar{y}\right)}{\beta} + \frac{\alpha u}{\alpha^2 + \beta} \tag{11.24}$$

berechnen. Aufgrund der Outputverzerrung (d.h. $y^* > \bar{y}$) zeigt sich in (11.24) der schon zuvor erwähnte Inflations- bzw. Abwertungsbias.

11.2.1.3 Das Verhalten der Regierung

Von einem festen Wechselkurs ausgehend wird die Regierung nur dann abwerten, wenn der Nutzenverlust bei einer Abwertung geringer ausfällt als bei der Beibehaltung des bestehenden Wechselkurses. Als nächster Schritt müssen deshalb die Werte der Verlustfunktion für diese beiden Alternativen berechnet und verglichen werden, wobei jetzt auch die Kosten C einer Wechselkursanpassung berücksichtigt werden.

Den Verlust bei einer Beibehaltung des festen Wechselkurses erhält man durch Einsetzen von (11.22) in die Verlustfunktion (11.21) unter Berücksichtigung, dass in diesem Fall $C = 0$:

$$L^{fix} = [y^* - \bar{y} + u + \alpha E\left(\dot{e}\right)]^2$$

Um den Verlust L^{adj} auf Basis von (11.21) zu erhalten, hilft es, zuerst $y - y^*$ zu berechnen. Einsetzen von (11.23) in die Phillipskurve (11.22) und Auflösen nach $y - y^*$ ergibt

$$y - y^* = -\beta \left[\frac{y^* - \bar{y} + u + \alpha E\left(\dot{e}\right)}{\alpha^2 + \beta} \right]. \tag{11.25}$$

Einsetzen dieses Ausdrucks und der optimalen Wechselkursanpassung (11.23) in (11.21) ergibt nach einigen Umformungen den Verlust bei einer Anpassung des Wechselkurses (hier noch ohne die Kosten C berechnet)

$$L^{adj} = \frac{\beta}{\alpha^2 + \beta} \left[y^* - \bar{y} + u + \alpha E\left(\dot{e}\right)\right]^2.$$

Ob sich die Regierung für die Beibehaltung des festen Wechselkurses oder eine Anpassung entscheidet, hängt davon ab, ob der relative Verlust (d.h. die Opportunitätskosten der Beibehaltung)

$$\begin{aligned}
L' &= L^{fix} - L^{adj} \\
&= \left[y^* - \bar{y} + u + \alpha E\left(\dot{e}\right)\right]^2 - \frac{\beta}{\alpha^2 + \beta}\left[y^* - \bar{y} + u + \alpha E\left(\dot{e}\right)\right]^2 \\
&= \frac{\alpha^2}{\alpha^2 + \beta}\left[y^* - \bar{y} + u + \alpha E\left(\dot{e}\right)\right]^2
\end{aligned} \tag{11.26}$$

grösser oder kleiner als die Anpassungskosten $C = c$ ist. Die Regierung wird den Wechselkurs nur dann ändern, wenn $L' > c$ ist. Unter diesen Umständen gilt

$$L' - c = \frac{\alpha^2}{\alpha^2 + \beta}\left[y^* - \bar{y} + u + \alpha E\left(\dot{e}\right)\right]^2 - c > 0. \tag{11.27}$$

Wenn wir die Erwartungen über zukünftige Wechselkursanpassungen $E\left(\dot{e}\right)$ vorläufig als gegeben betrachten, dann lassen sich aus (11.27) die kritischen Schwellenwerte des Schocks u

$$\bar{u} = -y^* + \bar{y} - \alpha E\left(\dot{e}\right) + \sqrt{\frac{\alpha^2 + \beta}{\alpha^2} c} \tag{11.28}$$

und

$$\underline{u} = -y^* + \bar{y} - \alpha E\left(\dot{e}\right) - \sqrt{\frac{\alpha^2 + \beta}{\alpha^2} c}, \tag{11.29}$$

berechnen (d.h. für $L' - c = 0$). Deren Über- bzw. Unterschreitung wird zu einer Anpassung des Wechselkurses führen. Diese lassen sich auch grafisch skizzieren (Abb. 11.3)[8]. Bei $u > \bar{u}$ ist der Output so stark zurückgegangen, dass die Regierung trotz Anpassungskosten eine Abwertung wählen wird. Bei $u < \underline{u}$ ist der Output so stark gestiegen, dass die Regierung eine Aufwertung dem festen Wechselkurs vorzieht. Wie die Grafik auch zeigt, ist der untere Schwellenwert wesentlich weiter von $E(u) = 0$ entfernt als der obere. Dies

---

[8] Die Grafik basiert auf den folgenden Parameterwerten: $y^* - \bar{y} = 0.001$, $\alpha = 0.15$, $\beta = 0.05$, $E\left(\dot{e}\right) = 0.04$.

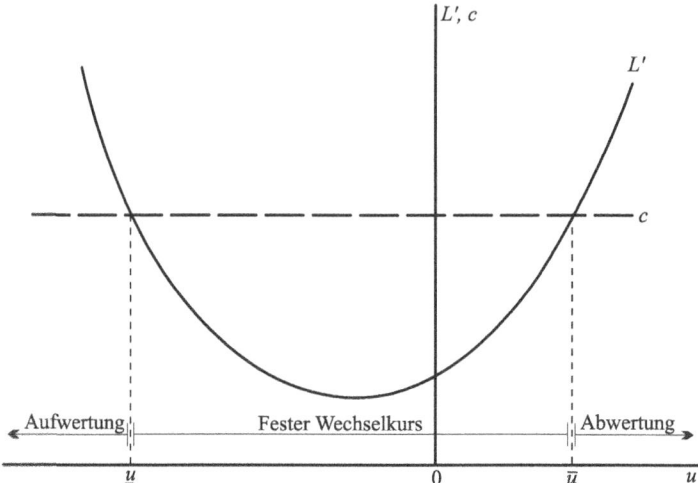

Abbildung 11.3 Grafische Darstellung der Schwellenwerte der Schocks u.

bedeutet, dass es bei unerwarteten Outputverlusten ($u > 0$) schneller zu einer Aufgabe der Wechselkursbindung kommt, bzw. dass die Regierung tendenziell eher ab- als aufwertet. Dies ist wiederum eine Folge des inhärenten Inflations- bzw. Abwertungsbiases.

11.2.1.4 Die Erwartungen der Marktteilnehmer

Wir sind bisher davon ausgegangen, dass die Erwartungen der Marktteilneh- mer bezüglich einer möglichen Wechselkursänderung exogen gegeben sind. Die kritischen Werte $\underline{u}$ und $\overline{u}$ hängen jedoch von diesen Erwartungen ab, da jede Veränderung von $E(\dot{e})$ die Position der L'-Kurve in Abb. 11.3 verändern würde.

Bei Marktteilnehmern mit rationalen Erwartungen muss folglich davon ausgegangen werden, dass diese das soeben geschilderte Kalkül der Regie- rung in ihre Erwartungsbildung einbeziehen. Um das Modell komplett zu lösen, reicht es deshalb nicht, nur den Einfluss der Erwartungen auf das Re- gierungskalkül zu berechnen, sondern es muss auch der Einfluss des Regie- rungsverhaltens auf die Erwartungen der Marktteilnehmer modelliert werden.

Die Marktteilnehmer müssen ausserdem Erwartungen über den stochas- tischen Schock u bilden bzw. über die Wahrscheinlichkeit (Pr), dass u aus- serhalb der Schwellenwerte liegt. Um die Diskussion überschaubarer zu ge- stalten, werden wir uns jetzt ausschliesslich mit einer möglichen Abwertung beschäftigen, d.h. es gilt $\dot{e} \leq 0$ und wir interessieren uns nur für die Frage, ob $u > \overline{u}$. Die rationale Wechselkurserwartung der Akteure lautet somit

$$E\left(\dot{e}\right) = \Pr\left(u \leq \overline{u}\right) \cdot E\left(\dot{e} \mid u \leq \overline{u}\right) + \Pr\left(u > \overline{u}\right) \cdot E\left(\dot{e} \mid u > \overline{u}\right) \qquad (11.30)$$
$$= \Pr\left(u > \overline{u}\right) \cdot E\left(\dot{e} \mid u > \overline{u}\right),$$

da gemäss der soeben beschriebenen Annahmen $E\left(\dot{e} \mid u \leq \overline{u}\right) = 0$. Wir wissen aus (11.23), welchen Wert $E\left(\dot{e} \mid u > \overline{u}\right)$ einnimmt und können diesen in (11.30) einfügen:

$$E\left(\dot{e}\right) = \Pr\left(u > \overline{u}\right) \cdot \frac{\alpha\left[y^* - \overline{y} + E\left(u \mid u > \overline{u}\right)\right] + \alpha^2 E\left(\dot{e}\right)}{\alpha^2 + \beta}.$$

Auflösen nach $E\left(\dot{e}\right)$ ergibt

$$E\left(\dot{e}\right) = \frac{\alpha \Pr\left(u > \overline{u}\right)}{\beta + \alpha^2\left[1 - \Pr\left(u > \overline{u}\right)\right]} \cdot \left[y^* - \overline{y} + E\left(u \mid u > \overline{u}\right)\right]. \qquad (11.31)$$

Um fortfahren zu können, müssen wir eine Annahme bezüglich der Verteilung von u treffen. Hier bietet sich die Gleichverteilung an, da sie verhältnismässig einfache Lösungen für die uns interessierenden statistischen Eigenschaften vorweist. Wenn wir also annehmen, dass u im Intervall $[-\nu, \nu]$ gleichverteilt ist, dann gilt für die Wahrscheinlichkeit

$$f(u) = \begin{cases} \dfrac{1}{2\nu}, & -\nu < u < \nu \\ 0, & \text{sonst.} \end{cases} \qquad (11.32)$$

Daraus folgt für die bedingte Wahrscheinlichkeit:

$$\Pr\left(u > \overline{u}\right) = \int_{\overline{u}}^{\nu} \frac{1}{2\nu} du = \left[\frac{u}{2\nu}\right]_{\overline{u}}^{\nu} = \frac{\nu - \overline{u}}{2\nu}. \qquad (11.33)$$

Der Erwartungswert für u, wenn $u > \overline{u}$, ist

$$E\left(u \mid u > \overline{u}\right) = \int_{\overline{u}}^{\nu} \frac{u}{\nu - \overline{u}} du = \left[\frac{u^2}{2\left(\nu - \overline{u}\right)}\right]_{\overline{u}}^{\nu} = \frac{\nu + \overline{u}}{2}. \qquad (11.34)$$

Einsetzen von (11.33) und (11.34) in (11.31) ergibt

$$E\left(\dot{e}\right) = \delta\left(\overline{u}\right) = \frac{\alpha\left(\nu - \overline{u}\right)}{2\nu\beta + 2\alpha\left(\nu + \overline{u}\right)} \cdot \left[y^* - \overline{y} + \frac{\nu + \overline{u}}{2}\right]. \qquad (11.35)$$

Der Term nach dem ersten Gleichheitszeichen beschreibt $E\left(\dot{e}\right)$ zusammenfassend als eine allgemeine Funktion $\delta\left(\overline{u}\right)$ des Schwellenwerts $\overline{u}$. Eine kurze Betrachtung von (11.35) zeigt, dass $\delta\left(\overline{u}\right)$ (unter der Annahme einer Gleichverteilung von u) auch einen quadratischen Term enthalten muss.

11.2.1.5 Die Möglichkeit multipler Gleichgewichte

Einsetzen von (11.35) in (11.28) erlaubt es, den Schwellenwert $\bar{u}$ genauer zu bestimmen:

$$\frac{\alpha^2}{\alpha^2 + \beta} \left[\bar{u} + y^* - \bar{y} + \alpha\delta\left(\bar{u}\right)\right]^2 = c. \tag{11.36}$$

Aufgrund der soeben festgestellten Eigenschaft von $\delta\left(\bar{u}\right)$ ist auch dies eine quadratische Gleichung. Dies hat weitreichende Implikationen, denn es bedeutet, dass zwei obere Schwellenwerte für $\bar{u}$ existieren, deren Überschreitung eine Abwertung der inländischen Währung herbeiführen würde. In anderen Worten, es gibt ein niedrigeres $\bar{u} = \bar{u}_L$ und ein hohes $\bar{u} = \bar{u}_H$, die beide mit rationalen Erwartungen in diesem Modell kompatibel sind und unterschiedliche Abwertungserwartungen $E\left(\dot{e}\right)$ beinhalten.

Die beiden Lösungen werden in Abb. 11.4 grafisch dargestellt.[9] Entlang der horizontalen Achse werden die möglichen Werte von u abgetragen, entlang der vertikalen Achse (die linke und rechte Seite von) Gleichung 11.36. Für die Anpassungskosten $c = c_1$ sind die beiden Lösungen für $\bar{u}$ eingezeichnet.

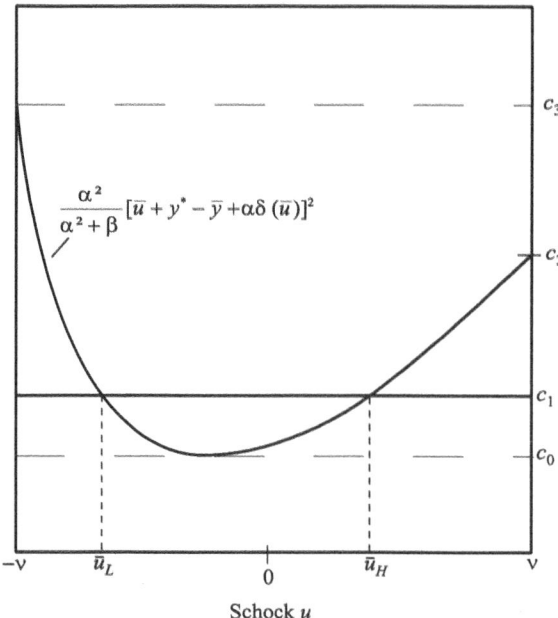

Abbildung 11.4 Grafische Darstellung der Lösungen für Gleichung 11.36.

---

[9] Siehe Flood und Marion (1997), Figure 1.

Der Zusammenhang zwischen diesen Werten und der Wechselkursanpassung ist wie folgt:

1. $u < \overline{u}_L$: Ist der Schock kleiner als der niedrige Schwellenwert $\overline{u}_L$, kommt es *niemals* zu einer Abwertung.
2. $u > \overline{u}_H$: Ist der Schock grösser als der hohe Schwellenwert $\overline{u}_H$, kommt es *immer* zu einer Abwertung.
3. $\overline{u}_H > u > \overline{u}_L$: Liegt der Schock zwischen diesen beiden Schwellenwerten, ist das Ergebnis unbestimmt, da

   – es zu einer Abwertung kommt, wenn $\overline{u}_L$ gilt,
   – es *nicht* zu einer Aufwertung kommt, wenn $\overline{u}_H$ gilt.

Bei diesem dritten Fall handelt es sich also um ein multiples Gleichgewicht. Für eine identische Ausgangssituation – d.h. für identische Werte der Parameter, Variablen und des Schocks – gibt es nun zwei Gleichgewichte, die mit rationalen Erwartungen kompatibel sind. Im ersten Gleichgewicht kommt es zu einer spekulativen Attacke, im zweiten nicht. Da in beiden Fällen die Erwartung auch eintrifft, handelt es sich hierbei um *sich selbst erfüllende Erwartungen*. Dass der einzige Unterschied zwischen den beiden Gleichgewichten in der erwarteten Abwertungsrate begründet liegt, lässt sich auch aus Gleichung 11.28 erkennen. Dort wird gezeigt, dass $\overline{u}$ umso niedriger ausfällt, je höher die erwartete Abwertungsrate $E(\dot{e})$ ist.

Im Modell selbst gibt es nichts, was eine Festlegung auf eines der beiden Gleichgewichte erlauben würde. Obstfeld (1994) argumentiert deshalb, dass im Prinzip jedes kleinste zufällige Ereignis dazu führen kann, dass sich die Markteinschätzung der Wahrscheinlichkeit einer Abwertung plötzlich ändert. Sollte der Outputschock zu diesem Zeitpunkt genau zwischen den beiden Schwellenwerten liegen, kommt es zu einer erfolgreichen Attacke auf die Währung, ohne dass es hier eine klar nachvollziehbare Begründung zu geben scheint. Diese Art der Erklärung scheint besonders auf die EWS Krisen 1992/93 anwendbar, da dort kein makroökonomisches Ungleichgewicht wie beispielsweise in Argentinien 2001 vorlag.

Abbildung 11.4 zeigt aber auch, dass es nicht immer zu multiplen Gleichgewichten kommen muss. Entscheidend dafür ist die relative Grösse der rechten und linken Seite in Gleichung 11.36. Flood und Marion (1997) diskutieren diesbezüglich eine Reihe verschiedener Szenarien:

- $c = c_0$: Dies ist der Mindestwert für c, für den (11.36) eine reale Lösung hat. Für alle Werte von $c < c_0$ gibt es keine Lösung. In diesen Fällen wird die Regierung immer abwerten, d.h. diskretionäres Verhalten dominiert in allen Fällen ein regelgebundenes Verhalten seitens der Regierung.
- $c_3 < c \leq c_2$: Hier ist c_2 der maximale Wert, bei dem es noch zwei Lösungen für (11.36) gibt. Für Werte von c darüber existiert nur noch ein internes Gleichgewicht. Auf der rechten Seite der Kurve liegt der Grenzwert beim maximalen Schock ν. Selbst wenn $\overline{u} = \nu$, würde der obere Schwellenwert

nicht überschritten werden. Folglich gibt es bezüglich des oberen Schwellenwerts hier keine Schocks mehr, die gross genug sind, um eindeutig eine Abwertung hervorzurufen. Es kann jetzt nur noch zu einer Aufgabe der Wechselkursbindung kommen, wenn wir uns im pessimistischen Gleichgewicht $\overline{u}_L$ befinden.

- $c \geq c_3$: Die Kosten sind jetzt sehr hoch. Die einzig relevante Lösung ist genau auf der rechten Achse, d.h. für $\overline{u} = \nu$. Es gibt keine interne Lösung mehr für (11.36). Der feste Wechselkurs wird nie aufgegeben.

Können sich Regierungen gegen die in diesem Abschnitt beschriebenen, scheinbar 'zufällig' auftretenden Attacken schützen? Eine naheliegende Vermutung wäre, dass die Regierung die Glaubwürdigkeit des festen Wechselkurses und somit ihrer Geldpolitik vergrössern könnte, wenn sie die Kosten C eines Politikwechsels erhöht. Dies könnte beispielsweise dadurch erreicht werden, dass man die feste Wechselkursbindung als wichtiges Wahlversprechen einsetzt.

Abbildung 11.4 zeigt, dass dies ein Trugschluss sein könnte. Eine Erhöhung der Abwertungskosten C könnte nämlich auch genau das gegenteilige Resultat erzeugen. Wenn sich die Kostenlinie nach oben verschiebt, wandert zwar der 'optimistische' Schwellenwert $\overline{u}_H$ weiter nach rechts. Ist dies das relevante Gleichgewicht, dann hat die Politikmassnahme tatsächlich ihr Ziel erreicht: Höhere Anpassungskosten machen eine Attacke und eine daraus resultierende Abwertung unwahrscheinlicher. Zur gleichen Zeit hat sich jedoch der linke, 'pessimistische' Schwellenwert weiter nach links bewegt. Sollte dies das relevante Gleichgewicht sein, sieht sich die Regierung nun gezwungen, bei noch kleineren Werten von u die Wechselkursbindung aufzugeben. Wenn also eine Erhöhung von C die Möglichkeit multipler Gleichgewichte ausschliessen soll, dann müssen die Kosten einer Anpassung so stark angehoben werden, bis sie mindestens auf dem Niveau von c_3 liegen.

11.2.1.6 Alternative Erklärungen für das Regierungsverhalten

Die Motivation der Regierung, unter bestimmten Umständen den Wechselkurs zu verändern, war in dem in diesem Abschnitt vorgestellten Modell durch ein Outputziel der Regierung begründet. Es gibt jedoch eine Reihe anderer Mechanismen, die zu ähnlichen Ergebnissen führen können. Besonders wichtig ist diesbezüglich ein Aspekt, der in der Darstellung des Obstfeld-Modells ausgeklammert wurde, aber kurz am Anfang dieses Teilkapitels erwähnt wurde, nämlich die Auswirkungen auf den inländischen Zins. Sinkt das Vertrauen des Kapitalmarkts in die Währungsbindung und steigen somit die Abwertungserwartungen, erhöht das gemäss der Zinsparität den Druck auf den inländischen Zins (siehe Abb. 11.2). Obstfeld (1996) zeigt, dass dies weitreichende Auswirkungen haben kann, z.B. auf

- *die öffentliche Verschuldung.* Regierungen, deren Schulden vor allem kurz-fristiger Natur und/oder flexibel verzinst sind, könnten durch die höheren Zinsen so stark unter Druck geraten, dass sie es vorziehen, den Erwartun-gen nachzugeben. Wissen die Kapitalmarktteilnehmer um diese Möglich-keit, erhöht das natürlich den Anreiz, gegen die Währung zu spekulieren.
- *die Verschuldung von Banken und Unternehmen.* Der Finanzsektor leidet typischerweise unter höheren inländischen Zinsen. Der daraus resultierende politische Druck könnte die Regierung dazu bewegen, den Erwartungen der Finanzmärkte Recht zu geben und abzuwerten.
- *die Einkommensverteilung.* Die Gesellschaftsgruppen, die unter den erhöh-ten inländischen Zinsen besonders leiden, werden politischen Druck auf die Regierung ausüben. Auch dies kann dazu führen, dass die Regierung bzw. Notenbank dem spekulativen Druck nachgibt.

11.2.1.7 Evidenz

Wie schon zuvor erwähnt wurde, war vor allem nach den EWS Krisen 1992/3 der Bedarf einer alternativen Erklärung für spekulative Attacken gewachsen, da in keinem der beteiligten Länder ein fundamentales monetäres Ungleich-gewicht zu beobachten gewesen war. Insbesondere die politische Unsicherheit bezüglich der zukünftigen Währungsunion und der tatsächlichen Umsetzung der Maastrichter Verträge war nach der Ablehnung in Dänemark und der nur knappen Annahme in Frankreich gewachsen. Auch in Grossbritannien gab es 1992 immer heftiger werdende politische Diskussionen über den Sinn der damaligen Währungsbindung. Ein Hauptgrund für die wachsende Skepsis war die verhältnismässig kontraktive Geldpolitik der Bundesbank als Reak-tion auf den Wiedervereinigungsboom, die in die Partnerländer zu einer Zeit 'exportiert' wurde, in der sie dort nicht durch die eigene wirtschaftliche Lage gerechtfertigt werden konnte.[10]

Bei den Krisen in Mexiko und Asien ist nicht eindeutig, welche relati-ve Bedeutung einerseits fundamentalen Ungleichgewichten und andererseits Erwartungsprozessen beigemessen werden soll. Mexiko beispielsweise erlebte schon Anfang 1994 einen starken Rückgang der Kapitalzuflüsse, was eine Re-duktion des Leistungsbilanzdefizits nötig machte. Ausserdem hatte sich der Peso in der Zeit zuvor real aufgewertet.[11] Auch in den späteren Krisenlän-dern Asiens waren teilweise recht grosse Leistungsbilanzdefizite entstanden. Keine dieser Entwicklungen war jedoch sonderlich aufsehenerregend und vie-le andere Länder, die sich zur gleichen Zeit oder auch schon zuvor in einer ähnlichen Situation befunden hatten, wurden nicht angegriffen.

---

[10] Zu den Ursachen der EWS Krisen siehe auch Eichengreen und Wyplosz (1993), Rose und Svensson (1994), Eichengreen, Rose und Wyplosz (1996), sowie Buiter, Corsetti und Pesenti (1998).

[11] Details zur Mexiko-Krise finden sich in Sachs, Tornell und Velasco (1996).

11.2.2 Die Rolle der Koordination

Bisher völlig ausgeklammert wurde die *Mechanik* einer spekulativen Währungsattacke. In unserer Darstellung sowohl des monetären als auch des Obstfeld-Modells wurde im Prinzip von einem homogenen 'Kapitalmarkt' ausgegangen, der eine Attacke dann durchführt, wenn sie erfolgversprechend ist. Dieses Bild mag vielleicht auf marktbestimmende Akteure, die alleine riesige Mengen an Kapital mobilisieren können (wie beispielsweise George Soros während der EWS-Krise 1992), zutreffen, ist aber sicherlich nicht der Normalzustand. In der Realität handelt es sich zumeist um eine heterogene Gruppe von Akteuren, die alleine nicht über ausreichende Ressourcen verfügen, um eine erfolgreiche Attacke durchzuführen. Ob eine Attacke letztendlich erfolgreich ist, hängt dann auch vom Verhalten der anderen Marktteilnehmer ab. In diesem Abschnitt soll die Rolle der Koordination kurz anhand eines Zahlenbeispiels illustriert werden, das aus Obstfeld (1996) stammt.

Betrachtet werden zwei Spekulanten, die entweder die inländische Währung halten oder verkaufen – also attackieren – können. Jeder besitzt sechs Einheiten der inländischen Währung, die er zu Kosten von einer Einheit bei der Notenbank in ausländische Währung umtauschen kann. Die Annahme positiver Transaktionskosten ist essentiell, da die inländische Währung ansonsten immer angegriffen werden könnte, ohne dass potentielle Verluste entstehen.

Wichtig sind jetzt die Bestände an Devisenreserven, mit denen die Notenbank ausgestattet ist. Diese sind den beiden Spekulanten bekannt. Was ihnen nicht bekannt ist, ist das Verhalten des anderen. Sollte eine Attacke gestartet werden und diese erfolgreich sein, wird die Währung um 50% abgewertet, d.h. ausländische Währungsbestände gewinnen 50% an Wert. Bei einer erfolgreichen Attacke werden die Devisenvorräte[12] der Notenbank zu gleichen Anteilen an die beiden Spekulanten bzw. Händler verkauft. Obstfeld vergleicht drei Szenarien. Im ersten verfügt die Notenbank über zwanzig, im zweiten über sechs und im dritten über zehn Einheiten der ausländischen Währung (in inländischer Währung gemessen).

Die in inländischer Währung gemessenen Nettogewinne der beiden Händler (Spekulanten) sind in Abb. 11.5 in Form von drei Pay-off Matrizen dargestellt.[13] Die Nettogewinne hängen sowohl von den Devisenvorräten der Zentralbank als auch von den Aktionen des anderen Händlers ab. Die jeweils erste Zahl entspricht dem Gewinn/Verlust von Händler 1, die zweite Zahl bezieht sich auf Händler 2. Die Einträge der Szenarien a) - c) werden wie folgt berechnet.

---

[12] Diese müssen nicht unbedingt als Gesamtbestand an Währungsreserven interpretiert werden, sondern stellen die Mengen dar, welche die Zentralbank bereit ist, zur Verteidigung des festen Wechselkurses einzusetzen.

[13] Die Abbildung wurde aus Obstfeld (1996, S. 1039, Fig. 2) übernommen.

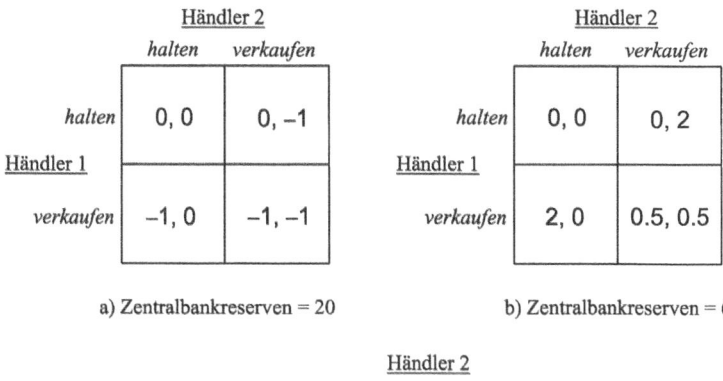

a) Zentralbankreserven = 20   b) Zentralbankreserven = 6

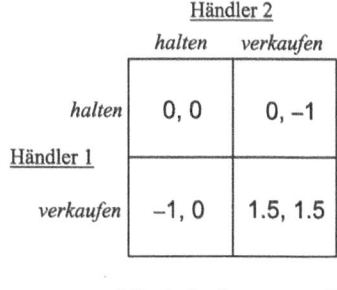

c) Zentralbankreserven = 10

Abbildung 11.5 Die Rolle der Koordination bei unterschiedlichen Beständen an Devisenreserven der Zentralbank.

a) Die Zentralbank verfügt über 20 Einheiten der ausländischen Währung. Selbst wenn beide Händler gleichzeitig attackieren, sinken die Devisenvorräte zwar auf 8 Einheiten, der feste Wechselkurs muss jedoch nicht aufgegeben werden. Die Verteidigung ist somit immer erfolgreich. Da jeder einzelne Händler Kosten von 1 trägt, bedeutet ein Verkauf der inländischen Währung für beide einen Verlust von −1. Die dominante Strategie ist somit für beide 'halten'. In diesem Fall findet also kein Angriff statt.

b) Hier verfügt die Zentralbank mit 6 Einheiten der ausländischen Währung über vergleichsweise geringe Devisenvorräte. Beide Händler können den festen Wechselkurs schon im Alleingang zu Fall bringen. Attackiert nur ein einzelner Händler, bekommt er alle 6 Währungseinheiten der Zentralbank. Die ausländische Währung wertet sich um 50% auf und die Bruttogewinne betragen 3 Einheiten. Abzüglich Transaktionskosten verbleiben 2 Einheiten Nettogewinn. Attackieren beide gemeinsam, erhält jeder nur 3 Einheiten der ausländischen Währung. Der Bruttogewinn jedes Händlers ist 1.5 Einheiten und abzüglich der Kosten verbleiben 0.5 Einheiten als Reingewinn. Da sich eine Attacke unabhängig von der Strategie des anderen für den einzelnen Händler immer lohnt, ist 'verkaufen' die dominante Strategie. Auch hier kommt es zu einem eindeutigen Ergebnis.

c) Die Zentralbank hält jetzt 10 Einheiten der ausländischen Währung zur Verteidigung bereit. Verkauft nur einer der beiden Händler, reduzieren sich zwar die Reserven um 6 Einheiten, abgewertet werden muss aber nicht. Der Händler macht folglich einen Verlust von -1. Greifen beide gleichzeitig an, ist die Attacke erfolgreich. Jeder Händler bekommt 5 Währungseinheiten und sein Nettogewinn beträgt 1.5 ($= 2.5 - 1$) Einheiten. Die Strategie des einzelnen Händlers hängt somit von den Erwartungen über die Strategie des anderen ab. Wenn er davon ausgeht, dass der andere verkauft, wird er selbst auch verkaufen. Wenn er jedoch erwartet, dass der andere Händler nicht attackiert, lohnt sich auch für ihn eine Attacke nicht. Wir befinden uns also wieder in einer Situation mit multiplen Gleichgewichten: Die gleiche Ausgangslage kann zu zwei sehr unterschiedlichen Resultaten führen. Den Erwartungen kommt wie im zuvor vorgestellten Modell eine entscheidende Rolle zu.

Mangelnde Koordination muss jedoch nicht immer zu multiplen Gleichgewichten führen. Wie die Szenarien a) und b) zeigen und wie es auch im Obstfeld-Modell des vorhergehenden Abschnitts der Fall war, hängt die Anzahl der Gleichgewichte auch von den 'Fundamentalvariablen' ab, z.B. den Anpassungskosten, dem Outputschock oder dem Bestand an Währungsreserven. Neuere Arbeiten von Morris und Shin (1998) und Heinemann und Illing (2002) zeigen, dass eine weitere wichtige Bedingung für die Existenz multipler Gleichgewichte eine vollständige Kenntnis der Fundamentalvariablen seitens aller Spekulanten ist. Gibt es hingegen individuelle Fehler in der Einschätzung bzw. individuelle Variationen in der Unsicherheit über den Zustand der Fundamentalvariablen, werden in vielen Fällen nur noch eindeutige Gleichgewichte existieren.

Dieses auf den ersten Blick überraschende Resultat kann wie folgt erklärt werden: Wenn die Spekulanten vollständige Kenntnis über den Zustand der Wirtschaft besitzen, bzw. alle den gleichen Wissensstand diesbezüglich haben, können sie die Pay-offs der verschiedenen Strategien wie in dem Beispiel in Abb. 11.5 ausrechnen, u.a. auch die Strategien der anderen Spekulanten. Haben sie jedoch unterschiedliche Informationen bzw. Wissensstände, ist dies nicht mehr möglich. Die resultierende Unsicherheit über die Strategien der anderen führt dazu, dass jeder Spekulant seine Entscheidung nur noch auf Basis einer kontinuierlichen statistischen Verteilung über die möglichen Pay-offs treffen kann. In diesem Fall gibt es nur noch *einen* kritischen Schwellenwert der Fundamentalvariablen, ab dem sich eine Attacke lohnt. Die möglichen Gleichgewichte sind wieder eindeutig determiniert, da es entweder zu einer Attacke kommt oder nicht.

11.3 Modelle der dritten Generation

Die neueste Gruppe von Währungskrisenmodellen – Modelle der sogenannten *dritten Generation* – entstanden vor allem als Reaktion auf die Asienkrise, da die Modelle der ersten und zweiten Generation als Erklärung nicht besonders geeignet schienen. Die asiatischen Krisenländer fielen weder durch exzessive Haushaltsdefizite noch durch Probleme der Arbeitslosigkeit etc. auf, welche die Investoren von einer baldigen Aufgabe der Festkurse überzeugt haben könnten. Anstelle dessen waren zwei Hauptmerkmale der dortigen Krisen das gemeinsame Auftreten von Währungskrisen und Krisen im inländischen Finanz- und Bankensektor sowie ein starker Rückgang des Outputs nach der Aufgabe der jeweiligen Währungsbindung.

Die zu den Modellen der dritten Generation zählenden Ansätze versuchen diesen Merkmalen Rechnung zu tragen. Es lassen sich drei Erklärungsansätze unterscheiden:

a) Krugman (1998) und Corsetti et al. (1999) formulieren Modelle, in denen ein durch ex- oder implizite Zusagen der Regierung verursachtes *moral hazard* zu Überinvestitionen führt. Der Kollaps des Wechselkursregimes findet statt, wenn diese Strategie nicht länger glaubhaft ist.

b) Chang und Velasco (2001) formulieren eine Version des Bankenrun-Modells von Diamond und Dybvig (1983) für die offene Volkswirtschaft. Die Währungskrise findet dort gemeinsam mit einer Finanzkrise als Folge einer plötzlichen Panik statt.

c) Krugman (1999) und Aghion, Bacchetta und Banerjee (2000, 2001, 2004) sehen die Hauptursache der Krise in einem 'balance-sheet' Problem des Privatsektors aufgrund eines relativ hohen Niveaus von Fremdwährungsverschuldung. Eine pessimistischere Einschätzung der wirtschaftlichen Lage und der daraus resultierende Abwertungsdruck können die Situation der verschuldeten Firmen so sehr verschlechtern, dass es zu einem Einbruch der Investitionen und einer massiven Abwertung bzw. einer Aufgabe eines Festkurssystems kommt.

Eine vereinfachte Version des Krugman-Modells (1999) wurde bereits im Rahmen des Mundell-Fleming-Modells (siehe Teilkapitel 3.3) analysiert. In diesem Teilkapitel wird nun der Ansatz von Aghion et al. in seinen Grundzügen vorgestellt.[14]

---

[14] Siehe Fuhrmann und Cepok (2003).

11.3.1 Das Modell von Aghion, Bacchetta und Banerjee

11.3.1.1 Modellannahmen und Gleichgewichtsbedingungen

Die Annahmen des Modells sind in Tabelle 11.3 zusammengefasst. Das Modell besteht aus zwei Sektoren, dem monetären Sektor und dem Gütersektor. Auch wenn die Modellgleichungen in allgemeiner Form aufgeführt werden, wird hier nur ein Zwei-Perioden-Gleichgewicht betrachtet. Das Ziel ist es, ein Gleichgewicht für den Wechselkurs in Periode 1 zu entwickeln. Es gibt zwei Gleichgewichtsbedingungen. Die erste bezieht sich auf den monetären Sektor, bestehend aus Geld- und Devisenmarkt. Die zweite stellt das Gleichgewicht für Output und Investitionen dar, also für den Gütermarkt. Da die Preise zu Beginn jeder Periode gesetzt werden, d.h. bevor Schocks auftreten, gilt die Kaufkraftparität nur ex ante.[15] Schocks treten per Annahme jedoch nur in Periode 1 auf. Deshalb gilt die Kaufkraftparität in Periode 2 und der Vorperiode 0 auch ex post.

Anfangs wird von flexiblen Wechselkursen ausgegangen. Wie gerade erwähnt, ist der Wechselkurs in Periode 2 gemäss Kaufkraftparität (11.39) $E_2^e = E_2 = P_2$. Eingesetzt in die Zinsparität (11.37) für Periode 1 und aufgelöst nach E_1 erhält man

$$E_1 = \frac{(1+i^*)}{(1+i_1)} P_2,$$
(11.44)

wobei der ausländische Zinssatz zur Vereinfachung konstant gehalten wird. Das Preisniveau in Periode 2 wird laut (11.38) auf dem inländischen Geldmarkt bestimmt, d.h.

$$P_2 = \frac{M_2}{L(Y_2, i_2)}.$$
(11.45)

Einsetzen von (11.45) in (11.44) ergibt die erste Gleichgewichtsbedingung des Modells,

$$E_1 = \frac{(1+i^*)}{(1+i_1)} \frac{M_2}{L(Y_2, i_2)},$$
(11.46)

eine negative Beziehung zwischen dem Wechselkurs in Periode 1 und dem Output in Periode 2. Diese Beziehung ist in Abb. 11.6 als IPLM-Kurve[16]

---

[15] Da dieses Modell nicht in einer loglinearen Form formuliert ist, werden die Erwartungen – um Verwechslungen mit dem nominalen Wechselkurs auszuschliessen – nicht in Form des Erwartungsoperators $E(.)$ notiert, sondern durch ein ^{e} gekennzeichnet.

[16] IPLM steht für 'interest parity-LM-curve' in Aghion et al. (2000). Sie sollte nicht mit der LMFE Kurve aus Kapitel 3 verwechselt werden, die den Zusammenhang zwischen heutigem Wechselkurs und *heutigem* Einkommen in einem Modell *ohne Wechselkurserwartungen* darstellt.

Tabelle 11.3 Modell von Aghion, Bacchetta und Banerjee.

$(1 + i_t) = (1 + i^*) \dfrac{E^e_{t+1}}{E_t}$	Zinsparität	(11.37)
$\dfrac{M_t}{P_t} = L(Y_t, i_t)$	Geldmarktgleichgewicht	(11.38)
$P_t = E^e_t$	Kaufkraftparität	(11.39)
$Y_t = f(K_t)$	Produktionsfunktion	(11.40)
$K_t = D_t + W_t = (1 + \theta) W_t$	Investitionen	(11.41)
$W_{t+1} = (1 - \gamma) \dfrac{\Pi_t}{P_t}$	Vermögen	(11.42)
$\Pi_t = P_t Y_t - (1 + i_{t-1}) P_{t-1} D^c$ $\quad - (1 + i^*) \dfrac{E_t}{E_{t-1}} P_{t-1} (D_t - D^c)$	Gewinne	(11.43)

Anmerkungen: Ein ^{e} bezeichnet den erwarteten Wert einer Variablen. Die Bedeutung der verwendeten Symbole ist wie folgt:

i = inländischer Zinssatz	K = Kapitalstock (= Investitionen)
i^* = ausländischer Zinssatz (exogen)	D = Gesamthöhe der aufgenommenen Kredite
E = Wechselkurs	dite
E^e = erwarteter Wechselkurs	W = Vermögen
M = Geldmenge (exogen)	Π = Gewinne
P = Preisniveau	D^c = im Inland aufgenommene Kredite
Y = Output/Volkseinkommen	(exogen)

eingezeichnet. Intuitiv ist ihre negative Steigung wie folgt zu erklären. Ein grösseres Y_2 erhöht die Geldnachfrage in Periode 2 und führt ceteris paribus zu einem niedrigeren Preisniveau, was gemäss Kaufkraftparität mit einer nominalen Aufwertung in Periode 2 verbunden ist. Solange das Geldmarktgleichgewicht in Periode 1 unverändert bleibt, führt diese Abwertungserwartung gemäss (11.37) bereits in Periode 1 zu einer Abwertung.

Die zweite Gleichgewichtsbedingung bezieht sich auf den Zusammenhang zwischen Output und Investitionen. Ausgegangen wird von einer Welt mit identischen Unternehmer-Haushalten. Kapital ist der einzige Produktionsfaktor in (11.40) und wird jede Periode zu 100% abgeschrieben; somit sind Investitionen und Kapitalstock identisch.[17] Eine für das Modell entscheidende Annahme ist (11.41): Die Investitionen bzw. der Kapitalstock sind proportional zum Vermögen der Firma. Die Unternehmer bzw. Firmen sind somit *kreditrationiert*, da sie bei allen Darlehen einen Eigenkapitalanteil vorweisen müssen. Der Anteil des Fremdkapitals beträgt θ.

Das Vermögen hängt von den Gewinnen der Firmen aus der Vorperiode ab (siehe Gleichung 11.42), wobei $1 - \gamma$ den Anteil misst, der gespart

---

[17] Aghion et al. (2001) sprechen deshalb von 'working capital'.

wird. Die Gewinne in (11.43) entsprechen der Differenz zwischen dem Er-
lös $P_t Y_t$ und den Kosten, die sich aus den Zahlungen für inländisches Kapital
$(1 + i_{t-1}) P_{t-1} D^c$ und für ausländisches Kapital $(1 + i_{t-1}) \frac{E_t}{E_{t-1}} P_{t-1} (D_t - D^c)$
zusammensetzen. Dabei wird davon ausgegangen, dass nur eine konstante
Menge D^c des gesamten Kapitalbedarfs im Inland finanziert werden kann.
Die Kosten für ausländisches Kapital werden mit der Abwertungsrate multipliziert, da ein höherer Wechselkurs eine höhere Rückzahlung (in inländischer
Währung gemessen) bedeutet.

Einsetzen von (11.43), (11.42) und (11.41) in die Produktionsfunktion
(11.40) für Periode 2 ergibt

$$
Y_2 = f \left\{ (1 + \theta)(1 - \gamma) \left[Y_1 - (1 + i_0) \frac{P_0}{P_1} D^c - (1 + i^*) \frac{E_1}{P_1} (D_t - D^c) \right] \right\},
$$

$$(11.47)$$

wobei $E_{t-1} = P_{t-1}$ verwendet wurde. Dies ist die zweite Gleichgewichtsbedingung des Modells und stellt wiederum einen negativen Zusammenhang
zwischen Y_2 und E_1 dar. Grafisch ist dies die W-Kurve in Abb. 11.6. Auch
diese Kurve lässt sich intuitiv nachvollziehen. Je höher der Wechselkurs in
Periode 1, desto teurer sind die Rückzahlungen für ausländische Darlehen
(in inländischer Währung gemessen). Folglich sind die Gewinne in Periode 1
niedriger; aus dem deshalb geringeren Vermögen lässt sich nur ein entsprechend kleinerer Kapitalstock für Periode 2 finanzieren, was den Output in
Periode 2 reduziert.

11.3.1.2 Gleichgewichte bei flexiblen Wechselkursen

Ein simultanes Gleichgewicht ist in Abb. 11.6 im Punkt A gegeben, mit E_1'
und Y_2'. Dieser Fall wird hier auch als 'Normalfall' bezeichnet, da es hier ein
einziges, eindeutiges Gleichgewicht gibt.

Je nach Lage der Kurve können sich aber auch andere Konstellationen ergeben. Liegt die IPLM-Kurve beispielsweise wie in Abb. 11.7 verhältnismässig
weit oben (relativ zur W-Kurve), gibt es u.U. überhaupt keinen Schnittpunkt
zwischen den beiden Kurven. In diesem Fall wäre der Wechselkurs immer zu
hoch für ein positives Investitionsniveau, und somit ist $Y_2 = 0$. Der jetzt rein
im monetären Sektor bestimmte Wechselkurs E_1' wäre durch den Schnittpunkt der IPLM-Kurve mit der vertikalen Achse gegeben.

Eine weitere Möglichkeit, die uns hier besonders interessiert, wird in Abb.
11.8 gezeigt. Hier schneiden sich die beiden Kurven zweimal. Der Schnittpunkt A stellt dabei ein 'gutes' Gleichgewicht dar, d.h. mit einem hohen
Output in Periode 2. Bei B befindet sich die Wirtschaft in einem 'schlech-
ten' Gleichgewicht, da Y_2 nur sehr gering ausfällt. Es handelt sich hier erneut
um eine Situation mit multiplen Gleichgewichten, da beide Schnittpunkte für
genau die gleichen sonstigen Parameterwerte möglich sind.

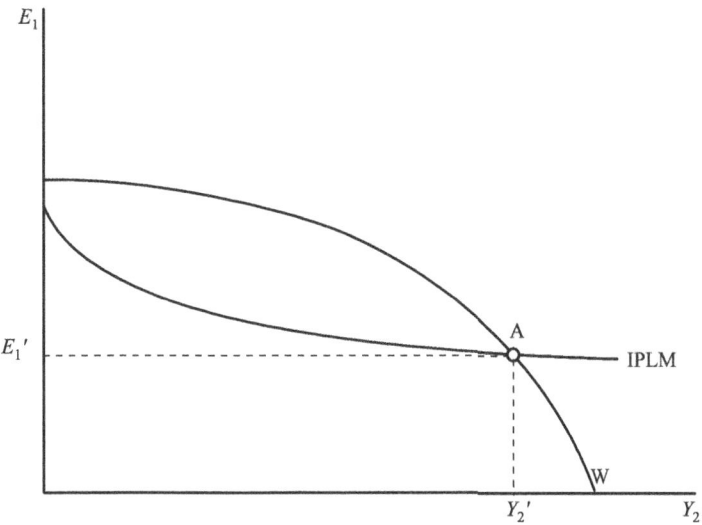

Abbildung 11.6 Darstellung des Gleichgewichts im 'Normalfall'.

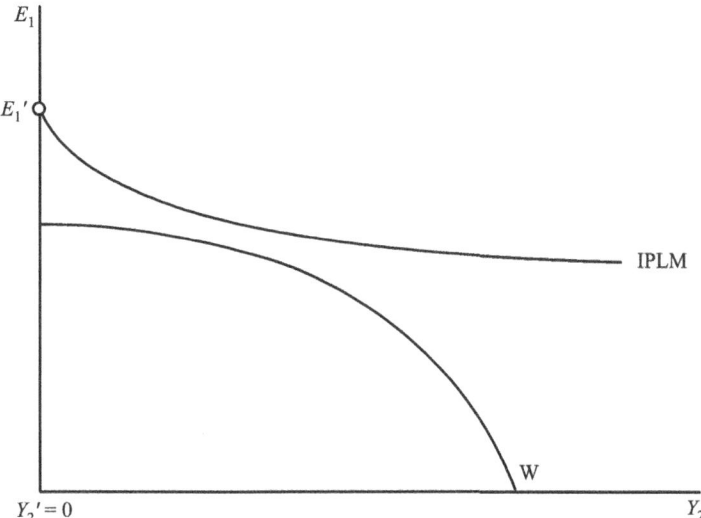

Abbildung 11.7 Gleichgewicht ohne Investitionen.

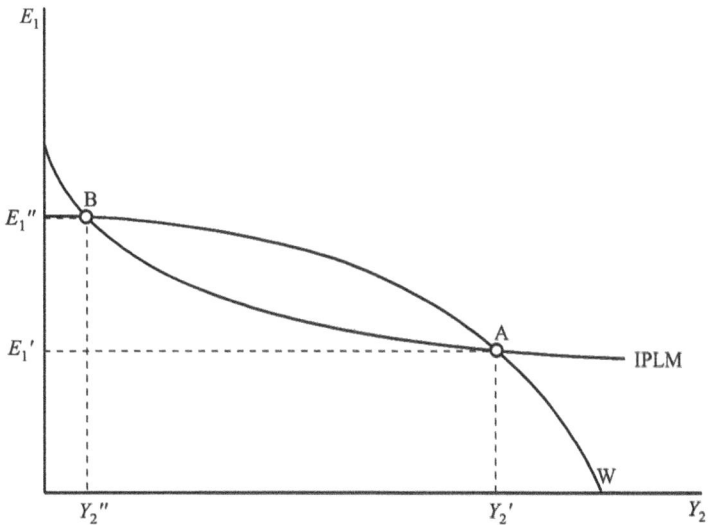

Abbildung 11.8 Situation mit multiplen Gleichgewichten.

Erwartungen spielen auch hier eine wichtige Rolle. Erwarten die Akteure beispielsweise ein relativ geringes Outputniveau in Periode 2, wäre entsprechend auch die Geldnachfrage in Periode 2 geringer. Für eine gegebene Geldmenge stiege das inländische Preisniveau und somit auch der Wechselkurs in Periode 2. Die Erwartung eines geringeren Outputs in Periode 2 würde bei rationalen Akteuren für einen gegebenen Zins (im In- und Ausland) schon in Periode 1 zu einer Abwertung führen. Dementsprechend verschlechtern sich die Bilanzen der Unternehmen und das Vermögen sinkt. Dies wiederum hat geringere Investitionen in Periode 2 zur Folge, was den Output in Periode 2 auch tatsächlich reduziert. Die Erwartungen haben sich in B bei einem niedrigen Outputniveau erfüllt.

Anders sieht es in Punkt A aus, der einer optimistischen Erwartung bezüglich des Outputs in Periode 2 entspricht. Es wird entsprechend eine verhältnismässig hohe Geldnachfrage erwartet und folglich ein niedriges Preisniveau und ein niedriger Wechselkurs. Über die Zinsparität wirkt sich diese Erwartung auch in diesem Fall bereits auf den heutigen Wechselkurs aus. Dies senkt die Kosten der inländischen Firmen. Ihr Vermögen steigt, sie können mehr investieren und folglich gibt es einen hohen Output in Periode 2. Auch hier haben sich die Erwartungen erfüllt.

Es gibt also auch in diesem Modell multiple Gleichgewichte mit sich selbst erfüllenden Erwartungen. Wiederum hängt es aber von den verschiedenen Modellparametern und -variablen ab, ob sich die Volkswirtschaft in einer solchen Situation befindet. Ebenso gut könnten eindeutige Gleichgewichte wie in den Abbildungen 11.6 und 11.7 resultieren. Ein exogener Schock kann die Wirtschaft ebenso wie im Obstfeld-Modell des vorhergehenden Teilka-

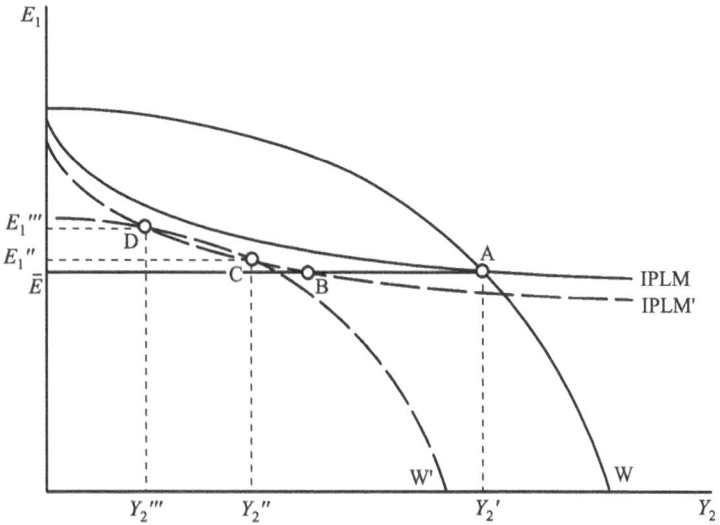

Abbildung 11.9 Währungskrise bei festen Wechselkursen.

pitels von einem eindeutigen Gleichgewicht in eine Situation mit multiplen Gleichgewichten bringen. Zum Beispiel würde ein negativer Outputschock die W-Kurve nach unten verschieben. Sind wir zu Beginn in einem 'normalen' Gleichgewicht wie Punkt A in Abb. 11.6, könnte sich die Volkswirtschaft als Folge der Verschiebung der W-Kurve jetzt plötzlich in der in Abb. 11.8 dargestellten Situation befinden. Wenn die Erwartungen nun eher pessimistisch sind, würde ein Sprung in das 'schlechte' Gleichgewicht B erfolgen. Es käme zu einer sprunghaften Abwertung, also einer Art Währungskrise, die es in diesem Fall interessanterweise auch bei flexiblen Wechselkurses geben könnte.

11.3.1.3 Währungskrise bei festem Wechselkurs

Nehmen wir nun an, der Wechselkurs sei bei $\bar{E}$ fixiert, wie dies in Abb. 11.9 gezeigt wird. Anfänglich befindet sich die Volkswirtschaft in einem 'normalen' Gleichgewicht A, das mit dem festen Wechselkurs kompatibel ist. Ein plötzlicher Outputschock verschiebt die W-Kurve nach innen. Das alte Gleichgewicht A ist nicht mehr haltbar. Gemäss IPLM-Kurve erwarten die Marktteilnehmer eine Abwertung. Sie kaufen ausländische Devisen von der Notenbank, was die inländische Geldmenge reduziert (wie im Währungskrisenmodell der 1. Generation). Die IPLM-Kurve verschiebt sich nach unten zu IPLM'. Die Stärke der Verschiebung hängt vom zur Verteidigung des Festkurses eingesetzen Devisenbestand ab. In Abb. 11.9 sind die Devisenvorräte bei IPLM' erschöpft und der Wechselkurs wird ab B freigegeben. Es kommt

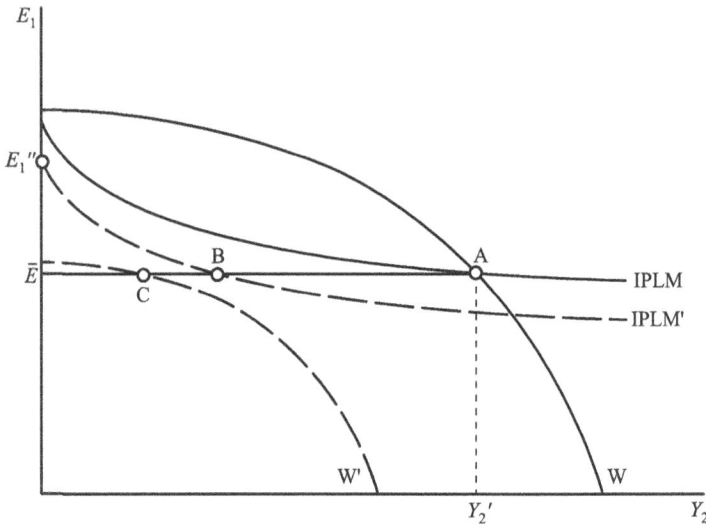

Abbildung 11.10 Währungskrise bei festen Wechselkursen, bei der die Investitionen auf Null gehen.

auf alle Fälle zu einer Abwertung, die je nach Erwartung stärker (auf E_1''') oder schwächer (auf E_1'') ausfällt.[18] Entsprechend sinkt das Einkommen in Periode 2 auf Y_2''' bzw. Y_2''.

Möglich ist jedoch auch ein eindeutiges Gleichgewicht. In Abb. 11.10 wird ein Beispiel dargestellt, bei dem die Verschiebung der W-Kurve relativ zur Verschiebung der IPLM-Kurve besonders stark ist. In diesem Fall (vgl. Abb. 11.7) gibt es keinen Schnittpunkt der beiden Kurven mehr. Die Investitionen sinken auf 0, somit auch der Output in Periode 2. Der Wechselkurs wird allein vom monetären Sektor bestimmt und steigt auf E_1''.

Die erste in diesem Abschnitt beschriebene Währungskrise (siehe Abb. 11.9) ähnelt dem Obstfeld-Modell der 2. Generation, da durch einen exogenen Schock eine Situation mit multiplen Gleichgewichten entsteht. Im Unterschied zum Obstfeld-Modell geht es bei den beiden Gleichgewichten aber nicht um die Frage, ob es zu einer Krise kommt oder nicht, sondern um das Ausmass der Wechselkursveränderung. Ein weiterer Unterschied zum Obstfeld-Modell besteht darin, dass bei dem hier diskutierten Modell nicht das Kalkül einer Regierung als Krisenursache zu sehen ist, sondern die Imperfektionen im inländischen Kreditmarkt. Hinzu kommt, dass die Krise in diesem Modell mit einem Outputrückgang verbunden ist, im Obstfeld-Modell hingegen die Abwertung outputstimulierend wirkt.

---

[18] Das Gleichgewicht C könnte auch auf der $\bar{E}$-Kurve bzw. unter ihr liegen. Dann gäbe es im 'guten' Gleichgewicht eine Aufwertung bzw. keine Veränderung des Wechselkurses.

11.4 Hinweise zur Beantwortung der gestellten Frage

Frage 11.1

Gleichung 11.12 beschreibt den Schattenwechselkurs und ist in Abb. 11.11 durch die e^s-Kurve dargestellt. Die Auswirkungen einer Veränderung der Devisenreserven kann auf zweierlei Art erfolgen. Wird sie sterilisiert, sinkt der Zentralbankbestand an inländischen Bonds b_0^Z entsprechend. Dies verschiebt die e^s-Kurve nach unten (siehe Abb. 11.11). Somit findet die Attacke zu einem späteren Zeitpunkt $T^{*\prime}$ statt.

Wird der Anstieg der Devisenreserven nicht sterilisiert, erhöht sich die Geldmenge M entsprechend und es kommt zu einer Abwertung (d.h. $\bar{e}$ steigt). Dies verschiebt die e^s-Kurve nach oben. Auch wenn dieser Fall hier nicht explizit dargestellt wird, so ist anhand einer Skizze leicht nachzuvollziehen, dass sich auch hier Krise die Krise verzögert.

Ein Anstieg der Rate der Neuverschuldung μ verändert die e^s-Kurve zweifach (siehe Abb. 11.12). Erstens wird die Kurve steiler, zweitens verschiebt

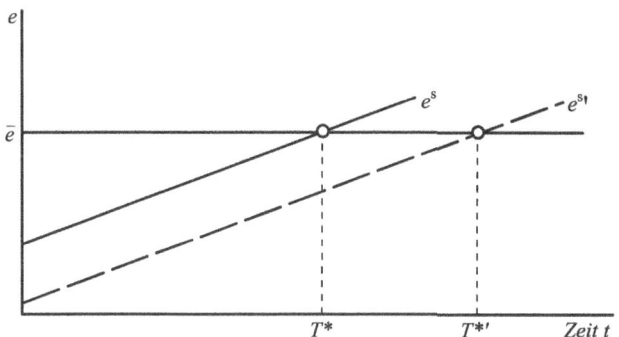

Abbildung 11.11 Grafische Darstellung (1) zur Beantwortung der Frage 11.1.

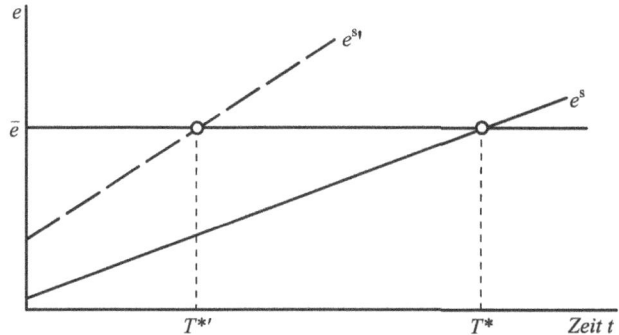

Abbildung 11.12 Grafische Darstellung (2) zur Beantwortung der Frage 11.1.

sie sich nach oben. Beides bewirkt, dass es früher (d.h. $T^{*\prime} < T^*$) zu einer spekulativen Attacke und somit Aufgabe des festen Wechselkurses kommt.

Alle hier diskutierten Auswirkungen lassen sich natürlich auch aus Gleichung 11.14 ablesen, die den Krisenzeitpunkt explizit in Abhängigkeit der verschiedenen Modellparameter berechnet.

Literatur

Agenor, Pierre-Richard und Robert Flood (1994). Macroeconomic Policy, Speculative Attacks, and Balance of Payments Crises. In: Frederick van der Ploeg (ed.), *The Handbook of International Macroeconomics*. Oxford: Blackwell, 224-250.

Agenor, Pierre-Richard, Marcus Miller, David Vines und Axel Weber (1999). *The Asian Financial Crisis. Causes, Contagion and Consequences*. Cambridge: Cambridge University Press.

Agenor, Pierre-Richard und Peter Montiel (2008). *Development Macroeconomics*. Princeton, NJ: Princeton University Press, 3. Auflage.

Aghion, Philippe, Philippe Bacchetta und Abhijit Banerjee (2000). A Simple Model of Monetary Policy and Currency Crises. *European Economic Review* 44, 728-738.

Aghion, Philippe, Philippe Bacchetta und Abhijit Banerjee (2001). Currency Crisis and Monetary Policy in an Economy with Credit Constraints. *European Economic Review* 45, 1121-1150.

Aghion, Philippe, Philippe Bacchetta und Abhijit Banerjee (2004). A Corporate Balance-Sheet Approach to Currency Crises. *Journal of Economic Theory* 119, 6-30.

Althammer, Wilhelm (1999). Spekulative Attacken bei festen Wechselkursen. *WiSt* Heft7, 330-334

Barro, Robert und David Gordon (1983). A Positive Theory of Monetary Policy in a Natural Rate Model. *Journal of Political Economy* 91, 589-610.

Buiter, Willem, Giancarlo Corsetti und Paolo Pesenti (1998). *Financial Markets and European Monetary Cooperation: The Lessons of the 1992-93 Exchange Rate Mechanism Crisis*. Cambridge: Cambridge University Press.

Calvo, Guillermo (2005). *Emerging Capital Markets in Turmoil: Bad Luck or Bad Policy?* Cambridge, Mass.: The MIT Press.

Chang, Roberto und Andres Velasco (2001). A Model of Financial Crises in Emerging Markets. *Quarterly Journal of Economics* 116, 489-517.

Corsetti, Giancarlo, Paolo Pesenti und Nouriel Roubini (1999). Paper Tigers? A Model of the Asian Crisis. *European Economic Review* 43, 1211-1236.

Diamond, Douglas und Philip Dybvig (1983). Bank Runs, Deposit Insurance and Liquidity. *Journal of Political Economy* 91, 401-419.

Eichengreen, Barry, Andrew Rose und Charles Wyplosz (1996). Contagious Currency Crises: First Tests. *Scandinavian Journal of Economics* 98, 463-84.

Flood, Robert und Peter Garber (1984). Collapsing Exchange Rate Regimes: Some Linear Examples. *Journal of International Economics* 17, 1-13.

Flood, Robert und Nancy Marion (1997) Policy Implications of "Second Generation" Crisis Models. *IMF Working Paper 97/16*. Washington, D.C.: International Monetary Fund.

Flood, Robert und Nancy Marion (1999). Perspectives on the Recent Currency Crisis Literature. *International Journal of Finance and Economics* 4, 1-26.

Fuhrmann, Wilfried und Carsten Cepok (2003). Neuere Entwicklungen in der Währungskrisentheorie. *WISU* Heft 1, 118-125.

Furman, James und Joseph Stiglitz (1998). Economic Crises: Evidence and Insights from East Asia. *Brookings Papers on Economic Activity* 2, 1-135.

Gandolfo, Giancarlo (2002). *International Finance and Open-Economy Macroeconomics.* Berlin: Springer.

Garber, Peter und Lars Svensson (1995). The Operation and Collapse of Fixed Exchange Rate Regimes. In: Grossman, G. und K. Rogoff (eds.), *Handbook of International Economics*, Vol. III, Ch. 34, Amsterdam: North-Holland.

Heinemann, Frank und Gerhard Illing (2002). Speculative Attacks: Unique Equilibrium and Transparency. *Journal of International Economics* 58, 429-450.

Jeanne, Olivier (2000) Currency Crises: A Perspective on Recent Theoretical Developments. *Special Papers in International Economics, No. 20.* Department of Economics, University of Princeton, New Jersey.

Krugman, Paul (1979). A Model of Balance-of-Payments Crises. *Journal of Money, Credit and Banking* 11, 311-325.

Krugman, Paul (1998). What Happened to Asia? *Mimeo*, Department of Economics, Massachusetts Institute of Technology.

Krugman, Paul (1999). Balance Sheets, the Transfer Problem, and Financial Crisis. *International Tax and Public Finance* 6, 459-472.

Mark, Nelson (2001). *International Macroeonomics and Finance.* Oxford: Blackwell.

Masson, Paul (1998). Contagion, Monsoonal Effects, Spillovers and Jumps between Multiple Equilibria. *IMF Working Paper 98/142.* Washington, D.C.: International Monetary Fund.

Morris, Stephen und Hyun Song Shin (1998). Unique Equilibrium in a Model of Self-Fulfilling Currency Attacks. *American Economic Review* 88, 587-597.

Obstfeld, Maurice (1994). The Logic of Currency Crises. *Cahiers Economique et Monetaires* 43, 189-213.

Obstfeld, Maurice (1996). Models of Currency Crises with Self-Fulfilling Features. *European Economic Review* 40, 1037-47.

Pesenti, Paolo und Cedric Tille (2000). The Economics of Currency Crises and Contagion: An Introduction. *Federal Reserve Bank of New York Economic Policy Review* 6, 3-16.

Radelet, Steven und Jeffrey Sachs (1998). The East Asian Financial Crisis: Diagnosis, Remedies, Prospects. *Brookings Papers on Economic Activity* 1, 1-90.

Rose, Andrew und Lars E.O. Svensson (1994). European Exchange Rate Stability Before the Fall. *European Economic Review* 38, 1185-1216.

Sachs, Jeffrey, Aaron Tornell und Andres Velasco (1996). The Collapse of the Mexican Peso: What Have We Learned? *European Economic Review* 40, 1037-47.

Tornell, Aaron (1999) Common Fundamentals in the Tequila and Asian Crises. *NBER Working Paper 7139*, Cambridge, MA: National Bureau of Economic Research.

Abbildungsverzeichnis

Tabellenverzeichnis

Sachverzeichnis

Verweise auf Fussnoten sind in *kursiver* Schrift vermerkt.

The manufacturer's authorised representative in the EU is Springer
Nature Customer Service Centre GmbH, Europaplatz 3, 69115 Heidelberg,
Germany. If you have any concerns regarding our products, please
contact ProductSafety@springernature.com

Printed and bound by CPI Group (UK) Ltd, Croydon, CR0 4YY
23/04/2026
02095652-0002